全国高等院校医学实验教学规划教材

医学免疫学与病原生物学实验

第2版

主　编　刘伯阳

副主编　姚淑娟　官　杰　蔡文辉

编　委　(按姓氏笔画排序)

包丽丽(内蒙古医科大学)

吕丽艳(齐齐哈尔医学院)

刘伯阳(齐齐哈尔医学院)

李　恋(内蒙古医科大学)

李建蓉(华中科技大学同济医学院)

吴艳敏(齐齐哈尔医学院)

张　威(齐齐哈尔医学院)

官　杰(齐齐哈尔医学院)

姚淑娟(齐齐哈尔医学院)

钱丽丽(齐齐哈尔医学院)

蔡文辉(黑龙江中医药大学)

科学出版社

北　京

内 容 简 介

本书是医学免疫学与病原生物学的实验教材,由基本实验操作、经典验证性实验、综合性实验、创新性实验与虚拟仿真实验五大部分组成,对每个实验的实验目的、实验原理、实验材料、实验方法、实验结果及注意事项等作了系统、简明的讲解,培养学生的动手能力和分析问题、解决问题的能力。

本书所有编委均为一线教师,在内容把握上侧重于实用,方便学生的学习,编写中力求基本理论与基本技术操作的有机结合,以便于学生通过实验操作,更进一步领会和理解理论知识。另外,在相关的实验后还附加了常用试剂的配制等内容,可作为学生今后临床实践和科研工作的参考。

本书注重基础,强调综合,兼顾创新,适合医学专业人员及高校医学各专业学生参考学习。

图书在版编目(CIP)数据

医学免疫学与病原生物学实验 / 刘伯阳主编 . —2 版 . —北京:科学出版社,2014. 9

全国高等院校医学实验教学规划教材

ISBN 978-7-03-041807-4

Ⅰ. ①医… Ⅱ. ①刘… Ⅲ. ①医药学-免疫学-实验-医学院校-教材 ②病原微生物-实验-医学院校-教材 Ⅳ. ①R392-33 ②R37-33

中国版本图书馆 CIP 数据核字(2014)第 205086 号

责任编辑:王 颖 / 责任校对:林青梅

责任印制:徐晓晨 / 封面设计:范璧合

科 学 出 版 社出版

北京东黄城根北街16号

邮政编码: 100717

http://www.sciencep.com

北京凌奇印刷有限责任公司 印刷

科学出版社发行 各地新华书店经销

*

2011 年 1 月第 一 版 开本:787×1092 1/16

2014 年 9 月第 二 版 印张:13 1/2

2021 年 1 月第七次印刷 字数:330 000

定价:49. 80 元

(如有印装质量问题,我社负责调换)

《全国高等院校医学实验教学规划教材》
编 委 会

序

齐齐哈尔医学院组织编写的“全国高等院校医学实验教学规划教材”丛书(第1版)于2011年在科学出版社出版,获得了参编院校广大师生的欢迎和好评。按照《国家中长期教育改革和发展规划纲要(2010—2020年)》的要求,配合教育部“十二五”普通高等教育本科国家级规划教材建设,全面推进现代医学实验教学的发展,加大对实验项目、实验条件、实验教学体系的改革力度,建立以能力培养为主线,分层次、多模块、互相衔接的实验教学体系,与理论教学既联系又相对独立,实现基础与前沿、经典与现代的有机结合是我们修订及编写本系列教材的初衷。

依照此要求修订及编写的基础医学实验系列教材,其编写指导思想是“符合人才培养需求,体现教育改革成果,确保教材质量,形式新颖创新”。配合教育部、卫计委提出的要逐步建立“5+3”(五年医学院校本科教育加三年住院医师规划培训)为主体的临床医学人才培养体系。依照“三基、五性、三特定”原则,我们广泛听取了读者和同仁对上版教材的反馈意见,在继承和发扬原教材优点的基础上,修改不足之处。

本次系列实验教材修订,我们和多所医学院校合作,由长期工作在教学和科研一线的教师编写而成,他们分别来自齐齐哈尔医学院、哈尔滨医科大学、内蒙古医科大学、天津医科大学、大连医科大学、黑龙江中医药大学、厦门大学、绍兴大学、陕西中医学院、中国中医科学院、中央民族大学、牡丹江医学院、佳木斯大学、华中科技大学同济医学院、北华大学15所院校,力求做到体系创新、理念创新及编写精美。

本系列实验教材的实验内容在原有的基本实验操作及常用仪器使用、经典验证性实验、综合性实验和创新性实验,实验报告等基础上,增加了虚拟仿真实验。系列教材由上版7本,再版后增至8本,包括《人体解剖学实验》《医学微形态学实验》《医学机能实验学》《医学细胞生物学与遗传学实验》《医学免疫学与病原生物学实验》《生物化学与分子生物学实验》《医学物理学实验》和《医学化学实验》。

本系列教材读者对象以本科临床医学专业为主,兼顾预防、口腔、影像、检验、护理、药学、精神医学等专业需求,涵盖医学生基础医学全部的实验教学内容。

由于水平和时间的限制,难免存在疏漏,敬祈同仁和广大读者批评、指正。

李　涛　张淑丽　高　音

2015年6月

目　录

第一篇　基本实验操作及常用仪器使用

第二篇　经典验证性实验

第三篇　综合性实验

第四篇　创新性实验

第五篇　虚拟仿真实验

第一篇　基本实验操作及常用仪器使用

第一章　医学免疫学基本操作及仪器使用

实验一　常用医学免疫学基本技术

一、人血液标本的采集

【实验目的】 掌握静脉采血的方法，了解皮肤采血法。

【实验原理】 采集的血液标本主要分为全血、血浆及血清等。

1. 全血 保留血液的全部成分，由血细胞和血浆组成。抗凝全血主要用于免疫细胞的分离、血细胞检查等。

2. 血浆 抗凝全血离心除去血细胞后的成分，用于血浆生理性和病理性化学成分测定。

3. 血清 血液离体自然凝固后析出的液体部分，除纤维蛋白原等凝血因子在凝血时被消耗外，其他成分与血浆基本相同，更适用于大多数临床免疫学检查。

【实验器材】 真空采血管（普通血清管、枸橼酸钠或肝素抗凝管），一次性双向采血针（常用7号），持针器，止血带，三棱针，碘酊，消毒干棉签。

【实验方法】 血液标本的采集分为静脉采血法、皮肤毛细血管采血法和动脉采血法。动脉采血法由于其风险性较高，在临床上一般很少使用。真空负压静脉采集血标本是近年来采用的一种新静脉采血方法，此方法简便易行。

1. 静脉采血法 静脉采血时通常采用肘部静脉作为采血部位，如果肘部静脉不明显，还可用手背静脉或内踝静脉。婴幼儿由于肘部静脉较细和配合性差可从股静脉采血和颈外静脉采血，但要准备充分，注意其风险性。以真空负压静脉采血法为例做介绍。

选择合适的静脉，在穿刺点上方约6cm处系止血带，消毒，嘱被采血者握拳使静脉充盈。把一次性双向采血针安在持针器上，手持持针器，进行静脉穿刺，一次性双向采血针一端刺入血管。穿刺成功后，将真空采血管沿持针器后端稍用力推入，使双向采血针另一端针头刺破真空采血管的管盖，进入真空采血管，血液顺着压力差流入真空采血管内。待血液停止流动后，固定针头不动，取下该真空采血管，将其余备好的真空采血管依次推入、取出，最后拔出穿刺针，用干棉签按压针眼处片刻，整理用物。

2. 皮肤采血法 皮肤采血法主要用于需血量微小的检查项目。所获得的末梢血不单纯是毛细血管血，实际是微动脉、微静脉和毛细血管的混合血，并依采血时挤压的力度不同含有少量细胞间质和细胞内液。

轻轻按摩患者的采血部位（左手无名指指尖内侧），使局部组织自然充血，用碘酒、乙醇溶液消毒皮肤。干燥后，紧捏采血部位两侧，右手持一次性消毒采血针迅速刺入，深度以2～3mm为宜，稍加挤压血液自动流出。第1滴血液因混入组织液相对较多，多弃去不用。用微量吸管吸取血液至要求的刻度(化学、免疫学检验用尼龙毛细管吸取),然后用无菌干棉球压住穿刺点以止血。皮肤采血多选择左手无名指指尖内侧或耳垂作为采血部位。

【注意事项】

(1) 血标本采集应规范操作。采血前患者应保持平静,一般应在清晨时间取血。

(2) 皮肤采血应避开有炎症、化脓、冻伤等皮肤损害部位采血。皮肤出汗应先用干棉球擦干,以免稀释血液。采血时,不要用力挤压皮肤,血液应自然流出。

二、动物血液标本的采集及动物处死方法

【实验目的】

(1) 掌握免疫学试验中常用动物的血液采集方法。

(2) 了解常用实验动物的处死方法。

【实验器材】

1. 实验动物 小鼠、大鼠、家兔、犬。

2. 器材 兔箱、兔固定台、犬固定台、大鼠固定板、剪刀、手术刀、注射器、玻璃毛细管、血色素吸管、止血带。

3. 试剂 1% 肝素生理盐水溶液、饱和草酸钾溶液、3.8% 的枸橼酸钠溶液生理盐水。

【实验方法】

1. 大鼠与小鼠的采血方法

(1) 鼠尾采血:当所需血量很少时采用本法。固定动物并露出鼠尾,将尾部浸入 45 ~ 50℃ 温水中数分钟,使尾静脉充血,擦干,再用乙醇溶液棉球消毒。剪掉尾尖(0.2 ~ 0.3cm),拭去第1滴血。然后用血色素吸管定量吸取尾血。采血完毕用干棉球压迫止血。亦可不剪尾,用7 ~ 8号注射针头连上注射器直接刺破尾静脉采血。

(2) 眼眶静脉丛采血:当需用中等量的血液,而又避免动物死亡时采用本法。左手拇指及食指紧紧握住大鼠或小鼠颈部,压迫颈部两侧使眶后静脉丛充血,但用力要恰当,防止动物窒息死亡。右手持玻璃毛细管从右眼或左眼内眦部以45°角刺入,刺入深度小鼠 2 ~ 3mm,大鼠 4 ~ 5mm。若遇阻力稍后退调整角度后再刺入,如穿刺适当,血液能自然流入毛细管内。得到所需的血量后,即除去加于颈部的压力,拔出玻璃毛细管,用干棉球压迫止血。

(3) 断头采血:当需用较大量的血液,而又不需继续保存动物生命时采用本法。左手握住动物,右手持剪刀,快速剪掉头颈部,倒立动物让血液滴入容器。需注意防止断毛落入容器中。

2. 大鼠和小鼠的处死方法

1) 脊椎脱臼法:右手抓住鼠尾用力向后拉,同时左手拇指与食指用力向下按住鼠头。将脊髓与脑髓拉断,鼠便立刻死亡,这是小鼠最常用的处死方法。

2) 断头法:用剪刀在鼠颈部将鼠头剪掉,迅速将鼠身倒置放血,由于剪断脑脊髓和大量失血,会很快死亡。但易引起肺淤血,因此,重点观察肺部病变的实验,不宜采用此法。

3) 击打法:右手抓住鼠尾,提起,用力摔击其头部,鼠痉挛后立即死亡。或用小木槌用力击打鼠头部也可致死。

4) 急性失血法:可采用鼠眼眶动脉和静脉急性大量失血方法使鼠立即死亡。左手拇指和食指尽量将鼠头部皮肤捏紧,使鼠眼球突出。右手持弯头小镊,在鼠右侧眼球根部将眼球摘去,并将鼠倒置,头向下,此时血液很快从眼眶内流出。

【注意事项】

(1) 实验动物一次采血量过多或采血过于频繁,都可影响动物健康,造成贫血甚至死亡。

(2) 采血方法的选择,主要取决于实验的目的和所需血量的多少,所需血量较少时可刺破

组织取毛细血管的血,当需血量较多时可做静脉采血,若需反复多次静脉采血时,应自远心端开始。

（3）若需抗凝全血,在注射器或试管内需预先加入抗凝剂,常用的抗凝剂有草酸钾、肝素和枸橼酸钠。

【思考题】

（1）皮肤采血法为什么多选择左手无名指?

（2）使用真空采血管有哪些优点和用途?

（3）常用的大鼠与小鼠的采血方法有哪些?

三、血细胞分离技术

（一）红细胞的分离技术

【实验目的】 掌握免疫学试验中红细胞分离方法。

【实验器材】

（1）肝素等抗凝剂。

（2）3% 明胶液:取明胶 3g,溶于 0.9% 灭菌盐水 100ml 中,114.3℃灭菌 10min,冷却后 4℃冰箱保存。临用时,37℃预热 10min。

（3）阿氏液。

【实验方法】

1. 采血抗凝　即为红细胞。由于红细胞与白细胞的比例相差悬殊,一般白细胞混杂在其中,忽略不计。

2. 细胞处理　根据红细胞的用途,可做进一步的处理。如计算红细胞,可直接稀释计数。如需做补体结合反应,或其他溶红细胞反应,则需将红细胞进行充分的清洗,以除去附着在红细胞膜表面的血浆。一般用等渗的稀释液连续清洗,2000r/min 离心 10min,重复 3~4 次。

3. 储藏　如需储藏备用,则以阿氏液做抗凝剂采血,混匀后置 4℃冰箱保存,可保存 2 周,其活性尚可。

（二）单核细胞分离技术——铁粉吸附法

【实验目的】 掌握铁粉吸附法分离单核细胞。

【实验器材】

1. 器材　铁粉或羰基铁粉:99% 的纯度,颗粒小于 60μm;强磁铁(马蹄形);一块小棒状磁铁(约 1cm 长);毛细吸管;离心机等。

2. 试剂　生理盐水;Hank's 液。

【实验方法】

（1）称取一定量的铁粉,一般为 10g,用 100ml 生理盐水洗涤 4 次,去除任何可溶性有毒物质。在倒去盐水时,用强磁铁吸住铁粉。

（2）用 50ml 生理盐水混悬铁粉。摇匀后,分装于 10 个瓶中,包扎瓶口,121℃灭菌 20min,拿出后立即轻轻摇匀,防止铁粉结块,储藏备用。

（3）临用前,倒去瓶中的生理盐水,加入适量的单个核细胞悬液(3~5ml,细胞总数为 8×10^7 个/瓶)。37℃温育 45min,中间不时晃动,使铁粉悬浮起来。

（4）加入一块小磁铁棒于瓶中,让其吸住铁粉以及附着在铁粉上的细胞。

（5）倒出悬液,此悬液主要是淋巴细胞,离心,收集。

(6) 在铁粉瓶内倒入一定量的 Hank's 液,用力振摇后,以强磁铁吸附,几分钟后,倒出液体。

(7) 2000r/min 离心液体,管底即为单核细胞。

(三) 单核细胞分离技术——玻璃板吸附法

【实验目的】 掌握玻璃板吸附法分离单核细胞。

【实验器材】

1. 器材 无菌玻璃平皿;温箱;毛细吸管等。

2. 试剂 Hank's 液。

【操作方法】 将分离的单个核细胞倾于无菌洁净的玻璃平皿内,置37℃ 30 ~ 40min,用毛细吸管轻轻吸取悬液,即为淋巴细胞。用适量的 Hank's 液冲洗平皿,收获即为单核细胞悬液。

实验二 常用医学免疫学设备简介

一、荧光显微镜的结构与使用

【构造及原理】

1. 荧光显微镜光源 能发射丰富的紫外光和紫蓝光,常用 150 ~ 200 瓦高压汞灯。

2. 滤光片

(1) 激发滤光片装于光源与聚光器之间,可选择性使紫外光及紫蓝光通过,而激发荧光素发出荧光。

(2) 吸收滤光片装于物镜与目镜之间,可吸收紫外光及紫蓝光,仅让荧光通过,以便观察标本和保护眼睛。

【使用方法】

(1) 将荧光显微镜置暗室,开启光源,待光源稳定并达到一定亮度(5 ~ 10min)后,对准光轴。

(2) 装好配对的激发滤光片和吸收滤光片后,再作观察。余操作同普通显微镜。

【注意事项】

(1) 如用高压汞灯作光源,使用时一经开启不宜中断,断电后需待汞灯冷却后(约 15min)方能再启动。

(2) 观察标本的时间不宜太长,因标本在高压汞灯下照射超过 3min,即有荧光减弱现象。

二、微量可调移液器

【构造及原理】 在免疫学实验中,各种试剂及样品的使用量是很小的,有时甚至只有零点几微升,所以一般的加样器具达不到如此的精度。微量加样是通过微量移液器来实现的。移液器一般有 1000 ~ 5000μl,100 ~ 1000μl,10 ~ 200μl,1 ~ 20μl,0.1 ~ 2μl 等多种规格。

【使用方法】 将吸嘴套在移液器上,以右手拇指轻按其按钮使达第一阻力位,将吸嘴插入液面下 2 ~ 3mm,放松拇指,被吸液体即进入吸嘴,取出将液体放于另一容器中,轻按按钮使达第二阻力位,停留数秒后即可,退掉吸嘴。

三、比 浊 仪

【构造及原理】 免疫浊度测定是免疫学定量检测的一种常用方法,其基本原理是:抗原抗体在特殊缓冲液中快速形成抗原抗体复合物,使反应液出现浊度。当反应液中保持抗体过量时，形成的复合物随抗原量增加而增加，反应液的浊度亦随之增加，与一系列的标准品对照，即可计算出受检物的含量。

【临床应用】 自动散射比浊仪的临床应用包括：免疫球蛋白测定，如 IgG、IgA、IgM、IgD 的检测；补体单个成分测定，如 C3、C4、B 因子的检测；类风湿因子的测定；C-反应蛋白、载脂蛋白、尿微量蛋白检测；体液（主要血浆）中小分子药物浓度的检测等。

四、全自动酶标仪

【构造及原理】 酶标比色仪（即酶标仪）是 ELISA 定量检测的主要仪器，其原理和分光光度计相似，均利用朗伯-比尔定律，当特定波长的光源通过有色溶液时，其强度会被溶液吸收，再通过"检光仪"测定出溶液的吸光度值，通过计算阴性对照和阳性对照的吸光度值，来判断结果。当光通过被检测物，前后的能量差异即是被检测物吸收掉的能量。在特定波长下，同一种被检物的浓度与被吸收的能量成定量关系，这是酶标仪定量检测的基础。酶标仪检测单位用 OD 值表示，OD 是 optical density（光密度）的缩写，表示被检测物吸收掉的光密度，OD = log（1/trans），其中 trans 为检测物的透光值。

酶标仪测定每一种物质都有其特定的波长，在此波长下，此物质能够吸收最多的光能量。如果选择其他的波长段，就会造成检测结果的不准确。因此，在测定检测物时，选择特定的波长进行检测，称为测量波长。但是每一种物质对光能量还存在一定的非特异性吸收，为了消除这种非特异性吸收效应，再选取一个参照波长，以消除这个不准确性。在参照波长下，检测物光的吸收最小。检测波长和参照波长的吸光值之差可以消除非特异性吸收。

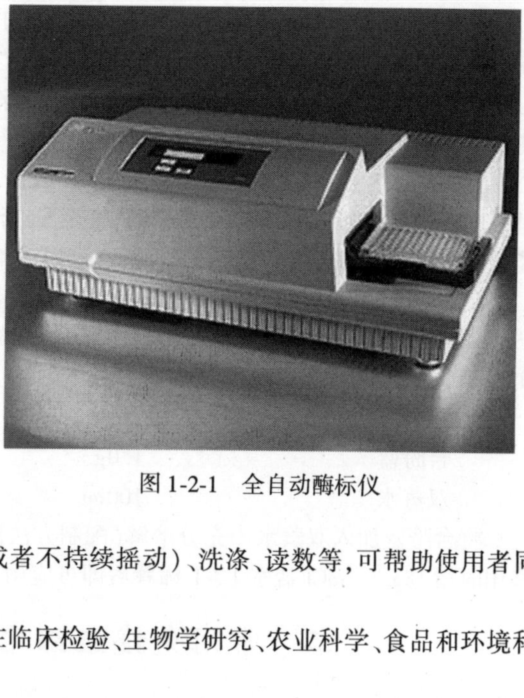

图 1-2-1　全自动酶标仪

全自动酶标仪（图 1-2-1）的所有操作都是自动化的和可编程的，如可自动阅读标本条形码、稀释样本、试剂分类、孵化（从室温到 45℃，在两个独立的孵育器里，可持续摇动或者不持续摇动）、洗涤、读数等，可帮助使用者同时完成多项数据分析和打印输出。

【临床应用】 全自动酶标仪广泛地应用在临床检验、生物学研究、农业科学、食品和环境科学中。

实验三　常用医学免疫学试剂的配制

一、常用试剂溶液的配制

1. 阿氏（Alsever）血液保存液

葡萄糖	2.05g
枸橼酸钠 · $5H_2O$	0.80g
枸橼酸 · H_2O	0.55g
NaCl	0.42g

加蒸馏水至100ml,溶解后过滤,分装,115℃灭菌10min,4℃保存。血液与阿氏液混合比例为(1∶1)~(1∶2)。

2. Hank's 液

A 液:	NaCl	80g
	KCl	4g
	CaCl	21.4g
	$MgSO_4 \cdot 7H_2O$	2g
	双蒸水	450ml
B 液:	$Na_2HPO_4 \cdot 12H_2O$	1.52g
	KH_2PO_4	0.6g
	葡萄糖	10g
	双蒸水	450ml
C 液:	1% 酚红溶液	16ml

将B液缓慢加入A液中,边加边搅匀。然后加入C液,补足双蒸水至1000ml。此为10倍浓缩的Hank's母液。加入氯仿2ml防腐,置4℃备用。

应用液的制备:母液1份加双蒸水9份,混匀,分装,115℃灭菌10min。置室温或4℃保存。临用前用$NaHCO_3$调pH至7.2~7.4。

注意所用试剂要纯;试剂要按配方顺序逐个溶解后再依次加入,以免起化学反应产生沉淀;高压灭菌不要超过115℃。

3. 1%酚红 取1g酚红置于乳钵中,加入少量1mol/L NaOH研磨,将溶解溶液移至100ml量瓶中。分批加入1mol/L NaOH研磨,直至酚红溶解,所得染液都移入量瓶中,NaOH的用量不能超过7ml。加双蒸水至100ml,过滤,置室温或4℃保存。

4. 肝素抗凝剂 取肝素用Hank's液(或其他溶剂)稀释至终浓度为250U/ml,112℃灭菌15min(或115℃ 10min)后分装,-20℃保存。用时按每毫升血液加0.1~0.2ml肝素抗凝,或按实验要求浓度配制使用。

5. 0.5% 台盼蓝

台盼蓝	1.0g
双蒸水	100ml

将台盼蓝加入双蒸水中充分溶解(配制方法同瑞氏染液),过滤去沉淀,置4℃或室温保存。临用时用18g/L NaCl盐水1∶1稀释后即可应用。

二、常用免疫组织化学技术试剂的配制

1. 缓冲液

(1) 0.01mol/L PBS(pH7.2)溶液

NaCl	8g
Na_2HPO_4	1.15g
KH_2PO_4	0.2g
加双蒸水至	1000ml

(2) 0.05mol/L TBS(pH7.4)液

Tris(三羟甲基氨基甲烷)	12.1g
NaCl	17.5g
加双蒸水至	1500ml

在搅拌下加浓 HCl 至 pH7.4，再加双蒸水至 2000ml。

2. 显色液

（1）DAB（Diaminobenzidine）显色液

DAB（3,3-二氨基联苯胺四盐酸盐）	50mg
0.05mol/L TB（或 0.01mol/L PBS）溶液	100ml
30% H_2O_2	30～40μl

配制方法：先以少量 0.05mol/L TB（或 0.01mol/L PBS）溶液溶解 DAB，充分溶解后加入剩余的 TB 或 PBS 溶液，摇匀后（避光）过滤，显色前加入 30% H_2O_2，宁少勿多，便于掌握反应过程。阳性为棕黄色颗粒。

DAB 有致癌作用，操作时应格外小心，避免直接与皮肤接触，用后的器皿应充分冲洗，用后的 DAB 液不应冲入下水道，应集中深埋或清洁液处理后弃之。

（2）AEC（3-amino-9-ethylcarbozloe）显色液

AEC（3-氨基-9-乙基卡巴唑）	20 mg
二甲酰胺（DMF）	2.5 ml
0.05mol/L 醋酸缓冲液（pH5.5）	50 ml
30% H_2O_2	25μl

配制方法：先将 AEC 溶于 DMF 中，再加入醋酸缓冲液充分混匀。临显色前加入 30% H_2O_2 液。镜下控制显色时间。阳性为深红色颗粒。

（钱丽丽）

第二章　医学微生物基本操作及仪器使用

实验一　微生物形态结构观察方法

一、不染色标本观察

【实验目的】 了解细菌标本不染色检查方法。

【实验原理】 许多细菌标本不经染色直接镜检，可观察生活状态下的细菌形态及其运动情况。杆菌、弧菌有鞭毛，有鞭毛的细菌具有动力，常能朝着一定方向移动，用适当的方法可在普通光学显微镜下观察。直接检查细菌动力是鉴别细菌的方法之一。

【实验器材】

1. 菌种　葡萄球菌、变形杆菌肉汤培养物。

2. 仪器　普通光学显微镜。

3. 其他材料　酒精灯、接种环、镊子、载玻片、凹玻片、盖玻片、凡士林、香柏油、擦镜纸等。

【实验方法】 细菌标本不染色检查的方法有压滴法和悬滴法。

1. 悬滴法

(1) 取洁净凹玻片1张，在凹窝四周涂上少许凡士林。

(2) 取洁净盖玻片1张，用接种环分别取葡萄球菌或变形杆菌液体培养物2～3环加在盖玻片中央。

(3) 将凹玻片的凹窝中央对正菌液处合于盖玻片上。

(4) 迅速翻转凹玻片，用小镊子轻压，使盖玻片与凹窝边缘粘紧封闭，以防水分蒸发。

(5) 将凹玻片置显微镜载物台上，调低显微镜的聚光器或缩小光圈，以减少光亮，使背景较暗而易于观察。

(6) 先在低倍镜下找到悬滴，然后换用高倍镜观察。镜下可见有鞭毛的变形杆菌运动活泼，并可向不同方向迅速运动。无鞭毛的葡萄球菌只在一定范围内作位移不大的颤动，这是细菌受水分子撞击而引起的分子运动，即布朗运动。见图2-1-1。

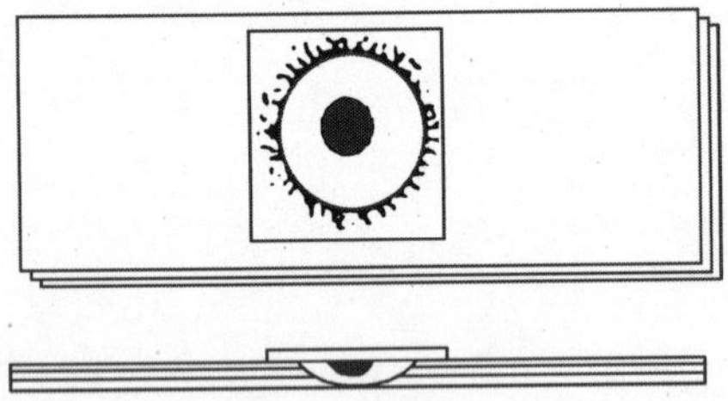

图2-1-1　悬滴标本

2. 压滴法

(1) 取洁净载玻片1张。

(2) 用接种环分别取葡萄球菌或变形杆菌液体培养物2～3环加于载玻片中央。

(3) 用小镊子取1张盖玻片轻轻覆盖在载玻片的菌液上。放置盖玻片时，应先将盖玻片的一端接触载玻片，然后缓慢放下，以免菌液中产生气泡。

(4) 在低倍镜下对光找到细菌所在部位，然后用高倍镜观察细菌运动。

【实验结果】 变形杆菌有明显的定向运动，葡萄球菌只有布朗运动。

【注意事项】

(1) 镜检时须适当降低聚光器或缩小光圈，视野不宜过亮。

(2) 须注意区别细菌的真正运动和分子运动，前者是有方向性的位置移动，而后者则只在原地颤动。

二、染色标本的观察

细菌个体微小,呈半透明状。未经染色的细菌,在光学显微镜下只能观察到细菌的大致形态和大小。经过染色后的细菌,不但能清楚地观察到细菌的各种形态,还可对细菌进行初步鉴别。细菌涂片标本的染色方法可分为单染色法和复染色法两种。单染色法是指只用一种染料进行染色的方法,可清楚观察细菌的形态、大小,但对细菌无鉴别价值,复染色法是用两种或两种以上染料进行染色的方法,对细菌有辅助鉴别意义,故亦称鉴别染色法。常用的复染色法有革兰染色法、抗酸染色法等。

(一) 单染色法

【实验目的】

(1) 学习掌握微生物涂片、染色的基本技术。

(2) 掌握细菌的单染色方法及无菌操作技术。

【实验原理】 用于细菌涂片标本染色的染料多为苯的衍生物。其带色基团与染料分子中不饱和双键的存在有关,含双键的部位化学性质极不稳定,易吸收光线而显色。细菌的等电点较低,pI 2～5。在中性、碱性或弱酸性溶液中,整个菌体带负电荷,易被碱性染料着色。碱性染料是指电离后其显色离子带正电荷的染料,如用于细菌等微生物涂片标本染色的甲紫、亚甲蓝、碱性复红等均属碱性苯胺类染料,对细菌的核蛋白或胞壁成分有较强的亲和力。

【实验材料】

1. 细菌 葡萄球菌液体培养基或琼脂斜面 18～24h 培养物,大肠埃希菌液体培养基或斜面 18～24h 培养物。

2. 染液 甲紫染液、稀释复红染液或碱性亚甲蓝染液。

3. 其他 酒精灯、接种环、生理盐水、载玻片、香柏油、二甲苯、擦镜纸等。

【实验方法】

1. 细菌涂片的制作

(1) 涂片:取洁净载玻片一张,用记号笔将其划分为 2 格,在每一小格中央放置 1 接种环生理盐水。左手握菌种管,右手握笔样持接种环,先在酒精灯火焰上烧灼接种环,冷却后,挑取葡萄球菌、大肠埃希菌斜面培养物少许,在生理盐水中磨匀,在第一小格中放置葡萄球菌,第二小格中放置大肠埃希菌,涂成直径约 1 cm 大小区域。若为液体培养基,可直接涂布于载玻片上,不必加生理盐水。

(2) 干燥:涂片最好在室温下自然干燥,或将标本片接种面向上,置酒精灯火焰上约 15cm 处慢慢烘干,切不可直接放在火焰上烤干。

(3) 固定:将干燥后的标本片匀速通过酒精灯火焰来回 3 次,这样既可以杀菌,又能将细菌蛋白质固定在玻片上,以免玻片上的细菌在染色过程中被水冲洗掉,还可增强细菌的着色性。

2. 染色 滴加甲紫、稀释复红、碱性亚甲蓝染液 1～2 滴,使染液盖满细菌涂膜,约 1 min 后,用细小流水洗去染液,甩掉涂片上的水滴。按上述方法干燥。

3. 镜检 在染片涂膜中央处滴加一滴香柏油,在油浸镜下观察。

【实验结果】 用甲紫染色的葡萄球菌、大肠埃希菌呈紫色;用复红染色者呈红色;用亚甲蓝染色则呈现蓝色。

【注意事项】 取菌量要少,涂片要薄而均匀,流水冲洗玻片一端,不要直接冲洗涂布标本处。水流轻柔。

(二) 革兰染色法

革兰染色法是细菌学中最常用的鉴别染色法,首先由 Gram 创用而取名。染色结果将细菌分为两大类，即革兰阳性菌和革兰阴性菌。可帮助鉴别细菌，了解细菌的致病性和指导临床选用抗菌药物。

【实验目的】

（1）掌握细菌革兰染色的原理与方法。

（2）熟悉普通光学显微镜的油镜使用与保养方法。

【实验原理】 革兰阳性菌等电点（pI 2～3）较革兰阴性菌低，在相同 pH 条件下，革兰阳性菌所带负电荷比革兰阴性菌多，故与带正电荷的甲紫染料结合较牢固；革兰阳性菌细胞壁结构较致密，肽聚糖层厚，脂质含量少，乙醇不易渗入；且含大量核糖核酸镁盐，可与碘、甲紫牢固结合，使已经着色的细菌不易被乙醇脱色，而呈现先染上的甲紫的蓝紫色。革兰阴性菌等电点（pI 4～5）较革兰阳性菌高，菌体含核糖核酸镁盐少，细胞壁结构较疏松，肽聚糖层薄，含大量脂质，乙醇易渗入，故易脱去甲紫而呈现后染上的复红的红色。

【实验材料】

1. 菌种 柠檬色葡萄球菌、大肠埃希菌斜面培养物。

2. 试剂 革兰染色液。

3. 其他 生理盐水、载玻片、酒精灯、接种环、显微镜、香柏油、二甲苯等。

【实验方法】

1. 标本涂片的制作 按单染色法细菌涂片的制作方法，取洁净载玻片一张，用记号笔将其划分为 3 格，分别挑取葡萄球菌、大肠埃希菌斜面培养物少许，在第一小格中放置葡萄球菌，第二小格中放置大肠埃希菌，第三小格中放置葡萄球菌和大肠埃希菌，混匀。

2. 革兰染色

（1）初染：滴加甲紫和碳酸氢钠各 2～3 滴于涂布细菌处，染色 1min 后，用细流水冲洗。

（2）媒染：滴加卢戈碘液数滴，染色 1min 后，用细流水冲净，甩干。

（3）脱色：滴加丙酮乙醇数滴，轻轻晃动玻片，使玻片上流下的乙醇溶液无紫色为止，大约 30s，用细流水冲净，甩干。

（4）复染：滴加稀释苯酚复红液数滴，染色 1min 后，用细流水冲净，甩干。待标本片自然干燥或在酒精灯火焰上烤干后，在涂菌处滴加 1 滴香柏油，油镜下观察。

【实验结果】 革兰阳性菌染成蓝紫色，革兰阴性菌染成红色。葡萄球菌为革兰阳性球菌，成堆或呈葡萄状排列；大肠埃希菌为革兰阴性杆菌，不规则分散排列。在葡萄球菌和大肠埃希菌混合涂片中可见染成蓝紫色的葡萄球菌和染成红色的大肠埃希菌，证明革兰染色可将细菌分为革兰阳性菌和革兰阴性菌。

【注意事项】

（1）取菌量不可太多，使用生理盐水研磨成灰白色为宜。涂片太厚或太薄，菌体分散不均匀，可影响染色结果。固定时应避免菌体过分受热而破坏其形态。

（2）染色的关键步骤是脱色，需根据标本的厚薄灵活掌握脱色时间。所有染液应防止水分蒸发而影响浓度，特别是卢戈碘液久存或受光作用后易失去媒染作用。脱色久的乙醇试剂瓶密封不良或涂片上积水过多，可使乙醇浓度降低而减弱脱色能力。

（3）不同培养时间的培养物，染色结果有差异，如葡萄球菌幼龄菌染成紫色，而老龄菌染成红色。细菌染色一般用 18～24h 的细菌培养物。

（三）鞭毛染色法

【实验目的】 熟悉细菌鞭毛的染色方法。

【实验原理】 鞭毛是细菌的运动“器官”，一般细菌的鞭毛都非常纤细，其直径为 0.01～

0.02μm，在普通光学显微镜的分辨力限度以外，故需要用特殊的鞭毛染色法才能看到。鞭毛染色是借媒染剂和染色剂的沉淀作用，使染料堆积在鞭毛上，以加粗鞭毛的直径，使鞭毛着色，在普通光学显微镜下能够看到。目前，细菌鞭毛染色方法根据染色剂的不同，可分为碱性复红法、副品红法、结晶紫法、维多利亚蓝法、镀银染色法和荧光蛋白染色法6类。本实验应用碱性复红乙醇饱和液中的乙醇挥发后，碱性复红沉积在鞭毛上而使之着色。

【实验材料】

1. 细菌 变形杆菌10h肉汤培养物。

2. 染色液 鞭毛染色液甲液、乙液。

3. 其他 酒精灯、接种环、载玻片、香柏油、二甲苯、光学显微镜、擦镜头纸等。

【实验方法】

1. 涂片标本的处理 将变形杆菌10h肉汤培养物与等体积蒸馏水混合后，离心，取上清液再离心2500r/min离心2min，弃去上清液。于沉淀物中加入2ml蒸馏水，混匀后离心15min。如此重复2～3次。在最后一次离心后，留0.5～1ml上清液，并将之与沉淀物混匀即成。

2. 制作涂片 取上述悬液推制成涂片，自然干燥，甲醇固定。

3. 染色

(1) 滴加甲液1～2滴于涂片标本上，染色2～3min后，用水轻轻冲洗。

(2) 滴加乙液1～2滴于涂片上，染色30s后，用水轻轻冲洗。

(3) 自然干燥后油浸镜下观察。

【实验结果】 在油浸镜下，细菌菌体呈蓝色，鞭毛呈红色。

【注意事项】 要选好菌种；要注意培养条件和培养时间；染色液一定要新鲜；载玻片清洁，涂片不要太厚。用蒸馏水洗涤处理涂片的时间在1～1.5min为宜，在处理过程中可作涂片观察鞭毛膨胀情况，待鞭毛已膨胀大至适度时，即可离心制片。

(四) 荚膜染色法

【实验目的】 掌握细菌荚膜的染色方法。

【实验原理】 细菌的荚膜对染料的亲和力低，用一般染色方法不易使之着色，通常采用负染色法染荚膜，即设法使菌体和背景着色而荚膜不着色，从而使荚膜在菌体周围呈一透明圈。由于荚膜主要为多糖类物质，含水量在90%以上，故染色时一般不加热固定，以免荚膜皱缩变形。

【实验材料】

1. 细菌 肺炎链球菌经腹腔注射接种小白鼠，小白鼠发病或死亡后取其腹腔渗出液。

2. 染色液 1%甲紫染液、20%硫酸铜水溶液。

3. 其他 酒精灯、接种环、载玻片、香柏油、二甲苯、光学显微镜、擦镜头纸等。

【实验方法】

1. 制作涂片 取发病或死亡小白鼠腹腔渗出液涂片，自然干燥、火焰固定。

2. 染色 加1%甲紫染液于涂片上，室温下染色1min，弃去染液，再用20%硫酸铜水溶液冲洗。待涂片干燥后镜检。

【实验结果】 油浸镜下，菌体为深紫色，荚膜为无色。

【注意事项】 加盖玻片时不可有气泡，否则会影响观察。

实验二 病原微生物的分离培养技术

在病原微生物学的实验中，无论临床感染性疾病的诊断、致病机制的研究和制备疫苗防治感染性疾病，首先都必须分离病原微生物，而且分离培养鉴定病原微生物是感染性疾病病原学诊断的金标准。因此,分离培养病原微生物是病原微生物学实验技术的基础。

一、细菌分离培养常用培养基的配制

培养基是指人工配制的含有适合微生物生长繁殖的营养物的基质。培养基主要用于分离、培养、鉴定微生物;研究微生物的生理及生化特性;传代和保存微生物种;制备菌苗、疫苗或其他微生物制剂等。各种微生物生长繁殖的条件不同,培养基的配制也不同,适宜的培养基有利于微生物迅速生长繁殖。掌握培养基的制备技术,是微生物学研究和临床微生物学检验的基础。目前,国内外已有多种商品化的干燥培养基,可按说明配制,使用比较方便。以下介绍细菌分离培养常用培养基的配制,其他微生物的培养基在相应章节介绍。

【实验目的】

(1) 了解培养基的主要成分及其作用。

(2) 掌握培养基的种类。

(3) 熟悉培养基的配制过程。

【实验原理】 培养基是按一定比例配制的供微生物生长繁殖和合成代谢产物所需要的营养物质的混合物。培养基的原材料可分为碳源、氮源、无机盐、生长因子、能源和水。根据微生物的种类和实验目的不同,培养基要选择合适的配比关系;选择合适的理化性质;配制后要及时灭菌。不同的细菌培养和鉴定需要选择不同种类的培养基。

【实验材料】

1. 器材 试管、平皿、三角瓶、烧杯、量筒、玻璃搅拌棒、天平、角匙、棉塞、酸碱指示仪、高压蒸汽灭菌锅等。

2. 试剂 牛肉膏、蛋白胨、NaCl、琼脂等。

【实验方法】

1. 细菌培养基的主要成分及其作用

(1) 营养物质:生物的生长繁殖都需要一定的营养物质,不同微生物种类对营养的要求不同。细菌需要的营养物质应含有氮源、碳源、无机盐类及生长因子等。

1) 蛋白胨:培养基中最主要的成分之一,主要供给细菌的氮源,以合成菌体蛋白质、酶类及能量。常用的商品蛋白胨有多种,如酪蛋白胨、胰蛋白胨等,均是由蛋白酶消化蛋白质生成的含有胨、多肽及多种氨基酸的混合物,可供大多数细菌生长需要。蛋白胨具有以下特点:易溶于水,吸水性强(应干燥密封保存);高热不易凝固(138℃不凝固);含有多种氨基酸,易被细菌所利用;系两性电解质,具有缓冲作用;遇酸不沉淀等。

2) 肉浸液:为新鲜精牛肉煮沸浸泡而制成的肉汁。肉汁中含有大量含氮和非含氮的浸出物。含氮浸出物有肌酸、黄嘌呤、尿酸、腺嘌呤、次黄嘌呤、核苷酸、肉毒碱(卡尼汀)、谷氨酸、甘氨酸等;非含氮浸出物有肝糖、磷酸己糖、乳酸、琥珀酸、醇、脂肪、无机盐等。此外,还有一些生长因子。肉浸液可提供细菌所需的氮和碳的来源,但因含氮物质较少,尚不能满足细菌生长的需要,故在培养基中,一般还需加入1%~2%的蛋白胨和0.5%氯化钠。

3) 牛肉膏:是肉浸液加热浓缩而制成的膏状制品,其不耐热的物质(如糖类)多已在制作中被破坏,故其营养价值不及肉浸液。但使用方便,常代替肉浸液用于制备培养基。

4) 心脑浸液:多用牛心、脑煮沸浸泡而制成,含有较多的固醇类和不饱和脂肪酸,比肉浸液营养丰富,常用于分离培养营养条件要求高的细菌。

5) 糖、醇类:制备培养基所用的糖类、醇类有多种,常用的糖类有单糖(葡萄糖、阿拉伯糖等),双糖(乳糖、蔗糖等)和多糖(淀粉、菊糖等);常用的醇类有甘露醇、卫茅醇等。除葡萄糖、蔗糖主要作为碳源和能源的基本成分外,其他糖类和醇类主要用于鉴定细菌所做的发酵反应。

糖不耐热，过高的温度会使其破坏。在碱性条件及与氮源混合，高温时破坏更快。因此，制备这类培养基时，常用的灭菌条件是0.56kg/cm²(8磅/英寸²)，112.6℃灭菌15min，但为了保证效果，可将其他成分先行121.3℃，20min灭菌，然后以无菌操作手续加入灭菌的糖溶液。

6）血液或血清：除能增加培养基中蛋白质、多种氨基酸、糖类及无机盐等营养成分外，还能提供辅酶（如V因子）、血红素（X因子）等特殊生长因子。此外，在培养基中加入血液还可以观察细菌的溶血作用，并根据细菌在血液培养基中的溶血现象而进行鉴定。

7）鸡蛋：蛋黄和蛋清含有丰富的蛋白质、多种氨基酸、糖类等多种营养成分，甚至含有某些细菌如结核分枝杆菌或白喉棒状杆菌所需的特殊营养成分，常用于制备特殊培养基。此外，由于鸡蛋含有与血清相似的营养成分，但比血清采集方便，现在有人用于代替血清制备需加血清的培养基。

8）无机盐类：细菌生长繁殖需要多种无机盐类，如钾、钠、镁、铁、磷等，其中有的需要量极微，如锰、钻、钙、铜等。这些物质的作用是构成菌体成分、作为酶的激动剂和维持一定的渗透压。其中有的元素（如铜）含量过多，对细菌反而有害，故不宜用铜锅配制培养基。通常用饮用水配制的培养基即含有上述大部分微量元素。

9）生长因子：细菌在生长繁殖过程中需要多种维生素等生长因子，如B族维生素、生物素、肌醇、辅酶（V因子）、血红素（X因子）、叶酸、对氨基苯甲酸等。各种细菌对这些物质的需要不同。通常在动物血清，心、脑浸液，内浸液，牛肉膏中均有一定的含量，对特殊需要的细菌，还需另外补充。

10）水分：水是组成细菌细胞的主要成分，而且是细菌的营养、代谢过程中不可缺少的物质，又是良好的溶剂，许多营养物质均需溶于水中才能被细菌吸收。由于饮用水中常含有钙和镁，可与肉浸液中的磷酸盐反应，生成不溶性的磷酸钙或磷酸镁，形成沉淀。因此，配制培养基时多用蒸馏水或离子交换水。

（2）凝固剂：培养基常制成一定的剂型，如固体培养基或半固体培养基，以利观察细菌的生长现象、生化反应等。理想的凝固剂应具备以下条件：不被所培养的微生物分解利用；在微生物生长的温度范围内保持固体状态。常用的凝固剂有琼脂、明胶、硅胶等，以琼脂最为常用。

1）琼脂：是从石花菜等海藻中提取出来的一种胶体物质。其化学成分主要为多糖类，一般不被细菌分解利用，故无营养价值。琼脂在98℃以上能溶于水，在低于45℃时则凝固成胶冻状，成为固定营养物质的支架。根据琼脂含量多少可配制成不同剂型的培养基，1.5%~2.0%时形成较硬的固体培养基，在0.2%~0.7%时形成较软的半固体，调配琼脂的含量可改变培养基的硬度。

2）明胶：明胶是由胶原蛋白制备得到的产物，是最早用来作为凝固剂的物质，是动物胶原组织（如皮和肌腱等）经沸水溶解熬制而成。由于其凝固点太低（在低于20℃时凝固，高于25℃则自行液化），而且某些细菌和许多真菌产生的非特异性胞外蛋白酶以及梭菌产生的特异性胶原酶都能液化明胶，目前主要用于加入培养基中，鉴别细菌，已较少作为凝固剂。

（3）抑制剂：为了有利于分离培养的目的菌生长，而使其他细菌不生长或少生长，可在培养基中选择性地加入抑制剂，这类培养基称为选择性培养基。抑制剂的种类较多，常用的有胆盐、煌绿、玫瑰红酸、亚硫酸钠等，能抑制革兰阳性菌生长；亚硒酸盐、四硫磺酸盐、叠氮钠等，加入适当的量，可分别抑制不同细菌，甚至其他真菌、支原体等的生长，但不影响分离培养的目的菌及其他微生物的生长，在微生物培养中已广泛应用。

（4）指示剂：在细菌的生化反应中，为了便于观察细菌是否利用和分解糖（醇）、蛋白质等在培养基中加入一定的指示剂，以利于判断结果。酚红、溴甲酚紫、溴麝香草酚蓝、中性红、中国蓝、甲基红及酸性复红等是常用的酸碱指示剂。亚甲蓝是常用的氧化剂。此外，一些新的氧化还原指示剂，如四氮唑盐类等，已广泛用于细菌快速培养、药物敏感试验等方面。

2. 常用基础培养基的制备

（1）肉汤培养基：称取营养肉汤粉1.8g（含牛肉膏0.3g、蛋白胨1g、氯化钠0.5g）加入100ml蒸馏水中，用玻棒搅拌加热溶解。按需要分装于三角瓶或试管，瓶口或管口塞棉塞，包装后置高压蒸汽灭菌器内，在1.05kg/cm^{2}压力下，温度达到121℃，维持15～20min。冷却后贴好标签，4℃箱储存备用。制成后的肉汤呈浅黄色，清晰透明，调节pH为(7.1±0.2)。肉汤培养基常用于增菌培养。

（2）肉汤琼脂固体培养基：在上述肉汤培养基中加入2%～3%琼脂即成。经高压灭菌后，趁热将试管斜置、冷凝，即成普通琼脂斜面培养基；或趁热取出后，稍冷，以无菌操作倾入灭菌的空培养皿，冷凝后即为普通琼脂平板。制作琼脂平板时，每一空皿（直径9cm）需培养基15～20ml。普通琼脂平板用于分离培养繁殖细菌；普通琼脂斜面用于纯培养和保存菌种。琼脂是从石花菜等海藻类中提取的多糖物质，当温度达到98℃以上可溶化，45℃以下则凝固。琼脂对细菌一般无营养作用，用做斜面、平板、高层等不同类型固体培养基的凝固剂。

（3）肉汤琼脂半固体培养基：在上述肉汤培养基中加入0.3%～0.5%琼脂，加热溶化后，分装于小试管（10mm×100mm），每管约3ml，高压灭菌后直立冷凝即成。半固体培养基用于检查细菌的动力和细菌菌种的保存。

3. 细菌培养基的常见种类

（1）按培养基的用途分类

1）基础培养基：含有细菌生长繁殖所需要的基本营养成分，可用于分离营养要求不高的细菌。例如普通肉汤、普通琼脂平板等。

2）营养培养基：在基础培养基中再加入葡萄糖、血液、血清、动植物组织提取液等，可用于培养营养条件要求较高的细菌。例如血液琼脂培养基、血清肉汤培养基等。

3）鉴别培养基：在培养基中加入某种试剂或特定成分，某种微生物在培养基中生长后能产生某种代谢产物，而这种代谢产物可以与培养基中的特殊化学物质发生特定的化学反应，产生明显的特征性变化，根据这种特征性变化，可将该种微生物与其他微生物区分开来。鉴别培养基主要用于检查各种细菌的生化反应，微生物的快速分类鉴定，以及分离和筛选产生某种代谢产物的微生物菌种。

4）选择培养基：利用不同细菌对各种化学物质的敏感性不同，在培养基中加入相应的抑制剂制成。能选择性促进目的菌生长而抑制其他细菌生长。在选择性培养基中，为便于区别培养的目的菌和其他细菌，加入相应的指示剂，此类培养基称为选择鉴别性培养基，如培养肠道致病菌的SS琼脂培养基，中国蓝培养基等。

5）特殊培养基：含有相应的特有成分，用于对营养条件等有特殊要求。如厌氧培养基和细菌L型培养基等。本实验主要介绍厌氧培养基。厌氧菌在无氧环境中才能生长，所以对厌氧菌，须将培养环境和培养基中的氧气去除，或将氧化型物质还原，降低其氧化还原电势方能发育。厌氧培养法主要分为生物学、化学及物理学三类方法，现将几种常用方法介绍如下：

A. 生物学法——疱肉培养基

原理：培养基中的熟牛肉渣含有不饱和脂肪酸及谷胱甘肽，能吸收培养基中的氧，使氧化还原电势下降。在其液面覆盖一层无菌凡士林，则可隔绝空气中的游离氧继续进入培养基中，故适于培养厌氧菌，并可借凡士林盖的上移与否，指示该菌是否产气。盖有凡士林的庖肉培养基，接种前应置于火焰上，微微加热先使熔化，然后接种。

制备：将制备牛肉浸液时剩下的肉渣装于小试管中，每管高约3cm，然后加入pH 7.6的肉汤培养基约5ml，比肉渣高1倍，液体表面加入凡士林，15Pa气压下灭菌20min即成。

B. 化学法——碱性焦性没食子酸法

原理：利用还原作用强的化学物质，将环境中或培养基内的氧气吸收或用还原氧化型物质，降低氧化还原电势。焦性没食子酸的碱性溶液,能迅速吸收空气中的氧气,生成深棕色的焦性没食子酸,由此可造成环境中少氧或无氧状态,利于厌氧菌的生长繁殖。

方法:将厌氧菌接种至血琼脂平板,在培养皿盖之中央置2cm大小数层纱布或脱脂棉一片,在其上放焦性没食子酸0.2g,再吸0.2ml 20% NaOH加在上面,迅速将已接种过细菌的培养皿倒扣在上面,周围以熔化石蜡密封,将此培养皿置37℃孵育24～48h后观察结果。

C. 物理法——厌氧罐(缸)法

原理:利用密封,抽气等物理方法,以驱除或隔绝环境中的氧气,使形成厌氧状态,有利于厌氧菌的发育生长。

方法:将欲培养的平皿或试管放入厌氧罐内,将加热的钯粒放入催化剂囊内。打开厌氧指示剂放入罐内。剪开氢气-二氧化碳发生袋一角,注入10ml水激活,立即竖置于罐内。紧闭罐盖,厌氧缸中残存的氧与氢受钯的催化而合成水,使其中氧气全部消失。将整个厌氧罐放37℃孵育箱培养,24～48h后观察有无细菌生长。本法适合于大量厌氧标本的培养。

(2) 按培养基的物理性状分类:根据培养基中凝固剂的有无及含量的多少,可将培养基划分为固体培养基、半固体培养基和液体培养基三种类型。用液体培养基培养微生物时,通过振荡或搅拌可以增加培养基的通气量,同时使营养物质分布均匀。液体培养基常用于大规模工业生产,以及在实验室进行微生物的基础理论和应用方面的研究;半固体培养基主要用于观察微生物的运动特征(动力)、保存菌种、分类鉴定及噬菌体效价滴定等;固体培养用于进行微生物的分离纯化、鉴定、活菌计数及菌种保藏等。固体培养基又可分为平板、斜面、高层及高层斜面等剂型。

【实验结果】 制备不同种类的细菌培养基。

【注意事项】

(1) 分装时注意不要使培养基沾染在管口或瓶口,以免浸湿棉塞,引起污染。

(2) pH不要调过头,以避免回调而影响培养基内各离子的浓度。

(3) 加入琼脂后需不断搅拌,以防琼脂糊底烧焦。

(4) 严格按照培养基配方配制。

二、细菌培养方法

无论是对细菌感染性疾病的病原学诊断,还是对细菌进行科学研究,人工培养、分离细菌都是有效的手段之一。细菌分离培养法是用人工的办法提供细菌生长所必需的营养和环境,使人体中的病原体在专门的培养皿中繁殖,把细菌进行分离,以获得单个的菌落的培养方法。就细菌学诊断而言,采集临床的标本:如粪便、痰、脓汁、血液等,分离培养出病原菌,并对其进行鉴别、分型,同时可以做药敏指导临床用药等,具有很高的应用价值。细菌培养的方法可因分离培养细菌的目的不同而异,分离培养的方法有平板划线法、稀释培养法、穿刺接种法等。有时,常需用接种动物或化学方法集菌后,再进行分离培养。在接种细菌时应严格实行无菌操作,避免在操作过程中发生污染,同时防止实验室相关感染。

(一) 平板划线法

【实验目的】

(1) 掌握平板划线接种法的操作方法。

(2) 了解平板划线的应用。

【实验原理】 平板划线接种法为最常用的分离培养细菌的方法。通过平板划线后,可使细菌分散生长,形成单个菌落,有利于从含有多种细菌的标本中分离出目的菌。平板划线方式较多,通常使用平板划线法和三段划线法。前者可以用于细菌药物敏感性实验;后者要求通过划线将混杂的细菌在琼脂表面分散开来，使单个菌固定于某一点上繁殖成菌落，使细菌呈现单个菌落生长，便于同杂菌菌落鉴别，达到获得纯种的目的。

【实验器材】 待检材料（脓汁、分泌物、渗出液、粪便等）；固体平板培养基、接种环、酒精灯等。

【实验方法】

（1）右手持灭菌的接种环（冷却3～5s），取一接种环混合菌液。

（2）平板培养基一般是平皿底在上，平皿盖在下放置。划线时，左手抓握平板，（平皿盖留在实验台上），尽量使之直立，以免空气中杂菌落入，并靠近酒精灯周围。

（3）将接种环上菌液涂于平板面的原始区，来回划线，涂成一薄膜。划线时使接种环面与平板表面成30°～40°角，且轻轻接触，以腕力在平板表面滑移，接种环不应嵌入培养基内。

（4）接种环反复火焰灭菌，待冷，自原始区开始划Ⅰ区（占平皿的1/3）：再灭菌接种环后，Ⅰ区开始划Ⅱ区（占剩余平皿面积的1/2）；最后用灭菌接种环从Ⅱ区开始划Ⅲ区（平皿剩余的部分）。

（5）划线结束后，将平板培养基放回平皿盖内，灭菌接种环，放回接种环架上；于平皿底上用玻璃笔作标记。

（6）于37℃恒温箱培养18～24h，观察平板表面生长的菌落状态。

【实验结果】 单个细菌在平板培养基上繁殖成一个肉眼可见的细菌集团，称为菌落。由于细菌种类不同，以及培养基的成分不同，菌落特点也不尽相同，这有助于鉴别细菌。因此，应当对菌落进行认真观察，选出目的菌菌落进一步检查，观察要点如下：

（1）大小：以直径毫米（mm）表示，1mm左右为小菌落，2～3mm为中等菌落，3mm以上为大菌落。

（2）形状：圆形、卵圆形及不规则形。

（3）边缘：整齐或不整齐、锯齿状、毛发状等。

（4）表面：光滑、湿润、皱纹、干燥等。

（5）隆起度：扁平、凸起、中心凹陷等。

（6）透明度：透明、不透明、半透明。

（7）颜色：无色、白色、黄色、绿色等。

（8）溶血性：在血平板上产生溶血毒素的细菌，可以使培养基中的红细胞破坏溶解。可分为完全溶血，草绿色溶血及不溶血。

（二）细菌的接种技术及生长现象

【实验目的】

（1）掌握各种分离、接种方法。

（2）掌握无菌操作基本环节。

【实验原理】 纯培养接种技术是对已得到可疑细菌进行细菌鉴定及菌种保存等。平板分离培养获得目的菌常需进行纯种培养，然后，接种至各有关培养基，以进一步测试菌的其他生物学特性。根据培养基的物理性状，纯种细菌接种法有斜面培养基接种法、液体培养基接种法和穿刺接种法三类。斜面培养基接种法用于菌种的纯培养、增菌、保存等；液体培养基接种法用于增菌及鉴定细菌生长特点，如表面生长、沉淀生长、均匀混浊生长等；半固体培养穿刺接种法用于保存菌种及间接观察细菌之动力。

【实验材料】

1. 培养基 琼脂斜面培养基；半固体培养基；蛋白胨水或肉汤培养基。

2. 细菌 大肠埃希菌（或葡萄球菌）培养物。

【实验方法】

1. 斜面培养基接种法　琼脂斜面、尿素、枸橼酸盐等凡具有斜面外形的固体培养基均可用本法接种细菌。

(1) 用火焰灭菌后冷却的接种环，挑取欲检查的目的菌落少许。

(2) 左手拇指、食指、中指及无名指握持培养基管，斜面向上，勿成水平，以免管底凝结水浸湿培养基表面或沾湿棉塞。

(3) 以右手手掌、小指与无名指拔取并挟持培养基管棉塞，将管口迅速通过火焰灭菌 2～3 次。

(4) 将沾有菌的接种环伸进待接种培养基管，沿培养基斜面表面，自下而上划一直线，然后再蛇行样划线，如图 2-2-1 所示，先 a，后 b。

(5) 接种完毕，重新进行火焰灭菌，接种环放回架上；管口通过火焰 2～3 次，塞回棉塞。

(6) 用玻璃笔在试管上写好日期和菌名等，置 37℃，培养 18～24h 后，观察结果。

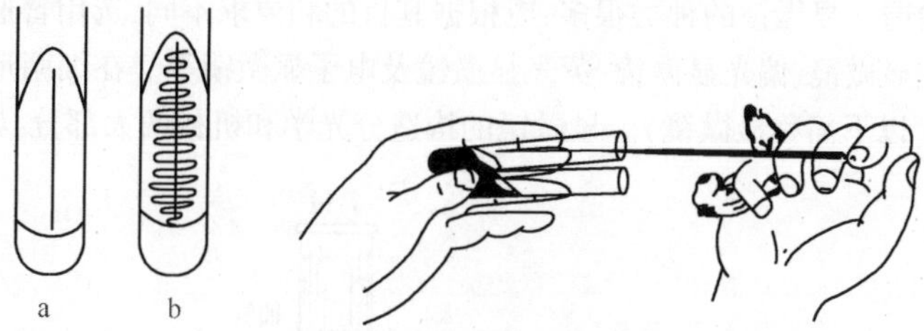

图 2-2-1　斜面接种法示意图

2. 液体培养基接种法　凡肉汤、蛋白胨水等液体培养基均可用本法接种细菌。

(1) 如斜面培养基接种法一样握持菌种管和待接种的肉汤管及握持棉塞。

(2) 右手持接种环灭菌冷却后，伸入菌种管挑取少量菌落，再伸入肉汤管中，在稍离于液面的管壁上，轻轻研磨，使细菌落入肉汤中。

(3) 接种完毕，将管口迅速在火焰上灭菌，塞好棉塞；接种环重新灭菌后放架上。

(4) 在试管上注明菌名、接种日期等。

(5) 置 37℃温箱培养 18～24h 观察结果，见图 2-2-2。

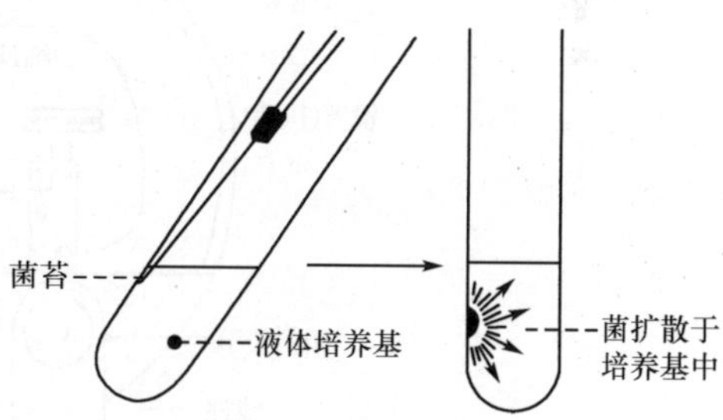

图 2-2-2　液体培养基接种法

3. 穿刺接种法　凡培养基呈高层者，如半固体培养基、醋酸铅培养基等均用此法接种。

(1) 如斜面培养基接种法一样握持菌种管和待接种高层培养基及拔持棉塞。

(2) 右手持接种针，灭菌冷却后，以针挑取菌苔，垂直刺入高层培养基中心，然后，循原路拔出。

(3) 塞好棉塞，在试管上注明日期，菌名等。

(4) 置 37℃温箱 18～24h，观察结果，见图 2-2-3。

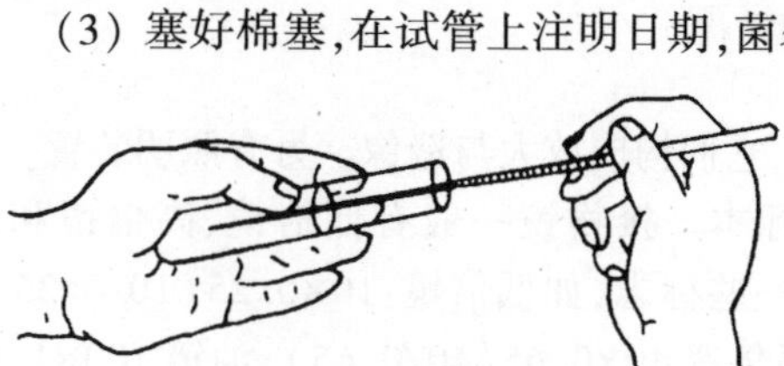

图 2-2-3　穿刺接种法

【实验结果】

1. 斜面培养基　培养基斜面有均匀一致湿润的菌苔，如有不同的菌落出现，则表明菌种不纯。

2. 液体培养基　大肠埃希菌呈均匀混浊生长；有的菌呈沉淀生长（如乙型链球菌）；有的菌在液体

培养基表面形成菌膜,如枯草杆菌。

3. 半固体培养基 有鞭毛(有动力)的细菌,自原接种部位向四周扩散生长,培养基呈现浑浊状态,穿刺线甚至难以看出;无鞭毛(无动力)的细菌仅沿穿刺线生长,清晰可见培养基不出现浑浊。

【注意事项】 细菌培养过程中应严格注意无菌操作。

实验三 常用微生物仪器设备使用

一、普通光学显微镜的使用

【实验目的】

(1) 掌握油镜的使用和保护。

(2) 熟悉显微镜的结构、功能和使用方法。

【器材和方法】

1. 显微镜的构造 显微镜的种类很多;应根据其目的和要求不同,选用普通光学显微镜、暗视野映光显微镜、相差显微镜、偏光显微镜、荧光显微镜及电子显微镜等。在细菌形态学检查时,最常用普通光学显微镜(以下简称显微镜)。显微镜的构造分光学和机械两大部分,如图 2-3-1 所示。

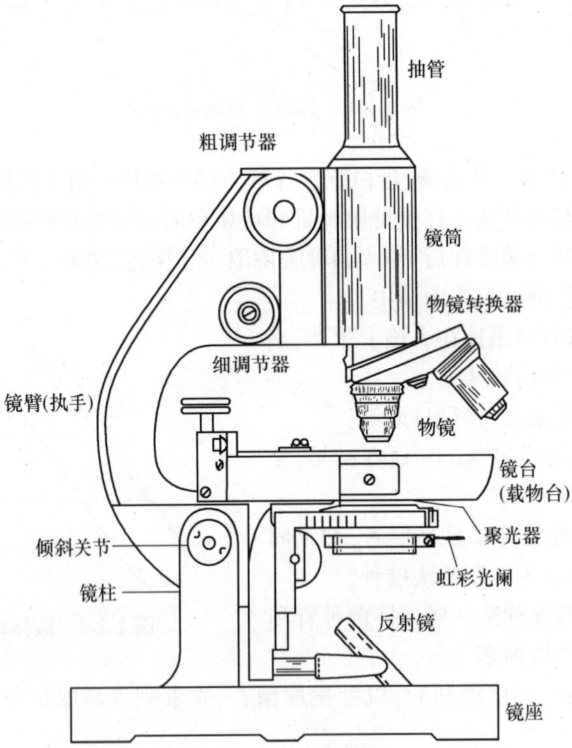

图 2-3-1 显微镜结构

(1) 光学系统:最重要的部件是接物镜和接目镜,它们构成放大与造像。另有照明装置。

1) 接物镜:由多块透镜组成,其下端接近被检标本。接物镜一般有低倍镜、高倍镜和油镜三种。它们安装在物镜转换器(回转板)上,各有一些标志,如低倍镜:10×0.25(10/0.25),10 表示放大倍数,0.25 表示数值孔(口)径(NA);高倍镜 40×0.65(40/0.65);油镜 100×1.25(100/1.25)。

2）接目镜：装在镜筒的上端，由两块透镜组成，其上刻有放大倍数功率5×、10×、15×等。为了便于指示物像，镜中常装有一条黑色细丝作为指针。

3）照明装置：由反光镜、光圈和集光器三部分组成。反光镜在显微镜的最下方，有平、凹两面，可以自由转动方向，使光源射出的光线至集光器。光圈和集光器用以调整光量和光线的性质，以增加成像的清晰度。在集光器下有滤光片环，可用以更换各种滤光片，常用的为蓝色滤光片。

（2）机械系统：用于支持镜体和调焦，它包括以下几部分。

1）镜座：支持和稳定镜体的底座。

2）镜臂：支持镜筒和镜台（载物台）。

3）镜台：放置被检测标本片的平台。镜台上有标本移动器（推进尺），可使标本片前后左右移动。

4）镜筒：上装接目镜，下装物镜转换器。

5）物镜转换器：位于镜筒下端的旋转盘，盘上一般设有3～5个物镜孔。

6）调焦装置：用于调节物镜与被检物体之间的焦距，一般设有粗调节器和细调节器，前者作概略调焦，后者作精密调焦。

2. 显微镜的使用

（1）低倍镜、高倍镜的使用

1）使用显微镜时必须端坐，座位高低要适当调节。

2）先将低倍镜转到工作位置，上升聚光器，打开光圈，然后转动反光镜对光。光源不能采用直射日光，因直射日光的强度太大而刺激眼睛，故多采用间接日光的自然光源，也可采用人工光源（用凹面反光镜）。

3）在使用时，应根据实际需要，选择合适的亮度。未染色标本检查，应适当缩小光圈和下降集光器，使亮度减弱，有利于用高倍镜观察细菌运动。染色标本检查时，应将光圈完全打开，集光器上升至载物台相平，使光亮度很强，用油镜观察细菌形态时，清晰易见。

4）将标本片放在载物台上，用标本移动器或压片夹固定，将欲检部位移至低倍镜下，缓慢转动粗调节器，待看到物像模糊影迹时，再转换成高倍镜，缓慢转动细调清晰。

5）观察标本时应两眼同时睁开，以减少眼睛疲劳，用左眼窥镜，右眼绘图。

6）显微镜放大率计算法为显微镜的放大率为接物镜倍数与接目镜倍数之乘积（当显微镜的镜筒长度为160mm时）。

（2）油镜的使用：先用低倍镜对光，在标本片欲检部位滴一滴香柏油，然后转换成油镜，从侧面观察，缓慢转动粗调节器，使油镜头浸入在油滴内，当油镜头几乎接触玻片时停止转动，用肉眼观察接目镜，缓慢向上调节粗调节器，待看到模糊物像时、再调节细调节器，直至清晰地看到细菌等微生物形态。

使用油镜时滴加香柏油的原理：油镜放大倍数高而透镜很小。自标本片透过的光线、因玻片和空气介质密度不同而折光率不同，因此，有些光线经载玻片和空气折射后而不能进入接物镜，或射入光线较少，使物像不清晰。在油镜和标本片之间滴加与玻璃折射率（$n=1.52$）相仿的香柏油（$n=1.515$），则使进入油镜的光线增多，视野光亮度增强，物像清晰。

【注意事项】

（1）显微镜使用时应小心爱护，不得随意拆开。

（2）搬动显微镜时，用右手持镜臂，左手托镜座，平端在胸前。

（3）镜头必须保持清洁，特别在油镜使用后，应立即用擦镜纸擦去香柏油。若油镜头上的油迹未擦干净，应先用二甲苯滴在擦镜纸上擦拭镜头，再用干净擦镜纸擦净镜头上沾有的二甲苯。擦拭其他镜头也可用软绸布，但不能用硬布（纸）擦拭。

（4）显微镜擦净后，下降聚光器，降低物镜并将其转成八字形，送至显微镜室。

(5) 显微镜不得与强酸、强碱、乙醚、氯仿和乙醇等化学药品接触,以免造成对显微镜的损害。

二、高压灭菌器

高压蒸汽灭菌法是一种最有效的灭菌方法,广泛应用于医院和实验室。该法所用的专用设备为高压蒸汽灭菌器,高压灭菌器是生物安全实验室必需的必备设备,用于培养基、生理盐水、手术器械、金属器械、玻璃器皿和敷料等耐高温、耐湿物品的灭菌、也用于污物和排泄物等的灭菌。高压灭菌器有立式、卧式之分,也有比较小型的手提式高压锅,适用于小型实验室,由于热源不同,又可分为蒸汽式和电热式,不同的实验室可根据具体情况选用。

【实验目的】

(1) 掌握高压灭菌器的使用和保护。

(2) 熟悉高压灭菌器的结构和功能。

【器材和方法】

1. 结构 无论卧式和立式(包括手提式)高压灭菌锅均由双层金属圆桶构成,两层之间为隔套间。外桶坚厚,用于盛水,加热后产生蒸汽;桶口嵌有耐热的橡胶圈。外桶上方(立式)或前方(卧式)的外壁附有螺丝杆和螺帽,其上方(立式)或前方(卧式)有金属厚盖,盖边有螺丝口,通过扭紧的螺丝和橡胶圈将圆桶密封,不让蒸汽外溢。内桶呈放需要消毒的物品。高压蒸汽灭菌器上装有排气阀、安全阀,以调节器内压力;盖上装有温度计及压力表以表示内部温度和压力。有的高压蒸汽灭菌器桶底装有加热器,可自行加热。高档的高压蒸汽灭菌器为全自动装置,设定后自动控制加热,恒温、恒压、定时,使用方便,但价格昂贵。

2. 灭菌原理 通过加热,隔套间的水沸腾而产生蒸汽,随着蒸汽压力升高,内桶的压力也会增高。高压蒸汽灭菌器通过使容器内压力升高,从而使沸点增高,得到高于100℃的温度,导致菌体蛋白质凝固变性而达到灭菌目的。在同一温度下,湿热的杀菌效力比干热大。其原理如下:一是湿热中细菌菌体吸收水分,蛋白质含水量增加容易凝固变性;二是湿热的穿透力比干热大;三是湿热的蒸汽有潜热存在,当水蒸气变为液态时可释放一定的热量,这种热量能迅速提高被灭菌物体的温度,从而增加灭菌效果。该法可以杀灭包括细菌芽孢在内的一切微生物。

3. 使用方法

(1) 先在高压蒸汽灭菌器的隔套间加水至规定水平面,然后往内层圆桶中放入欲灭菌物品,加盖时将盖上的排气管插入内层锅的排气槽内。再把桶盖按对称的螺旋位置盖好,将对称的螺旋用力拧紧,使桶盖均匀密闭,切忌单个依次拧紧螺旋。

(2) 排冷空气:加热后,当压力表指示为约 0.35kPa/cm^3 时,打开排气阀,排出冷空气,待压力表指示回复为“0”时,则冷空气完全排尽,关上排气阀。

(3) 加热灭菌:排出冷空气后继续加热,按所需条件维持压力、温度和时间。

(4) 灭菌时间到达后,停止加热,让器内温度自然下降,当压力表显示“0”时方可打开排气阀,排尽余气。将桶盖的螺旋按对称方式用力拧松,打开桶盖,取出灭菌物品。

【注意事项】

(1) 注意检查排气阀、安全阀、压力表的性能是否正常,以保证器内温度和压力与表的指示一致。

(2) 往隔套间加水时,加水量不可过少,以防水烧干损坏加热器和外桶。

(3) 加热时一定要排出冷空气,否则器内空气冷热不均,达不到灭菌效果。

(4) 桶中放置的灭菌物品不能过紧,需有缝隙,以利蒸汽流通。

(5) 灭菌后,必须待压力表指示降至“0”时才可开盖取物,否则内外压力不平衡或冷空气突然进入,使玻璃炸裂或瓶塞冲出瓶口,导致培养基污染或灼烧取物者。

(6) 高压蒸汽灭菌器必须定期进行安全和灭菌效果的检验,若不合格,则应报废。

三、生物安全柜

生物安全柜是为操作原代培养物、菌毒株以及诊断性标本等具有感染性的实验材料时,用来保护操作者本人、实验室环境以及实验材料,使其避免暴露于上述操作过程中可能产生的感染性气溶胶和溅出物而设计的。生物安全柜可以有效减少由于气溶胶暴露所造成的实验室感染以及培养物交叉污染。生物安全柜同时也能保护工作环境。事实上,生物安全柜更侧重于保护操作人员和环境,防止操作的病原微生物扩散造成人员伤害和环境污染。根据生物安全防护水平的差异,生物安全柜可分为一级、二级和三级三种类型。

【实验目的】

(1) 掌握生物安全柜的使用和保护。

(2) 熟悉生物安全柜的结构和功能。

【器材和方法】

1. 结构　生物安全柜由带工作台的特制金属柜、过滤装置、排风装置、照明系统等组成。

2. 工作原理　在一级生物安全柜内操作时,排出的气体先经过废气通道到达 HEPA 过滤器,再排出到环境中。HEPA 为高效空气粒子过滤器。可以捕捉 99.97% 的直径在 0.3pm 的粒子,对于>0.3pm 的粒子其捕捉率可达 99.9%,这就使已知的感染因子均被有效的捕获,保证排出的气体中不含微生物。二级生物安全柜与一级生物安全柜的区别是,进入空气也需经过 HEPA 过滤器,保证覆盖在台面上的空气是无菌的,不仅提供个人防护,还保护样品不受污染。三级生物安全柜中整个环境是完全密闭的,进入空气经 HEPA 过滤器,排出的气体经 2 层 HEPA 过滤。生物安全柜如图 2-3-2 所示。

图 2-3-2　生物安全柜

3. 生物安全柜的使用

(1) 要根据国家标准和有关的规定,向所有可能使用生物安全柜的用户解释安全柜的使用及限制条件。应发给工作人员书面规定、安全手册、操作手册。特别是必须明确告诉工作人员,在出现溅洒、破碎、方法不当的情况下,安全柜无法保护操作人员。

(2) 安全柜只有在工作正常时才能使用。

(3) 安全柜前脸的玻璃观察窗不得在安全柜处使用状态时打开。

(4) 柜内放置的仪器和材料必须保持在最低数量。静压箱后部的空气循环不得受阻。将材料放入安全柜的工作区之前,应对其表面进行去污处理。

(5) 应在每次工作完成后及一天结束时,使用合适的消毒剂清洁安全柜的表面。

(6) 柜子的风扇在工作开始前和工作完成后要再各运行 5min。

4. 生物安全柜安放位置　从生物安全柜前脸的开口流入柜内的气流速度约为 0.5m/s。以这一风速,柜内单向流的一致性易受干扰,很容易被安全柜附近人员的走动、开窗、送风配风器、门的开关所干扰。按理想的布置,应放在远离活动及可能有干扰气流的地方。应尽量在安全柜的后侧及两侧留下 30cm 的空间,便于维护作业。柜子上方则留下 30 ~ 35cm 的高度,以便对排风过滤器的风速进行精确测量,并为排风过滤器的更换留下足够空间。

5. 生物安全柜的清洁与消毒　生物安全柜内的所有物品,包括设备,都应在工作完成之后进行表面去污处理并从柜内取出,因为残留的培养介质可能会提供微生物的生长条件。安全柜的内表面应在每次使用前与使用后进行去污处理。要用消毒剂擦拭工作台表面及内壁面,使用的消毒剂应能杀死柜内可能存在的所有微生物。一天工作结束时,应进行最后表面去污处理,即对工作台、各个侧面、背面及玻璃的里面进行全面擦拭。可以使用漂白粉液或70%乙醇,这种对目标生物有效的消毒剂。如使用漂白粉液这种有腐蚀性的消毒剂,则要用灭菌水进行二次擦拭。建议工作柜在清洁、消毒时处在工作状态。如果其未处在工作状态,则应运行5min,以便在安全柜关闭前将其中的气体清除掉。

【注意事项】

(1) 生物安全柜中不需要紫外灯。如果使用紫外灯的话,应该每周进行清洁,以除去可能影响其杀菌效果的灰尘和污垢。

(2) 在生物安全柜内所形成的几乎没有微生物的环境中,应避免使用明火。

四、普通培养箱

普通培养箱是病原生物学实验室的基础设备,用于各种病原生物的人工培养。

【实验目的】

(1) 掌握普通培养箱的使用和保护。

(2) 熟悉普通培养箱的结构和功能。

【器材和方法】

1. 结构 由外壳、内胆及两者间的隔热材料、发热器和自动温控装置组成。

2. 原理及应用 通过底部电热丝的加热使箱内温度升高,再通过自动温控装置使培养箱内的温度恒定。

3. 使用程序

(1) 通电前,先检查本箱的电气性能,并注意是否有断路或漏电现象。

(2) 选择一支合适的水银温度计,插入箱顶排气孔中,以便随时观察箱内温度。箱内温度应以温度计的指示为准,不能以调温旋钮所指的数字为准。

(3) 使用时,插上电源插头,将电源开关拨至"升"位置,开始工作。

(4) 温度调整:将调温旋钮按顺时针方向旋转即有红色指示灯亮,表示电热器已在发热,箱内开始升温,如温度超出所需温度时,将调温旋钮向逆时针方向旋少许,至红色指示灯自动熄灭,再微调至绿色指示灯亮,令其恒温,即达到所需温度。

(5) 试品搁板的平均负荷为15kg,放置试品时切勿过密与超载,使空气流动畅通,保持箱内各处温度一致。

(6) 欲观察工作室内试品情况,可开启箱门,从箱内玻璃门观察,但箱门以不常开为宜,以免影响恒温。

【注意事项】

(1) 箱内不应放置过冷或过热的物品,以免影响箱内温度的调节。

(2) 箱内物品不宜放置过挤,以便空气流动保持箱内温度的均衡。

(3) 箱内可放一盛有水的容器,以减少培养物中水分的蒸发和维持箱内湿度。

(4) 定期消毒清洁箱内,可用甲醛熏蒸;也可以用0.1%新洁尔灭或75%乙醇,擦拭箱内及可能污染的死角,并交替使用消毒剂,每月检菌一次。

五、电热鼓风干燥箱

电热鼓风干燥箱是实验室的常用设备。在病原生物学实验中主要用于干燥清洗的和高压蒸汽灭菌后的器皿,对耐高温的玻璃器皿和瓷器进行干热灭菌。

【实验目的】

(1) 掌握电热鼓风干燥箱的使用和保护。

(2) 熟悉电热鼓风干燥箱的结构和功能。

【器材和方法】

1. 构造　电热鼓风干燥箱的基本构造由经防锈处理冷扎喷漆的外壳钢板、不锈钢内胆、外壳与内胆之间填充的玻璃棉或其他隔热材料、加热器(镍铬合金电热丝)、温控装置和鼓风机组成。由外壳、内胆及二者间的隔热材料、发热器和自动温控装置组成。

2. 原理及应用　电热鼓风干燥箱又称为烤箱,它的工作范围一般在50~300℃,可以根据需要选择适宜的工作温度。高温可以使物品水分蒸发,加之鼓风机的鼓风作用能使箱内气体流动增快,提高水分蒸发的速度,故可以用来烤干物品。高温可使微生物细胞内的蛋白质凝固变性从而通过底部电热丝的加热使箱内温度升高,再通过自动温控装置使培养箱内的温度恒定。一般培养箱的恒温范围从略高于室温起至60℃。

【注意事项】

(1) 干热灭菌时,温度不能超过170℃,否则包裹纸或棉塞等即被烤焦甚至燃烧。

(2) 当箱内温度较高时,不能立即开箱门,否则玻璃器皿等可因温度骤降而炸裂。

六、厌氧培养箱(多功能培养箱)

随着无芽孢厌氧菌的不断发现,临床对厌氧菌感染的重视,病原微生物实验室对厌氧菌的分离培养逐渐开展。厌氧培养箱为厌氧菌分离培养的基础设备。

【实验目的】

(1) 掌握厌氧培养箱的使用和保护。

(2) 熟悉厌氧培养箱的结构和功能。

【器材和方法】

1. 构造　由控温系统、抽气换气系统、过滤器、培养罐和各种装有压缩气体的钢瓶组成。

2. 原理及应用　通过控温系统和抽空系统两大系统来控制适当的温度和提供不同的气体环境,达到适宜各种厌氧性细菌生长繁殖的条件。

3. 使用方法(以DY-2型厌氧菌培养箱为例)

(1) 打开电源,关闭培养箱上其他开关和气阀。

(2) 一个培养罐打开后速将接种好的培养皿和催化剂、干燥剂、亚甲蓝指示剂同时放入,随即关闭罐盖。

(3) 同时打开电磁阀和真空阀进行抽气,当真空指针达到93.3kPa/cm^3时,关闭真空阀。

(4) 开启N_2,输气阀,再打开N_2,钢瓶阀和减压阀。当真空指针由93.3kPa/cm^3回降至零位时,说明罐内已充满N_2,关闭N_2全部气阀。

(5) 再次打开真空阀抽气,然后按上述方法再充N_2气一次。

(6) 第三次打开真空阀抽气,然后按80% N_2、10% H_2和5%~10% CO_2,充气;当真空指针回复至零位时,先关输气阀,后关减压阀和电磁阀等,并保证除电源外,其他开关和气阀都处于关闭状态。

(7) 开启恒温调节器,选择所需温度。

【注意事项】

(1) 充气完成后,要检查真空指针,如未恢复至零位,说明气体未充足,罐内有负压,外界空气则可进入,破坏无氧环境,不利于厌氧菌生长。此时应稍开启输气阀,待真空指针回复零位为止。

(2) 在培养过程中若需观察细菌培养物的生长情况时,最好不要打开培养罐,以免破坏无氧环境,可通过玻璃门观察。

实验四　微生物菌、毒种的保存

微生物菌、毒种即微生物种子。它是微生物工作中不可缺少的重要元素,它在教学、科研、医疗和生产中将发挥重要作用,有活标本和活图书馆之称,可为人类创造巨大的物质财富,是国家重要的生物资源。但一些菌、毒种又是具有传染性的生物因子。尚易发生变异和死亡,为了保障微生物工作的顺利进行与安全,对菌、毒种必经妥善保存。

【实验目的】 了解微生物菌、毒种的保存方法。

【实验材料】 生长旺盛的菌、毒种,培养基,菌种管,长颈毛细管,脱脂牛奶,喷灯,普通冰箱,超低温冰箱或液氮罐,冷冻真空干燥器,无菌室,酒精灯,接种环等。

【实验方法】

1. 培养基保存法　用培养基保存菌种虽较易发生变异,但它是一种简单易操作的方法,不需要特殊设备,故仍为常用的一种方法。

(1) 普通琼脂斜面保存法:把营养要求不高的细菌接种于普通琼脂斜面,经35℃培养18~24h,移于4℃冰箱中,每月传代一次。为防干涸,斜面底部可加少许无糖肉膏汤。

(2) 血琼脂斜面保存法:把营养要求高的细菌接种于该斜面上,37℃培养12~24h后,置4℃冰箱中保存。链球菌需半个月至一个月移种一次,肺炎链球菌的新分离菌株需2~4天移种一次,以后逐渐延长移种时间,并在37℃孵箱中保存,一般需要2天移种一次,其他特殊菌种,则需分别选用各自适宜的培养基。

为了延长斜面上菌种的保存时间,接种时由斜面底部仅划一直线即可,待斜面细菌生长好后,加一层无菌液状石蜡至斜面全部浸没再高出1cm,于4℃冰箱中,一般细菌可保存数月。

(3) 鸡蛋斜面保存法:该法适用于含Vi抗原的沙门菌和其他含有表面抗原的细菌,一般可保存1个月。若加无菌液状石蜡则可保存3~6个月。

(4) 半固体保存法:将细菌穿刺接种于半固体或血清半固体内,经37℃培养18~24h,再无菌加入液状石蜡约1cm厚度,移至4℃冰箱中保存,一般可保存3~6个月。

2. 冷冻真空干燥法

(1) 分装贴签:生长旺盛的菌、毒种加适量脱脂牛奶或其他细胞保护剂,用毛细管吹打均匀,再用细长毛细管分装于长颈球型菌种管(事先贴上菌种标签),每管约0.1ml,再无菌包装。

(2) 冷冻:把上述装菌的菌种管置-70℃以上的超低温冰箱速冻2h以上。

(3) 真空干燥:把速冻后的菌种管置事先已抽成真空制冷(-40℃以上)的冷冻真空干燥器中升华干燥,一般需6~10h。

(4) 封口:在真空状态下于酒精喷灯或其他类喷灯的火焰上将干燥菌种管封口。

(5) 保存:置于菌种保管箱中,4℃冰箱保藏待用。

冷冻真空干燥法是把生长旺盛的菌、毒种在超低温冻结下真空干燥,不会影响细菌的生物学性状。菌、毒种的存活率高,不易突变,保存期长,至少可保存1年,一般可保存3~5年,有的甚至保存十几年。是目前最为理想的菌种保存方法,但需冷冻真空干燥器和超低温冰箱等设备。

3. 超低温冷冻保存法　将生长旺盛的菌、毒种加适量细胞保护剂(无菌脱脂牛奶或50%甘油等),混匀,无菌分装于小安瓿(可置入数粒小玻珠),封口,贴上标签,放置于-70℃以上的超低温冰箱或-196℃的液氮罐中保存。

该法速冻菌、毒种,不易发生变异或死亡,也是较为理想的一种菌、毒种保存方法,仅需超低温设备。

【注意事项】

(1) 保存的菌种必须是纯培养物,注意无菌操作,防止污染。

(2) 防治菌种发生变异,选择幼龄菌种或生长良好的培养物保存,切忌反复传代。

实验五 常用微生物试剂的配制

一、革兰染色液

1. 碱性甲紫液 将甲紫2.5g在研钵中先用少量蒸馏水研磨,使之溶解,待溶后,再加入蒸馏水,并将研钵中剩余之染液尽量洗入所加蒸馏水中,补足总量为1000ml。

2. 碳酸氢钠液 将碳酸氢钠12.5g加入1000ml蒸馏水中混匀。

3. 碱性碘液 先将碘2g在10ml的1mol/L氢氧化钠液中研磨,使完全溶解后,加入蒸馏水90ml。

4. 丙酮乙醇 将丙酮25ml加入75ml 95%乙醇溶液中混匀。

5. 稀释苯酚复红染液 取碱性复红10g溶于95%乙醇溶液100ml中,配成碱性复红乙醇饱和液;取此饱和液10ml与5%苯酚水溶液90ml混匀,配成苯酚复红原液;取此原液10ml加入蒸馏水90ml中混匀,即为稀释苯酚复红染液。

二、Albert染色液

1. 甲液 甲苯胺蓝0.15g,孔雀绿0.2 g,冰乙酸1 ml,95%乙醇溶液2ml,蒸馏水100ml。先将甲苯胺蓝和孔雀绿放在研钵内加95%乙醇溶液研磨,使其溶解,然后边研磨边加入水与冰乙酸的混合液,充分混匀。储入瓶内,室温下静置24h后用滤纸过滤备用。

2. 乙液 碘2g,碘化钾3g,蒸馏水300ml。先将碘化钾加少许蒸馏水(约2ml),充分振摇,待完全溶解;再加入碘,使完全溶解后,加蒸馏水至300ml。

三、抗酸染色液

1. 苯酚复红染液 见革兰染色液。

2. 3%盐酸乙醇 取浓盐酸3ml加入95%乙醇溶液97ml中混匀。

3. 碱性亚甲蓝染液 取亚甲基蓝0.3g,溶于95%乙醇溶液100ml中配成亚甲基蓝乙醇饱和液。取此饱和液30ml与10%氢氧化钠0.1ml,加蒸馏水100ml混匀。

四、鞭毛染色液

1. 甲液 20%鞣酸10ml、蒸馏水10ml、95%乙醇溶液15ml、碱性复红乙醇饱和液3ml,将上述成分混合,边加边搅动摇匀,滤纸过滤后备用。

2. 乙液 亚甲蓝0.1g、硼砂1.0g、蒸馏水160ml,将三者混合,溶解后备用。

(吕丽艳)

第三章 寄生虫学基本操作及仪器使用

实验一 常用寄生虫标本形态结构观察方法

寄生虫标本一般分为玻片标本、大体标本(浸制标本)和针插标本三种类型,不同类型的标本采用不同的观察方法。同学们必须按照实验中所提出的不同要求进行观察。观察时,必须认真细致地考虑标本的来龙去脉,联系课堂理论分析其重要性,按照不同要求达到掌握、认识或一般了解。

一、玻片标本

玻片标本为体积较小的寄生虫成虫或幼虫、蠕虫虫卵、原虫分别采用不同的方法制作而成。

1. 寄生虫成虫或幼虫玻片标本 将体积较小的寄生虫成虫或幼虫经过固定、染色、脱水、透明后封装于载玻片中而成。一般一张片子中只有一个或几个虫体。用显微镜观察前必须先用肉眼观察,认出其轮廓、特点和正反面,然后置于载物台上,以推进尺固定,在低倍镜下对标本作全面观察,掌握特征,如需要用高倍镜或油镜深入观察,先把要观察的虫体移至视野中央,再转换高倍镜或油镜观察。切忌一开始即用高倍镜或油镜。

2. 湿片标本 将固定于福尔马林中的蠕虫虫卵、原虫包囊或含有活虫卵、原虫的检材如粪便、阴道分泌物、尿液滴于或涂于载玻片上,并覆以盖玻片制作而成。此类标本一般未经染色,颜色比较淡,显微镜下观察时应注意以下几点:

(1) 应把视野中光线调暗,以增强对比度。

(2) 显微镜镜臂倾斜度不要太大,以免玻片中的水分流出,污染镜头或载物台。

(3) 对含有活病原体的标本要妥善处理,防止感染。

3. 粪便、血液、体液涂片标本 将含有病原体的粪便、血液、体液涂于载玻片上,经固定、染色、脱水后制作而成。此类标本病原体一般较小,且散布于所涂玻片中,不像组织学或病理学标本容易在镜下发现,因此,观察此类标本时,要特别细心,先按图所示的顺序在低倍镜或高倍镜下浏览标本,找到可疑者,再转换高倍或油镜观察。

二、大体标本

将体积较大的寄生虫成虫或幼虫、中间宿主、引起病变的组织器官浸泡于福尔马林中固定而成。此类标本多用肉眼观察,少数用放大镜观察。观察时首先要确认寄生虫的种类与发育阶段,然后再仔细观察其外部形态、大小、颜色、结构特点等,如为病理标本,应联系致病机制,掌握其病理改变的特征。

三、针插标本

一般昆虫成虫多制作成此类标本。用肉眼或放大镜观察。观察时应注意其外部形态、颜色、大小、结构特征等。

实验二　常用寄生虫仪器设备使用

一、解剖显微镜的使用

解剖显微镜又名实体显微镜。用双眼观察,可以得到有立体感的正像。放大倍数较小,视野较广,便于在镜下操作,如解剖虫体或观察虫体体表细微构造等。只有粗调螺旋。

二、手持放大镜的使用

单片手持放大镜的倍数一般为3~5倍。焦距较短。观察标本时,一手拿放大镜,一手拿标本,将放大镜对准标本,置于左或右眼前,再移动标本或放大镜,直到看清楚。

三、显微镜测微尺的使用

显微镜测微尺是用来测量镜下标本大小的仪器,由目镜测微尺与物镜测微尺两部分组成。

1. 物镜测微尺　又称校正尺。为一片中央具有刻度的标尺,全长1mm,分为10个大格,每大格又分为10小格,每小格的刻度为0.01mm,即10μm。

2. 目镜测微尺　又称目尺。为一直径约2cm的圆形玻片,其上刻有0~50或0~100的刻度,使用时将玻片放在目镜的光阑上。

3. 确定目镜测微尺每小格的长度值　将物镜测微尺置于镜台上,目镜测微尺装入显微镜的目镜光阑上,调节焦距(视野中光线应调暗一些),使清楚地看到物镜测微尺与目镜测微尺的分格线,先使两测微尺的左边某一刻度相重叠,再观察右边两尺分格线的重叠部位,记录两尺在重叠范围区内各有多少小格数,然后,根据以下公式计算目镜测微尺每小格的长度值。

$$\text{目镜测微尺每小格长度值}=\frac{\text{物尺格数}}{\text{目尺格数}}\times 0.01\text{mm}$$

测量标本:目镜测微尺每小格的长度已求出,将物镜测微尺取下,放上欲测的标本,按一般观察方法找到物体,移动目镜测微尺和推进尺,以测量标本的长、宽是多少小格数,按已知目镜测微尺每小格代表的实际长度值计算标本的大小。

实验三　常用寄生虫试剂的配制

一、常用寄生虫标本固定液配制

常用寄生虫标本固定液包括单纯固定液和复合固定液两种,常用药品有甲醛、乙醇、甲醇、苦味酸、升汞和冰乙酸等。复合固定液由两种以上药物配制而成,即可利用各种药品的优点,又可抵消药品间的缺陷,应用广泛。单纯固定液配制简单,不能兼备各种药品优点,应用较少。

(一) 复合固定液

1. 鲍氏固定液

饱和苦味酸水溶液	75份
福尔马林	25份
乙酸	5份

固定时间3~12h,或过夜。固定完毕,用50%或70%乙醇溶液冲洗,直至黄色脱除为止。

若加少许碳酸锂,可提高冲洗效能而缩短时间。本固定液最好临用时配制,不宜久藏。但苦味酸水溶液则可预先配好备用。本固定液适用于一般小型蠕虫的固定。

2. 劳氏固定液

饱和升汞水溶液	100ml
乙酸	2ml

适用于固定小型吸虫,固定时间为4~24h,固定完毕更换于加碘液的70%乙醇溶液,去除沉淀,然后保存于70%乙醇溶液内。

3. 肖氏固定液

饱和升汞水溶液	2份
95%乙醇溶液	1份

每100ml混乱合液中加入冰乙酸5~10ml。

固定肠道原虫涂片用,固定时间为10~60min,固定完毕用50%或70%乙醇溶液冲洗,再用碘酒除去升汞沉淀。本液可长久保存。

(二)单纯固定液

1. 甲醛 甲醛在常温下是一种具有强烈刺激性气味的无色气体,10%的甲醛水溶液称为福尔马林。通常福尔马林呈酸性,加入适量碳酸镁或碳酸钙中和以后就呈中性。福尔马林具有强大的杀菌力,能保存标本使其不至于腐烂;渗透力较强,可硬化标本。缺点是用福尔马林浸泡过久的标本,其染色力往往减退。因此,标本染色时,固定后必须再用流水冲洗,然后置于70%乙醇中保持。

福尔马林固定和保存标本时,常用浓度为5%~10%。配制时按本液浓度(37%甲醛)为百分之百计算。如配制10%的甲醛水溶液,以10ml甲醛加90ml水即可。5ml甲醛加95ml水即得5%甲醛水溶液,其余类推。配制时用自来水或生理盐水均可。标本用福尔马林固定时间一般不少于24h。

2. 乙醇 乙醇为无色液体,具有固定、保存和硬化标本的性能,渗透力强。主要缺点是其吸收水分,使标本收缩。由于乙醇可使虫体或组织收缩、表面发硬,因而较难渗入组织深部,不宜固定大块组织。乙醇除了固定和保存虫体以外,还在制片过程中用来脱水。市售的乙醇溶液多为95%浓度,用于固定和保存虫体的各种不同浓度的乙醇,均以95%乙醇溶液配制。固定虫体一般用70%~100%乙醇溶液,固定时间为24h。固定完毕保存于70%乙醇溶液内。在乙醇中加入5%的甘油,则对标本更有利。固定微丝蚴厚涂片则需用纯乙醇,固定时间为10~30min(固定厚涂片标本须溶去血红蛋白)。

3. 氯仿 氯仿又名哥罗仿,是一种无色液体,与日光中,空气接触后就逐渐分解,生成极毒的光气,因此应装入有色的玻璃瓶中。氯仿挥发性大,具有麻醉作用。双翅目昆虫多以此药杀死固定。

二、常用寄生虫标本染色剂配制

染色的作用:未经染色的标本,由于折射率不同,虽然可以看到一部分比较大的器官,但不能看清其细微的机构。为了使虫体各部分形态结构清晰显出,可用染料将标本染色,使虫体染成深浅不同的颜色,以便观察虫体的形态和内部结构,达到鉴别虫体目的。染液是以染料和某些化学药品配制而成,染料必须溶解于溶剂内成为溶液才能染色,这种溶液称为染液或染色剂。常用的溶剂为蒸馏水与乙醇。

染制寄生虫标本常用的染料和染液及其配制方法如下:

1. 苏木精染液

苏木精结晶	0.5g
纯乙醇	5ml
蒸馏水	100ml

配制方法：先将苏木精结晶溶解于纯乙醇中。再加蒸馏水稀释至 0.5% 的水溶液。此液须成熟后才能应用。方法有 3 种：

(1) 将此液装入瓶内严密封盖，置于近窗口处在日光下暴晒 3 个月。

(2) 置于 37℃ 温箱中 3 个星期。

(3) 于此液内加入少许过氧化氢与同量滴数的苯酚(每 150ml 液各加 8 滴)煮沸 1h，则 2 ~ 3 天后即可应用。

2. 戴氏苏木精染液

苏木精结晶	1g
95% 乙醇溶液	6ml
饱和铵明矾水溶液	100ml
甘油	25ml
甲醇	25ml

配制方法：先将苏木精溶解于 95% 乙醇溶液中，然后与饱和铵明矾水溶液混合。混合液暴晒于日光下或置温箱中，经过两星期后，加以甘油和甲醇，再静置数日后过滤，放置约 2 个月，直至液体成熟而呈暗红色时可使用。临用时以此原液加蒸馏水稀释至 10 ~ 15 倍。

(蔡文辉)

第二篇　经典验证性实验

第四章　医学免疫学经典验证性实验

实验一　非特异免疫细胞形态观察及功能检测

一、非特异免疫细胞形态观察

【实验目的】

(1) 观察中性粒细胞、单核细胞的形态,熟悉各细胞特点。

(2) 观察红细胞、肥大细胞、嗜碱粒细胞、巨噬细胞、嗜酸粒细胞,了解各细胞特点。

【实验原理】 非特异免疫细胞在机体的非特异免疫过程中起重要的作用。主要包括吞噬细胞、中性粒细胞、嗜酸粒细胞、嗜碱粒细胞、NK 细胞等。吞噬细胞根据形态的大小,可分为两类:一类是小吞噬细胞,即血液中的中性粒细胞;另一类是大吞噬细胞,包括血液中的大单核细胞和固定于组织中的巨噬细胞。它们对外来异物均有吞噬和消化作用,因此是机体非特异性免疫的重要组成部分。

【实验器材】 显微镜;血液涂片(瑞氏染色);结缔组织切片。

【实验方法】

1. 红细胞的观察 淡红色,无核的圆形细胞,因红细胞为双凹形,故边缘部分染色较深,中心较浅,直径 7 ~ 8μm。

2. 颗粒白细胞的观察

(1) 中性颗粒白细胞:体积略大于红细胞,细胞核被染成紫色分叶状,可分 1 ~ 5 叶,核叶之间联以染色质细丝,染色质染成粉色,其中充满细小的大小均匀的颗粒被染成紫红色,直径 10 ~ 12 μm。

(2) 嗜酸颗粒白细胞:略大于中性粒细胞,细胞核染成紫色,通常为 2 叶,胞质充满嗜酸性大圆颗粒,被染成鲜红色,直径 10 ~ 15 μm。

(3) 嗜碱颗粒白细胞:体积略小于嗜酸粒细胞,细胞质中有大小不等被染成紫色颗粒,颗粒数目较嗜酸粒细胞的颗粒少,核为 1 ~ 2 叶染成淡蓝色,直径 10 ~ 11μm。

(4) 单核细胞:体积最大,细胞圆形。胞质染成灰蓝色。核呈肾形或马蹄形,染色略浅于淋巴细胞的核,直径 14 ~ 20 μm。

3. 肥大细胞的观察 肥大细胞的胞体较大,呈卵圆形,胞质内充满粗大均等的嗜碱性颗粒。其中含肝素、组胺等物质,常成群地分布于血管的周围。

4. 巨噬细胞的观察 巨噬细胞又称组织细胞,细胞形态不规则。常伸出短而钝突起,有很强的吞噬能力。

二、非特异免疫细胞功能检测

（一）中性粒细胞吞噬功能测定（小吞噬试验）

【实验目的】

（1）熟悉中性粒细胞吞噬功能测定方法。

（2）了解中性粒细胞的吞噬作用原理和方法。

【实验原理】 血液中的中性粒细胞即小吞噬细胞，通过趋化、调理、吞入和杀菌等几个步骤，能吞噬和消化衰老、死亡细胞及病原微生物等异物，是机体非特异性免疫的重要组成部分。

将新鲜抗凝外周血与一定量细菌混合，经37℃孵育一定时间后，推片染色。在显微镜下观察中性粒细胞吞噬细菌的现象，并可根据其吞噬细菌的百分率和吞噬指数来判断中性粒细胞的吞噬功能。

【实验器材】

1. 菌种 葡萄球菌。

2. 试剂 18h孵育的斜面或肉汤培养物、抗凝人血（3.8%枸橼酸钠1滴加于无菌小试管中）、瑞氏染液、双蒸水。

3. 其他 试管、玻片、采血针、乙醇溶液棉球、吸管、滴管、显微镜、香柏油。

【实验方法】

（1）取小试管1支，用滴管加入1滴3.8%枸橼酸钠溶液。

（2）用乙醇溶液棉球消毒手指和采血针，从消毒部位采取2～3滴血加入试管中。

（3）取1滴菌液加入小试管中，用吸管混匀。

（4）置37℃水浴箱水浴15min，中途混匀1次。

（5）取出小试管，用吸管将试管中血液打匀后取血半滴于载玻片上，用另一载玻片推成薄血片。

（6）待血片自干后，用瑞氏染液染色。

1）取瑞氏染液数滴滴于上述血片上先染1min。

2）然后加等量蒸馏水，轻轻晃动混匀，继续染5min，水洗。

3）用吸水纸吸干后镜检。

【结果观察】

1. 油镜检查 寻找中性粒细胞，如果染色结果正确，可见细胞核及被吞噬的细菌染成紫色，而细胞质则为淡红色（图4-1-1）。

2. 计数

（1）吞噬百分率：观察100个中性粒细胞，计算其中吞噬有细菌的中性粒细胞数，计算出吞噬细胞百分率。

（2）吞噬指数：观察100个中性粒细胞，计算其中被吞噬的细菌总数，平均每个中性粒细胞吞噬的细菌数即为吞噬指数。

$$\text{吞噬指数}=\frac{\text{被吞噬细菌总数}}{\text{计数吞噬细胞总数}}$$

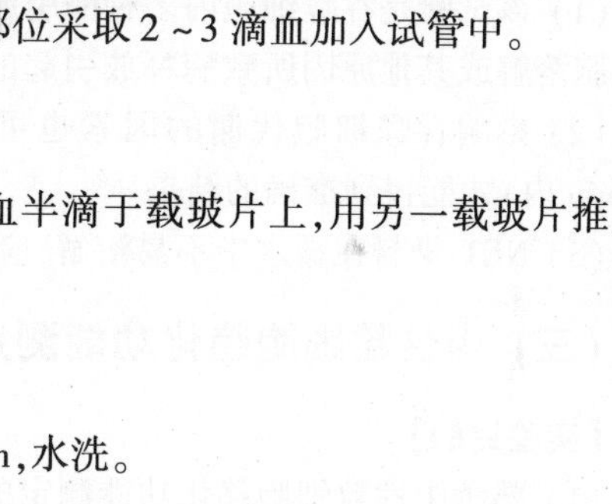

图4-1-1　中性粒细胞吞噬试验

(二) 中性粒细胞活性检测

【实验目的】

(1) 熟悉中性粒细胞活性检测的方法。

(2) 了解中性粒细胞活性检测的原理。

【实验原理】 中性粒细胞吞噬异物颗粒后,细胞内葡萄糖分解能力增强,葡萄糖氧化脱氢而使硝基蓝四氮唑(NBT)还原,由原来的淡黄色的 NBT 变成蓝紫色颗粒沉积于细胞质内。镜下计数有蓝紫色沉着物的白细胞,计算出百分比,即可反映中性粒细胞的吞噬杀菌功能。

【实验器材】

1. 试剂 pH 7.2 的磷酸盐缓冲液、NBT 染液、肝素抗凝血、甲醇、姬姆萨-瑞特染液。

2. 器材 显微镜。

【实验方法】

(1) 于清洁玻片上滴肝素抗凝血 2 滴及 NBT 液 2 滴。

(2) 放置湿盒中,于 37℃放置 15min。

(3) 再于室温下放置 15min,并轻轻混匀。

(4) 在载玻片上推成薄血涂片,干燥后用甲醇固定。

(5) 姬姆萨-瑞特染液染色。

(6) 镜检,计数 100 个白细胞中有还原 NBT(紫色沉着物)的白细胞数。

【注意事项】

(1) 该试验是吞噬细胞内多种酶引起的反应,必须用在 0℃条件下储存的细胞作对照,除去因细胞溶解或其他原因所致酶释放引起的非特异反应。

(2) 影响吞噬细胞代谢的因素也可影响该实验结果,因此注意掌握开始被还原的时间(30min 内)才能得到准确的结果。

(3) NET 染料在盐水中不易溶解,应注意除掉未溶解的染料颗粒,否则会影响结果。

(三) 中性粒细胞趋化功能测定

【实验目的】

(1) 熟悉中性粒细胞趋化功能测定的方法。

(2) 了解中性粒细胞趋化功能测定的原理。

【实验原理】 中性粒细胞在趋化因子,如补体活性片段 C5a、C567,某些淋巴因子 IL-8,微生物的细胞成分及其代谢产物等作用下产生趋化运动。趋化运动是中性粒细胞整个吞噬过程的第一步,对吞噬功能影响很大。测定方法以琼脂平板法为例。

【实验器材】

1. 器材 琼脂糖凝胶板、打孔器。

2. 试剂 白细胞悬液。

【实验方法】

(1) 制备琼脂糖凝胶板,用打孔器打 3 个孔。

(2) 加样,中央孔加白细胞悬液,两侧孔分别加趋化因子和不加趋化因子的对照。

(3) 孵育,白细胞向含趋化因子孔方向移动。

(4) 用戊二醛固定,移去琼脂。

(5) 对黏附在玻璃板上的白细胞进行染色,观察运动情况。

【临床意义】 在一些反复慢性感染,白细胞迟钝综合征、类风湿关节炎或糖尿病等患者,白细胞趋化运动不同程度地低于正常。本实验也可用于测定趋化因子活性。

(四) 动物腹腔巨噬细胞收集

【实验目的】

(1) 熟悉 NK 细胞、吞噬细胞功能检测方法。

(2) 了解巨噬细胞收集方法,中性粒细胞、巨噬细胞的吞噬作用原理和方法。

【实验原理】 小鼠和大鼠腹腔内有丰富的巨噬细胞,可用腹腔冲洗的方法直接获取。其他动物腹腔内巨噬细胞较少,需要预先注入刺激剂如液状石蜡、蛋白胨、血清、甘油等,使巨噬细胞增多。

【实验器材】

1. 试剂 医用消毒乙醇溶液。

2. 器材 棉球、载玻片等。

3. 动物 小鼠。

【实验方法】

(1) 小鼠脱颈致死,仰卧固定。

(2) 消毒腹部,用冲洗液洗腹腔,并收集。

(3) 将腹腔细胞悬液滴于干净玻片上,孵育,用冲洗液清洗玻片,即可见玻片上有毛玻璃样的单层巨噬细胞黏附。巨噬细胞可达 90% 。

(五) 巨噬细胞吞噬功能测定

【实验目的】

(1) 熟悉 NK 细胞、吞噬细胞功能检测方法。

(2) 了解巨噬细胞收集方法,中性粒细胞、巨噬细胞的吞噬作用原理和方法。

【实验原理】 巨噬细胞对颗粒性抗原物质具有强大的吞噬功能。将一定量的红细胞或白色念珠菌等颗粒性物质与巨噬细胞悬液共同孵育,即可见吞噬现象发生。

【实验器材】

1. 器材 橡皮膏、无菌纱布、盖玻片、试管、显微镜等。

2. 试剂 姬姆萨-瑞特染液染色。

3. 细胞 鸡红细胞。

【实验方法】

(1) 皮泡形成:用 $1cm^2$ 滤纸 2 张,浸于 10% 斑蝥浸出液中,取出后放于受试者前臂屈侧皮肤上。在滤纸上盖一盖玻片,上面再敷以清洁纱布,用橡皮膏固定,防止斑蝥液蒸发。4 ~ 5h 后,取下滤纸片、盖玻片及橡皮膏等。此时,于斑蝥作用处,皮肤表皮开始松动或已开始形成小泡。将一塑料盖盖于水泡之上,用橡皮膏固定,防止开始形成的水泡破裂。48h 后,前臂皮肤上可形成一个约 $4cm^2$ 的小泡,内含丰富的巨噬细胞,用无菌注射器小心地将泡液全部吸出(注射器内事先吸入少许肝素),供实验用。局部盖以无菌纱布,2 ~ 3 天后,取下纱布。表皮干燥后不留瘢痕。

(2) 取出渗出液 0.5ml,加 5% 鸡红细胞悬液 0.01ml(鸡红细胞的浓度是 500 万 ~600 万个/ml),混匀。

(3) 37℃水浴 30min,每 10min 摇动试管 2min。

(4) 30min 后,1000r/min 离心 3min。吸出上清液,将管底细胞充分混匀,涂片,用姬姆萨-瑞特染液染色。

(5) 用油镜观察巨噬细胞,计算结果。

【实验结果】 油镜下计数100个巨噬细胞中吞噬鸡红细胞的吞噬细胞及被吞噬鸡红细胞的总数。同时可观察鸡红细胞被消化的程度,以判断巨噬细胞的消化功能。

吞噬百分率=吞有鸡红细胞的巨噬细胞/100个巨噬细胞×100%

吞噬指数=计数100个巨噬细胞中所吞噬的鸡红细胞总数/100个巨噬细胞

(六) 小鼠巨噬细胞吞噬鸡红细胞

【实验目的】

(1) 熟悉小鼠巨噬细胞吞噬鸡红细胞的检测方法。

(2) 了解小鼠巨噬细胞吞噬鸡红细胞的作用原理。

【实验原理】 吞噬细胞具有对异物(细菌、绵羊红细胞、鸡红细胞等)吞噬和消化的功能,在机体固有免疫中发挥重要作用。小鼠腹腔内注射2%糖原水溶液,可刺激巨噬细胞的聚集。4天后小鼠腹腔内注入鸡红细胞悬液,1h后解剖收集腹腔吞噬细胞,染色、镜检可观察对鸡红细胞的吞噬现象。通过计算吞噬百分比或吞噬指数可测定吞噬细胞的吞噬功能。

【实验器材】

1. 实验动物 小鼠。

2. 试剂 抗凝的鸡血、2%糖原水溶液、pH 6.4 PBS溶液、生理盐水。

3. 其他 注射器、姬姆萨-瑞特染液、玻片等。

【实验方法】

(1) 试验前1天,给小鼠腹腔注射2% 糖原水溶液1.0ml,使巨噬细胞从腹膜血管渗到腹腔。

(2) 制备2%鸡红细胞悬液:取抗凝的鸡血2.0ml,生理盐水8~10ml,混匀,2000r/min离心沉淀5min,吸弃上清液,同法再洗2次,末次离心沉淀10min(2000r/min),弃上清液。吸压积的红细胞0.2ml加到9.8ml生理盐水中,混匀后即为2%鸡红细胞悬液。

(3) 24h前注射了糖原的小鼠,腹腔注射2%鸡红细胞液1ml。轻揉腹部。30min后用脱颈法使小鼠死亡。死亡后立即剖开腹腔,用滴管吸出腹腔液滴加在玻片上,每片约0.2ml。

(4) 把此玻片放入37℃温箱中孵育30min。

(5) 取出玻片,用pH 6.4的PBS溶液轻轻冲洗玻片。巨噬细胞、中性粒细胞等吞噬细胞在孵育过程中已黏附在玻片上,轻轻冲洗不掉,其他非吞噬细胞则大部分被冲洗掉。

(6) 用吹风机立即吹干,用姬姆萨-瑞特染液染色。

(7) 用油镜查找观察巨噬细胞200个(可观察100~1000个,数越多,计算时准确性越高)。鸡红细胞为有核红细胞,经姬姆萨-瑞特染液染色后,胞浆呈粉红色,核呈紫蓝色。查找观察的巨噬细胞,有的吞噬了鸡红细胞,有的未吞噬鸡红细胞,都应列为查找对象及计算范围。应注意区别鸡红细胞是真正被吞入还是仅黏附于巨噬细胞表面。查找观察有吞噬作用的巨噬细胞数。被吞噬的鸡红细胞尚未消化者,胞浆和核都很清晰;刚开始消化的,胞浆色变浅,界限不清,胞浆被消化者可仅留下紫色的核;再进一步消化时,可能只看到浅紫色的核轮廓。这些都应列入被吞噬的鸡红细胞数,算出吞噬百分率和吞噬指数。吞噬百分率和吞噬指数都用于表示巨噬细胞的功能(亦可将鸡红细胞注入腹腔30~60min后洗出腹腔巨噬细胞,按上述程序制片,染色观察)。

【注意事项】

(1) 充分揉搓腹腔,尽可能将吞噬细胞冲洗下来。

(2) 用尖吸管吸取腹腔液时,尽量避开腹腔脏器,避免损伤血管引起出血,影响实验结果。

(3) 用吉姆萨-瑞特染液染色时,切勿先将染液倾去后再冲洗,以免染液中细小颗粒附着于玻片上影响标本的清晰度。

(七) NK 细胞活性测定——放射性核素释放测人 NK 细胞活性

【实验目的】

(1) 熟悉放射性核素释放测人 NK 细胞活性的方法。

(2) 了解放射性核素释放测人 NK 细胞活性的原理。

【实验原理】 用放射性核素标记靶细胞,当靶细胞受到破坏时,放射性核素被释放出来,通过测定释放或残留在未被破坏细胞内的放射性核素放射活性,即可计算和推测杀伤细胞的细胞毒活性。常用的放射性核素有^{51}Cr、^{3}H-Dr、^{125}I-UdR 等。本实验采用^{51}Cr 释放法检测人 NK 细胞活性。

$Na^{51}CrO_4$ 半衰期为 27.7 天,当其进入增殖期靶细胞内,可与胞浆内的大分子物质(如蛋白质)结合,使靶细胞被标记。当标记^{51}Cr 细胞受到损伤或死亡后,即可释放出胞内^{51}Cr。^{51}Cr 辐射 γ 射线,通过测定受损伤或死亡靶细胞释放到培养上清液中^{51}Cr 的放射计数率(cpm),即可推算出 NK 细胞活性。

【实验器材】

1. 试剂 2% 十二烷基硫酸钠(SDS,用无菌生理盐水配制);0.5% 台盼蓝染色液(取 0.5g 台盼蓝粉末,加生理盐水 100ml);铬酸钠($Na^{51}CrO_4$)。

2. 器材 96 孔 U 形细胞培养板、解剖用具、离心管、平皿、消毒用品等。

3. 细胞 靶细胞(K562 细胞株、人 NK 细胞敏感株);效应细胞(人外周血单个核细胞)。

【实验方法】

1. 靶细胞制备 取传代培养 24~48h 对数生长期的 K562,用 RPMI-1640 培养液洗涤 2 次,用 10% FCS-RPMI-1640 培养液调细胞浓度 4×10^6/ml。0.5ml K562 细胞悬液加 3.7~7.4MBq (100~200μCi) ^{51}Cr,5% CO_2,37℃ 孵育 90min,每隔 15min 振摇 1 次。RPMI-1640 培养液洗涤 3 次,洗去未标记的游离^{51}Cr。10% FCS-RPMI-1640 培养液调细胞浓度 1×10^5/ml,同时检测细胞的^{51}Cr 标记率,一般要求标记率>0.1cpm/cell。如暂时不用,可置 4℃ 保存 12h。

2. 效应细胞制备 淋巴细胞分层液分离人外周血单个核细胞(PBMC),10% FCS-RPMI-1640 培养液调细胞浓度 1×10^7/ml。

3. 加样 取上述效应细胞和靶细胞各 0.1ml(E:T=100:1)加入 96 孔培养板内,3 复孔。同时设自然释放对照孔(0.1ml 靶细胞+0.1ml 10% FCS-RPMI-1640 培养液)和最大释放孔(0.1ml 靶细胞+0.1ml2% SDS)。37℃,5% CO_2 孵育 4h。

4. 测定 1000r/min 离心培养板 5min,用微量移液器吸出各孔上清液 0.1ml,加于计数管内,用 γ 计数仪测定放射活性 cpm 值。

5. 计算 根据下式计算^{51}Cr 自然释放率和 NK 细胞毒活性。

^{51}Cr 自然释放率(%)=(自然释放孔 cpm 值)/(最大释放孔 cpm 值)×100%。

NK 细胞毒活性(%)=(试验孔 cpm 值-自然释放对照孔 cpm 值)/(最大释放对照孔 cpm 值-自然释放对照孔 cpm 值)×100%。

【注意事项】

(1) 靶细胞的质量非常重要,用台盼蓝染色法检测 K562 靶细胞的存活率应>95%。标记后的自然释放率应<15%。

(2) 效应细胞与靶细胞的比率一般选择(50~100):1,其自然杀伤率不再呈对数增加,标本用量较大。

(3) 由于放射性核素具有毒性，标记的靶细胞不宜放置过久，与效应细胞作用时间也不宜过长，因随时间的延长死细胞增多，自然释放率也随之增高。

(八) NK 细胞活性测定——乳酸脱氢酶释放法

【实验目的】

(1) 熟悉乳酸脱氢酶释放法测定 NK 细胞活性的方法。

(2) 了解乳酸脱氢酶释放法测定 NK 细胞活性的原理。

【实验原理】 乳酸脱氢酶(LDH)存在于细胞内，正常情况下，不能透过细胞膜。当细胞受到损伤时，由于细胞膜通透性改变，LDH 可从细胞内释放至培养液中。释放出来的 LDH 在催化乳酸脱氢的过程中，使氧化型辅酶Ⅰ(NAD^+)变成还原型辅酶($NADH_2$)，后者再通过递氢体-吩嗪二甲酯硫酸盐(PMS)还原碘硝基氯化氮唑蓝(INT)或硝基氯化四氮唑蓝(NBT)形成有色的甲基化合物，在 490nm 或 570nm 波长处有一吸收峰，利用读取的 A 值，即可测得杀伤细胞毒活性。

【实验器材】

1. 试剂 PBS(pH7.4)溶液：NaCl 8.0g，KH_2PO_4 0.2g，$NaHPO_4 \cdot 12H_2O$ 2.9g，KCl 0.2g，加去离子水至 1000ml 溶解；1mol/L 乳酸钠溶液：取 11.2g 乳酸钠溶于 100ml 去离子水；LDH 底物溶液(临用前配制)：NBT(硝基蓝四氮唑)4mg，NAD^+(氧化型辅酶Ⅰ)10mg，PMS(吩嗪二甲酯硫酸盐)1mg，加蒸馏水 2ml 溶解，混匀后取上清液 1.6ml，加 1mol/L 乳酸钠 0.4ml，然后加入 PBS(pH7.4)溶液至 10ml；1% NP-40：取 1ml NP-40 加去离子水 99ml；1mol/L 枸橼酸终止液：取枸橼酸 4.2g 加去离子水 200ml 溶；Tris-NH_4Cl 溶液：NH_4Cl 3.735g/450ml 双蒸水+Tris 1.3g/50ml 双蒸水(pH 7.65)。

2. 靶细胞 YAC-1 细胞株、小鼠 NK 细胞敏感株。

3. 效应细胞 小鼠脾细胞。

【实验方法】

1. 靶细胞制备 取传代培养 24～28h 对数生长期的 YAC-1 细胞，用 RPMI-1640 培养液洗涤 2 次 1000r/min 离心 5min。10% FCS-RPMI-1640 培养液重悬细胞，并用 0.5% 台盼蓝染色检测细胞存活大于 95%，调整细胞浓度至 1×10^5/ ml。

2. 效应细胞制备 将小鼠颈椎脱位处死，用乙醇溶液棉球消毒腹部，剪开腹部皮肤和腹膜，无菌取脾脏，除去脂肪膜等，放入加有约 5ml PBS 溶液的平皿中，用 5ml 注射器抽取平皿内液体缓缓注入脾脏内，将脾细胞冲洗出来。如此反复冲洗，直到脾脏变白为止(冲洗 5～6 次)，将细胞移入离心管内，离心洗 1 次，1000r/min 离心 5～10 min，重复洗 1 次，用 10% FCS-RPMI-1640 培养液重悬细胞，计数细胞，并调细胞浓度至 1×10^7/ml。

3. 孵育 取效应细胞和靶细胞各 0.1ml(E∶T=100∶1)加入细胞培养板中，设 3 复孔，同时设靶细胞自然释放孔(0.1ml 靶细胞+0.1ml 10% FCS-RPMI-1640 培养液)和最大释放孔(靶细胞 0.1ml+1% NP40 液 0.1ml)，1000r/min，低速离心 2min。置 37℃，5% CO_2 孵育 2h。1000r/min，离心 5 min。

4. 测定 吸取各孔上清液 0.1ml 加至新 96 孔板中，37℃，10min。每孔再加入 0.1ml 新配制的 LDH 底物溶液，室温避光反应 10～15min。加入 30μl 1mol/L 枸橼酸终止液终止酶促反应。酶联监测仪在 570nm 波长下读各孔 A 值。

5. 计算 根据下列公式计算 NK 细胞活性。

NK 细胞活性(%)=(实验组 A 值-自然释放对照组 A 值)/(最大释放对照组 A 值-自然释放对照组 A 值)×100%。

实验二　特异免疫细胞分离、亚群及功能检测

一、特异免疫细胞的分离

【实验目的】

（1）掌握密度梯度离心分离淋巴细胞的方法。

（2）了解淋巴细胞分离在免疫学实验中的重要性与用途。

【实验原理】 特异免疫细胞，既 T、B 淋巴细胞担负着机体特异免疫功能。在免疫学实验中，尤其是细胞免疫实验中，经常需要从外周血中分离出淋巴细胞。可以说，淋巴细胞分离技术是细胞免疫实验最基本的技术。分离淋巴细胞的方法有很多，本实验介绍的是淋巴分离液分离法即密度梯度离心法。淋巴细胞与单核细胞的比重为 1.075～1.090，而红细胞与分叶核白细胞的比重为 1.092～1.093。淋巴细胞分离液的比重为 1.077±0.001，与淋巴细胞比重相近，而红细胞较之为重，通过离心，即可将淋巴细胞分离出来。

【实验器材】

1. 试剂　比重为（1.077±0.001）kg/L 的聚蔗糖-泛影葡胺（商品名为淋巴细胞分离液）；肝素（25 U/ml）；pH7.4 Hank's 液；1640 培养液；医用乙醇溶液等。

2. 器材　注射器、吸管、离心管或试管、秤样天平、水平离心机、血球计数板等（图 4-2-1）。

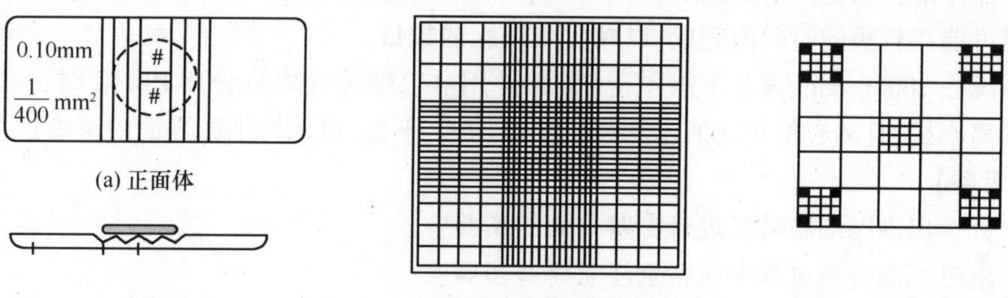

(a) 正面体　(b) 纵切面图　(c) 放大后的方格网计数室　(d) 放大后的计数室

图 4-2-1　血球计数板的构造

【实验方法】

1. 血液标本采集及处理　无菌抽取静脉血 3ml，去掉针头注入含有肝素的无菌试管中摇匀，然后加入等量的 Hank's 液使血液稀释。

2. 分离细胞　先在试管中加入淋巴细胞分离液 2ml，用吸管吸取上述稀释血 3ml 在距分层液上 1 cm处沿试管壁缓慢加入，血液与淋巴细胞分离液的体积比为 3∶2，沿管壁流下的血液与分离液形成明显的界面。

3. 离心　试管置水平离心机中，2000r/min 离心 20～30min。离心之后见管中分 4 层，上层为血浆及 Hank's 液；第二层为外周血单个核细胞（PBMC）层，主要为淋巴细胞，少量单核细胞，呈一层较厚的白膜；第三层为分层液；最下面为粒细胞和红细胞（图 4-2-2）。

4. 收集单个核细胞　用毛细吸管轻轻插到白膜层，沿管壁周缘吸出淋巴细胞层，移入另一试管中，此时已将淋巴细胞分离出。吸出的淋巴细胞加一定量的 Hank's 液（4～5ml），充分混匀，1500r/min，弃上清液，同法洗涤 2～3 次。

5. 计数及镜检　弃上清液，加入 RPMI-1640 培养液 1ml 悬浮沉淀，混匀，取少许进行细胞计数，最后用 RPMI-1640 培养液调整成所需细胞浓度备用。在一含有 0.1ml 的细胞悬液中加入 1 滴 0.5% 台盼蓝染液，混匀。5～10min 后，取一滴加在载玻片上，盖上盖玻片，显微镜下

进行观察。活细胞是透明的,而死细胞则着蓝色。

6. 细胞计数的方法 取1滴细胞悬液置于血球记数板,静置片刻,显微镜下计数四角四个大方格的淋巴细胞数,按下列公式计算淋巴细胞的总数。

$$\text{淋巴细胞总数}=\frac{\text{四个大方格的淋巴细胞数}}{4}\times10^4\times\text{稀释倍数}\times\text{细胞悬液毫升数}$$

【实验结果】 实验结果如图4-2-2所示。

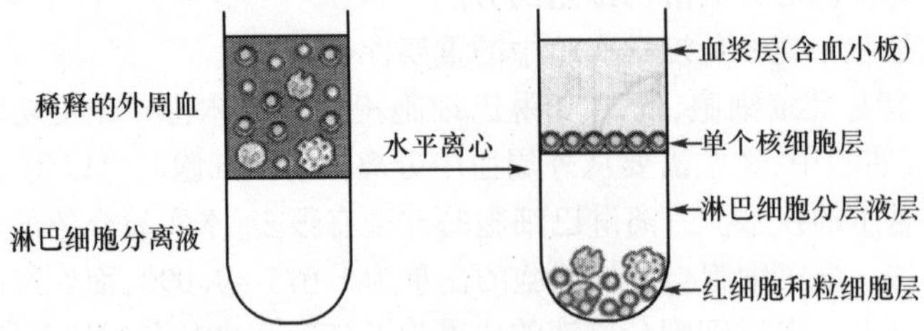

图4-2-2 淋巴细胞分离液分离结果

【注意事项】

(1) 血浆或血液加入分层液中时要小心、缓慢,不要打乱液层,不要摇动。也可以将分层液加入到血浆的上层。

(2) 保持淋巴细胞的活性是非常重要的,所以一般情况下是现采血,马上进行分离。操作全程应尽可能在较短的时间内完成,以减少死细胞的数目。

(3) 离心2000r/min,离心不能少于20min。用淋巴细胞分离液分离PBMC时,一定要用水平转头的离心机,且离心机转速的增加和减少要均匀、平稳,以保持细胞界面的清晰。

【思考题】

(1) 分离出淋巴细胞后可进行哪些方面的实验?

(2) 淋巴细胞分离过程中应特别注意哪些步骤?

(3) 单个核细胞包括哪些?怎样去除其中的单核细胞?

二、T淋巴细胞亚群的检测

(一) SPA花环法

【实验目的】 掌握SPA法测定T细胞亚群的原理。

【实验原理】 根据表面分化抗原的不同,T细胞可分为若干亚群。目前常用方法是利用CD3、CD4、CD8单克隆抗体(McAb)检测外周血单个核细胞,根据$CD3^+$(T3)、$CD4^+$(T4)、$CD8^+$(T8)细胞的阳性率,判定人全T细胞、T辅助细胞(Th)、T杀伤(Tc)细胞亚群百分率。常用的方法有:免疫荧光法;免疫酶标法,包括过氧化物酶-抗过氧化物酶(PAP)法,碱性磷酸酶-抗碱性磷酸酶(APAAP)桥联酶标法;生物素-亲和素-辣根过氧化物酶(ABC)法;免疫金银法(IGSS)及SPA花环形成法等。其中SPA花环法操作简单,无需特殊仪器设备,在一般实验室便于开展。SPA花环法又分直接法和间接法两种。与直接法相比,间接法具有结花率高、可重复性好及节省单克隆抗体等特点。本书主要介绍间接法。

本法采用的单克隆抗体为CDMcAb抗体系统中的3种CD3McAb、CD4McAb、CDMcAb,能与CD3抗体结合的T细胞即为总T细胞,与CD4抗体结合的是辅助(Th)细胞,与CD8抗体结合的是杀伤(Tc)细胞。

在实验过程中，鼠抗人 CDMcAb 抗体作为第一抗体，兔抗鼠免疫球蛋白抗体为第二抗体。第一抗体首先与 T 细胞特异性结合，然后加入第二抗体致敏的葡萄球菌 A 蛋白菌体（致敏的 SPA）。由于第二抗体与第一抗体产生特异性结合，所以 SPA 菌体就通过第二抗体及第一抗体间接地联结在 T 细胞上。在光镜下，细胞表面附有 10 个或 10 个以上 SPA 菌体者为阳性细胞——T 细胞或其亚群细胞。而无菌体或菌体数目少于 10 个以下者为阴性细胞。

【实验器材】

1. 试剂　受检者血清；单克隆抗体：CD3McAb 、CD4McAb 、CD8McAb；兔抗鼠 IgG 抗体血清；冻干 SPA 菌体试剂；Hank's 液：含 1‰NaN_3 和 5% FCS（胎牛血清）；抗体稀释液：0.1mol/L pH 7.2 PBS 溶液含 1‰ NaN_3，pH 6.0 0.1mol/L PBS 溶液；瑞特染色液；0.8% 戊二醛液；0.4% 酚红液。

2. 器材　高速台式离心机、1ml 塑料离心管、定量移液器（100μl）、可调加样器、刻度吸管、毛细吸管、玻片、37℃温箱、冰箱。

【实验方法】

1. 淋巴细胞分离　用分层液将 1.5ml 抗凝血分离，取淋巴细胞层，用含 1‰NaN_3-5%（FCS）-Hank's 液调整到 1×10^6 个细胞 /ml。

2. 致敏 SPA 菌　取 1 安瓿冻干 SPA 菌，加 2ml pH7.2 PBS 溶液，配成 5% SPA 菌液，用 pH7.2 PBS 溶液洗涤 2 次。每次 3000r/min 离心 4min，离心后恢复原体积。每毫升 SPA 加入 1∶4 稀释的兔抗鼠血清 100μl 于 37℃孵育 30min，然后用 pH7.2 PBS 溶液洗涤 3 次，离心条件同前离心后恢复原体积并加入终质量分数 1‰NaN_3 即为兔抗鼠抗体致敏的 SPA 菌液。4℃下可保存 3 个月。

3. SPA 花环形成　取 4 支离心管，每管加入 5×10^5 个淋巴细胞（0.5ml）。每管分别加入相应的单克隆抗体 CD3McAb、CD4McAb、CD8McAb（第一抗体）100μl（1∶100）混匀，第 4 管加 PBS 溶液为对照管。4℃下放置 30min，每分钟摇匀 1 次。用 1‰NaN_3-5% FCS-Hank's 液洗涤细胞 2 次，每次离心（3000r/min）2min。弃上清液，留少许液体（0.1ml）。加入 35μl 兔抗鼠血清（第二抗体）致敏的 5% SPA 菌液，混匀，1000r/min 离心 4min 于 4℃放置 15min。

4. 洗涤　用 1‰NaN_3-5% FCS-Hank's 液洗涤细胞 3 次，每次 1500r/min 离心 4min。弃上清液，留少许液体（0.1ml）。

5. 固定　每管加入 0.8% 戊二醛 1 滴，固定 5min。

6. 涂片　用毛细吸管将细胞悬液轻轻吹吸 3 次后，涂片，冷风吹干，然后置于 37℃温箱中过夜，使固定牢固。

7. 染色及镜检　于涂片次日，用瑞特染液染色，50s 后再加入 pH 6.0 PBS 溶液。3～5min 后用蒸馏水冲洗，滤纸吸干，油镜检查。

【实验结果】

1. 阳性及阴性细胞判断标准　淋巴细胞边缘 10 个或 10 个以上 SPA 菌体者，为阳性细胞；若小于 10 个菌体者为阴性细胞。

2. 结果　计数 200 个淋巴细胞，计算出 SPA 花环形成的百分率。

结花率＝ 阳性管结花率－阴性管结花率

正常值为：	
CD3McAb	69.1% ±6.28%
CD4McAb	44.0% ±5.46%
CD8McAb	37.1% ±4.09%
CD4McAb/CD8McAb	1.65% ±0.05%

（二）间接免疫荧光法

【实验目的】　掌握间接免疫荧光法测定 T 细胞亚群的原理并熟悉其方法。

【实验原理】 人T淋巴细胞表面均有CD3分子,按表达CD4和CD8分子的不同,可分为$CD4^+$T细胞和$CD8^+$T细胞两大亚群。利用鼠源抗CD抗原单克隆抗体分别与淋巴细胞混合孵育,然后再加入荧光素标记的羊(或兔)抗鼠IgG第二抗体染色,在荧光显微镜下观察,计数荧光阳性细胞数并计算所占比率。

【实验材料】

1. 抗原 人T细胞表面CD抗原。

2. 抗体 鼠抗CD3、CD4、CD8单克隆抗体(第一抗体);FITC标记羊(或兔)抗鼠IgG抗体(第二抗体)。

3. 试剂 淋巴细胞分层液(Ficoll),含2% BSA的无Ca^{2+}、Mg^{2+}Hank's液(pH7.2±0.2)等。

4. 器材 荧光显微镜,离心机,塑料离心管,微量加样器(50μl、100μl),吸管等。

【实验方法】

(1) 取肝素抗凝静脉血2ml,用淋巴细胞分离液分离获取单个核细胞,以含2% BSA、无Ca^{2+}、Mg^{2+}Hank's液洗涤3次,重悬细胞并计数,调整细胞浓度至5×10^6/ml。

(2) 取4支Eppendorf微量离心管,每管加入上述淋巴细胞悬液50ml,然后分别加入适当稀释的抗CD3、CD4、CD8单抗各50ml,第4管加Hank's液50ml作为阴性对照,轻轻混匀,冰浴作用30min。

(3) 取出反应管,用Hank's液洗涤3次,弃上清液,沉淀细胞每管加入适当稀释的FITC标记的羊(或兔)抗鼠IgG抗体(第二抗体)50ml,轻轻混匀,冰浴30min。

(4) 取出,同上洗涤3次,用Hank's液重悬细胞并恢复至50ml,取样滴于载玻片上,加盖玻片,在荧光显微镜下观察结果。

【实验结果】

1. 镜检 先在普通光源下观察并计数视野中淋巴细胞总数,再用紫外光源计数同一视野中的荧光阳性细胞数,计算百分率。一般需计数200个淋巴细胞,分别统计$CD3^+$、$CD4^+$和$CD8^+$细胞百分比,并计算$CD4^+/CD8^+$比值。

2. 正常参考值 正常人外周血中$CD3^+$T细胞60%~80%;$CD4^+$T细胞35%~55%;$CD8^+$T细胞20%~30%;$CD4^+/CD8^+$为1.5~2.0。

T细胞亚群的检测对观察机体细胞免疫功能有重要参考价值,而$CD4^+/CD8^+$对评价机体免疫调节功能亦有重要意义。该法是目前临床上检测T细胞亚群较为常用的方法,特异性强,敏感性高,但样品不能长期保存,且结果判定易受主观因素影响。如在荧光染色后,采用流式细胞仪进行细胞计数,则可使结果更为准确、客观。

【注意事项】

(1) 实验样品应新鲜,荧光染色后最好尽快观察,否则荧光强度会随时间延长而逐渐下降。

(2) 尽量减少非特异性荧光干扰。该法非特异性荧光来源较多,实验前应对各种抗体,尤其是第二抗体的浓度进行预实验,以确定最佳抗体浓度。

(3) 结果判定时,应注意观察阳性对照管,排除假阳性。

(三) APAAP桥联酶标法

【实验目的】 掌握APAAP法测定T细胞亚群的原理并熟悉其方法。

【实验原理】 碱性磷酸酶-抗碱性磷酸酶(APAAP)法是一种非标记抗体免疫酶组化染色法。该法检测T细胞亚群涉及三种抗体。第一抗体为鼠抗人CD3、CD4、CD8单克隆抗体,可与待检细胞表面抗原结合;第二抗体为羊(或兔)抗鼠Ig,其Fab段可分别连接第一抗体和APAAP复合物,又称桥抗体;第三抗体为鼠抗碱性磷酸酶单克隆抗体,可与碱性磷酸酶结合成复合物。

加入碱性磷酸酶催化底物显色,以此鉴定相应的表面抗原。

本实验可用于T细胞的检测以判断机体的免疫功能状态,有助于疾病的诊断。例如,在艾滋病患者中,CD4/CD8比例下降。也可以帮助确定其他细胞表面标记分子,如MHC-Ⅰ和MHC-Ⅱ分子。

【实验器材】

(1) APAAP T细胞亚群检测试剂盒:包括鼠抗人CD3、CD4、CD8单抗各1瓶;羊(或兔)抗鼠Ig二抗1瓶;APAAP复合物1瓶;底物液1瓶等。

(2) 淋巴细胞分离液、Hank's液、0.01mol/L pH7.2 PBS溶液。

(3) 水平离心机、显微镜、玻片、盖片、吸管等。

【实验方法】

1. 样品的制备

(1) 常规方法分离外周血单个核细胞,洗涤离心后,去除上清液。用剩余的少许液体将沉淀细胞混匀,制成细胞悬液。

(2) 取洁净玻片,用棉签取少许粘片剂均匀涂于玻片上,干后备用。

(3) 将细胞悬液滴于涂有一层粘片剂的玻片上,然后再回吸液滴,剩一薄层细胞,快速吹干;也可取悬液用推片制片。

2. 样品的保存 样品如不立即染色,放室温可保存3~5天。如需较长期保存,可在吹干后用铝铂纸包起来密闭防潮,最好放干燥箱内,然后置-20℃冰箱内,可保存半年至一年而抗原不丢失。

3. 样品的染色

(1) 细胞涂片样品置室温干燥2h或过夜后,先用划圈笔在样品外划圈,然后滴加戊二醛固定液,1~2min后用PBS溶液冲洗,快速吹干。

(2) 分别加鼠抗人CD3、抗CD4和抗CD8单克隆抗体10~15ml,置湿盒内放室温孵育30min,PBS溶液洗3次,吹干。

(3) 加羊抗鼠IgG二抗10~15ml,同上孵育,洗涤,吹干。

(4) 加APAAP复合物10~15ml,同上孵育,洗涤,吹干。

(5) 加碱性磷酸酶底物显色。临用前取底物液,按每毫升底物液加1mg坚固红的比例加入坚固红,充分混匀。取20~40ml加于样品上,室温或37℃反应15~30min,在低倍镜下观察,可见细胞膜上出现红色标记物,待显色明显时,用自来水冲洗中止显色。

(6) 加苏木素复染液1滴,复染1~2min,自来水冲洗。如核着色很深影响观察时,可用1% HCl分色5~10s,再用自来水冲洗。

4. 甘油明胶封片 如样品需长期保存,可将封片剂瓶放热水中融化,加1滴于样品上或加上盖片,封片镜检。如不需保存,可加1滴水于样品上,加盖片后观察。

【实验结果】

1. 镜检 高倍镜下观察,计数100~200个细胞,计算阳性细胞率。

2. 阳性细胞 细胞膜上或胞质着色为红色,胞核为蓝色。

3. 阴性细胞 细胞膜上或胞质着色为无色,胞核为蓝色。

4. 正常值参考 正常人外周血中$CD3^+$T细胞60%~80%;$CD4^+$T细胞35%~55%;$CD8^+$T细胞20%~30%;$CD4^+/CD8^+$为1.5~2.0。

该法检测T细胞亚群具有灵敏度高,无内源性酶干扰,易于观察计数等优点。而且克服了免疫荧光法中样品不易保存,需要荧光显微镜,结果判断易受主观因素影响等缺点。

【注意事项】

(1) 加各种单抗时,每一种抗体之间不要相混。

(2) 底物应临用前避光配制,显色时应经常观察,显色理想后终止显色。

【思考题】

(1) 荧光免疫法和APAAP法检测T细胞亚群各有什么特点?

(2) T细胞亚群检测的临床意义是什么?

三、T淋巴细胞功能检测

(一) T淋巴细胞转化试验——形态学方法

【实验目的】

(1) 掌握T淋巴细胞转化形态法的实验方法。

(2) 熟悉T细胞转化的形态和正常值,了解其原理和用途。

【实验原理】 T淋巴细胞膜上有植物血凝素(PHA)受体,将人外周血液或分离的白细胞和PHA混合进行体外培养数日后取培养细胞作涂片染色镜检,T淋巴细胞在体外受PHA刺激后,可发生形态改变而转化为淋巴母细胞。用姬姆萨染色后,可见大部分淋巴细胞转化为体积较大的淋巴母细胞,细胞核内生成核仁,并有部分细胞发生分裂现象。计算200个淋巴细胞中转化为母细胞的细胞数(包括过渡型淋巴细胞、淋巴母细胞和核分裂象细胞),依转比的百分率判定T淋巴细胞的功能。在正常情况下,PHA淋巴细胞转化率为60%~80%,50%~60%为偏低,50%以下为降低。

【实验器材】

1. 试剂 细胞培养液、植物血凝素(PHA)、淋巴细胞分离液、Hank's液、瑞氏染液等。

2. 器材 肝素抗凝管、滴管、吸管、刻度离心管、试管、细胞培养瓶、玻片、镜油等。

【实验方法】

(1) 取培养瓶,在超净台或接种箱内按无菌操作加入3~5ml配好的RPMI-1640细胞培养液。或者培养液配好后先分装于瓶中,小瓶用消毒橡皮塞塞紧,胶布封口,冰冻保存,需用时室温或37℃融化后使用。

(2) 用消毒注射器取肝素抗凝血0.3ml(7号针头20滴)加入上述含培养液的培养瓶中。

(3) 按每5ml培养液加入5mg/ml PHA溶液0.2~0.3ml,使培养基中PHA的浓度达到200~300μg/ml。置37℃温箱中培养72h,培养期间每天振摇1次。

(4) 培养结束,吸弃瓶内上清液,取Tris-NH_4Cl溶液3ml加入瓶内,充分混匀。移入离心管内,置37℃水浴10min。

(5) 加适量生理盐水混匀,以1500r/min,离心10min,弃上清液,共洗2次,摇匀沉淀细胞,推片,干燥,瑞氏染色。

【结果观察】 根据细胞大小、胞核和胞浆特征等进行判别。转化过程中,常见的细胞类型有成熟淋巴细胞、过渡型淋巴细胞、淋巴母细胞、核分裂象细胞等。其具体形态特征见表4-2-1。

表4-2-1 未转化和转化的淋巴细胞形态特征

细胞类别 / 比较项目		转化的淋巴细胞		未转化淋巴细胞
		母细胞	过渡型	
细胞体积(直径)		12~20或更大	12~16	6~8
胞核	大小	增大	增大	不增大
	染色质	疏松	疏松	密集
	核仁	清晰可见1~4个	有或无	无
	有丝分裂	+或-	-	-

续表

比较项目 \ 细胞类别		转化的淋巴细胞		未转化淋巴细胞
		母细胞	过渡型	
胞浆	增多	++	+	-
	着色	嗜碱	嗜碱	无青色
	空泡	+或-	+或-	-
	伪足	+或-	+或-	-

在油镜下观察计数200个淋巴细胞,根据淋巴细胞转化的形态学指标计算出淋巴细胞转化的百分率。其中,过渡型淋巴细胞、淋巴母细胞和核分裂象细胞作为转化细胞。

$$淋巴细胞转化率\% = \frac{转化型细胞数}{转化型细胞数+未转化型细胞数}\times 100\%$$

正常值为60%~80%,低于50%为降低。

【注意事项】

1. 无菌　本试验要求严格进行无菌操作,否则会污染影响试验效果。

2. 培养液的pH　过酸或过碱均会影响细胞生长而降低转化率,最适pH为7.2~7.4。

3. PHA量　PHA的加入量要适当,过多或过少都会影响转化率。一般需根据不同的厂家、批号及实践经验定量。

(二) T淋巴细胞转化试验——MTT比色法

【实验目的】

(1) 熟悉MTT比色法测定T细胞转化功能的实验方法。

(2) 了解其原理和用途。

【实验原理】 MTT法(四甲基偶氮唑盐微量酶反应比色法)是Mosmann1983年报告的。四甲基偶氯唑盐(MTT)可作为线粒体中琥珀酸脱氢酶的底物。当有活细胞存在时,线粒体内琥珀酸脱氢酶可将淡黄色的MTT还原成紫蓝色的甲臜,将结晶的甲臜溶解释放后,沉积于细胞内或细胞周围。仅活细胞有此种分解MTT的脱氢酶,形成蓝色物质的量与细胞的增殖程度成正比,该蓝色物质不溶于水,经异丙醇溶解呈色,根据呈色程度即可知蓝色物质的量并反映细胞增殖情况。用此法检测CTLL细胞(IL-2依赖细胞株)代谢活性,即可间接了解检样中有无IL-2及其活性。

【实验器材】

1. 试剂　MTT:瑞士Fluka公司生产、按每毫升5mg溶于PBS溶液中,过滤除菌后,于4℃避光保存;培养液:RPMI-1640培养液,含10%小牛血清、青霉素100U/ml、链霉素100μg/ml、二巯基乙醇(2-ME)5×10^5mol/L;异丙醇溶剂;IL-2待测品(或参考品)。

2. 细胞　CTLL细胞(IL-2依赖细胞株),将培养的CTLL细胞用RPMI-1640培养液洗2次,配成1×10^5/ml悬液。

3. 器材　96孔平底培养板、酶标仪。

【实验方法】

(1) 取CTLL细胞悬液0.1ml(含细胞数1×10^5),加待测IL-2(或参考IL-2)0.1ml,混合后注入96孔细胞培养板孔中,各设3个复孔,以不含Ⅱ-2的CTLL细胞为对照,于37℃ 5% CO_2温箱中培养40h。

(2) 离心,弃上清液。每孔加10μl MTT。用振荡器振荡1min,再于37℃培养2h。

(3) 离心,弃上清液。每孔加入 120μl 异丙醇。振荡 30s 后于 564nm 波长测吸光度。

【实验结果】

1. 结果计算 活性指数=待测孔吸光度值/对照孔吸光度值。SI=ConA 刺激管 OD 均值/对照管 OD 均值。

2. 阳性标准 活性指数≥2.1 为阳性。如以吸光度表示结果时,可检测一定数量正常人,以所得吸光度均值与标准差判定参考范围。

【注意事项】

(1) 测吸光度时尽量在30min 内完成,必要时亦可将培养板储存在0℃过夜,但需防溶剂蒸发。

(2) MTT 使用前一定通过 0.22μm 滤膜过滤,除菌以蓝色沉淀物。

【思考题】

(1) 绘图并说明淋巴细胞转化前的形态特征。

(2) 淋巴细胞转化试验的理论基础和实际意义是什么?

(三) E 花环形成试验

【实验目的】 熟悉 E 花环试验的原理、正常值,E 花环的形态和计数方法。

【实验原理】 T 细胞表面具有能与绵羊红细胞(SRBC)表面糖肽结合的受体,称为 E 受体(CD2)。已证实 90% 以上 T 细胞及部分单核巨噬细胞表达 E 受体。当 T 细胞与 SRBC 混合后,SRBC 便黏附于 T 细胞表面,呈现花环状。通过花环形成检查 T 细胞的方法,称为 E 花环形成试验。根据花环形成的多少,可测知 T 细胞的数目,从而间接了解机体细胞免疫功能状态,判断疾病的预后,考核药物疗效等。由于 T 淋巴细胞存在异质性亚群,它们对绵羊红细胞具有不同程度的亲和力,因而可以形成不同类型的 E 花环。常见的有于 4℃反应 2h 形成的花环,代表 T 淋巴细胞总数称总 E 花环(Et 花环),不经 4℃作用立即反应生成的花环称活性 E 花环(Ea 花环),代表 T 淋巴细胞中对绵羊红细胞有高度亲和力的一个亚群。它能很快就黏附于绵羊红细胞上,可能是 T 淋巴细胞中具有活性的亚群,更能反映机体的细胞免疫水平。

目前临床上应用最广的是 Et 花环和 Ea 花环,它们又可根据用血量多少分为全量和微量法两种,现介绍用全量法检测 Et 花环。

【实验器材】

1. 试剂 肝素抗凝静脉血、Hank's 液、小牛血清、淋巴细胞分离液、1% 绵羊红细胞悬液、0.8% 戊二醛、瑞氏染液。

2. 器材 吸管、毛细滴管、玻片、试管、水平离心机、显微镜。

【实验方法】

1. 淋巴细胞的分离

(1) 取 2 ~ 3ml 肝素抗凝静脉血(加肝素 200U/ml 抗凝),用 Hank's 液稀释 1 倍,混匀。

(2) 取 2 ~ 3ml 淋巴细胞分离液加入 15mm×150mm 试管中。

(3) 用毛细滴管吸取稀释血液,在距分离液面上 1cm 处,沿管壁徐徐加入,使稀释血液重叠于分层液上(尽量避免冲入分层液中)。稀释血液与分层液体积比为 2 : 1。

(4) 2000r/min,水平离心 20min,小心取出试管。

(5) 用毛细吸管轻轻插到血浆与分离液的界面层,沿试管壁周缘吸出富含淋巴细胞的灰白色层即单个核细胞层,移入另一试管中。

(6) 加入 5 倍以上体积的 Hank's 液混匀,离心 1500r/min,10min,弃上清液,将沉淀细胞振摇重悬后加 Hank's 液同法洗涤 2 次。

(7) 最后用营养液配制成(1 ~ 2)$\times10^6$/ml 细胞悬液。

2. E 花环形成试验

(1) 取上述淋巴细胞悬液加入等量 1% 绵羊红细胞悬液、0.1ml 小牛血清，混匀。37℃水浴 5min，500r/min，离心 5min，放 4℃冰箱 20min。

(2) 弃去适量上清液，轻轻摇匀，加 0.8% 戊二醛 1 滴，混匀后置 4℃冰箱 15min。

(3) 取出后轻轻混匀涂片，自然干燥。

(4) 瑞氏染色，将瑞氏染液加于玻片上先染 1min，再滴以等量的蒸馏水，轻轻晃动混匀，继续染 5min 水洗，干后镜检。

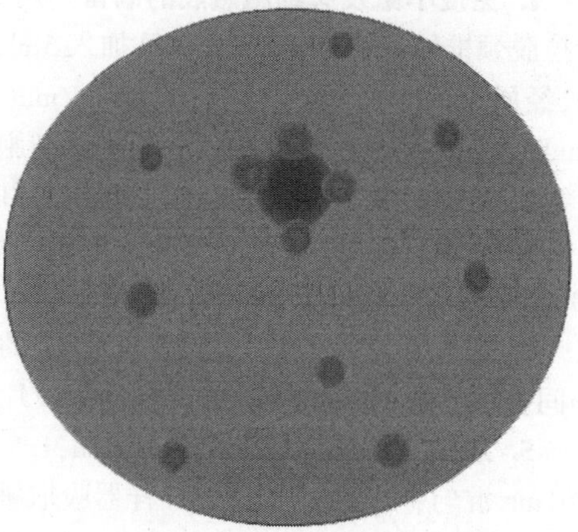

图 4-2-3　E 玫瑰花环

【实验结果】

1. 油镜检查　淋巴细胞呈蓝色，SRBC 呈红色围绕淋巴细胞形成花环，凡表面黏附有 3 个或 3 个以上 SRBC 者为花环形成细胞（即 E 阳性细胞）。如图 4-2-3 所示。

2. 细胞计数　计数 200 个淋巴细胞，算出花环形成百分率，并推测其 T 淋巴细胞百分率。正常值为 50%～80%。

$$\text{花环形成百分率\%}=\frac{\text{花环形成细胞}}{\text{花环形成细胞}+\text{不形成花环淋巴细胞}}\times 100\%$$

【注意事项】

(1) 向分离液管加血液时应沿试管壁缓缓加入，使血液与分离液形成明显的界面，小心放取试管，避免打乱界面，影响分离效果。

(2) 计数及摇匀细胞时动作应轻柔，避免打散已形成的花环。

【思考题】　淋巴细胞转化试验与 E 花环试验的原理有何不同？它们的检测有何意义？

四、B 淋巴细胞功能检测

（一）溶血空斑试验（PFC）——体外抗体形成细胞检查法

【实验目的】　掌握溶血空斑试验原理、操作方法及其检测的临床意义。

【实验原理】　PFC（plaque forming cell assay）测定技术又称溶血空斑试验，它是在体外检查和计数产生 IgM 或其他类型 Ig 的抗体生成细胞的一类试验。通常是用绵羊红细胞经腹腔免疫小鼠，3～5 天后取脾脏，制成脾细胞悬液与相应数量的绵羊红细胞（指示细胞）和补体混合，注入玻片小室内，经 37 ℃孵育后，单个散在抗体生成细胞释放抗体，抗体与周围的绵羊红细胞（抗原）结合，并在补体参与下，使绵羊红细胞溶解，结果在抗体生成细胞周围形成肉眼可见的圆形透明溶血区——溶血空斑。计算空斑数目，即可推算脾内存在的抗体生成细胞的总数。

本试验可作为机体体液免疫状态的指标，研究免疫增强和抑制药物对机体免疫功能的影响等特异性指标。具有特异性高，筛检力强，可直接观察等特点。PFC 检查法目前所用的方法有：琼脂固相法；单层细胞法；小室液相法。本书介绍小室液相法。

【实验器材】

1. 器材　眼科剪、眼科镊、平皿、80～100 目不锈钢网、小玻璃漏斗、100 目尼龙布、试管、离心管、离心机、1ml 吸量管、尖吸管、载玻片用双面胶条制成的小室、石蜡盘、酒精灯等。

2. 实验动物　小鼠。

3. 试剂 5%和15%绵羊红细胞,豚鼠新鲜血清做补体用(经 SPBC 吸收过),含5% 新生小牛血清的 Hank's 液。

【实验方法】

1. 免疫小鼠及脾细胞悬液的制备 用5% SRBC 0.4ml(约 $4×10^8$ 个)注射于小鼠腹腔,4天后拉脱颈椎处死,取出脾脏放在已加入5ml左右的 Hank's 液的平皿中,用100目不锈钢网研磨后,经尼龙布过滤放入离心管中,1000r/min 离心5min 洗涤,共2次,将沉淀的脾细胞重悬于4ml Hank's 液中,细胞计数,配成 $1×10^7$/ml 细胞浓度。

2. 补体制备 新鲜豚鼠血清,经绵羊红细胞吸收后,用 Hank's 液配成(1∶2)~(1∶4)。

3. 绵羊红细胞(SRBC)制备 取脱纤维 SRBC,用生理盐水洗3次(每次1500r/min 离心10min),最后一次以2500r/min 离心15min,取压积 SRBC 配成15%的 SRBC 悬液。

4. 玻片小室的制作 取洁净(无油)的载玻片,平置桌面上。用双面胶带在载玻片两端和中间各粘一条,然后再覆盖上同样的载玻片,即形成两个小室。

5. 加样 $1×10^7$/ml 脾细胞0.2ml,1.5% SRBC 0.2ml,(1∶2)~(1∶4)补体0.2ml,Hank's 液1ml,混匀,用100μl的微量加样器吸取被检细胞混合悬液,于小室开口一端轻轻将液体注满小室(勿使气泡产生,勿使液体外溢),记录实际注入的细胞悬液微升数(约70μl)每个样品注2个小室,取其平均值。然后以凡士林或石蜡封口,放于37℃温箱内1~1.5h,取出观察结果。

【实验结果】

1. 观察计数 肉眼观察空斑,计数1个小室出现的溶血空斑数。对模糊不清的空斑,可放在低倍镜下观察。真正的溶血空斑中心至少有1个淋巴细胞,周围为透明区,见图4-2-4。

2. 计算全脾中抗体产生细胞的总数 全脾脏中抗体产生细胞总数可依下述公式计算。

抗体生成细胞数=脾细胞悬液总毫升数/注入小室内的脾细胞毫升数×标本空斑数

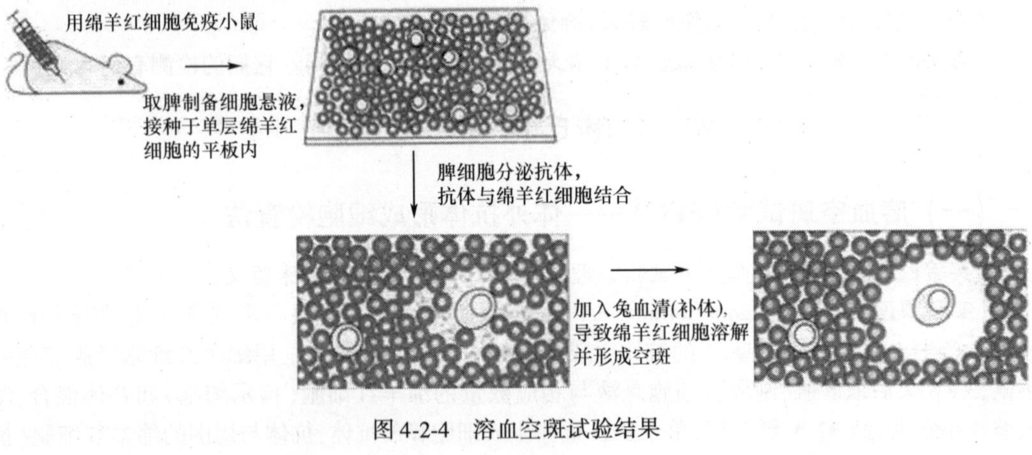

图4-2-4 溶血空斑试验结果

【注意事项】

1. 对 SRBC 的要求 因为 SRBC 既是免疫原,也是靶细胞和指示细胞,故要求 SRBC 应新鲜,洗涤不超过3次,每次2000r/min 离心5min,细胞变形或脆性增大者均不能使用。阿氏液保存的血液可用2周。

2. 脾细胞的活力 为了保证脾细胞的活力,制备脾细胞过程中所用 PBS 溶液(或 Hank's 液),最好临用时方从4℃冰箱中取出。

3. 补体的活力 补体活力的大小,对溶血空斑的形成关系很大。如出现抗体或补体的活力低下,将不能形成空斑。所以补体要新鲜,并宜将3只以上豚鼠血清混合。

4. 玻片小室　小室注入液体不能留有气泡,小室边缘须用凡士林或石蜡封严,放于37℃温箱培养时必须放平,不可倾斜。

【思考题】

(1) 溶血空斑形成试验有哪些方法类型?检测IgM和IgG抗体形成细胞的试验原理有何不同?

(2) 空斑数量能代表什么?

(二) 血清IgG、IgA、IgM定量测定

【实验目的】　掌握免疫浊度法测定人血清中免疫球蛋白IgG、IgA、IgM的原理及临床意义。

【实验原理】　人血清中免疫球蛋白IgG 、IgA、IgM与其相应抗体(羊抗人Ig G、羊抗人IgA、羊抗人IgM)在液相中相遇,在比例适当时形成抗原抗体免疫复合物(IC),此复合物在含聚乙二醇(PEG)的电解质作用下可自液相析出,形成微粒,使反应液出现浊度,当反应液中保持抗体过量时,形成的复合物随抗原量的增加而增加,反应液的浊度也随之增加,与一系列的标准品对照,即可计算出被检物的含量。

IgI测定时,将待测血清作适当稀释后与羊抗人Ig血清在液相中反应,形成免疫复合物,PEG可加速免疫复合物的形成,并使其浊度增加,然后用分光光度计测定反应液的吸光度A值。用已知不同浓度的Ig含量为横坐标,以其吸光度A值为纵坐标,作标准曲线,可求出待测血清中的Ig含量。

【实验器材】

1. 试剂　PEG-NaF稀释液:PEG 40.0g,NaF 20.0g,NaCl 19.0g,NaN_3 1.0g,加蒸馏水溶解至1000ml,双层滤纸过滤;羊抗人IgG、IgA、IgM抗血清;Ig标准参考血清。

2. 器材　试管、试管架、1ml吸管、1~20μl可调加样器、坐标纸、铅笔、恒温水浴箱、离心机、分光光度计或半自动生化分析仪。

【实验方法】

1. 待检血清标本稀释　测IgG,血清按1∶10用生理盐水稀释,测IgA和IgM时血清可不稀释。在测定管中待检血清的最后稀释倍数,测IgG为1∶1000,测IgA为(1∶100)~(1∶200),测IgM为(1∶50)~(1∶100)比较合适。

2. 抗血清稀释　按厂家说明书标明效价的80%稀释,即效价为1∶100的抗血清,按1∶80稀释使用。例如效价1∶100的羊抗人IgG血清,取12.5μl加入1ml PEG-NaF稀释液中即为1∶80稀释,具体加样见表4-2-2。

表4-2-2　免疫比浊法测定免疫球蛋白的操作程序

	测IgG	测IgA	测IgM
PEG-NaF稀释液(ml)	1.0	1.0	1.0
抗血清(μl)(效价1∶100)	12.5	12.5	12.5
	(充分混匀)		
待测血清(μl)	1.0 稀释血清	5.0 (原血清)	10.0 (原血清)
	(充分混匀,37℃温育30min)		

3. 测定吸光度A值　加样完毕后中,充分混匀,置37℃温育30min。以抗血清稀释液作空白,用分光光度计340nm处测定A值。也可用半自动生化分析仪测定A值。

【实验结果】

(1) 标准曲线的绘制:将标准 Ig 参考血清稀释成 5 个不同浓度的标准管,按上述操作步骤进行,测定各管的 A 值。以已知浓度的 Ig 含量为横坐标,以 A 值为纵坐标,制备标准曲线。再用待测血清的 A 值查标准曲线可得出其中的 Ig 含量。

(2) 参考范围:成人 IgG 6.65 ~ 17.65g/L,IgM 0.5 ~ 3.0g/L,IgA 0.4 ~ 3.5g/L。

(3) IgG、IgM、IgA 均升高,常见于各种慢性感染、慢性肝病、肝硬化、淋巴瘤和某些自身免疫性疾病,如系统性红斑狼疮、类风湿关节炎等。

(4) 单一免疫球蛋白增高,主要见于免疫增殖性疾病,如多发性骨髓瘤、原发性巨球蛋白血症等。

(5) Ig 降低,常见于各类先天性免疫缺陷病、获得性免疫缺陷病、联合免疫缺陷病及长期使用免疫抑制剂的患者。单一 IgA 降低常见于反复呼吸道感染患者。

(6) 新生儿和婴幼儿由于体液免疫功能尚未成熟,Ig 的含量较成人低,需按年龄组参考范围来进行分析和判断。

【注意事项】

1. 抗原抗体比例 抗原和抗体的比例是浊度形成的关键因素。当抗原过量时,由于钩状效应即“后带现象”,形成的 IC 分子小,使浊度下降。当反应液中抗体过量时,IC 的形成随着抗原量递增。但这种抗体过剩又必须适量,测定 IgG 时,血清样品作(1:1000) ~ (1:2000)稀释;测定 IgA 按(1:100) ~ (1:200)稀释;测定 IgM 按(1:50) ~ (1:100)稀释比较合适。

2. 抗血清质量 抗血清的质量要好,特异性强,效价高,并使用 R 型抗体。R 型抗体是指以家兔为代表的小型动物经抗原免疫后制备的抗血清,包括大白鼠、豚鼠、家兔、家禽和羊等动物的免疫血清。这类抗血清的特点是亲和力较强,抗原抗体结合后不易发生解离。

3. 反应 pH 抗原抗体反应液的最适 pH 为 6.5 ~ 8.5,超过此限度则不易形成 IC。

4. 电解质 电解质可以中和抗原抗体结合物的表面电荷,促进结合物相互凝聚形成浊度。在一定范围内,离子强度大,IC 形成快。

5. 增浊剂 PEG 是一种增浊剂,其作用是能消除蛋白质(抗原、抗体)分子周围的电子云和水化层,促进抗原、抗体分子结合形成大分子复合物。PEG 的用量一般为 3% ~ 4%,浓度过高将引起血清中其他蛋白质非特异性沉淀,形成伪浊度,影响测定结果的准确性。

实验三 凝集反应

凝集试验是一个定性的检测方法,即根据凝集现象的出现与否判定结果阳性或阴性;也可以进行半定量检测,即将标本作一系列对倍稀释后进行反应,以出现阳性反应的最高稀释度作为滴度。由于凝集反应方法简便,敏感度高,因而在临床检验中被广泛应用。在免疫学技术中,凝集反应可分为直接凝集反应和间接凝集反应两大类。自身红细胞凝集试验和抗球蛋白参与的凝集试验是两种特殊的凝集反应。

一、直接凝集

细菌、立克次体、钩端螺旋体和红细胞等颗粒抗原,在适当电解质参与下可直接与相应抗体结合出现凝集,称为直接凝集反应。凝集反应中的抗原称为凝集原,抗体称为凝集素。常用的凝集试验有玻片法和试管法两种。

(一) 玻片凝集试验

【实验目的】 掌握玻片凝集反应的原理、方法、结果判定及应用。

【实验原理】　玻片凝集试验是将已知的抗体直接与未知的颗粒性抗原物质(如细菌、立克次体、钩端螺旋体和红细胞等)混合,在有适当电解质存在的条件下,如两者对应便发生特异性结合而形成肉眼可见的凝集物,即为阳性(图4-3-1);如两者不对应便无凝集物出现,即为阴性。此类反应较简单、迅速,常用于抗原或抗体的定性检测。例如细菌的鉴定、分型及ABO血型鉴定。这里介绍人类ABO血型的鉴定方法。

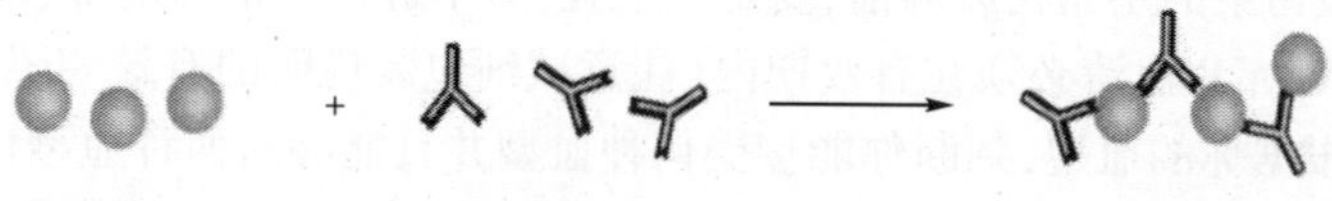

图4-3-1　直接凝集反应

ABO血型系统是按照血液中红细胞表面的抗原分子来命名的。人类ABO血型抗原有两种:A抗原和B抗原。A型血红细胞表面有A抗原,B型血红细胞表面有B抗原,AB型血红细胞表面有A、B两种抗原,若红细胞表面无这两种抗原,则为O型血。

若用已知的抗A血清和抗B血清与受试者红细胞上的相应抗原结合,即可能引起红细胞凝集,据凝集状况便可判定出受试者的血型(表4-3-1)。

表4-3-1　血型鉴定试验结果与判定

凝集反应 / 诊断血清 / 血型	抗A血清	抗B血清
A	+	−
B	−	+
AB	+	+
O	−	−

"+"表示凝集,"−"表示无凝集

【实验器材】

1. 试剂　标准的抗A和抗B血清(抗A为蓝色,抗B为黄色)。

2. 器材　乙醇溶液棉球、干棉球、采血针、载玻片、双凹玻片、记号笔。

【实验方法】

1. 标记　取洁净双凹玻片1张,用记号笔分为2格,注明A、B字样。

2. 滴加试剂　倒置标准抗血清试剂瓶,悬空轻挤出抗A血清1滴,滴加在A格内;同法在B格内加抗B血清1滴。

3. 采血　用乙醇溶液棉球消毒无名指指端皮肤或耳垂,待乙醇自然干燥后,用无菌采血针快速刺破皮肤。

4. 检测　用洁净的载玻片一角刮取一滴血,加入抗A血清中搅拌混匀,然后换载玻片的另外一角取血,加入抗B血清中搅拌混匀。

5. 止血　取血后,应立即用无菌干棉球压迫针眼止血。

6. 观察　摇转玻片数次,然后将玻片放置于实验台上静置数分钟后,在白色背景下观察凝集情况。如凝集,可见红细胞凝集成块;如无凝集,红细胞均匀分散。

【实验结果】　如混合液由均匀红色混浊状逐渐变为澄清,并出现大小不等的红色凝集块者即为红细胞凝集;若混合液仍呈均匀混浊状,则表明红细胞未发生凝集。如肉眼观察不够清楚,可将玻片置于显微镜下用低倍镜观察。

【注意事项】

(1) 双凹玻片或载玻片要清洁,双凹玻片要标明 A、B,不要让两种抗血清混合。

(2) 采血前要消毒手指,在乙醇干燥前不要采血,以免乙醇破坏红细胞。

(3) 及时观察结果,以防时间过长使标本干涸而影响结果观察和判定。

(4) 对被血液污染的用品在废弃前,要定点放置,集中进行严格的消毒,以防传播疾病。

(5) 所用抗 A、抗 B 血清必须在有效期内(注意试剂包装说明的有效期限)使用。

【思考题】 根据你的血型,判断你能接受何种血型并且能够给何种血型供血?

(二) 试管凝集试验

【实验目的】 熟悉试管凝集试验原理、方法、结果判定及应用。

【实验原理】 试管凝集试验是一种半定量试验,常用已知颗粒性抗原来检测未知抗体及其含量。方法是用生理盐水将待测血清在试管中进行连续倍比稀释,然后于各管中加入等量已知抗原悬液,37℃过夜或 56℃水浴 2h 后,观察有无凝集并根据凝集程度,判定待检血清抗体的效价。通常以产生明显凝集现象(++)的最高稀释度作为血清中抗体的效价,亦称为滴度。

本法主要用于某些传染病的辅助诊断及流行病学调查,如伤寒、副伤寒及布氏杆菌病的诊断等。临床上常用的直接试管凝集试验为肥达试验和外斐试验。在输血时也常用于受体和供体两者的红细胞和血清的交互配血试验。

【实验器材】

1. 试剂 A 或 B 型待检血清、A 或 B 型红细胞悬液、生理盐水。

2. 器材 小试管、试管架、吸管、37℃恒温培养箱等。

【实验方法】

1. 标记 取洁净小试管 7 只并依次排列于试管架上,用特种铅笔或记号笔按顺序注明号码。

2. 加生理盐水 将 1ml 刻度吸管套上乳胶皮头,吸取生理盐水 0.9ml 加至 1 号试管,余下每管中分别加入 0.5ml 生理盐水。

3. 加待检血清 用 1ml 刻度吸管取 0.1ml 待检血清于第 1 管中。

4. 倍比稀释 用 1ml 吸管在 1 号管内连续吸吹三次,使血清与生理盐水充分混匀,然后吸取 0.5ml 加至 2 号试管,随后按上法进行倍比稀释直至 6 号试管,最后从 6 号管中吸出 0.5ml 混合液弃去。至此,1 ~ 6 号试管的血清稀释度依次为 1 : 10、1 : 20、1 : 40、1 : 80、1 : 160、1 : 320、而 7 号管中只有 0.5ml 生理盐水,此管系阴性对照管(表 4-3-2 和图 4-3-2)。

表 4-3-2 试管凝集实验方法和结果举例

试管号	1	2	3	4	5	6	7(对照)
生理盐水(ml)	0.9 ↘	0.5 ↘	0.5 ↘	0.5 ↘	0.5 ↘	0.5 ↘(弃 0.5)	0.5
待检血清(ml)	0.1	0.5	0.5	0.5	0.5	0.5	—
红细胞(ml)	0.5	0.5	0.5	0.5	0.5	0.5	0.5
血清稀释度	1 : 20	1 : 40	1 : 80	1 : 160	1 : 320	1 : 640	-
			37℃ 30min				
结果判定	++++	++++	+++	++	+	-	-

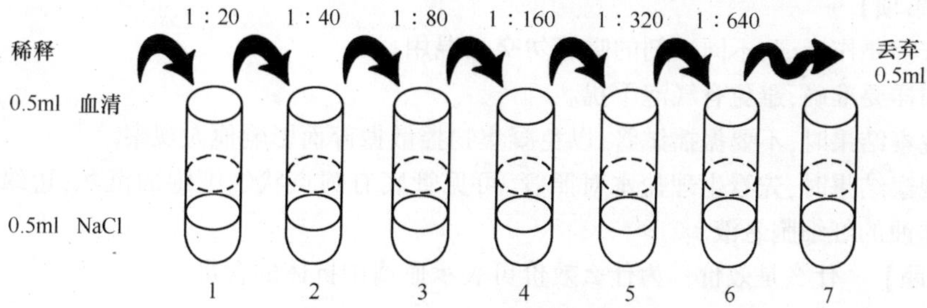

图 4-3-2　试管凝集实验操作方法

5. 加红细胞悬液　取5ml吸管吸取红细胞悬液，加于1～7号试管中，各加0.5ml。此时，每支试管中的液体量均为1ml，1～6号试管的血清最终稀释度分别为1∶20、1∶40、1∶80、1∶160、1∶320、1∶640。

6. 混匀　持试管架轻轻振荡摇匀，以使血清与红细胞悬液混合均匀。

7. 观察　置37℃恒温箱过夜或56℃水浴箱2h，再观察结果。

【实验结果】

1. 对照管（第7管）　应不发生凝集，上清液混浊，管底沉淀呈圆形，边缘整齐。此沉淀物为红细胞悬液静置时因重力作用自然下沉形成。如斜置试管可见其流动，若轻轻振荡便分散呈混浊状。

2. 试验管　按1～6号管依次观察。自第6管开始依次观察管内液体的混浊程度及管底凝集块的大小。如有凝集（此为阳性），可见管底有凝集块，平铺于试管底部，边缘向上卷曲或出现凝结颗粒，轻摇即升起，红细胞的凝集块呈絮状，液体上部澄清。阴性者则与对照管（第7管）相同（图4-3-3）。

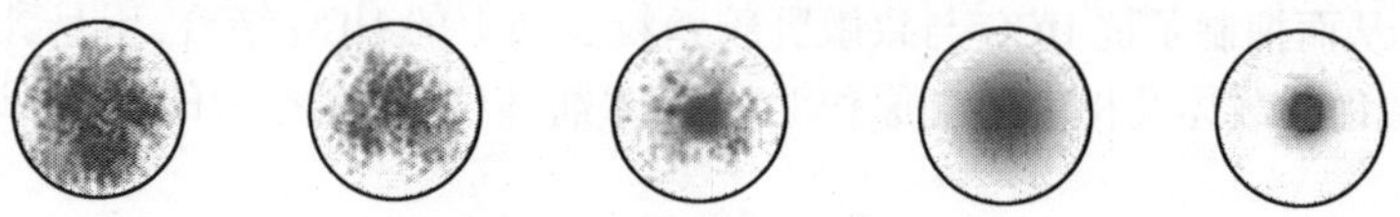

图 4-3-3　试管底部凝块观察

3. 凝集强弱的判定与记录（表4-3-3）

++++：表示红细胞全部凝集。试管底部有大量凝集块，上清液澄清透明。

+++：表示绝大部分红细胞凝集，凝集物较多或与++++相当，上清液澄清。

++：表示部分（约50%）红细胞发生凝集，凝集物较少，呈颗粒状，上清液基本澄清。

+：凝集物很少，需仔细观察才能发现，上清液基本浑浊。

－：表示不凝集。与阴性对照管相同。

4. 判定凝集效价（滴度）　以凝集物明显可见，且血清稀释度又最高的那一号试管的血清最终稀释度为血清效价。

表 4-3-3　试管凝集结果判定

凝集物	上清液	凝集程度
全部凝集	澄清	++++（最强凝集）
大部分凝集	基本透明	+++（强凝集）
有明显凝集	半透明	++（中度凝集）
很少凝集	基本混浊	+（弱凝集）
不凝集	混浊	－（不凝集）

【注意事项】

(1) 试管要作标记,不同试剂的吸管勿交叉混用。

(2) 加样要准确,避免有气泡干扰。

(3) 观察结果时,不要振摇试管,以免凝集物摇散振碎而影响他人观察。

(4) 观察结果时,先看生理盐水对照管,可见管底有圆点状红细胞的沉积,边缘整齐,轻摇则分散为浑浊的红细胞悬液。

【思考题】 什么是效价?为什么效价可表示血清中抗体的含量?

二、间接凝集试验

将可溶性抗原(或抗体)先吸附于适当大小的颗粒性载体的表面,然后与相应抗体(或抗原)作用,在适宜的电解质存在的条件下,出现特异性凝集现象,称间接凝集反应或被动凝集反应。

这种反应适用于各种抗体和可溶性抗原的检测,其敏感度高于沉淀反应,因此被广泛应用于临床检验。若将抗体预先吸附在无关颗粒上,再与对应抗原作用出现凝集,这叫做反相间接凝集反应。若是用红细胞作为载体颗粒,称为间接血凝反应。若是用乳胶作为载体颗粒,则称为间接乳胶凝集反应。

(一) 间接凝集抑制试验——免疫妊娠试验

【实验目的】 熟悉间接凝集试验原理、方法、结果判定及应用。

【实验原理】 免疫妊娠试验先将待测孕妇尿液(含有人绒毛膜促性腺激素,HCG)与已知抗HCG抗体作用,从而抑制了抗HCG与致敏乳胶颗粒表面上的HCG结合,于是乳胶凝集被抑制。同理可用抗体致敏的载体及相应的抗原作为诊断试剂,以检测标本中的抗体,此时称反向间接凝集抑制反应。

妇女妊娠6~7周时开始形成胎盘,胎盘也是一个内分泌器官。它的合胞体滋养层分泌绒毛膜促性腺激素(HCG),HCG进入母血并从尿中排出。妊娠60天左右血中、尿中HCG浓度达到高峰,然后逐步下降,于妊娠90天左右降到最低水平直到分娩。妊娠40天左右尿中含有的HCG就可用间接凝集抑制试验检测出来,故测定尿中有无这种激素可以帮助诊断早期妊娠。检测时先在待检的尿液中加入已知HCG抗体,若尿中有HCG,则两者结合,再加入吸附HCG的致敏乳胶颗粒时,就不出现凝集现象。反之尿中无HCG,抗体就与乳胶表面的HCG结合,出现凝集现象(图4-3-4)。

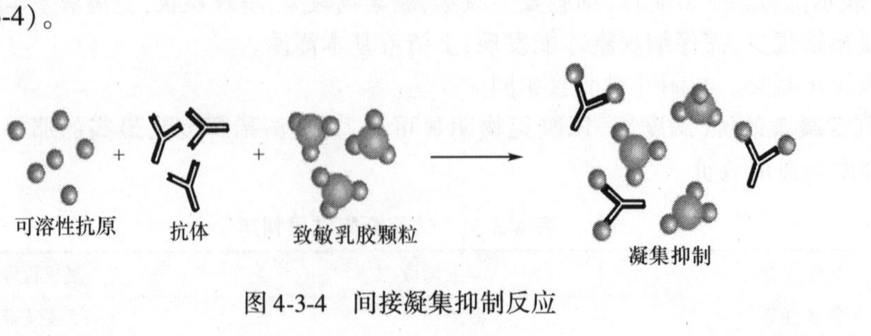

图4-3-4 间接凝集抑制反应

【实验器材】

1. 试剂 致敏乳胶颗粒(吸附有HCG的乳胶颗粒),HCG抗体(用HCG免疫动物所得到的抗体血清),尿样(待检尿或清晨第一次尿),生理盐水。

2. 器材 双凹玻片,滴管,牙签等。

【实验方法】

(1) 取双凹玻片一张,左侧滴加待检尿液一滴,右侧滴加生理盐水一滴。

(2) 两侧各加抗 HCG(HCG 诊断血清)一滴,用牙签混匀 2min。

(3) 两侧各加 HCG-乳胶抗原一滴,用牙签混匀 2min,观察结果。

【实验结果】 在较强光线下,观察结果。右侧凹窝为对照试验,应出现明显而且均匀一致的凝集颗粒;左侧凹窝内如在 2min 内也出现明显凝集颗粒为阴性,说明尿中无 HCG 抗原,如不出现凝集则为阳性,说明尿中有 HCG 抗原,与 HCG 抗体结合,抑制了乳胶颗粒发生凝集现象(图 4-3-5,图 4-3-6)。

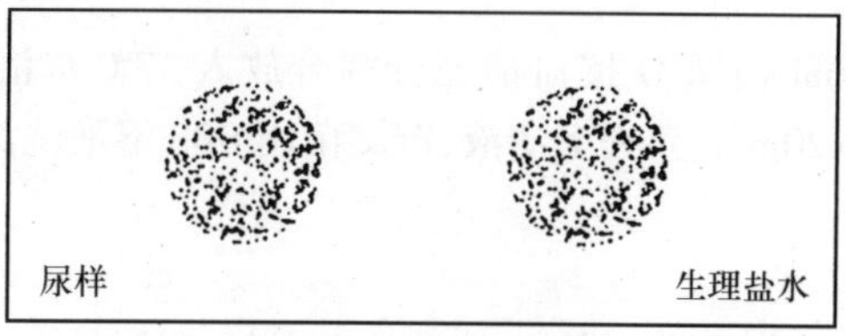

图 4-3-5　间接凝集抑制试验阴性结果
(待检尿样凝集)

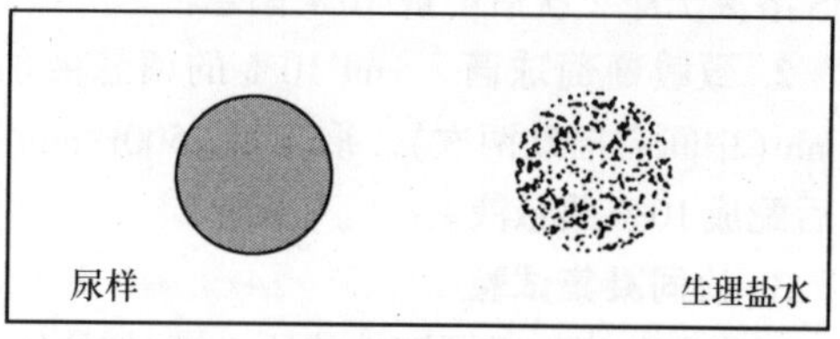

图 4-3-6　间接凝集抑制试验阳性结果
(待检尿样不凝集)

【注意事项】

(1) 试验材料用具用前使温度接近室温(20℃左右)

(2) 所用诊断试剂必须是有效期内,用前应充分摇匀。

(3) 滴加抗 HCG 血清和胶乳抗原时应悬空加入,以免污染试剂。

(4) 加样不宜过多,玻片应平置,以防两格之间反应液溢流相混。

(5) 搅拌用的牙签不能共用。

(6) 如肉眼观察不够清楚,可借助放大镜观察。

(7) 被检尿太混浊时,需要小心过滤。

【思考题】 免疫妊娠实验的原理是什么?

(二) 协同凝集反应

【实验目的】 熟悉协同凝集试验原理、方法、结果判定及应用。

【实验原理】 协同凝集反应与间接凝集反应的原理相类似,但所用载体既非天然的红细胞,也非人工合成的聚合物颗粒,而是一种金黄色葡萄球菌。它的菌体细胞壁中含有 A 蛋白(staphylococcusprotienA,SPA)。SPA 与人及多种哺乳动物(猪、兔、羊、鼠等)血清中 IgG 类抗体的 Fc 段结合。IgG 的 Fe 段与 SPA 结合后,两个 Fab 段暴露在葡萄球体表面,仍保持其抗体活性和特异性当其与特异性抗原相遇时,也出现特异凝集现象。即反向间接凝集反应。本反应也可用于检测微量抗原(图 4-3-7)。

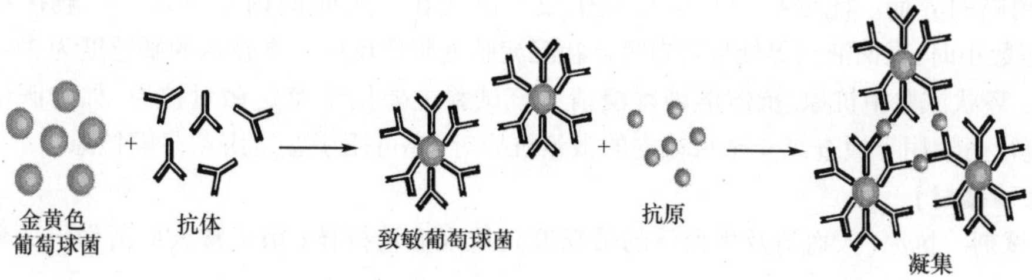

图 4-3-7　协同凝集反应

【实验器材】

1. 试剂 抗原(可溶性伤寒杆菌 O 抗原),免疫血清(伤寒杆菌 0901 免疫兔血清),10% CoWan1 株金黄色葡萄球菌(含大量蛋白 A)的菌液,PBS 溶液,0.5% 甲醛 PBS 溶液。

2. 器材 吸管、滴管、玻片等。

【实验方法】

1. 10% 葡萄球菌菌悬液的制备 CoWan1 株葡萄球菌接种于柯氏瓶,37℃培养 18 ~24h,用 PBS 溶液洗下菌苔,2500r/min 离心 20min。沉淀菌用 PBS 溶液洗涤 2 次后,用 0.5% 甲醛(用 PBS 溶液配制)在室温中固定 3h。置于 80℃水浴中 4min 以破坏菌体的自源性分解酶。再用 PBS 溶液洗涤 2 次后配成 10% 菌悬液。

2. 致敏葡萄球菌 1ml 10% 的菌悬液加 0.1ml 伤寒 O 抗血清充分混合放入 37℃水浴中 30min(中间需摇动两次)。取出后 2500r/min 离心 20min,弃去上清液,沉淀菌用 PBS 溶液洗涤 2 次后配成 10% 菌悬液。

3. 协同凝集试验

(1) 取伤寒"O"可溶性抗原 1 滴,加致敏葡萄球菌悬液 1 滴,在载玻片上混匀,观察约 2min。一般在几秒钟内即可发生凝集。

(2) 用伤寒"O"杆菌培养物与未致敏的葡萄球菌菌液或用痢疾杆菌培养物与致敏的葡萄球菌菌液作玻片凝集,均为阴性反应,不出现凝集。

实验四 沉淀反应

可溶性抗原(如细菌培养滤液、外毒素、血清蛋白等)与相应的抗体结合,在一定条件(适量的电解质,合适的酸碱度和温度)下,形成肉眼可见的沉淀现象,这个过程称为沉淀反应。反应中的抗原称为沉淀原,其相应抗体称为沉淀素。沉淀反应的抗原可以是多糖、蛋白质、类脂等。与相应的抗体比较,抗原分子小(<0.2μm),单位体积中所含的抗原量要大,具有较大的反应面积。为了使抗原抗体之间比例适合,不使抗原过剩,故一般均应稀释抗原,并以抗原最高稀度(可达 1∶40000)仍然能与抗体出现沉淀反应为该抗体的沉淀反应效价(滴度),如环状沉淀试验。若需要用稀释抗体的方法测定该抗体的效价,则需要将免疫血清做高浓度低倍稀释(1∶4) ~(1∶40),并将抗原制成一标准浓度才能进行检测,否则就不能出现反应,如单向及双向免疫扩散实验。

一、环状沉淀试验

【实验目的】 了解环状沉淀实验的基本原理及其临床应用。

【实验原理】 环状沉淀试验是先将抗血清加入内径 1.5 ~2mm 小玻璃管中,装约 1/3 高度,再用细长滴管沿管壁叠加抗原溶液。因抗血清蛋白浓度高,比重较抗原大,所以两液交界处可形成清晰的界面。此处抗原抗体反应生成的沉淀在一定时间内不下沉。一般在室温放置 10min 至数小时,在两液交界处呈现白色环状沉淀则为阳性反应。本技术的敏感度为 3 ~20μg/ml 抗原量。环状试验中抗原、抗体溶液须澄清。该试验主要用于鉴定微量抗原,如法医学中鉴定血迹,流行病学用于检查媒介昆虫体内的微量抗原等,亦可用于鉴定细菌多糖抗原。

【实验器材】

1. 试剂 抗原(人血清及牛血清的稀释液);抗人血清抗体(用正常人血清做抗原免疫家兔所得的抗体)。

2. 器材 小沉淀管,沉淀管架,毛细管等。

【实验方法】

1. 加入血清抗体　取小沉淀管2支,做好标志,用毛细管加入人血清抗体,使抗体层高为1.0～1.5cm。

2. 加入血清稀释液　用毛细管吸取人血清稀释液沿管壁缓缓叠加在已加好的抗体层上,加入液体量高为1.0～1.5cm,使二者形成一明显界面。

3. 加牛血清稀释液　换滴管,吸取牛血清稀释液用同法加在另一支管的抗体面上。

4. 观察　将沉淀管插入试管架中,置于室温下10min至数小时。

【实验结果】　若30min内两液体界面出现乳白色环状沉淀带即为阳性。抗人血清抗体加入血清稀释液应出现阳性结果,而另一管应为阴性。

二、琼脂扩散试验——单向免疫扩散

在含有特异抗体的琼脂板中打孔,并在孔中加入定量的抗原,当抗原向周围扩散后与琼脂中抗体结合,二者比例恰当时即形成白色沉淀环,其直径或面积与抗原浓度呈正相关。同时用标准抗原或国际参考蛋白制成标准曲线,即可用以定量检测未知标本的抗原浓度。应用这一实验方法可检测正常人群或患者血清中IgG,IgA及IgM的含量及正常值的含量。

【实验目的】　掌握平板法单向扩散的基本原理,操作过程、实验结果判定及临床应用。

【实验原理】　此法由Mancini于1965年提出,是目前最常用的简易抗原定量技术。试验中首先将一定的抗血清(抗体)混合于琼脂内,制成含抗体的琼脂板,再于琼脂板上打孔,将一定量的抗原加入孔中,抗原向孔四周扩散,与相应抗体结合,在抗原抗体比例合适处形成白色沉淀环,沉淀环直径或面积与抗原的浓度呈正相关。如事先用不同浓度的标准抗原制成标准曲线,则量取待检抗原的沉淀环直径,即可从标准曲线中求得其含量。本试验主要用于检查正常人群或患者血清中IgG,IgA及IgM的含量及正常值(图4-4-1)。

【实验器材】

1. 试剂　抗体:羊抗人IgG(IgA或IgM)单价抗血清;抗原;待检血清;3%生理盐水琼脂。

2. 器材　单扩板、直径3mm打孔器、微量移液器、湿盒、半对数坐标纸。

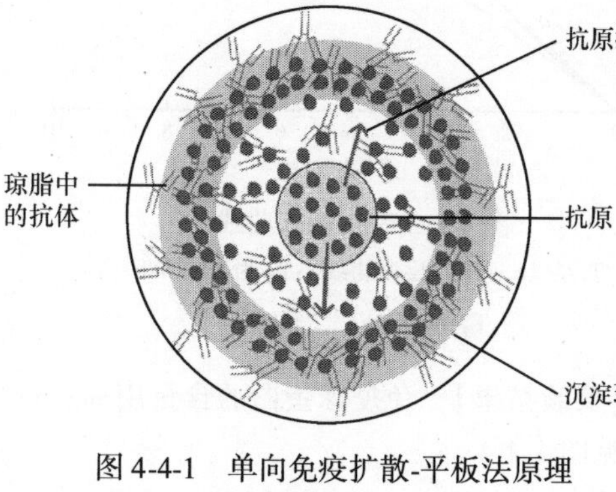

图4-4-1　单向免疫扩散-平板法原理

【实验方法】

1. 制备含抗体的琼脂板　将1.5%琼脂(用pH8.2、0.05mol/L的巴比妥缓冲液配成),加热溶化,待琼脂冷至56℃加入适量抗血清(抗血清最终稀释度取决于抗血清所标的稀释度),混匀,制成厚1.5mm的琼脂板,待琼脂凝固后打孔,孔径为3mm,孔距1～1.2cm。

2. 稀释参考血清及待检血清　参考血清用0.5ml蒸馏水溶解后使用,参考血清、待检血清稀释按要求进行(表4-4-1)。

表4-4-1　不同反应板血清稀释范围及待检血清稀释度

免疫板	参考血清稀释范围					待检血清稀释度
IgG	12.5	25	50	100	200	50倍
IgA	2.5	5	10	20	40	10倍
IgM	原液	2	4	8	16	4倍

3. 加样 将上述稀释参考血清分别滴入相应的抗体免疫板的一排孔内，其余孔滴加待检的稀释血清，每个检样加两个孔，每孔滴加10μl。

4. 扩散 将免疫板置水平湿盘内，放进37℃温箱，IgG免疫板扩散24h，IgA、IgM板48h后取出置黑色背景前观察结果，如果沉淀环不清晰，也可用1%鞣酸液浸泡免疫板半小时后观察，必要时可以染色后观察。

5. 绘制标准曲线及血清标本中IgG、IgA、IgM定量测定 测量沉淀环直径。沉淀环直径的大小除与抗原量相关，还与分子量和扩散时间有关。这种沉淀环直径与抗原含量的关系不是直线相关，而是对数关系，这种关系有两种计算方法：

（1）Mancini曲线：适用于大分子抗原和长时间扩散（>48h）的结果处理。使用方格计算纸划线，沉淀环直径的平方与抗原浓度呈线性关系。公式表示：$C/d^2=K$（C=抗原浓度，d=沉淀环直径，K=常数）。如图4-4-2所示。

（2）Fehey曲线：适用于小分子抗原和较短时间（24h）扩散的结果处理。使用半对数纸划线，浓度的对数与沉淀环之间呈线性关系。公式表示：$\lg C/d=K$（C=抗原浓度，d=沉淀环直径，K=常数）。如图4-4-3所示。

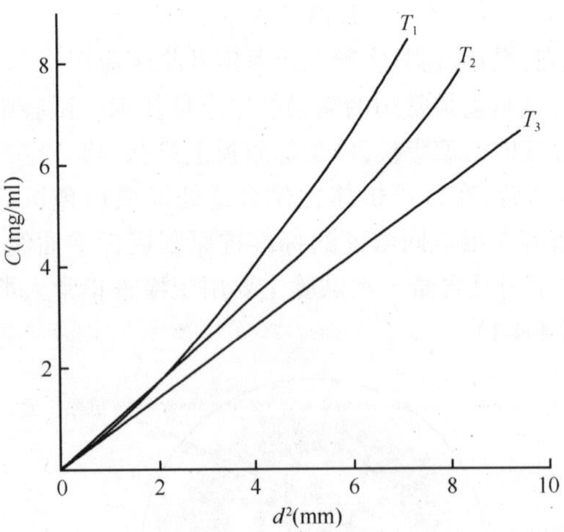

图4-4-2 Mancini曲线

T_1为16～24h（反抛物线）；T_2为24～48h；

T_3为48h以上（直线）

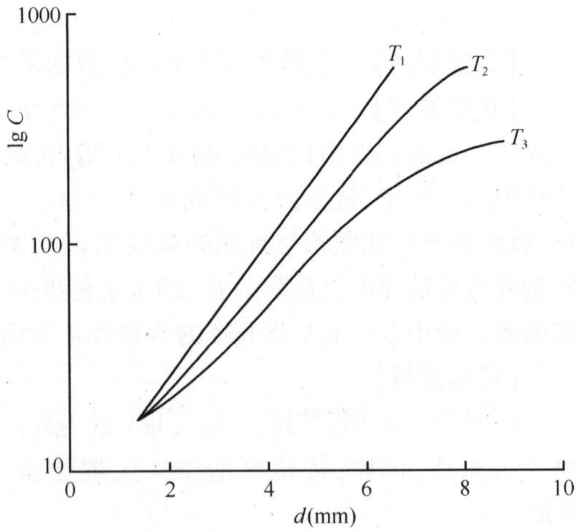

图4-4-3 Fahey曲线

T_1为16～24h（直线）；T_2为24～48h；

T_3为48h以上（抛物线）

【实验结果】 免疫球蛋白的含量用mg/ml表示，不同批号的参考血清其免疫球蛋白含量不一。见图4-4-4。

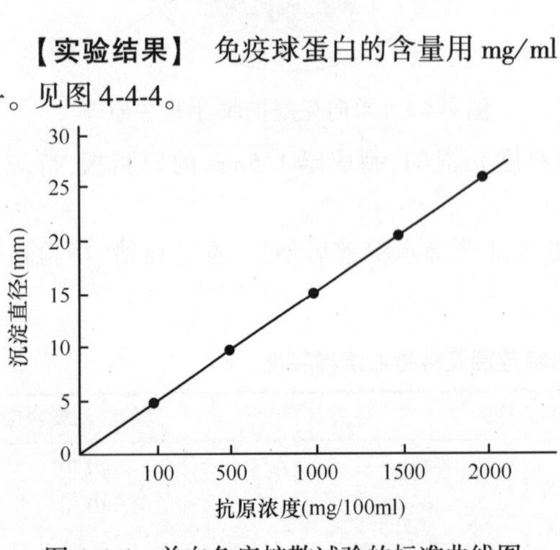

图4-4-4 单向免疫扩散试验的标准曲线图

【注意事项】

（1）在制作标准曲线时，为尽量减少误差，至少应做两份以上标准板。

（2）加样时，吸取每份标本均应更换塑料吸头。

（3）抗血清不但要求亲和力强、特异性好、效价高，而且还应注意存放的方法，防止效价下降。

（4）标准曲线测定必须同时制作，决不可一次做成，长期应用。

（5）测定时必须同时加测质控血清，以保证测量准确性。

（6）有时出现扩散圈呈两重沉淀环的双环现象。这是由于出现了不同扩散率、但抗原性相同的两个组分。例如α-重链病血清中出现的α-重链和正常IgA发生反应，就形成内外两重环。

（7）在单向扩散试验时，有时会出现结果与真实含量不符，这主要出现在Ig测定中。如用单向克隆抗体或用骨髓抗原免疫动物获得的抗血清，都存在结合价单一的现象，若用此作为单向扩散试剂测量正常人的多态性抗原，则抗体相对过剩，使沉淀圈直径变小，测量值降低。

（8）测得结果的假阳性升高现象与上面相反，如用多克隆抗体测定单克隆病（M蛋白），则抗原相对过剩（单一抗原决定簇成分），致使沉淀圈呈不相关的扩大，从而造成某一成分的伪性增加。

【思考题】 单向琼脂扩散试验有哪些影响因素？

三、琼脂扩散试验——双向免疫扩散

在琼脂内抗原和抗体各自向对方扩散，在最恰当的比例处形成抗原抗体沉淀线，观察这种沉淀线的位置、形状以及对比关系，可作出对抗原或抗体的定性分析。双向扩散也可分为试管法和平板法两种方法。

平板法

【实验目的】 掌握平板法双向免疫扩散的基本原理，操作过程、实验结果判定及临床应用。

【实验原理】 平板法由Ouchterlony首先报道，是抗原抗体鉴定的最基本方法之一。常用于定性检测，也可用于半定量检测。将抗原与抗体分别加入琼脂凝胶板上相邻近的小孔内，让它们相互向对方扩散。当两者在最适当比例处相遇时，即形成一条清晰的沉淀线。根据有否出现沉淀线，可用已知的抗体鉴定未知的抗原，或用已知的抗原鉴定未知的抗体。临床常用本方法检查原发性肝癌患者血清中的甲胎蛋白，作为原发性肝癌的早期辅助诊断。原理如图4-4-5所示。

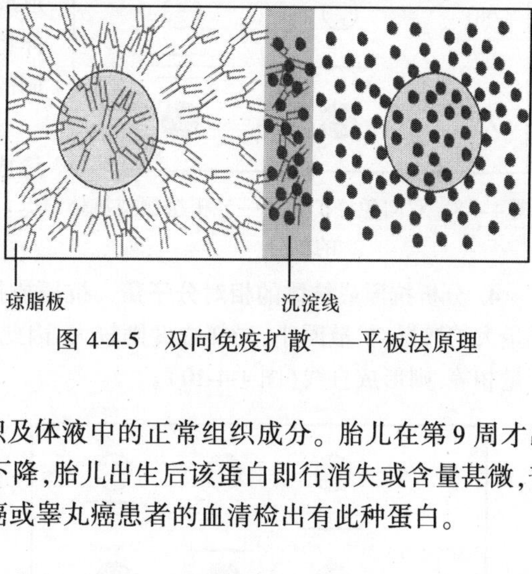

图4-4-5　双向免疫扩散——平板法原理

甲胎蛋白（α-Fetal protein，AFP）是胎儿组织及体液中的正常组织成分。胎儿在第9周才出现此种蛋白，13～19周达高峰，到21周后逐渐下降，胎儿出生后该蛋白即行消失或含量甚微，普通试验方法检查不出，而肝癌患者及个别卵巢癌或睾丸癌患者的血清检出有此种蛋白。

【实验器材】

1. 试剂 可疑的原发性肝癌患者血清（b、c、e、f），抗甲胎蛋白诊断血清（A），甲胎蛋白阳性对照血清（a、d），1%食盐琼脂。

2. 器材 载玻片、加样器、3mm打孔器、模板、湿盒等。

【实验方法】

1. 制备琼脂反应板 取一洁净的载物玻片，倾注溶化的1.0%食盐琼脂4ml左右，制成厚度为2mm的琼脂板。

2. 打孔 待琼脂凝固后，用3mm打孔器在琼脂板上打孔，孔距5mm，呈梅花形排列，即中间一孔，周围六孔（图4-4-6）。

3. 加样 用微量加样器向中央孔A中加入抗甲胎蛋白诊断血清。周围孔a、d加入甲胎蛋白阳性对照血清，b、c、e、f 中分别加入被检血清，其量各为 10μl。

4. 观察 将加好样的琼脂板置水平湿盘内，置于 37℃温箱中，24h 后取出观察结果。

【实验结果】

1. 阳性反应 若凝胶中抗原抗体是特异性的，则形成抗原-抗体复合物，在两孔之间出现一清晰的沉淀线，与已知阳性对照的沉淀线发生融合，为阳性反应（图 4-4-7）。

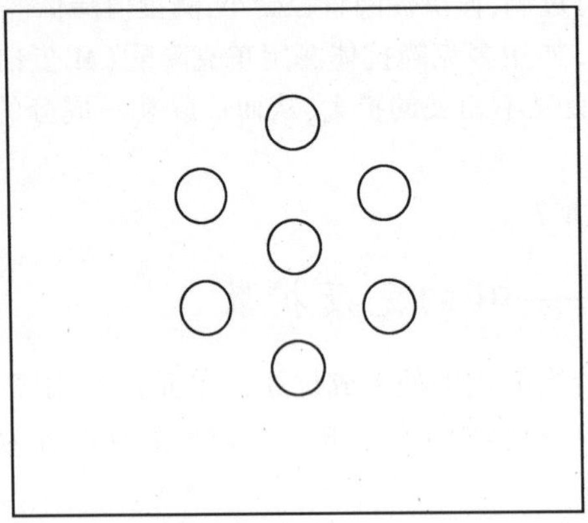

图 4-4-6 双向免疫扩散-平板法打孔模式图

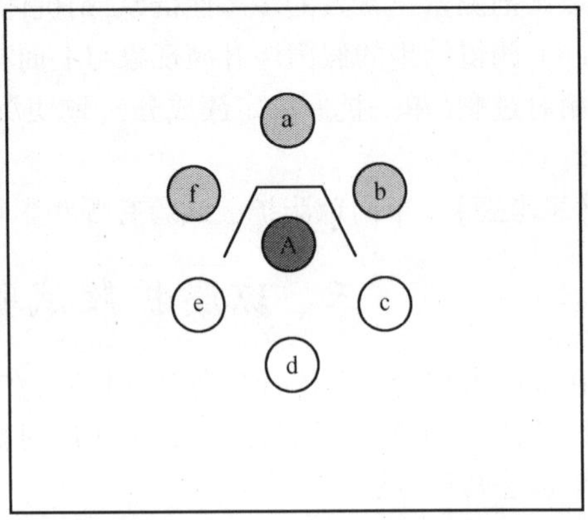

图 4-4-7 双向免疫扩散——平板法结果示意图

A 为已知抗体；a、b 为阳性对照；c、d、e、f 为被检材料

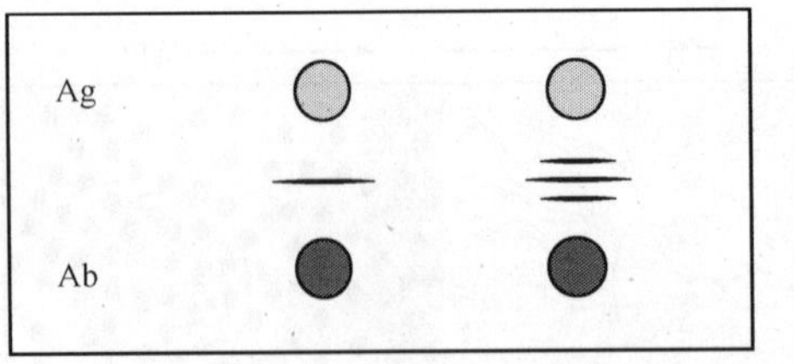

图 4-4-8 双向免疫扩散——分析抗原或抗体的成分

2. 分析抗原或抗体的成分 抗原与抗体孔间形成一条沉淀线，说明只有一种抗原与相对应的抗体特异性结合，如出现数条沉淀线，说明有几组不同的抗原和相对应抗体相结合（图 4-4-8）。

3. 分析抗原或抗体的浓度 相应抗原抗体所形成的沉淀线。如二者浓度相当，沉淀线在孔中央；二者浓度不当时，则沉淀线偏向浓度低的一侧（图 4-4-9）。

4. 分析抗原或抗体的相对分子量 抗原或抗体在琼脂内扩散的速度受分子量的影响。分子量大扩散慢，扩散圈小，局部浓度则较大，因此形成的沉淀线弯向分子量大的一方。如二者分子量相等，则形成直线（图 4-4-10）。

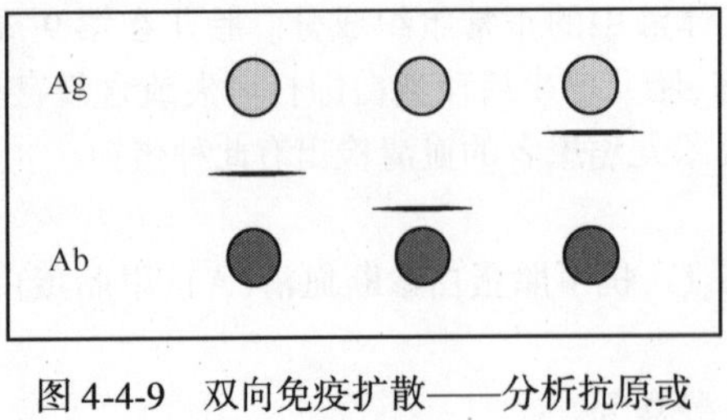

图 4-4-9 双向免疫扩散——分析抗原或抗体的浓度

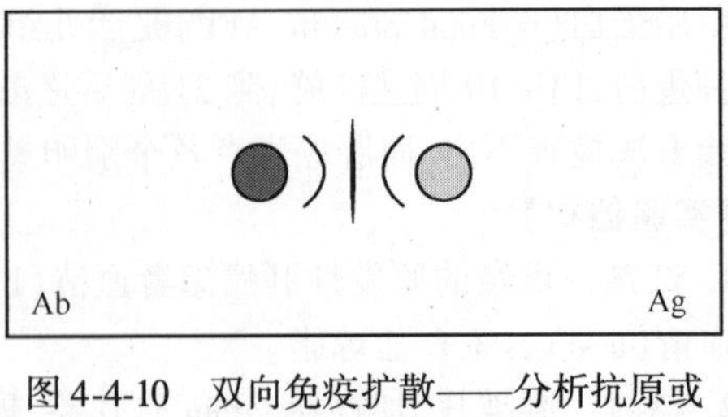

图 4-4-10 双向免疫扩散——分析抗原或抗体的相对分子量

5. 分析抗原或抗体的性质 根据抗原的成分可有以下三种现象：①若二孔中的抗原相同，与相应抗体形成的沉淀线融合成弧形；②若二孔中抗原不同，当抗血清中分别含有与抗原相应的抗体时，则形成的沉淀线相交叉；③若两孔中抗原部分相同，抗血清中有相应的抗体，形成的沉淀线相切（图 4-4-11）。

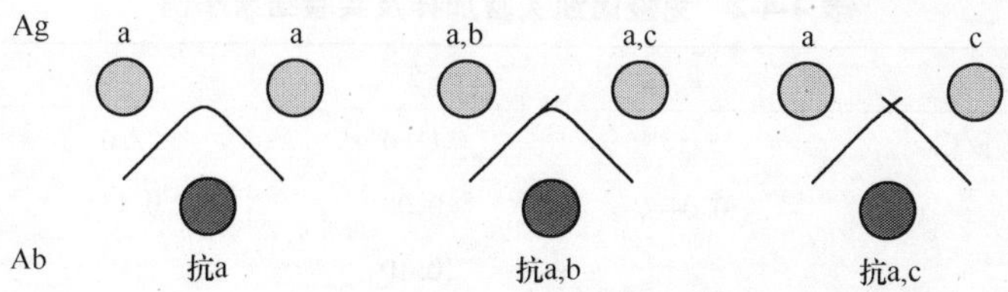

图 4-4-11　双向免疫扩散——分析抗原或抗体的性质

【注意事项】 双向免疫扩散打孔时,孔间距离要均匀,否则影响结果。

【思考题】 单向免疫扩散试验和双向免疫扩散试验有何区别?

四、免疫比浊实验

【实验目的】 了解免疫比浊实验的基本原理及其临床应用。

【实验原理】 抗原和抗体在液相中反应,所形成的免疫复合物使液相出现浊度,复合物的量与浊度呈正相关。这种浊度可以反射、散射和吸收入射的光线,使入射光衰减,因此可通过测定透射光衰减(以 A 值表示)或散射光强度来检测抗原抗体反应。本实验以常用透射比浊法检测人血清 IgG 为例。在反应系统中 IgG 抗体过量时,所形成的免疫复合物与血清 IgG 量呈正相关,而形成的浊度大小与入射光的衰减呈正相关,因此测定 A 值反映液相中的抗原量,通过参照标准曲线或标准品数值的计算,即可得知待测血清中 IgG 含量。

【实验器材】

1. 试剂 待测人血清、标准血清(混合正常人新鲜血清)、人 IgG 标准品(或冻干人血清 IgG 参考标准)、羊抗人 IgG 抗血清、生理盐水、蒸馏水。

2. PEG 溶液 PEG 6000-8000 4.0g、NaF 1.0g、$Na_2HPO_4 \cdot 12H_2O$ 10.15g、$NaH_2PO_4 \cdot 2H_2O$ 1.0g、NaN_3 0.1g,加蒸馏水至 100ml。

3. 器材 分光光度计(721 或 731 等)、水浴箱、微量移液器、刻度吸管、试管等。

【实验方法】

1. 准备标准管 用生理盐水稀释人 IgG 标准品,使其浓度分别为 5.5g/L、11.0g/L、22.0g/L、44.0g/L(浓度可根据不同制剂略有变动)。取上述 IgG 标准液 10μl,分放于 4 个试管中;另取生理盐水 10μl,放于第 5 只试管中,作为空白对照。分别做好标记。

2. 准备血清管 将待测血清和标准血清均做 1∶10 稀释(0.1ml 血清+1.0ml 生理盐水),各取 10μl,分放于预先标记的试管中。

3. 制备抗体 用 PEG 溶液稀释羊抗人 IgG 抗血清,注意保持适宜的抗体浓度。

4. 抗原抗体反应 向各标准管和血清管中分别加入稀释抗血清,混匀后至 37℃ 水浴 30min。

5. 测定 用分光光度计进行测定,使用 340nm 波长,用生理盐水校正零点。逐次测定各标准管和血清管,准确读取和记录各自的 A 值。

【实验结果】

(1) 以 4 个浓度的 IgG 标准品的 A 值为纵坐标,以其分别的 IgG 含量为横坐标,绘制出标准曲线。各血清管 IgG 含量可从标准曲线上查得。标准血清的 IgG 含量应该处于正常参考值的范围以内,否则应考虑实验结果可能有问题。

(2) 也可用分段直线计算法得到结果,举例如表 4-4-2 所示。

表 4-4-2　免疫比浊实验加样及实验结果举例

标准管序号	1	2	3	4
标准管 IgG 含量(g/L)	5.5	11.0	22.0	44.0
标准管 A 值	0.04	0.08	0.14	0.26
血清管 A 值		0.10		

以上例子中,血清管的 A 值位于标准管 1 和标准管 3 之间,计算如下:

(22.0−11.0)/(0.14−0.08)×(0.10−0.08)+11.0=14.7(g/L)。

(3) 正常血清 IgG 参考值 8.0～16.0 g/L。

【注意事项】

(1) 由于不同制品羊抗人 IgG 抗血清的效价不同,所以对每批制品都需要测定最适宜的抗体浓度。

(2) PEG 的分子量不同,性质也有所区别;PEG 溶液浓度不同所沉淀的免疫复合物也不同,浓度越大沉淀的复合物越小。20g/L 浓度只能沉淀较大复合物,40g/L 浓度可沉淀较小复合物,但浓度>50g/L,PEG 选择性沉淀免疫复合物的特征即行消失。

【临床意义】

(1) 血清 IgG 降低,主要见于先天性低 IgG 血症,例如 Bruton 型免疫球蛋白缺乏症和联合免疫缺陷病等。亦可见于获得性低免疫球蛋白血症,常低于 5.0g/L,例如剥脱性皮炎、肠淋巴管扩张症、肾病综合征、淋巴肉瘤、霍奇金病等。

(2) 血清 IgG 升高,主要见于各种感染性疾病、肝脏疾病(慢性活动性肝炎、原发性胆汁型肝硬化等)和自身免疫病等。

【思考题】

(1) 免疫浊度实验的原理及试验中的主要注意事项是什么?

(2) 血清 IgG 异常时涉及哪些疾病?

实验五　免疫电泳技术

免疫电泳技术是电泳分析与沉淀反应的结合产物。这种技术有两大优点:一是加快了沉淀反应的速度;二是将某些蛋白组分利用其带电荷的不同而将其分开,再分别与抗体反应,以此作更细微的分析。免疫电泳技术的种类很多,这里仅将常用的技术介绍如下。

一、对流免疫电泳

【实验目的】　掌握对流免疫电泳的原理和方法,熟悉其临床应用。

【实验原理】　带电的胶体颗粒可在电场中移动,其移动方向与胶体颗粒所带电荷有关。一般抗体(IgG)的等电点为 pH5～9,血清蛋白抗原的等电点为 pH4～5,在 pH8.2～8.6 的缓冲溶液中,抗体所带负电荷较少,而且它的分子量又较大(如 γ-球蛋白),所以游动慢。更重要的是抗体分子受电渗作用影响较大,也就是说电渗作用大于它本身的迁移率。所谓电渗作用是指在电场中溶液对于一个固定固体的相对移动。琼脂是一种酸性物质,在碱性缓冲液中进行电泳,它带有负电荷,而与琼脂相接触的水溶液就带正电荷,这样的液体便向负极移动。抗体分子就是随着带正电荷的液体向负极移动的。在同样条件下,抗原所带负电荷多,分子也较小,电泳迁移快,虽也受电渗作用的影响,使泳动速度减慢,但它的电泳迁移率远远大于电渗作用,仍向正极泳动,这样抗原抗体就达到了定向对流,若抗原抗体相对应,则在两者相遇于最适比例形成白色沉淀线，此即为对流免疫电泳的阳性结果。

由于抗原、抗体在电场中定向移动，限制了抗原、抗体的多方向自由扩散的倾向，因而提高了试验敏感度，敏感性比双向扩散技术高 10～15 倍。另外沉淀线出现较快，可在 1h 内观察结果，故可用于快速诊断。

【实验器材】

1. 试剂　抗 AFP 血清，已知 AFP 阳性血清，待检患者血清。

2. 溶液　1%　pH8.6，离子强度 0.05mol/L 的巴比妥缓冲液配制：

巴比妥钠	10.3g
巴比妥	1.84g
蒸馏水	1000 ml

3. 器材　玻片、吸管、打孔器、毛细滴管、电泳仪等。

【实验方法】

1. 制板　将用缓冲液配制好的 1.2% 琼脂隔水加热溶化，趁热吸取 3.5ml 加于玻片上，冷凝后打孔，孔直径 3mm，两孔间距离 3mm。

2. 加样　分别从上至下向左列 1、3、5 孔内加入抗 AFP 血清；向右列 2 孔内加待检患者血清，4 孔内加已知 AFP 阳性血清作为阳性对照，6 孔内加已知阴性对照血清。各孔加满为度，勿使外溢。

3. 放置琼脂板　将琼脂板置于电泳槽内，抗原端入阴极侧，抗体放阳极侧，两端贴上浸透电泳缓冲液的 2～4 层纱布或滤纸作盐桥。

4. 电泳　用国产普通电泳仪。其内加 pH8.6 的巴比妥缓冲液，加至电泳槽高度的 2/3 处，注意两槽内液面尽量水平。将加好样品的玻板置于电泳槽上，抗原端接负极，抗体端接正极，用 2～4 层纱布或滤纸浸湿作盐桥，滤纸与琼脂板连接处为 0.5cm。以板宽度计算电流，以板的长度计算电压。要求电流量为 2～3mA/cm，即大板为 20mA，小板为 10mA。电压为 4～6V/cm。通电 45min 至 2h 后观察结果。

5. 观察结果　电泳毕，关闭电源，取出琼脂板，在相应抗原抗体孔间可见白色沉淀线。

【实验结果】　在黑色背景上方，透过散射光线，首先观察 3 与 4 孔间（阳性对照组）、5 与 6 孔间（阴性对照组）的白色沉淀线是否出现；再看试验孔，如孔间未出现这样的沉淀线，则该待检血清为 AFP 阴性血清，见图 4-5-1（沉淀线如不清晰，可将琼脂板放入湿盒 37℃或室温数小时。必要时可按常规洗涤、染色）。

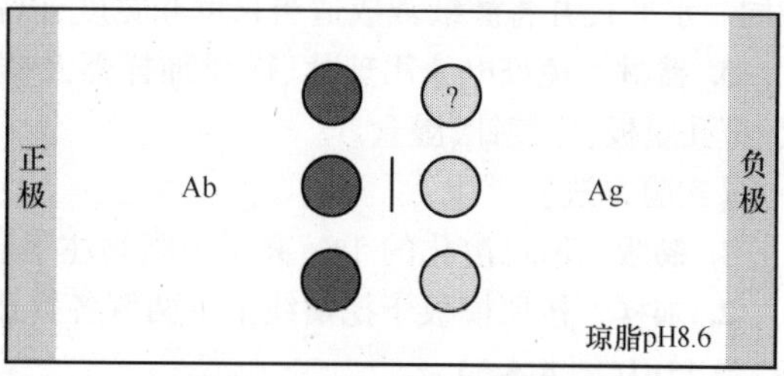

图 4-5-1　对流免疫电泳

IgG 作为蛋白质在电泳中比较特殊，4 个亚型有不同的表现。G3 和 G4 与一般蛋白无异，泳向阳极；而 G1 和 G2 则因其带电荷少，受电渗的作用力大于电泳，所以被水分子携裹向阴极移动。这就形成了 IgG 的特殊电泳形式：一部分泳向阳极，另一部分泳向阴极，在抗体孔两侧皆有抗体存在。因此，所谓对流只是部分 IgG 的电渗作用造成。

【注意事项】

（1）溶液的 pH 离蛋白质的等电点越远，电泳速度越快。因此，为了控制电泳过程中速度恒定，应使样品保持中性或微碱性。

（2）一般电流与琼脂板宽成正比，电压与板长成正比。当电流太大时，琼脂板易出现干裂现象。

(3) 待检样品应新鲜,勿污染、浑浊及沉淀等,否则电泳时易出现非特异性沉淀线。

(4) 电泳槽的长短与抗原、抗体孔之间的距离有关。随着两孔之间的距离增大,电泳时间也相对需延长一些。当两孔相距 1cm 时,电泳时间为 1.5 ~ 2h;当距离改为 0.6cm 时,则电泳时间为 1h。

【思考题】

(1) 对流免疫电泳与琼脂双向扩散试验比较有何优点?

(2) 试分析对流免疫电泳的影响因素有哪些?

二、免疫电泳

【实验目的】

(1) 熟悉免疫电泳的原理和方法。

(2) 了解免疫电泳技术的临床应用。

【实验原理】 免疫电泳是凝胶电泳与双向免疫扩散相结合的一种免疫学分析技术,将待检的可溶性物质在琼脂板上进行电泳分离,通过电泳能够把混合物中的各种不同成分分离开来,从而形成不同的区带。当电泳完毕后,加入相应抗血清,置湿盒内让其进行双向扩散,即可在相应位置上形成肉眼可见的乳白色的特异性沉淀弧线。

每条沉淀线代表一组抗原抗体复合物,并可根据其迁移率与抗体所出现的特异反应进行鉴定。根据沉淀线的数量、位置及形状,以分析标本中所含成分的性质。此项技术由于既有抗原抗体反应的高度特异性,又有电泳分离技术的快速、灵敏和高分辨力,是广泛应用于生物医学领域的一项免疫学基本技术。本实验常用于抗原分析及免疫性疾病的诊断。

【实验器材】

1. 试剂 1% 离子琼脂(pH 8.6 巴比妥缓冲液加入等量蒸馏水,再加入 1% 琼脂,溶解后用脱脂棉过滤,分装试管,实验前加热溶解,置于 56 ~ 60℃ 水浴箱中,备用);人 IgG(1mg/ml);抗人全血清抗体;待检血清;氨基黑染色液;脱色液(2% 醋酸溶液)。

2. 仪器 电泳仪,将 pH 8.6 巴比妥缓冲液注入电泳槽内(注意正负极各槽内所加入的量应在同一水平),并将滤纸裁成适当长度和宽度,以备搭桥使用。

3. 器材 免疫电泳用玻片、微量加样器及塑料吸头、尖吸管及橡皮吸头、打孔器、解剖刀、尺、打孔膜板、三棱针、湿盒。

【实验方法】

1. 制版 取已溶化的 1% 离子琼脂倾注于洁净的玻片上制成琼脂板。

2. 加样 按照模板于挖槽线上下两侧各打孔 1 个,并分别用微量加样器加入待检血清及人 IgG 各 15μl(图 4-5-5)。

3. 放置琼脂板 将琼脂板置电泳槽内,注意电泳标本应放于负极"-"一侧,并将已浸透缓冲液的滤纸一端覆盖于琼脂板两侧各约 0.5cm,另一端浸于电泳液中。

4. 电泳 接通电源,电压、电流及时间应视仪器性能而定,一般电势梯度 6V/cm,电流每板 20mA,泳动时间 3 ~ 4h。

5. 加抗血清 电泳完毕,关闭电源,取出琼脂板;按模板位置用解剖刀挖横槽,用特制尖吸管加入抗人全血清抗体。

6. 扩散 置于湿盒中,于 37℃ 温箱中扩散 24h。

7. 染色 琼脂板放入自来水中浸 1 ~ 2 天,其间换 2 ~ 3 次水,以洗去不起沉淀反应的蛋白质,取出后,琼脂板上滴加 5% 甘油以防凝胶断裂,再取一条湿的滤纸盖于琼脂板上,用以吸去凝胶中液体和盐水,置 37℃ 干燥,干后把滤纸打湿,轻轻移去,将琼脂板浸入 0.05% 氨基黑中染色

10min，取出后用6%醋酸溶液脱色至背景无色为止，脱色后，琼脂板上滴加少量5%甘油放37℃温箱干燥，干后取出保存（图4-5-2）。

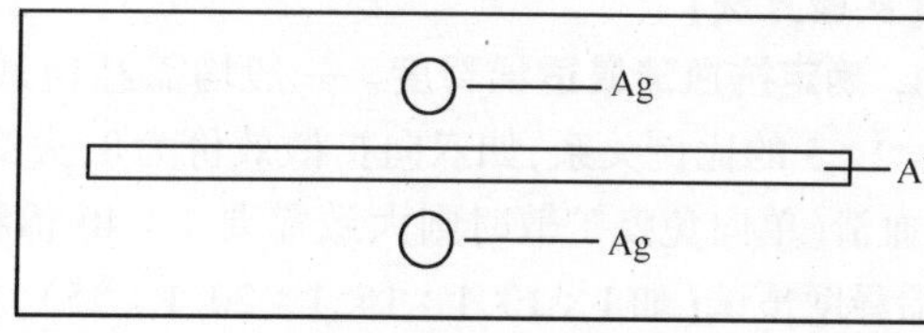

图4-5-2 免疫电泳抗原孔和抗体槽位置示意图

【实验结果】 观察特异性弧形沉淀线情况，免疫电泳沉淀线的数目和分辨率受许多因素影响。首先是抗原与抗体的比例，同其他沉淀反应一样，要预测抗体与抗原的最适比；其次是抗血清的抗体谱，一只动物的抗血清往往缺乏某些抗体，如将几只动物或几种动物的抗血清混合使用，则效果更好；电泳条件，如缓冲液、琼脂和电泳等皆可直接影响沉淀线的分辨率。对于免疫电泳的分析，更重要的是经验的积累，只有多看，多对比分析，才能作出恰当的结论。

【注意事项】

（1）操作时动作要迅速小心，浇板时要求厚度均匀，无气泡；打孔挖槽时要求外壁整齐，防止琼脂破裂，加入抗体不要外溢。

（2）抗原与抗体浓度比例应适当。抗体明显过剩可出现多条同心沉淀弧。抗原明显过剩可使沉淀弧增宽，边缘不清甚至消失。当蛋白质抗原浓度高于20g/L，应用缓冲液稀释后再进行电泳和扩散。

（3）琼脂板两端需用滤纸等物作桥，与桥内缓冲液接通。搭桥要完全紧密接触。以防电流不均发生沉淀线偏斜。

（4）扩散过程中需要在不同时间进行结果观察，做好记录或摄影，因抗原明显过剩时，在最初几小时内会出现沉淀弧，扩散时间延长可以消失。染色标本应在白色背景下观察，不染色标本需在斜射光的暗色背景下观察。

（5）每次电泳后应倒换正负电极或将两槽缓冲液混合后再使用。

【思考题】

（1）简述免疫电泳的基本原理。

（2）为什么每次电泳后应倒换正负电极或将两槽缓冲液混合后再使用？

三、火箭电泳

【实验目的】

（1）熟悉火箭免疫电泳的原理和方法。

（2）了解免疫电泳技术的临床应用。

【实验原理】 火箭电泳又称电泳免疫分析，是单向琼脂扩散和电泳技术结合的实验。在电场作用下，抗原在含定量抗体的琼脂板中泳动，两者比例合适时，形成火箭似的锥形沉淀线，锥形沉淀线的高度与抗原量呈线性关系（成正比关系）；因此用本试验可以测定样品中抗原的含量。此法与单向免疫扩散法比较，优点是精密度较高，耗时较短，但不足之处是操作技术复杂，影响因素较多。

【实验器材】

1. 试剂 抗体：抗人IgG的免疫血清；抗原：标准人IgG试剂，用缓冲液配制的不同质量浓度的溶液；琼脂：pH 8.6巴比妥缓冲液配制的1.5% 琼脂，溶化后于60℃保温。

2. 溶液 甲醛-巴比妥缓冲液：甲醛溶液2.85ml，0.05mol/L，pH 8.6巴比妥-巴比妥钠缓冲液30ml（电泳槽缓冲液），混合后加蒸馏水100ml。用火箭免疫电泳技术分析体液中IgG含量时，需将检样用此缓冲液处理，使IgG增加负电荷，电泳时能向正极泳动，否则因电渗作用，在加样孔正、负极两个方向都会出现沉淀峰。

3. 器材 电泳仪、电泳槽、玻片、吸管、微量加样器、打孔器等。

【实验方法】

1. 确定抗血清最适稀释度 一般均需经预试验选出。抗血清的双向免疫扩散的效价大致为1∶2∶5的比例关系，如双向扩散效价为8，火箭免疫电泳时一般可用(1∶16)~(1∶20)稀释的抗血清(单向免疫扩散时则大致需要1∶40稀释)。预试时可围绕此效价做几个(一般3~4个)稀释度预试(如1∶10、1∶15、1∶20、1∶25)。最适稀释度的标准为：形成的火箭形沉淀峰峰形尖锐，清晰，用标准抗原参加试品测试时，低质量浓度抗原峰高可达0.5cm，高质量浓度抗原峰高可达2.5~3.0cm(根据电泳板的大小，加样孔的直径，加样量的多少可适当调整)。

2. 制板 将20.0g/L琼脂糖或琼脂于沸水浴中溶化并冷却到56℃，加入等容积按效价用电泳缓冲液稀释的抗血清，迅速混匀，浇注于所需大小的洁净玻片上。浇注量以保持凝胶厚度0.16cm为宜(即每平方厘米浇注0.16~0.17ml)。凝胶充分凝固后，用打孔器于板的一边距板缘1.0cm处打一排加样孔，孔径0.2~0.4cm，孔距0.3~0.4cm。

3. 电泳 于加样孔中加注10μl检样，测IgG时检样1份加甲醛巴比妥缓冲液4份，混匀后，于4℃放置2h，取出后再用电泳缓冲液稀释至所需质量浓度。将加样孔一端置负极侧，两端用滤纸为盐桥，通电电泳。保持稳定电压为100V。电泳时间可根据标准参考品形成清晰、尖锐的沉淀峰而定。每块板上均应设置4~5个由低至高不同质量浓度的标准抗原参考品，以其所形成的沉淀峰为纵坐标，质量浓度(或其对数)为横坐标，制备标准曲线。

【实验结果】 电泳结束后直接测量峰高(加样孔前缘至峰尖，图4-5-3)，从标准曲线得出检样中抗原含量；也可将板干燥，染色后分析。

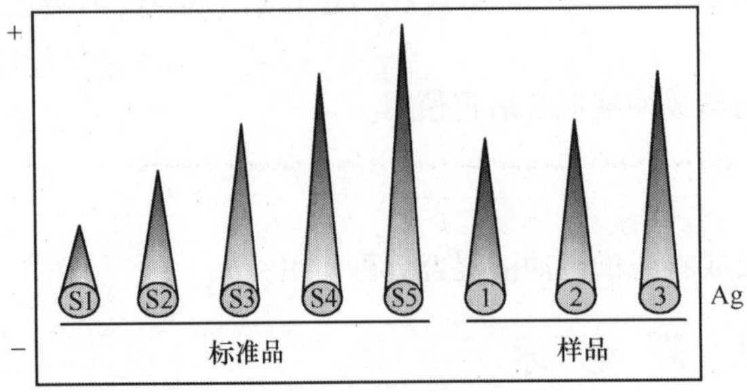

图4-5-3 火箭电泳

【注意事项】

(1) 选择最适抗血清的质量浓度是十分重要的。抗体质量浓度高，火箭样沉淀峰低、浓、粗；抗体浓度低，沉淀峰高、淡、峰高不明显。

(2) 应以标准参考品形成典型的火箭样沉淀峰作为电泳时间的依据。电泳时间不足，沉淀峰头部为圆形。

(3) 加样后应立即电泳，如间隔时间太长，抗原可自加样孔向四周呈放射状扩散，以致形成短的甚至很宽的沉淀峰。

(4) 所用琼脂可选择无电渗或电渗很小的，否则火箭形状不规则。

(5) 标本数量多时，电泳板应先置电泳槽上，搭桥并开启电源(电流要小)后再加样。否则易形成宽底峰形，使定量不准。

(6) 在每一特定试验，孔径、孔距、加样量均应固定，不能有大有小，有多有少。

【思考题】 在火箭电泳中，火箭峰逐渐变高且浓度变淡是何原因？应如何调整至正常？

四、血清蛋白质醋酸纤维薄膜电泳

【实验目的】 了解血清蛋白质醋酸纤维薄膜电泳的原理、方法和临床应用。

【实验原理】 醋酸纤维薄膜电泳(CAME)是以醋酸纤维薄膜(CAM)作支持物的一种区带电泳技术，将血清样品点样于醋酸纤维薄膜上，在pH8.6的缓冲液中电泳时，血清蛋白质均带负电荷移向正极。由于血清中各蛋白组分等电点不同而致表面净电荷量不等，加之分子大小和形状各异，因而电泳迁移率不同，彼此得以分离。电泳后，CAM经染色和漂洗，可清晰呈现清蛋白、α_1-球蛋白、

α_2-球蛋白、β-球蛋白、γ-球蛋白5条区带，比色即可计算出血清各蛋白组分的相对百分数。

【实验材料】

1. 醋酸纤维薄膜　已有商品供应，也可自己制备。制备方法：将醋酸纤维素置于100℃烘箱内烘30min，称8g置于250ml可以密闭的输血瓶中，加入含74%丙酮的溶液（丙酮74ml，加蒸馏水24ml）100ml，置于沸水浴中，使纤维素充分溶解，然后离心或用纱绢过滤去除杂质（过滤时可用热毛巾裹在瓶外保温），静置，排尽气泡后倒在平的玻璃板上，用涂膜器或平直的玻璃棒两端绕上4～5层滤纸（约4mm厚度），迅速向一个方向均匀涂抹，并立即将边缘部分用玻璃棒抹开，以免干燥时膜面皱褶，待丙酮挥发干后（0.5～1h），将膜取下，夹在纸内压平，使之成为白色均匀薄膜，备用。

2. 溶液配制

（1）pH 8.6，0.06～0.07mol/L巴比妥缓冲液的配制：称取巴比妥0.83g，巴比妥钠6.38g，加蒸馏水溶解后至500ml。

（2）浸出液：20.4mol/L氢氧化钠。

（3）染色液的配制：氨基黑10B 0.5g，溶于由甲醇50ml、冰乙酸10ml和蒸馏水40ml组成的溶液中。

（4）脱色液的配制：由甲醇或乙醇45ml，冰乙酸5ml，蒸馏水50ml组成。

（5）透明液的配制：由冰乙酸3份，95%乙醇7份组成。

3. 器材　电泳仪、电泳缸、万能电表、加样器或血红蛋白吸管、722型分光光度计、华特曼3mm滤纸、大玻璃平皿。

【实验方法】

1. 电泳缸的准备　电泳缸中加入0.06～0.07mol/L pH 8.6巴比妥缓冲液，根据电泳缸的支架物长度，将滤纸折成4层5cm宽的滤纸桥，用缓冲液浸润后，折叠边缘覆盖于支架的内缘，而让开放边缘浸入缓冲液中。

2. 醋酸纤维薄膜的处理　将9cm×2.5cm长条状的醋酸纤维薄膜浸泡于缓冲液中，待浸透后用竹镊子取出，夹在清洁的滤纸中吸去多余的水分，并用笔编号。

3. 点样　于距离膜端2～3cm的毛面处，用加样器或血红蛋白吸管直线状滴加5μl待检血清，待血清渗入膜内，将薄膜水平位置悬于电泳缸内，点样面向下，两端与滤纸相接触，薄膜应保持足够的张力。

4. 电泳　加样端连接阴极，通电，电流为0.4～0.8mA/cm，端电压为100V左右，电泳时间夏季约40min，冬季约45min，电泳区带展开为25～30min。

5. 染色　通电毕，取下薄膜吸干水分，直接浸于染色液中染色数分钟。再置脱色液中充分洗涤，最好采用三缸法依次洗涤，每缸15min，直至背景漂洗干净。

6. 定量　将洗涤后的薄膜吸干，剪下各区带，分别浸于5ml，0.4mol/L NaOH试管中，振摇数次使色泽浸出，以蒸馏水作为空白，在722型分光光度计上依次读取各管光密度数（波长540～620nm）。

7. 计算　先将各管光密度数加起来，再以总和作为除数，除去各管所读之光密度数，即为各区带蛋白的百分比。

8. 其他　有些标本为了便于保存，可以透明，即将已脱色薄膜吸干，置透明液中20min后取出贴在平整玻璃板上待干。

【实验结果】　新鲜的正常血清可分出5～7条区带，即前白蛋白、白蛋白和5条球蛋白区带（α_1-球蛋白，α_2-球蛋白，β_1-球蛋白，β_2-球蛋白和γ-球蛋白）。α_1区带主要由α_1抗胰蛋白酶形成，α_2由血清类蛋白和α_2-巨球蛋白所组成，β_1主要为转铁白，β_2主要由C3组成。在陈血清中，C3可裂解为更快向阳极移动的成分，因而增强了β_1带。偶尔有些患者由于组织破坏，可出现

α_3 带，通常在 α_3 带后面呈弱的弥散的区带。

【注意事项】

(1) 醋酸纤维薄膜电泳虽然较简便，但也应严格掌握试验过程各主要环节，否则会导致失败。

(2) 电泳时水分补给充足、缓冲液新鲜配制、电压稳定才能有准确结果。

【临床意义】 该试验可以初步观察低或高水平的免疫球蛋白值，更重要的是可以测定异常的均一的副球蛋白带，又称为 M 带，它可以发生于 γ 区（属 IgG、IgM、IgD），偶尔可在 β 区（属 IgA），很少见于 α 区（属 IgA 或循环中的本周蛋白）。

【思考题】

(1) 用醋酸纤维薄膜电泳做电泳支持物有什么优点？

(2) 电泳时为什么要将点样的一端靠近负极端？

(3) 电泳图谱清晰的关键是什么？如何正确操作？

实验六 血清补体活性测定及相关实验

一、血清总补体活性(CH_{50})测定

【实验目的】 掌握 CH_{50} 实验的原理，熟悉其方法及意义。

【实验原理】 正常人血清中的补体含量相对稳定。只有在患病时补体含量才会发生变化，因此测定补体的含量对于诊断自身免疫性疾病、免疫复合物引起的变态反应性疾病、补体缺陷病等都有一定的意义。

补体能使溶血素（抗绵羊红细胞抗体）致敏的绵羊红细胞（SRBC）发生溶血，当致敏的绵羊红细胞浓度恒定时，溶血程度与补体含量和活性呈正比例关系。因此，将新鲜待检血清做不同稀释后，与致敏红细胞反应，测定溶血程度，以 50% 溶血时的最小血清量判定终点，可测知补体总溶血活性。补体活性与溶血程度的关系呈"S"形曲线。在 50% 溶血周围，线段近似一条直线。因此当补体用量稍有变动，就可对溶血程度产生很大影响。所以用 50% 溶血作为终点要比 100% 溶血更为敏感。

【实验器材】

1. 待检人血清 静脉抽血，待凝后立即分离血清进行测定或-70℃保存。

2. 缓冲盐水（pH7.4） 取 NaCl 75g，1mol/L HCl 177ml，三乙醇胺 28ml，$MgCl_2 \cdot 6H_2O$ 1.0g，$CaCl_2 \cdot 2H_2O$ 0.2g。先将 NaCl 溶于 700 ml 蒸馏水中，再加入 HCl 和三乙醇胺。将 $MgCl_2 \cdot 6H_2O$ 和 $CaCl_2 \cdot 2H_2O$ 分别用 2 ml 蒸馏水溶解后，逐一加入，再用蒸馏水加至 1000 ml，4℃保存。临用前取上述溶液 1 份加 9 份蒸馏水，4℃保存待用。

3. 2%SRBC 悬液 新鲜脱纤维羊血或 Alsever 液保存羊血（4℃可保存 3 周）用生理盐水洗 2 次，第 3 次用缓冲盐水，2000r/min 离心 30min。取压积红细胞以缓冲盐水配成 2% 悬液。为使浓度标准化，可将 2% SRBC 悬液用缓冲盐水稀释 25 倍，于分光光度计（542nm）测定透光率（以缓冲盐水校正透光率至 100%）。每次实验用红细胞浓度（透光率）必须一致。

4. 生理盐水

5. 溶血素（anti-SRBC） 按说明书所标效价以缓冲盐水稀释至 2 单位。如效价为 1 ∶ 8000，使用时 1 ∶ 4000 稀释。

6. 致敏 SRBC 2% SRBC 加等量 2 单位溶血素，混匀，置 37℃水浴 10min。

7. 50%溶血标准管 取 2% SRBC 悬液 0.5ml，加入蒸馏水 4.5ml，混匀。

8. 器材 37℃水浴箱；离心机；分光光度计；试管、吸管。

【实验方法】

（1）取待检人血清 0.2ml，加入缓冲盐水 3.8ml，使成 1∶20 稀释。

（2）按表 4-6-1 所示加入各试剂，混匀，将试管置于 37℃ 水浴 30min。

表 4-6-1 CH50 法测定总补体活性操作

试管编号	1∶20 稀释血清(ml)	缓冲盐水(ml)	致敏 SRBC(ml)	CH50(U/ml)
1	0.10	1.40	1.0	200
2	0.15	1.34	1.0	133
3	0.20	1.30	1.0	100
4	0.25	1.25	1.0	80
5	0.30	1.20	1.0	66.6
6	0.35	1.15	1.0	57.1
7	0.40	1.10	1.0	50
8	0.45	1.05	1.0	44.4
9	0.50	1.00	1.0	40
10	–	1.50	1.0	–

【实验结果】 将各试管 2500r/min 离心 5min，取上清液与 50% 溶血标准管目视比较，观察溶血程度。取与 50% 溶血标准管相接近的两管在分光光度计上 542nm 分别读取光密度值 A（0.5cm 比色杯，以缓冲盐水作为空白调零），以最接近 50% 溶血标准管的一管，按下列公式计算 CH50 活性。

$$\text{CH50(U/ml)} = \frac{1}{\text{引起 50\% 溶血管的血清量(ml)}} \times 20(\text{稀释倍数})$$

本法测定的正常值范围为 50～100 U/ml。

【注意事项】

（1）待检血清标本应无溶血、无乳糜、无污染。

（2）缓冲液、致敏 SRBC 均应新鲜配制，缓冲液若被细菌污染，会导致自发溶血。

（3）待检血清标本必须新鲜，如室温放置 2h 以上，会使补体活性下降。

（4）实验所用玻璃器皿，一定要清洁，酸碱均能影响测定的准确性。

（5）测定需在 0～4℃ 进行，试管需预冷，可保持补体活性。

（6）补体的溶血活性与反应时缓冲液的 pH、离子强度、钙镁离子量、羊红细胞量、反应总体积及反应温度均有一定关系，因此实验时需对反应的各个环节做严格控制。

【临床意义】

（1）在急性炎症，感染，组织损伤（如风湿热急性期、结节性动脉周围炎、皮肌炎、伤寒、Reiter 综合征和多发性结节炎），癌肿，骨髓瘤等时，常可见补体含量增高。

（2）低补体血症多见于急性肾小球肾炎、膜增殖性肾小球肾炎、SLE 活动期、RA、亚急性细菌性心内膜炎、急性乙型病毒性肝炎、遗传性血管神经性水肿等。

实验七 免疫标记技术

免疫标记技术是用荧光素、酶、放射性同位素或化学发光物质等标记抗体或抗原，进行抗原-抗体反应的检测，是目前应用最为广泛的免疫学检测技术，可定性、定量、定位。免疫标记技术在敏感、特异、精确、快速及应用范围广泛等方面远远超过一般免疫血清学方法。

根据试验中所用标记物的种类和检测方法不同,免疫标记技术分为免疫荧光技术、放射免疫技术、免疫酶技术、免疫电镜技术、免疫胶体金技术、发光免疫测定等。

一、酶联免疫吸附试验(ELISA)

ELISA 的基本原理是:先将已知的抗体或抗原结合在某种固相载体上,并保持其免疫活性。测定时,将待检标本和酶标抗原或抗体按不同步骤与固相载体表面吸附的抗体或抗原发生反应。用洗涤的方法分离抗原抗体复合物和游离成分。然后加入酶的作用底物催化显色,根据酶底物颜色的有无或深浅进行定性或定量测定。由于酶的催化频率很高,故可极大地放大反应效果,从而使测定方法达到很高的敏感度。

ELISA 技术可分为直接法、间接法、抗体夹心法、标记抗原竞争法等,本实验以 ELISA(间接法)来检测血清中结核特异性 IgG 抗体。

【实验目的】 掌握酶联免疫吸附试验的原理和类型,熟悉间接法的检测及其临床意义。

【实验原理】 以已知抗原包被载体,然后将待检血清标本加入,共同孵育后,标本中特异抗体(一抗)结合于包被抗原上,再加入酶标记抗抗体(二抗),最后加入底物溶液,根据颜色反应来判定待见抗体含量(图 4-7-1)。

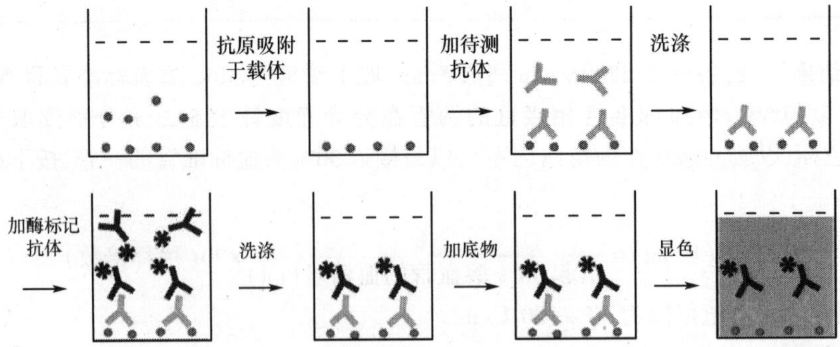

图 4-7-1 测定抗体的酶标记抗球蛋白法(间接法)原理

【实验器材】

1. 包被液 0. 05 mol/L pH 9. 6 碳酸盐缓冲液。

2. 洗涤液 0. 01 mol/L pH 7. 4 磷酸盐缓冲液,另加 0. 05% 吐温 20。

3. 稀释液 在洗涤液中加 1% 牛血清白蛋白或 10% 羊血清。

4. 底物溶液 pH 5. 6 磷酸柠檬酸缓冲液。

5. 终止液 2 mol/L H_2SO_4。

6. 固相载体 40 孔聚苯乙烯微量板。

7. 抗原 冻干 PPD 制剂。

8. 酶标抗体 辣根过氧化物酶标记抗人 IgG。

9. 底物 称 50mg 邻苯二胺溶于 100ml 底物溶液中,加 30% H_2O_2 0. 5ml。

【实验方法与结果】

包被（抗原吸附）　　40 孔微量滴定板,每孔加 PPD 0. 1ml.

4℃ ↓ 24h

洗涤 3 次

↓

加待检标本　　加待检血清每孔 0. 1ml

（待检抗体）　　37℃ ↓ 30min
洗涤 3 次
↓
加酶标抗体　　加酶标抗体每孔 0.1ml
（酶标记抗抗体）　　37℃ ↓ 30min
洗涤 3 次
↓
加底物　　加底物每孔 0.1ml
（显色）　　37℃ ↓ 10min
↓
终止反应　　2mol/L H_2SO_4 每孔加 0.1ml
↓
肉眼观察显色反应
以待检孔颜色深于阴性对照孔为阳性，
或用酶标仪检测 OD 值

【注意事项】

（1）加样品稀释液必须使用加样器。

（2）加入样品后必须混合均匀。

（3）严格控制反应时间，洗板时严格按操作规程进行，每一操作间隔不超过 10min。

（4）终止后须在 10min 内测试或判断结果，对于结果在临界值附近的样品，应重复检测。

（5）不同的商品试剂盒结果判断值各异，应仔细阅读说明书。

二、免疫荧光技术

免疫荧光技术是将抗原抗体反应的特异性与荧光素显微示踪的精确性相结合。以荧光素标记已知的抗体（或抗原），但不影响其免疫学特性。然后将荧光素标记抗体作为标准试剂，用于检测和鉴定未知的抗原。在荧光显微镜下，可以直接观察呈现特异荧光的抗原抗体复合物及其存在部位。在实际工作中，由于用荧光素标记抗体检查抗原的方法较为常用，所以一般统称为荧光抗体技术。可以应用流式细胞仪进行自动分析检测，称为流式荧光免疫技术。荧光免疫测定主要有时间分辨荧光免疫测定和荧光偏振免疫测定等。

目前用于标记抗体的荧光素主要有异硫氰酸荧光素（FITC）、四乙基罗丹明及四甲基异硫氰酸罗丹明。方法主要为直接法和间接法。

（一）直接免疫荧光法——B 细胞膜表面免疫球蛋白（SmIg）的检查

【实验目的】

（1）熟悉免疫荧光技术的原理和类型。

（2）了解直接免疫荧光法的检测及其临床意义。

【实验原理】 SmIg 是 B 细胞的抗原识别受体，也是 B 细胞特异的表面标志，用直接免疫荧光法可检查出 SmIg，鉴定 B 淋巴细胞。用荧光素标记的抗 Ig 抗体，在一定条件下与淋巴细胞混合，荧光素标记的抗 Ig 抗体可以与 B 细胞表面的 Ig 结合，在荧光显微镜下观察，可见 B 细胞膜上出现荧光（图 4-7-2）。

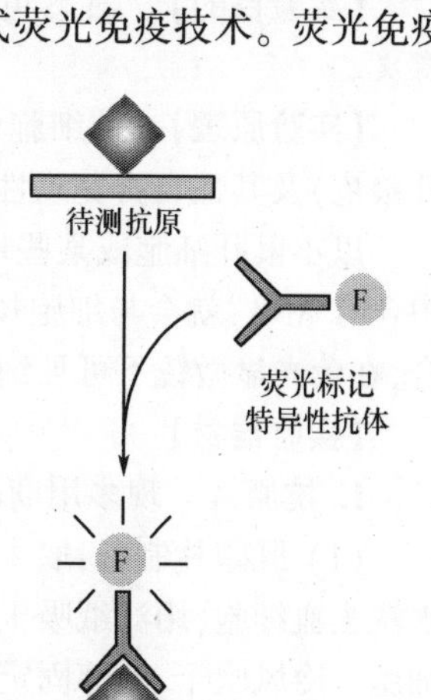

图 4-7-2　免疫荧光直接法原理示意图

【实验器材】

1. 实验动物 ICR 小鼠。

2. 抗体 异硫氰酸荧光素(FITC)标记的兔抗小鼠 Ig 抗体。

3. 试剂 Hank's 液:pH7.4(内含 0.1% NaN_3)。

4. 器材 台式离心机;离心管;吸管;移液管等。

【实验方法】

(1) 采用颈椎脱臼法处死小鼠,解剖取出脾脏放入盛有 6ml Hank's 液的平皿中,用 100 目钢网研磨,混匀。从中吸取 1ml 细胞悬液放入一试管中,加满 Hank's 液,离心 1000r/min,10min,洗涤细胞一遍。倾去上清液,沉积的细胞恢复 1ml 容积,即为约 1×10^7/ml 的细胞悬液。另取一支试管,吸取 1×10^7/ml 的细胞悬液 0.4ml 加 Hank's 液 3.6ml,即为 1×10^6/ml 的细胞悬液。

(2) 取 2ml 离心管两只,各加入 1×10^6/ml 的细胞悬液 1ml,用台式离心机离心 2000r/min,3min,弃去上清液。一支加入荧光素标记的兔抗鼠 Ig 抗体 100μl,另一支不加抗体作对照,置 4℃ 冰箱 30min。

(3) 取出离心管,用 Hank's 液洗涤细胞两次,以去除游离的抗体,最后一次离心后弃去上清液,留少许回流液,混匀,滴片,用荧光显微镜观察。

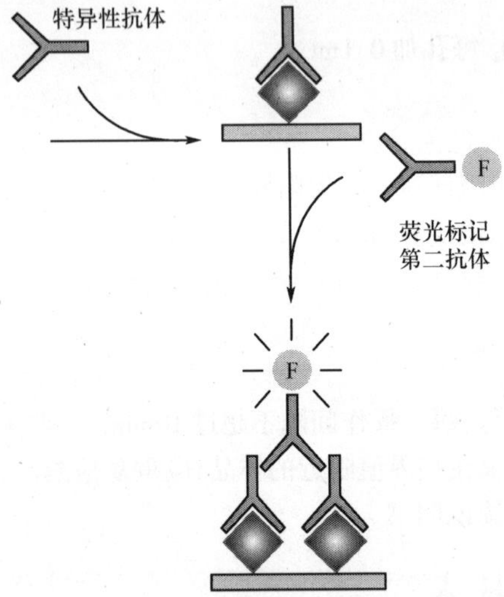

图 4-7-3 免疫荧光间接法原理示意图

【实验结果】 荧光显微镜观察,落射激发光下 SmIg 阳性细胞可见环状或斑点状黄绿色荧光。用钨丝灯光源透射光照明计数同一视野内淋巴细胞总数,共计数 200~300 个淋巴细胞,算出其中 SmIg 阳性细胞的百分数。

【注意事项】 在滴片前要彻底去除游离的抗体,以避免假阳性结果。

(二) 间接免疫荧光法——抗核抗体的检测

【实验目的】 熟悉免疫荧光技术的原理和类型,了解间接免疫荧光法的检测及其临床意义。

【实验原理】 抗细胞核抗体(antinuclear antibody,ANA)检测对结缔组织病(如全身性红斑性狼疮)及其他自身免疫性疾病的诊断有一定意义。

以小鼠肝细胞或某些培养细胞(如 Hep-2)作抗原片,将患者血清加到抗原片上。如果血清中含有 ANA,就会与细胞核成分特异性结合。加入荧光素标记的抗人 IgG 抗体又可与 ANA 结合,在荧光显微镜下可见细胞核部位呈现荧光。如图 4-7-3 所示。

【实验器材】

1. 抗原片 现多用商品试剂。如需自行制备,方法如下。

(1) 肝印片制备:取 4~8 周龄小鼠,断颈杀死后,剖腹取肝。将肝脏剪成平面块,用生理盐水洗去血细胞,用滤纸吸干渗出的浆液。将切面轻压于载玻片上,使其在载玻片上留下薄层肝细胞。冷风吹干,乙醇固定,冰箱可保存 1 周。

(2) Hep-2 细胞抗原片制备:Hep-2 细胞是建株的人喉癌上皮细胞。经适宜培养在载玻片上形成单层细胞抗原片,用洗涤洗去培养基。干燥后,用无水乙醇固定。

(3) 肝切片制备:取小鼠肝组织作冰冻切片,厚 4μl,-30℃ 保存备用。

2. 抗体　异硫氰酸荧光素(FITC)标记的抗人 IgG 抗体(FITC-抗人 IgG 抗体)有商品供应，临用时按效价稀释。

3. 试剂　0.01mol/L pH7.2 PBS 溶液；缓冲甘油(取甘油 9 份加 PBS 1 份)。

4. 血清　待测血清、阳性和阴性对照血清(临床标本筛选获得)。

5. 器材　荧光显微镜、孵箱、有盖湿盒、染色缸、吸管、试管等。

【实验方法】

1. 准备　检查加样板，生物载片恢复室温，标记。

2. 稀释　PBS-Tween 缓冲液稀释血清，设阴、阳性对照。

3. 加样　加样板放于泡沫塑料板上，加 25μl 稀释后血清，至加样板的每一反应区，避免气泡。加完所有标本后开始温育。

4. 温育　将生物薄片盖于加样板的凹槽里，反应开始，室温温育 30min。

5. 冲洗　用烧杯盛 PBS-Tween 缓冲液流水冲洗生物薄片，然后立即将其浸入盛有 PBS-Tween 缓冲液的小杯中至少 1min。不必混摇。

6. 加样　滴加 20μl 荧光素标记的抗人球蛋白(结合物)至一洁净加样板的反应区，完全加完方可继续温育。荧光素标记的抗人球蛋白用前需混匀并以 PBS-Tween 缓冲液稀释。

7. 冲洗　用烧杯盛 PBS-Tween 缓冲液流水冲洗生物薄片，然后立即将其浸入盛有 PBS-Tween 缓冲液的小杯中至少 1min。不必混摇。

8. 封片　将盖片直接放于泡沫塑料板凹槽中，滴加甘油/PBS 至盖片(每反应区约 10μl)。从 PBS-Tween 缓冲液中取出 1 张生物薄片，用纸擦干背面和四边。还要擦拭反应区间隙。将生物薄片面朝下放在已准备好的盖玻片上，立即查看并调整使盖片嵌入载片凹槽中，继续下 1 张。

【实验结果】

1. 阳性细胞　细胞核发黄绿色荧光为阳性染色细胞，不发荧光为阴性。抗原片中出现阳性染色细胞为 ANA 阳性，否则为阴性。阳性待检血清可作进一步稀释后测定效价。

2. 阳性细胞区分

(1) 均质型：细胞核呈均匀一致的荧光。

(2) 周边型(核膜型)：细胞核周围呈现荧光。

(3) 斑点型(颗粒型)：细胞核内呈现斑点状荧光。

(4) 核仁型：核仁部分呈现荧光。

(5) 混合型：两种以上核染色。

【注意事项】

(1) PBS-Tween 缓冲液在 4℃下可存放 2 周。

(2) 根据每次实验的标本量决定需要稀释的 FITC 标记的抗人球蛋白的量，稀释后可在 4℃下可存放 1 周。

(3) 血清或 FITC 标记的抗人 Ig 应滴加至加样板上，不能直接滴到载片上。

(4) 载片盖到加样板上后，确保反应区与液滴完全接触后，才开始计时温育。

(5) 冲洗载片时水流缓慢，以免冲洗掉基质。载片上的反应区保持湿润，不要将载片风干。

(6) 封片进不可用力挤压盖玻片，以免损坏基质。可左右挪动盖玻片以使其正确嵌入载片凹槽里。

(7) 封片介质含有荧光稳定剂，应保存在 2～8℃。封好的载片可于 4℃长期保存。

【临床意义】　间接免疫荧光技术是检测 ANA 最常用的方法。该方法简便、敏感，且可根据核染色形态确定核抗原的类型。

鼠肝印片细胞分布不均匀，多有重叠，冲洗时易丢失。Hep-2 细胞具有核大、有丝分裂旺盛、核内细胞器较明显、具备人源性抗原的特征，对诊断和鉴别不同类型的自身免疫病十分有利。

三、放射免疫测定法(RLA)——甲胎蛋白测定

甲胎蛋白(AFP)是人体在胚胎时期血液中含有的一种特殊蛋白。在胎儿发育过程中，由卵黄囊和胚胎肝产生，在妊娠 13 周时，胎儿血清中的 AFP 值达到最高峰，约 3000 ng/ml。大部分集中在肝组织中。此后，AFP 逐渐下降。胎儿出生时，大约为 80 ng/ml 血清，出生一年后 AFP 继续下降，至第二年末达到最低水平，维持到成年，其值在 2～10 ng/ml 血清。当发生原发性肝癌或胎儿畸形时，AFP 水平都会明显增加。虽然胎儿的 AFP 进入羊水的量不大，羊水中的 AFP 浓度要比胎儿血中低 180 倍，但随着胎儿血中的 AFP 浓度的波动，羊水中的 AFP 浓度也波动，因此可以测定羊水和母体血中的 AFP 浓度来判断胎儿有无重大异常。

正常成人肝细胞失去合成 AFP 的能力，因此血清中含量极微(一般<20 ng/ml)，除肝癌可显著升高外，妊娠、胚胎癌(如睾丸癌)、卵巢癌和极少数胃、胰、胆管、结肠、直肠癌也可升高，但其绝对值不如肝癌高。慢性肝炎、肝硬化可有 AFP 的分子变异体，亦可有一过性升高。因此血清 AFP 检测结果必须结合临床症状与超声检查才有诊断意义。

【实验目的】 了解放射免疫测定法的原理及其临床意义。

【实验原理】 本测定法采用放射免疫分析技术，测定血清中 AFP 的含量。被检血清或 AFP 标准品与一定量的^{125}I-AFP 及一定量的 AFP 抗血清溶液加在一起，混匀后在 37℃温育，测定总放射性(T)。而后加入免疫分离剂，AFP 与抗体的复合物则产生沉淀。离心分离，吸去上层清液，再测定沉淀的放射性(B)。计算各标准点的结合率(B/B_0)，作出标准曲线，被检血清根据其 B/B_0 结合率可从标准曲线上查得其 AFP 度。

【实验器材】

1. AFP 标准品 每瓶用 1.0ml 缓冲液溶解后分别配成 10ng/ml、25ng/ml、50ng/ml、100ng/ml、200ng/ml、400ng/ml。

2. ^{125}I-AFP 每瓶用 10ml 缓冲液溶解。

3. AFP 抗血清 用缓冲液溶解。

4. 免疫分离剂 使用前充分摇匀。

5. 缓冲液配制 用 40ml 蒸馏水稀释。

【实验方法】

(1) 取圆底聚苯乙烯试管若干支进行编号。

(2) 按表 4-7-1 加入试剂。

表 4-7-1 试剂加入量 (单位：μl)

试剂 \ 管别（加入量）	NSB(缓冲生理盐水)	"O"标准 B_0	标准 B_1-B_2	标本
缓冲液	200	100	–	–
标准	–	–	100	–
标本	–	–	–	100
^{125}I-AFP	100	100	100	100
AFP 抗体	–	100	100	100
	混匀，37℃水浴 3h，测总 T(CPM)			
免疫分离剂	1000	1000	1000	1000
混匀，室温放置 15min，然后在 1500r/min 下离心 15min，吸去上清液，测各管沉淀的放射性计数(CFP)				

【实验结果】

1. 计算各管的百分结合率　以 S_0 计算为 B_0，各标准管计数为 B，求各管的百分结合数：

$B/B_0\% = \dfrac{B(cpm)-NBS(cpm)}{B(cpm)-NBS(cpm)} \times 100$ 用标准曲线的计算结果在半对数坐标纸上，绘制 $B/B_0\%$ -log 图。未知血清的 AFP 浓度，可以根据 B/B_0 的百分结合率从标准曲线上查出。

2. 正常值　小于 20ng/ml。

注意：①测得的 B_0、B 结合率不应大于 T 值，否则本试验无效。②抗血清最高结合率（B_0）应在 35%～75% 范围，计算方法为标准“0”管（S_0）沉淀计数率再除以仪器本底。

【临床意义】　正常人血清中含 AFP 一般在 2～6ng/ml，但由于许多疾病都会影响 AFP 的值，特别是肝炎，因此 AFP 的正常值一般在 20ng /ml 以下，若测出值高 50ng /ml，要复检，若测值仍高时，则要做动态观察。如果每周做一次，值无明显变化，可排除肝癌，如果值升高很快，应怀疑肝癌。

【思考题】

（1）AFP 检测（RIA 法）的原理，正常值。

（2）AFP 检测的临床意义。

四、金免疫技术——斑点免疫层析试验

金盐被还原成原子金后形成金颗粒悬浮（胶体金），这种金颗粒呈红色，并能与蛋白质等大分子物质结合，因此，可用胶体金作为标记物来检测标本中的抗原或抗体。典型的测定方法有斑点免疫渗滤试验和斑点免疫层析试验等。

斑点免疫层析试验又称免疫层析试验，简称“一步金法”。试验所用试剂全部为干试剂，多个试剂被结合在一起约 6mm×70mm 的塑料板条上，试纸条两端附有吸水材料，成为单一试剂条，本次实验以双抗体夹心法测定尿 HCG 为例进行实习。

【实验目的】　熟悉胶体金斑点层析技术检测早期妊娠的原理及基本方法。

【实验原理】　当受精卵着床 1 周后，孕妇的尿液中就可出现绒毛膜促性腺激素（HCG）。胶体金斑点层析技术首先将鼠抗人 HCG 的单克隆抗体吸附在胶体金颗粒上（胶体金呈紫红色散在颗粒状，肉眼可见），将此标记的抗体松弛地附着在玻璃纤维上（胶体金致敏抗体）。鼠抗人 HCG（一抗）及兔抗鼠 Ig（二抗）分别吸附在硝酸纤维素膜上的检测线处及阳性对照线处。当尿液通过毛细管作用上行时，尿中的 HCG 与玻璃纤维上的抗 HCG 的胶体金致敏抗体结合，并且 HCG-抗 HCG-胶体金继续上行至检测线处，并与该处的抗 HCG 发生反应，形成双抗体夹心免疫复合物，抗体 Fc 段标有胶体金，即呈清晰的紫红色。未结合 HCG 的或已结合 HCG 的胶体金致敏抗体会继续上行，胶体金致敏抗体的鼠 Ig 与阳性对照线处的兔抗鼠 Ig 发生结合，固定致敏胶体金颗粒，形成一清晰的紫红色线，即无论尿液中有无 HCG，在阳性对照线处均应出现清晰的紫红色线。该法灵敏、简便、快速，可作为早孕检测试剂应用。如图 4-7-4 所示。

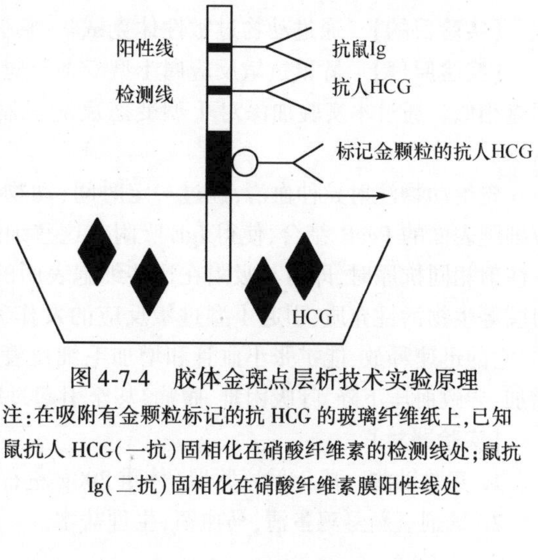

图 4-7-4　胶体金斑点层析技术实验原理

注：在吸附有金颗粒标记的抗 HCG 的玻璃纤维纸上，已知鼠抗人 HCG（一抗）固相化在硝酸纤维素的检测线处；鼠抗 Ig（二抗）固相化在硝酸纤维素膜阳性线处

【实验器材】

1. 标本 孕妇尿液。

2. 试剂条 "一步金法"早早孕妊娠诊断试剂条片，有商品供应。

3. 器材 尿液收集杯等。

【操作方法】 将试剂条下端标志部插入尿液中 10s 左右，取出后放平，置室温下 3min，目测观察结果。

【实验结果】 若出现两条紫红色线为 HCG 阳性（妊娠），若只出现质控参照线显示紫红色为阴性（未妊娠）。

【注意事项】

（1）试纸条虽然可在室温保存，但大批暂时不用的试纸条应该放在 4℃ 保存，以免抗体失效，从冰箱刚取出的试纸条则应待其恢复至室温，然后才打开密封，可避免反应线模糊不清。

（2）一般的操作方法是在试纸条的吸尿端滴入 2 滴尿液，或将吸尿端直接插入标本中 20s，深度为 10～15mm，取出后平放，1～2min 反应带清晰后观察结果。

（3）强阳性尿液中 HCG 含量较多，因此质控线可能不出现或极浅淡，而仅在反应区显示淡紫色条带。应避免试纸条一端插入尿液过深或过浅，时间过长或过短也会影响试验结果。

【思考题】 试用胶体金斑点层析技术设计一个检测血清中乙肝病毒表面抗原（HBsAg）的实验。

实验八 超敏反应

超敏反应是指机体受到某种抗原刺激时，出现生理功能紊乱或组织细胞损伤的异常适应性免疫应答。依照超敏反应的发生机制，可将其分为Ⅰ、Ⅱ、Ⅲ、Ⅳ型，其中的Ⅰ型超敏反应又称为速发型超敏反应或变态反应。引起超敏反应的抗原称为变应原。Ⅱ、Ⅲ型超敏反应主要为自身免疫性疾病的发生机制。Ⅳ型超敏反应属于细胞免疫应答。本节主要介绍Ⅰ、Ⅳ型超敏反应相关实验。

一、Ⅰ型超敏反应

（一）豚鼠过敏试验

【实验目的】 通过动物过敏性休克试验，掌握Ⅰ型超敏反应的条件、机理及其表现。

【实验原理】 豚鼠过敏反应属Ⅰ型变态反应，与人类的青霉素和异种血清所引起的过敏性休克相似。通过本实验加深对Ⅰ型变态反应机制的理解，提高对防治人类过敏反应重要性的认识。

先给动物注射异种血清，经过一定时间，动物产生抗体 IgE，IgE 的 Fc 段与肥大细胞或嗜碱粒细胞表面的 FcεR 结合，使得 IgE 吸附在这些细胞的表面，机体处于致敏状态。当第二次较大量注射相同抗原时，即可与吸附在这些细胞表面的 IgE 结合，引起一系列反应，使这些细胞释放组胺等生物活性介质，引起Ⅰ型过敏反应的发作，即发敏阶段。组胺是一个主要的生物活性介质，它的迅速释放，能扩张小血管和增加毛细血管通透性、刺激平滑肌收缩、促进黏膜腺体分泌增加，导致血压下降、呼吸困难、腹痛，甚至引起过敏性休克，导致死亡。

【实验器材】

1. 实验动物 成年健康豚鼠（体重 200g 左右）。

2. 试剂 新鲜鸡蛋清，马血清，生理盐水。

3. 器材　注射器等。

【实验方法】

1. 致敏注射　取健康豚鼠两只(标明甲、乙)于皮下注射 1 : 10 稀释的马血清 0.1 ml,使之致敏。

2. 发敏注射　2 周后,甲豚鼠心内注射马血清 0.5 ~ 1.5ml,乙豚鼠心内注射鸡蛋清 0.5 ~ 1.5ml。动物注射后,密切观察甲豚鼠的反应。

【实验结果】　甲豚鼠如发生超敏反应,则注射后数分钟,动物出现兴奋、不安、抓鼻、耸毛、咳嗽等现象,继而发生气急及呼吸困难,痉挛性跳跃,大小便失禁,倒地挣扎而死。解剖可见肺脏极度气肿,胀满整个胸腔,这是支气管平滑肌痉挛的结果。乙豚鼠应不出现任何异常现象。

【思考题】　请用学过的免疫学知识解释甲豚鼠出现的各种表现。如再给乙豚鼠注射马血清是否会出现过敏性休克表现？为什么？

(二) 皮肤速发型超敏反应

【实验目的】　熟悉皮肤速发型超敏反应试验的原理、用途和基本操作方法。

【实验原理】　皮肤试验简称皮试是一种在皮肤组织完成的体内免疫学试验。根据变应原的性质不同,可诱发速发型或迟发型皮肤超敏反应。根据变应原进入的方法不同,可分为皮内试验、挑刺试验和斑贴试验。当诱发Ⅰ型超敏反应的变应原进入致敏者皮肤时,皮肤组织中肥大细胞上的 IgE 与相应变应原结合,导致肥大细胞脱颗粒,释放组胺等生物活性介质,引起局部小血管扩张,血管通透性增高,局部皮肤出现风团、红晕,视为阳性反应。反之,若受试者未致敏,局部皮肤无风团、红晕,视为阴性反应。

皮肤速发型超敏反应试验主要用于变应原的检查,只有发现变应原,才能采取有效措施避免与之接触,从而达到防治超敏反应性疾病的目的。

【实验器材】

1. 试剂　蒿属花粉皮试液(原液),按 1 : 1000 稀释;无菌 0.01mg/ml 磷酸组胺;注射用生理盐水;皮肤消毒用碘酊;乙醇。

2. 器材　皮试用一次性注射器,小三角尺。

【实验方法】

(1) 用碘酊、乙醇溶液消毒受试者前臂屈侧皮肤,此处皮肤较为光滑细腻,而且便于试验操作和结果观察。

(2) 在左臂一侧注射 1 : 1000 稀释的蒿属花粉皮试液 0.02ml,间隔 4cm 以上再注射 0.01mg/ml 磷酸组胺 0.02ml 作为阳性对照。在右臂屈侧注射生理盐水 0.02ml 作为阴性对照。注射时针尖应进入皮内,使局部形成一圆形皮丘。

(3) 15 ~ 20min 后观察结果。

【实验结果】

(1) 阳性对照的注射部位见风团,周围有红晕;阴性对照局部皮肤正常。

(2) 注射蒿属花粉局部,如见风团、周围有红晕,视为阳性反应,提示受试者对蒿属花粉过敏。皮试的分级标准一般根据风团直径大小,按表 4-8-1 判定结果。

表 4-8-1　皮内试验分级标准

分数	风团直径(mm)	红晕直径(mm)
-	<5	<5
+	5	10
++	10	20
+++	15	30
++++	30	40

注:①风团的直径为分级的主要依据,红晕大小作参考;②风团若有伪足,可上调一级,但最多为++++级

【注意事项】

(1) 严格消毒,严禁重复使用注射器或针头。

(2) 正确操作皮内试验,避免皮下注射。

(3) 结果判定应比较阳性对照和阴性对照的结果。

【思考题】

(1) 皮肤速发型超敏反应试验的原理如何? 有何用途?

(2) 为什么用药物或抗毒素血清给患者做皮肤试验?

(三) 肥大细胞脱颗粒试验

血液中的嗜碱粒细胞和组织中的肥大细胞内部充满含有组胺、5-羟色胺等活性介质的颗粒,而表面上则存在有与过敏抗体 Fc 段结合的受体,当过敏抗体结合到细胞表面上而使细胞致敏时,如果再加入相应的过敏抗原,两者结合可使细胞脱出颗粒并释放活性介质,从而引起速发型超敏反应。过敏抗体有两类:一是过敏反应的 IgE 类抗体,能与大白鼠腹液中的肥大细胞结合;另一是过敏反应的 IgG 类抗体,可与家兔血中嗜碱粒细胞结合。

【实验目的】 熟悉皮肤速发型超敏反应试验的原理、用途和基本操作方法。

【实验原理】 人血清 IgE 可通过肥大细胞表面的 Fc 受体吸附于肥大细胞表面,当过敏原与肥大细胞内的 IgE 特异结合后,能使肥大细胞内的嗜酸性颗粒释放出来,此即为脱颗粒。

【实验器材】

1. 血清 速发型超敏反应患者血清。

2. 试剂 过敏原(青霉素、花粉等),Hank's 液。

3. 器材 中性红染色液玻片。

4. 实验动物 大鼠。

【实验方法】

1. 制备大鼠肥大细胞 将大鼠乙醚麻醉,心脏采血,分离血清备用。给大鼠腹腔注射含 EDTA 的 Hank's 液 15 ~ 20ml(EDTA 质量浓度为 0.5mg/ml),轻揉腹部 1min,切开小口,用毛细吸管吸出腹腔液,2000r/min 离心 10min,弃上清液,沉在管底部的细胞用含大鼠自身血清的 Hank's 液洗涤 1 次(6ml Hank's 液加 2ml 自身血清),弃上清液,将管底细胞悬于 1ml 含自身血清的 Hank's 液备用(置于冰浴保存)。取细胞悬液 1 滴,置于载玻片上,并盖上涂有中性红的盖片(中性红染料配制方法详见后述),在高倍镜下观察 100 个细胞(0.5h 内看完)。正常肥大细胞为圆形,边缘光滑,细胞膜内含有分布均匀的颗粒,如果细胞肿胀,边缘不整齐,颗粒自细胞内流出,自身脱颗粒超过 30% 则不宜用于正式试验。

2. 正式试验 以上述细胞悬液 1 滴加于载玻片上,加待检患者血清 1 滴,混匀后,37℃下孵育 5min,使血清中 IgE 吸附于肥大细胞表面,再加过敏原 1 滴(抗原原液或适当稀释),混匀,35℃下放置 55min,使过敏原与肥大细胞表面 IgE 结合起反应,肥大细胞脱颗粒,盖上有中性红染液的盖片,用高倍镜检查,数 100 个细胞并计算其中脱颗粒细胞的百分率。

3. 对照试验 抗原对照,细胞悬液 1 滴+已知阳性患者血清 1 滴,混匀后,37℃下放置 5min 以下操作同正式试验,显微镜检查通常应没有脱颗粒现象。

【注意事项】 制备和保存细胞悬液应尽量在水浴中,以防细胞死亡。

(四) 血清总 IgE 测定

【实验目的】 熟悉用 ELISA 法测定血清总 IgE 的原理和操作方法。

【实验原理】 IgE 是介导Ⅰ型超敏反应的抗体,检测该类抗体对Ⅰ型超敏反应的诊断很有价值。血清总 IgE 是体内各种特异性 IgE 的总和,正常人血清中的含量极低,故须用放射免疫测定和 ELISA 等高灵敏度的方法做检测。

本试验采用双抗体夹心ELISA法。用羊抗人IgE抗体包被固相载体，加入待检血清，再加酶标羊抗人IgE抗体，最后加底物显色，用待检样品的吸光度值反映样品中的IgE含量。正常人群IgE水平受环境、种族、遗传、年龄、检测方法及取样标准等因素的影响，以致各家报道的正常值相差甚远。IgE升高主要见于Ⅰ型超敏反应性疾病，如哮喘、过敏性鼻炎、特应性皮炎以及某些寄生虫感染。

【实验器材】

1. 血清　待检患者血清。

2. 抗体　羊抗人IgE抗体；羊抗人IgE-HRP结合物。

3. IgE标准参考品　WHO标准冻干血清制剂标定的IgE含量。

4. HRP底物液　常用邻苯二胺（OPD）-过氧化氢溶液。

5. 反应终止液　2mol/L硫酸。

6. 洗涤液　0.02mol/L，pH 7.4，PBS-Tween20。

【实验方法】

1. 包被　将羊抗人IgE抗体用pH 9.6碳酸盐缓冲液稀释成10μg/ml，包被聚苯乙烯微孔，每孔0.2ml，4℃过夜。甩掉孔内液体，用洗涤液洗3次，每次3min。

2. 加样　A排孔依次加入连续倍比稀释的IgE标准参考品0.2ml，浓度分别为200U/ml、100U/ml、50U/ml、…、0.1U/ml、0.05U/ml。B排以后加入1∶10和1∶100的待检血清0.2ml，各设2个复孔。同时设阴性、阳性和空白对照。

3. 孵育　放入湿盒内，加盖置37℃孵育2h。按前法洗涤3次，于吸水纸上拍干。

4. 加酶标抗体　每孔加0.2ml羊抗人IgE-HRP结合物，37℃孵育2h。按前法洗涤3次，于吸水纸上拍干。

5. 加底物液　每孔加0.2ml底物液，37℃孵育30min。

6. 终止反应　每孔加2mol/L硫酸0.05ml，终止反应。

【实验结果】　于酶标仪上492nm波长测定并记录各孔吸光度值（A值），以IgE标准参考品的含量对数值为横坐标，以相应A值为纵坐标，在坐标纸上绘制标准曲线。由标准曲线查出样品中IgE的相应含量，再乘以稀释倍数，即为待测血清中的IgE含量。IgE标准参考品标准常用国际单位U表示，1U=2.4ng。

正常参考值：男为631±128U/ml（31～3533ng/ml）；女为337±60U/ml（31～2000ng/ml）。

【注意事项】

（1）实验中应设置阴性对照与阳性对照，以控制实验条件；待测样品应作2个复孔，以保证实验结果的准确性。

（2）一定要准确稀释IgE标准参考品。

（3）IgE含量与吸光度值呈线性关系，如待测样品结果不在标准曲线范围内，可再次稀释样品后测定。

【思考题】

（1）为什么血清总IgE测定不用单向免疫扩散等方法测定？

（2）血清总IgE测定是否可确定患者对某种物质过敏？

（3）为保证实验结果的准确性，你认为主要控制哪些实验条件？

二、Ⅳ型超敏反应

植物血凝素试验

【实验目的】　通过植物血凝素试验，掌握Ⅳ型超敏反应的条件、机理及其表现，了解其临床意义。

【实验原理】 植物血凝素(PHA)是一种非特异性促进有丝分裂因子,进入机体可刺激T淋巴细胞,使之母细胞化,此时细胞释放多种淋巴因子,使皮肤局部发生以单核细胞浸润为主的迟发型变态反应性炎症。表现为皮肤红肿、硬结。因用PHA做皮肤试验与OT反应相似,故可用于判定人体细胞免疫功能。

【实验材料】 PHA试剂、注射器、乙醇溶液棉球、碘酒棉球。

【实验方法】

(1) 取1支PHA,用生理盐水稀释至每0.1ml含5～10μg(不同来源的制品应用剂量不同)。

(2) 消毒前臂内侧皮肤,皮内注射稀释的PHA 0.1ml。

【实验结果】 一般在注射后18～24h内测量结果,红肿硬结的直径大于0.5cm为阳性。

【注意事项】

(1) PHA用量应做预试,不同产地及批号可有差异,应找出合适剂量。

(2) 该法可与其他细胞免疫测定方法同时进行,以便综合分析判断。

【思考题】 皮肤试验结果在分析中应考虑哪些因素?在临床应用中有哪些实际价值?

(官 杰)

第五章 医学微生物经典验证性实验

实验一 消毒与灭菌实验

一、清洗液的配制

清洗液可根据需要，配制成不同的强度，常用的有下面三种：

1. 强液

重铬酸钾	63g
浓硫酸	1000ml
蒸馏水	200ml

2. 次强度液

重铬酸钾	120g
浓硫酸	200ml
蒸馏水	1000ml

3. 弱液

重铬酸钾	100g
浓硫酸	100ml
蒸馏水	1000ml

配制过程中，可使重铬酸钾溶于水中，有时不能完全溶解，可加热或加酸时产热助其溶解。然后慢慢加入浓硫酸（工业用酸即可）。

避免注入过急产热量过大，易发生危险，配制容器应用陶瓷或塑料制品，玻璃容器会由于产热量大而发生破裂，配成后清洁液一般呈棕红色，长时间使用后因有机溶剂和水分增多渐变绿色，表明已失效，应重新配制。旧的清洁液仍有一定腐蚀使用，用后严禁乱倾倒，宜深埋土中。

另一种矽酸钠洗液使用比较安全，可以代替洗液，但价格较贵，先配制成100倍储存液，重矽酸钾80g，偏磷酸钠9g，加热溶解在1000ml蒸馏水中，使用时，用蒸馏水100倍稀释。

二、清　　洗

在培养中细菌及病毒等对任何有害物质都十分敏感，有害物质包括微生物、支原体、细胞残余物以及非营养成分的化学物质。因此对新采用和重新使用的培养器皿，都要严格清洗。

（一）玻璃器皿及其他耐酸器材的清洗

分离培养和组织培养中，工作量最大的是玻璃器皿的清洗。清洗后的玻璃器皿不仅要求干净透明。无油迹，而且不能残留任何物质，某些化学物质仅有1×10^{-6}mg，就会对细胞产生毒性作用。因此设计一套适当的清洗程序非常必要，以保证达到清洗的目的，玻璃器皿的清洗包括浸泡、刷洗、浸酸和冲洗四个步骤。

（二）塑料器皿的清洗

目前我国组织培养使用的塑料器皿主要是从国外购置的，为一种无毒瓶并已经消毒灭菌密封包装的商品，使用时只要打开包装即可，是一次性使用物品。必要时用后经过无菌处理后，尚可反复使用2~3次，但不宜过多，再用时仍然需要清洗和灭菌处理。塑料器皿质地软，不宜用毛刷刷洗，清洗困难。为此使用中一是防止划痕，二是用后要立即浸入水中防止附着物干结；若残留附着物，可用脱脂棉拭掉，用流水冲洗干净，晾干，再用2% NaOH液浸泡过夜，用自来水充分冲洗，然后用5%盐酸溶液浸泡30min，最后用自来水冲洗和蒸馏水漂洗干净，晾干后备用。

三、包　装

包装的目的是防止器皿消毒灭菌后再次遭受污染。所以培养用品在消毒处理前要经严格包装。清洗后器皿可先放入鼓风干燥箱中吹干（塑料和橡胶制品不能放入干燥箱内）或置于通风无灰尘处自然晾干，然后包装起来，再行消毒处理，包装后的器皿便于消毒和储存。包装材料常用皱纹包装纸、硫酸纸、棉布、铝饭盒和特制玻璃或金属制的消毒筒（长度能容纳吸管）等，印有字的纸张和棉纸不宜做包装用。

四、消毒与灭菌

对细菌及病毒的培养过程，最危险的是发生包括其他细菌、真菌和病毒等微生物的污染，它们都能直接影响实验结果。污染主要是由于操作者的疏忽而引起，如操作台表面或周围空气不洁，培养器具和培养液消毒灭菌不彻底或存放时间过长等。有时一两个培养物发生污染，可能累及整个实验及全实验室，不得大意。因而，组织培养的每个环节都应采取严格措施，以防止发生污染。消毒灭菌方法因物品的不同而异，消毒方法分为三类。物理消毒灭菌法，包括紫外线、干热、湿热（高压蒸汽）、离心、过滤以及射线法等手段；化学消毒灭菌法主要指使用化学消毒剂等进行消毒灭菌；抗生素也是一种重要的消毒手段。

（一）物理消毒灭菌法

1. 射线消毒　主要指使用^{60}Co、X射线和加速器等发出的辐射。能灭菌消毒，适用于消毒量大和不适做高压或滤过等的培养用品，如塑料制品等。

2. 紫外线消毒　紫外线直接照射法很方便，效果好，是目前各实验室常用的消毒法；可以消毒空气、操作台表面和一些不能使用其他方法进行消毒的培养器具（如塑料培养皿、培养板等），培养室的紫外线灯应距地面2.5m，才能产生有效的消毒作用。由于各种细菌对紫外线的敏感性不同，所用照射时间和剂量也不同。缺点是能够产生臭氧，污染空气，对身体有害，同时射线照射不到的部位起不到消毒作用。故消毒时，物品不宜相互遮挡。

3. 干热消毒、灭菌

（1）玻璃器皿的消毒、灭菌：干热主要用于玻璃器皿的消毒，干热消毒后的器皿干燥、易于储存，但干热传导慢。需加温到160℃并保持90~120min，才能杀死细菌芽孢，达到消毒目的。实验室常用干烤箱，在不发生大规模污染情况下，160℃保持60min，效果很好。消毒后不要立即打开干烤箱门，以防止冷空气骤然进入引起玻璃炸裂，影响消毒效果。金属器械和橡胶、塑料制品不能使用干热消毒方法。

（2）火焰灯灭菌法：火焰灯是接种器灭菌及试管口等物品消毒处理的必需设备。煤气灯是较理想的接种灭菌设备，火焰的大小可根据需要自行调节。火焰柱分为两层，外焰和内焰，外焰由于接触氧气丰富，热度很高，所以烧的接种环或物品时应使用外焰。无煤气源的地方，可使用酒精灯，但火焰不及煤气灯。近年来，市面上有电热接种环灭菌器，使用比较安全，且灭菌时，接种环上的细菌不至四溅，更适于结核菌实验操作。

4. 湿热消毒、灭菌

（1）高压蒸汽灭菌器：高压蒸汽灭菌是最有效的一种方法。布类、胶塞、金属器械、玻璃器皿以及某些培养用液等都可用此方法消毒灭菌。

（2）煮沸消毒器：是用金属制成的有盖长方形锅，锅内有一带孔的盘，底部有电热装置。消毒时锅内加水，洗净的消毒物品应全部浸没于水中，加热煮沸后温度达100℃，持续5min，可杀死一般细菌的繁殖体而达消毒目的。适用于一般注射器及外科解剖器械等的消毒。

（3）阿诺流通蒸汽灭菌器：其构造似一般的"蒸笼"，利用反复多次的蒸汽加热，间歇灭菌法可达到灭菌目的。将欲灭菌物件放入器内，加热产生蒸汽，持续30min，取出，置37℃孵育过夜，次日再放入灭菌器内，蒸30min，每日重复一次，连续3天可达灭菌目的。适用于不耐高温物品如糖类、土豆、牛奶等培养基的灭菌。

5. 滤过消毒　多数培养用液，如人工合成培养液、血清、酶溶液等；在高温下会发生变性，失去其功能，必须采用滤过法除菌。常用滤器有Zeiss滤器，微孔滤膜滤器及各种不同规格的一次性滤器。常用孔径0.22μm，滤膜过滤一般用液即可，滤板用后丢弃。

【注意事项】　为防止已消毒的物品和未消毒的物品发生混淆，应于包装盒或包装纸的表面注以符号或写上字。如用一般墨水写在消毒前，在进行热消毒后，可被消除掉，为此可用$CoCl_2 \cdot 6H_2O$ 2g，30% HCl 10 ml，蒸馏水88 ml配成墨水写字，经高温后仍可显出字迹。

（二）化学消毒法

化学制剂，包括来苏儿、新洁尔灭、过氧乙酸和70%乙醇等，化学消毒剂主要用于消毒那些无法用其他方法进行消毒的物品，如操作者的皮肤、操作台表面及无菌室内的桌椅、墙壁和空气等。来苏儿对皮肤有刺激性，不宜用于皮肤消毒；10%的新洁尔灭是目前实验室组织培养常用的消毒剂，此外，器械、皮肤和操作台等表面都可用它浸泡和擦拭消毒；70%乙醇也可用于器械的浸泡消毒和皮肤消毒。因对活细胞毒性小，有时用于瓶皿开口部位的消毒，效果很好；乳酸蒸汽对空气消毒十分有效；但刺激味强，常用作无菌室内或周围环境的定期消毒方法。过氧乙酸是新近推出的一种新的消毒剂，消毒能力极强，在0.5%浓度、10min即可将有芽孢菌杀灭，亦可以用作各种物品的表面消毒。

（吕丽艳）

实验二　细菌的变异实验

对微生物遗传变异性的研究，在医学上有重大意义。例如了解临床细菌标本中出现的非典型菌株、耐药性菌株等，指导诊断和治疗；利用细菌减毒变异株制备疫苗（卡介苗、牛痘等），预防传染病等。细菌的变异现象很多，如形态、荚膜、芽孢、鞭毛、菌落、毒力、耐药性等均可发生变异。这些变异，有的在短时间内发生，有的则需经过一个相当长的时期才能形成。物理、化学、生物学因素均可诱导细菌变异。

一、菌 落 变 异

菌落是指单个细菌在固体培养基上生长繁殖后形成的肉眼可见的细菌集团。细菌的菌落一般分为两型：光滑型菌落（smooth colony，S型菌落）；粗糙型菌落（routh colony，R型菌落）。光滑型菌落表观光滑、边缘整齐、湿润。粗糙型菌落表观粗糙、边缘不整齐、干燥。细菌经长时间人工传代或培养于不同条件以及紫外线诱导等都可能诱导菌落表观的改变。肠道杆菌的菌落变异较为常见。由光滑型变为粗糙型，称 S-R 变异。这种变异常伴有其他性状的改变，如毒力、抗原性和生化反应等。本实验以大肠埃希菌 S-R 变异为例，观察细菌菌落的变异现象。

【实验目的】 通过实验诱导细菌菌落发生 S-R 变异，证实细菌菌落的变异。

【实验材料】 大肠埃希菌，通琼脂平板，苯酚琼脂平板，接种环。

【实验方法】

(1) 大肠埃希菌平行划线接种普通琼脂培养基，37℃孵箱中培养 74h 后，长出光滑型菌落。

(2) 挑单个光滑型菌落的大肠埃希菌接种在苯酚琼脂平板，37℃孵箱中培养 24h。

(3) 从上述平板中挑单个菌落，转种到另一个苯酚琼脂平板中，37℃孵箱中培养 24h，如此连续传代 5～6 代。

(4) 将一普通琼脂平板划中线分为两半，一半接种上述传代 5～6 代的大肠埃希菌，另一半接种上述普通琼脂平板上长出的光滑型菌落的大肠埃希菌。

(5) 37℃孵箱中培养 74h 后，观察两边菌落的表观变异现象。

【实验结果】 大肠埃希菌在普通琼脂平板上为光滑型菌落。在苯酚琼脂平板中连续传代 5～6 代后变为粗糙型菌落。

二、细菌耐药性变异

细菌耐药性变异是指细菌对某种抗菌药物由敏感变成耐药的变异。有些细菌还表现为同时耐多种抗菌药物，称多重耐药菌株。细菌耐药性变异的机制可以是细菌基因自发突变或耐药性基因在细菌间转移等原因。细菌基因转移可通过转化、转导、接合及溶原性转换等方式进行。本实验以 DNA 转化实验为例证实细菌的耐药性变异的形成。DNA 转化是指细菌直接摄取外源性游离的 DNA 获得新的遗传性状的过程。细菌并非在整个生长繁殖期都可吸收外源性 DNA，而是在生长繁殖的某一短暂期间（一般是对数期后期）才容易吸收外源 DNA。故把细菌容易吸收外源性 DNA 时的状态称为“感受态”，处于感受态期间的细菌称为“感受态细菌”。在实验室可通过人工方法制备感受态细菌。目前常用的转化方法有 $CaCl_2$ 法（化学转化法）和电转化法。本实验用化学转化法。

【实验目的】

(1) 掌握细菌感受态细胞的制备。

(2) 证实细菌可通过转化的方式发生耐药性变异。

【实验材料】

1. 菌株与质粒 菌株用大肠埃希菌 JM109，质粒用带有氨苄西林抗性基因的 pUC8。

2. 培养基 LB 液体培养基，LB 固体培养基。

3. 试剂 100mmol/L $CaCl_2$ 溶液。

4. 抗生素 氨苄西林 100mg/ml。

5. 其他 试管、平皿、Eppendorf 管、移液器。

【实验方法】

1. 细菌感受态的制备

(1) 将大肠埃希菌 JM109 10μl 接种入 2ml LB 液体培养基中，37℃震荡培养过夜。

(2) 取 20μl 培养物转种入 50ml LB 液体培养基中，24℃震荡培养 2.5～3h。

(3) 测菌液 OD 值，OD260＝0.2 时，停止培养，取出并置于冰浴 10min。

(4) 3500r/min 4℃离心 10min。

(5) 弃上清液，将沉淀的菌体悬浮于 10ml pH 6.0 的 100mmol/L $CaCl_2$ 培养液中。

（6）冰浴 30min，3500r/min 离心 10min。

（7）弃上清液，将沉淀的菌体悬浮于 2ml pH 6.0 的 100mmol/L $CaCl_2$ 溶液中。

（8）经上述处理过的细菌即为感受态细菌。分装在 Eppendorf 小管中，置 30℃过夜后即可使用。-70℃可保存 1～2 年，仍可使用。

2. 转化

（1）取 100ml 分装的感受态细菌，加入 50～100ng 质粒 DNA 溶液。

（2）置于冰浴 30min。

（3）将试管转移到 42℃水浴中 90s。

（4）42℃热休克 120s，不要摇动 Eppendorf 管。冰浴 2min。

（5）加入 LB 液体培养基 100ml，37℃保温 60min。

（6）取 100ml 转化液涂布在含氨苄西林（Amp）100mg/ml 的 LB 固体平板上，37℃倒置培养 16～24h。

（7）37℃培养 24h 后观察结果。观察平板，长出的菌落可能就是转化子，可进一步提取质粒鉴定。

【实验结果】 转化了带氨苄西林抗性 pUC8 质粒的细菌能在含氨苄西林的 LB 平板上生长，而未转化的细菌则不能生长。因为转化后的细菌获得了抗氨苄西林基因，所以可在含氨苄西林的 LB 平板上生长。同时，可计算出每 ng DNA 转化的菌落数目，评估其转化效率。

【注意事项】 在制备感受态细菌及转化实验的操作中，注意动作轻柔，因细菌在高 $CaCl_2$ 溶液中非常脆弱。剧烈操作会损伤感受态细菌。

三、自 发 突 变

突变是细菌遗传物质结构发生突然而稳定的改变。在细菌的生长繁殖过程中，突变是经常自发的，自然突变率为每一代 10^{-6}～10^{-5}。高温、紫外线、X 射线、烷化剂等理化因素可诱导细菌突变，使突变率提高。突变是随机的，不定向的。发生突变的细菌只是大量良群中的个别细菌，要从菌群中找出个别变异株，必须将菌群放在有利于突变株而不利于其仁细菌生长环境中，才能将突变株选择出来。本实验将介绍微生物学中两个证实自发突变选择学说的经典实验。

（一）彷徨实验

【实验目的】 了解彷徨实验的原理和结果分析。

【实验原理】 彷徨实验是由 S. Luria 和 M. Delbruck（1943）为证明微生物群体变异株是来自自发性突变所创造的一种方法。用于观察细菌对噬菌体的自发耐受突变是出现在接触噬菌体之前还是之后。也用于证明突变在接触抗生素之前已经发生。

【实验材料】

（1）菌株与噬菌体：大肠埃希菌和大肠埃希菌敏感的噬菌体。

（2）肉汤培养基、琼脂平板培养基。

（3）三角烧瓶、试管、平皿、吸管、移液器。

【实验方法】

（1）三角烧瓶中培养大肠埃希菌，调整细菌浓度为 1×10^3/ml。

（2）分别取 10ml 上述细菌于 a、b 两个大试管中。

（3）a 管内的样品再分装到 20 个小试管中，每管 500 μl。培养 24h 后，从每个小管取样 100μl，分别涂布在 20 个已经布满噬菌体的平板 37℃过夜培养后观察结果，此为 a 系列。

（4）b 管整体培养 24h，再分别取 100μl 菌液涂布 20 个已经布满噬菌体的平板上，37℃过夜培养后观察结果，此为 b 系列。

【实验结果】 对噬菌体敏感的大肠埃希菌被噬菌体裂解，不能在含噬菌体的平板上生长。如果是耐受噬菌体的细菌则可长出菌落。根据所形成的抗噬菌体的菌落数目，计算 a、b 二组的平均数和方差。结果显示，a 系列方差大，b 系列方差小。

如果突变是诱发突变，由于 a、b 系列平板都是同时接触噬菌体，那么两个系列的抗噬菌体的菌落数目的方差应该不大。如果突变是自发突变，在 a 系列中，细菌被分管是在 24h 前，不同小管内发生的突变是随机的，如果突变发生早，则突变菌经过多次分裂，该管内的耐受菌数量大；如果突变发生晚，管内的耐受菌数量小。即 a 系列平板中耐受菌数量方差大。在 b 系列中，细菌是整体培养 24h 后才分管，不管突变发生早晚，经细菌繁殖后混合存在于 b 管中，直到接触噬菌体前。故来自 b 系列平板中耐受菌数量分布较均匀，方差小。

实验结果显示，a 系列方差大，b 系列方差小。说明细菌耐受噬菌体的突变是发生在接触噬菌体之前，是一种自发突变，噬菌体只是起了选择作用，噬菌体裂解敏感菌株后，少数对噬菌体耐受的菌株大量繁殖，形成耐受群体。

（二）影印实验

1952 年，Lederberg 设计了影印实验，这一试验证明细菌耐药突变不是由抗菌药物诱导产生，而是在未接触抗菌药物前已产生耐药突变。

【实验目的】 了解影印实验的操作过程，印证细菌耐药性变异是发生在接触抗生素之前还是之后。

【实验材料】

（1）菌株：对青霉素敏感的葡萄球菌。

（2）琼脂平板培养基，含青霉素（1000U/ml）琼脂平板培养基。肉汤培养基，含青霉素（1000U/ml）肉汤培养基，青霉素。

（3）试管、平皿、吸管、移液器。

（4）丝绒印章。

【实验方法】

（1）制备不含青霉素固体琼脂平板（A 平板），制备含青霉素（1000U/ml）固体琼脂平板（B 平板）；制备不含青霉素肉汤培养基（a 管），制备含青霉素（1000U/ml）肉汤培养基（b 管）。

（2）在 A 平板上均匀涂布葡萄球菌，37℃过夜培养，待平板上长出菌落。控制每个平板上菌落数在 100～300 个。

（3）用灭菌丝绒制作一印章。用该印章先在 A 平板上取样，然后转种到 B 平板上，培养 24h 后观察结果。注意，A 平板和 B 平板的同一位置应作标记。

（4）在 B 平板上找出一耐受菌落，回到 A 平板的对应位置，找到存在于 A 平板上的那个耐受菌落，转种到 b 管中，同时随机挑一敏感菌落转种到另一 b 管中，培养 24h 后观察结果。

【实验结果】 由于 B 平板上含有青霉素，对青霉素敏感的葡萄球菌被杀死，不能长出菌落。如长出菌落，该菌落为耐药菌落。如 B 平板上长出一菌落，回到 A 平板的相应位置，找到存在于 A 平板上的那个耐受菌落，转种到含青霉素（1000U/ml）肉汤培养基（b 管）中培养，液体变得混浊，表明它在 A 平板上时就是耐药的。挑选 A 平板上的其他菌落，转种到 b 管中培养，则不能生长，表明它们是对青霉素敏感。该实验结果证实，在 B 平板上发现的那个菌落，是在没有接触到抗生素前已经耐药。说明耐药性变异是发生在接触抗生素之前，抗生素则起到选择作用。

（三）细菌耐药性检查紫外线诱变试验

【实验目的】 掌握紫外线诱变试验的原理、方法与操作。

【实验原理】　细菌基因突变是指细菌内遗传物质的分子结构或数量突然发生的可遗传的变化,自发突变的概率低(10^{-6} ~ 10^{-5}),可自发诱导产生。紫外线是常用的物理诱变因素,通过紫外射线引起DNA链的断裂或分子的交联,阻碍正常配对,从而引起突变。耐药性突变株是指野生型菌株因发生基因突变而产生的对某化学药物的抗性变异,可有相应药物的培养基平板上选出。耐药性突变是由于DNA分子的某一特定位置的结构突变所致,与药物的存在无关,药物只是作为筛选某种耐药性菌株的一种手段。分离耐药菌株可用梯度平板法。通过制备存在药物浓度梯度的平板,在其上涂布菌液,极个别抗药突变的细菌在含有较高浓度的药物平板上仍能长出菌落。将这些菌落挑取纯化,进一步实验可以得到所需要的耐药性菌株。

【实验材料】

1. 菌株和培养基　大肠埃希菌菌种、牛肉膏蛋白胨琼脂培养基、牛肉膏蛋白胨培养液。

2. 试剂　抗生素(链霉素、头孢菌素及生理盐水)。

3. 其他　15W紫外灯、培养皿、无菌吸管、离心机、无菌L型玻棒等。

【实验方法】

1. 制备细菌悬液　用2只分别装有5ml牛肉膏蛋白胨培养液的无菌离心管,从斜面上已种各挑一环大肠埃希菌分别接种,37℃培养16h,3500r/min离心10min,弃上清液,生理盐水洗涤2次,弃上清液,重新悬浮于5ml生理盐水中。将2支离心管的菌液一并倒入瓶中,充分振荡以分散细菌、用比浊仪调整菌液浓度为10mol/ml。

2. 紫外线诱变处理

(1) 预热紫外灯:将紫外线开关打开预热20min。

(2) 取3个平皿,分别加入已调整好浓度的菌液,作标记。

(3) 紫外线照射:打开皿盖,开始紫外灯照射并同时不停搅动,照射时间分别为1min、3min,然后盖上皿盖,关闭紫外灯,照射计时从开盖起至加盖止。

(4) 稀释菌液:用10倍稀释法把经过照射的菌液在无菌水中稀释。

(5) 涂板:分别取10个浓度的菌液0.1ml滴于琼脂平板培养基上,用无菌L型玻棒均匀涂满整板,同时未经紫外线照射的相同浓度的菌液同法涂板。

(6) 培养:将上述涂匀的平板标记后,避光条件下,置37℃培养48h。

3. 耐药性突变菌株的检测

(1) 梯度平板法

1) 制备梯度平板:将融化好的10ml牛肉膏蛋白胨琼脂培养基倒入培养皿,立即将培养皿斜放,使高处的培养基正好位于皿边与皿底的交接处。

待凝固后,将培养皿平放,再加入含有链霉素(100g/ml)的牛肉膏蛋白胨琼脂培养基10ml。凝固后,便得到链霉素浓度从100g/ml到0g/ml逐渐递减的梯度培养皿。然后在皿底作符号标记,以示药物浓度由低到高的方向。

2) 筛选耐药性菌株:用无菌吸管吸取0.2ml诱变后的*E. coli*培养液加到梯度平板上,用无菌玻璃涂棒将菌液均匀涂布到整个平板表面。然后把平板倒置于37℃培养40h。选择生长在梯度平板中部的单个菌落分别接种到斜面上,培养后再做抗药浓度的测定。

(2) 耐药浓度的测定

1) 制备含药平板:取链霉素溶液(750g/ml)0.2ml、0.4ml、0.6ml和0.8ml分别加到无菌培养皿中,再加入融化并冷却到50℃左右的牛肉膏蛋白胨琼脂培养基15ml。立即混匀,冷凝后即为含有10g/ml、20g/ml、30g/ml和40g/ml链霉素的含药平板。另做一个不含药的平板作对照用。

2) 耐药性的测定:将上述培养皿用记号笔分区,将分离到的耐药性菌株分别划线接种于上述4种药物浓度的平板上和对照平板上,每一皿必须留一格接种出发菌株。然后将所有培养皿倒置放入温箱中培养过夜，第二天观察各菌株的生长情况，并记录结果。

【实验结果】 在含有较高浓度的药物平板上仍能长出菌落的是抗药突变的细菌。

（吕丽艳）

实验三 细菌耐药性检测

细菌对抗生素的敏感性测定（简称药敏），可以了解细菌对药物作用的敏感程度，对于临床治疗药物的选择具有重要意义。抗生素是某些微生物在代谢过程中产生的一种能抑制或杀灭某些其他生物细胞的物质，临床上常用来治疗细菌感染。抗生素的抗菌范围称为抗菌谱，不同的抗生素具有不同的抗菌谱。由于各种抗生素的抗菌机制不同，各种致病菌对抗生素的敏感性不同。在治疗过程中，细菌长期接触某种单一抗生素，其对药物的敏感性可能发生改变，甚至产生耐药性，所以，临床治疗前测定细菌对药物的敏感性，在选择用药上具有重要意义。药物敏感实验通常有纸片扩散法和稀释法。

一、定性测定的纸片扩散法（K-B 法）

纸片扩散法是 WHO 推荐的全球统一的标准方法。

【实验目的】 掌握细菌的药敏试验原理和方法及在实践应用中的重要意义。

【实验原理】 将含有定量抗菌药物的纸片贴在已接种测试菌的琼脂平板上，纸片中所含的药物吸收琼脂中水分溶解后不断向纸片周围扩散形成递减的梯度浓度，在纸片周围抑菌浓度范围内测试菌的生长被抑制，从而形成无菌生长的透明圈，即为抑菌圈。抑菌圈的大小反映测试菌对测定药物的敏感性。

【实验材料】

1. 菌种 大肠埃希菌，葡萄球菌 18～24h 琼脂斜面培养物。

2. 培养基 普通琼脂平板。

3. 其他 分别含各种抗生素的直径 0.6cm 的圆形滤纸片（青霉素、链霉素、红霉素、庆大霉素），小镊子等。

【实验方法】

（1）取琼脂平板两个，每个平板分为四等份，并做相应标记。

（2）用接种环分别密涂大肠埃希菌及葡萄球菌于两个琼脂平板培养基表面。

（3）用小镊子以无菌操作技术先夹取一无菌不含抗生素的滤纸片平贴于平板中央，再分别夹取含抗生素的各种滤纸片平贴于各相应区中央，盖上皿盖。注明班级、姓名、日期等。

（4）置 37℃ 培养 18～24h，观察各种抗生素的抑菌情况。

（5）抑菌程度判定：抑菌程度的判定是依照滤纸片周围细菌的生长与抑菌圈直径大小来判定（表 5-3-1）。

表 5-3-1 纸片扩散法药敏试验的解释标准

抗生素	每片含量	耐药（mm）	中度敏感（mm）	敏感（mm）
青霉素	10U	≤19	20～27	≥28
链霉素	10μg	≤11	12～14	≥15
红霉素	15μg	≤13	14～22	≥23
庆大霉素	10μg	≤12	13～14	≥15
四环素	30μg	≤14	15～18	≥19

（6）抗生素滤纸片的制备方法

1）取直径0.6cm圆形滤纸片，每100片置于一小平皿中，15磅灭菌20min，再置于烤箱（60～100℃）烘干。

2）取一定浓度的不同抗生素，分别注入装有无菌滤纸片的小平皿内，每100片加入1ml抗生素，浸泡半小时后，再置37℃温箱中2～3h干燥。干燥后保存冰箱备用。有效期一年左右，常用几种抗生素的浓度见表5-3-2。

表5-3-2　常用几种药敏片抗生素的浓度表

抗生素名称	浓度（每毫升）	标记字样（符号）
青霉素	200μg	青（P）
链霉素	1mg	链（S）
红霉素	1mg	红（E）
卡那霉素	200μg	卡（K）
庆大霉素	40μg	庆（G）

【实验结果】　不同细菌对不同抗生素形成不同的抑菌圈，如图5-3-1所示。

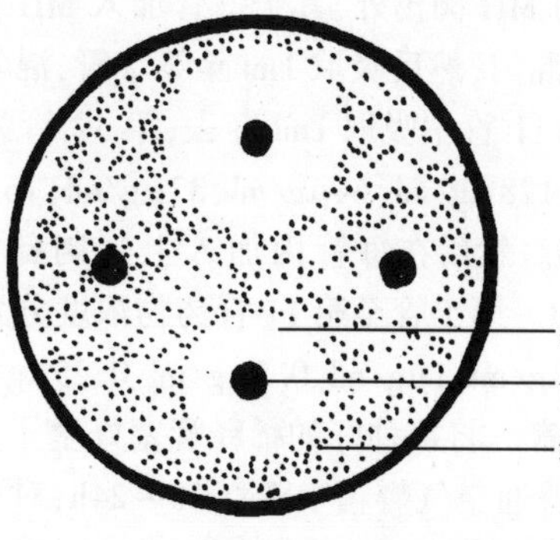

图5-3-1　纸片法抗生素药物敏感实验结果

二、定量测定的稀释法

稀释法主要测定细菌对某药的最低抑菌浓度（MIC），包括肉汤稀释法和琼脂稀释法。

（一）肉汤稀释法

【实验目的】　熟悉肉汤稀释法原理、方法及应用。

【实验原理】　将不同剂量的抗菌药物加入融化并冷至50℃左右的定量MH琼脂中，制成含有不同递减浓度药物的平板。接种待测菌（可在一个平板上做多株测定），35℃孵育16～24h，无细菌生长的最低药物浓度为测试菌的MIC。本试验特点是可同时做多株菌株的MIC测定，结果的重复性优于肉汤稀释法，且易于发现污染或耐药突变菌，是新药证时常用的外药敏试验经典参照标准。

【实验材料】　抗菌药物、Mueller-Hinton（MH）肉汤、非选择性琼脂平板、无菌试管。

【实验方法】

1. 抗菌药物储存液制备　抗菌药物储存液浓度不应低于1000μg/ml或10倍于最高测定浓度。溶解度低的抗菌药物可稍低于上述浓度。抗菌药物直接购自厂商或相关机构。所需抗菌药物溶液量或粉剂量可公式进行计算。例如，需配制100ml浓度为1280μg/ml的抗生素储存液，所用抗生素为粉剂，其药物的有效力为750μg/mg。用分析天平精确称取抗生素粉剂的量为182.6 mg。根据公式计算所需稀释剂用量为：（182.6 mg×750μg/ml）/1280μg/ml＝107.0ml，然后将182.6 mg抗生素粉剂溶解于107ml稀释剂中。配制好的抗菌药物储存液应储存于-60℃以下环境，保存期不超过6个月。

2. 培养基　NCCLS推荐使用Mueller-Hinton（MH）肉汤，pH 7.2～7.4。需氧菌及兼性厌氧菌在此培养基中生长良好。在测试葡萄球菌对苯唑西林的敏感性时，应在肉汤中加入2%（W/V）氯化钠，按制造厂家的要求配制需要量的MH肉汤。嗜血杆菌属菌使用HTM肉汤，肺炎链球菌和其他链球菌使用含2%～5%溶解马血的MH肉汤。

3. 接种物的制备　有两种方法配制接种物，一是细菌生长方法，用接种环挑取形态相似待检菌落3～5个，接种于4～5ml的水解酪蛋白（MH）肉汤中，35℃孵育2～6h。增菌后的对数生长期菌液用生理盐水或 MH 肉汤校正浓度至 0.5 麦氏比浊标准，含(1 ~ 2)×10^8CFU/ml。二是直接菌落悬液配制法，对某些苛养菌，如流感嗜血杆菌、淋病奈瑟菌和链球菌及甲氧西林耐药的葡萄球菌等菌株，推荐直接取培养 18 ~ 24h 的菌落调配成 0.5 麦氏比浊标准的菌悬液。用 MH 肉汤将上述菌悬液进行 1 : 100 稀释后备用。注意应在 15min 内接种完配制好的接种物，并取一份接种物在非选择性琼脂平板上传代培养，以检查接种物纯度。

4. 稀释抗菌药物的制备及菌液接种 取无菌试管(13×100mm)13 支，排成一排，除第 1 管加入 1.6ml MH 肉汤外，其余每管加入 MH 肉汤 1ml，在第 1 管加入抗菌药物原液(如 1280μg/ml)0.4ml 混匀，然后吸取 1ml 至第 2 管，混匀后再吸取 1ml 至第 3 管，如此连续倍比稀释至第 11 管，并从第 11 管中吸取 1ml 弃去，第 12 管为不含药物的生长对照。此时各管药物浓度依次为 256μg/ml、128μg/ml、64μg/ml、32μg/ml、16μg/ml、8μg/ml、4μg/ml、2μg/ml、1μg/ml、0.5μg/ml、0.25μg/ml。然后在每管内加入上述制备好的接种物各 1ml，使每管最终菌液浓度约为 5×10^5CFU/ml。第 1 管至第 11 管药物浓度分别为 128μg/ml、64μg/ml、32μg/ml、16μg/ml、8μg/ml、4μg/ml、2μg/ml、1μg/ml、0.5μg/ml、0.25μg/ml、0.125μg/ml。

5. 孵育 将接种好的稀释管塞好塞子，置 35℃ 普通空气孵箱中孵育 16 ~ 20h；嗜血杆菌和链球菌在普通空气孵箱中孵育 20 ~ 24h；对可能的耐甲氧西林葡萄球菌和耐万古霉素肠球菌应持续孵育满 24h。

【实验结果】 以肉眼观察，药物最低浓度管无细菌生长者，即为受试菌的 MIC。甲氧苄胺嘧啶或磺胺药物的肉汤稀释法终点判断，与阳性生长对照管比较抑制 80% 细菌生长管药物浓度为受试菌 MIC。根据 NCCLS 推荐的分界点值标准，判断耐药(resistant，R)、敏感(susceptible，S)或中介(intermediate，I)。S 表示被测菌株所引起的感染可以用该抗菌药物的常用剂量治疗有效，禁忌证除外。R 指该菌不能被抗菌药物的常用剂量在组织液内或血液中所达到的浓度所抑制，或属于具有特定耐药机理(如 β-内酰胺酶)，所以临床治疗效果不佳。I 是指 MIC 接近药物的血液或组织液浓度，疗效低于敏感菌。还表示被测菌株可以通过提高剂量(如 β-内酰胺类药物)被抑制，或在药物生理性浓集的部位(如尿液)被抑制。另外，中介还作为"缓冲域"，以防止由微小的技术因素失控，所导致较大的错误解释。

【注意事项】 在读取和报告所测试菌株的 MIC 前，应检查生长对照管的细菌生长情况是否良好，同时还应检查接种物的传代培养情况以确定其是否污染，质控菌株的 MIC 值是否处于质控范围。

(二) 琼脂稀释法

【实验目的】 了解琼脂稀释法原理、方法和应用。

【实验原理】 琼脂稀释法是将不同剂量的抗菌药物，加入融化并冷至 50℃ 左右的定量 MH 琼脂中，制成含不同递减浓度抗菌药物的平板，接种受试菌，孵育后观察细菌生长情况，以抑制细菌生长的琼脂平板所含最低药物浓度为 MIC。本法优点是可在一个平板上同时做多株菌 MIC 测定，结果可靠，易发现污染菌；缺点是制备含药琼脂平板费时费力。

【实验材料】 抗菌药物、Mueller-Hinton(MH)肉汤、琼脂、多点接种器。

【实验方法】

1. 培养基制备 使用 MH 琼脂，按商品说明书进行配制，pH 7.2 ~ 7.4。淋病奈瑟菌使用 GC 琼脂基础加 1% 添加剂；其他链球菌使用含 5% 绵羊血的 MH 琼脂(当试验磺胺药时，使用溶解的马血清)。

2. 含药琼脂平板制备 根据实验设计，将已倍比稀释的不同浓度的抗菌药物分别加入已加热溶解，并在 45 ~ 50℃ 水浴中平衡的 MH 琼脂中，充分混匀倾倒灭菌平皿，琼脂厚度 3 ~ 4mm。通常按 1 : 9 比例配制药物琼脂平板，根据需要来选择药物浓度范围。配制好的含药琼脂平板应装入密封塑料袋中,置 2 ~ 8℃冰箱可储存 5 天。

3. 接种物制备与接种　制备浓度相当于 0.5 麦氏标准比浊管的菌悬液,再 1∶10 稀释,以多点接种器吸取制备好菌液(1 ~ 2μl)接种于琼脂平板表面,每点菌数约为 10^4CFU,形成直径为 5 ~ 8mm 的菌斑。接种好后置 35℃孵育 16 ~ 20h(甲氧西林耐药葡萄球菌、万古霉素耐药肠球菌孵育时间应满 24h),观察结果。奈瑟菌属、链球菌属细菌置 5% CO_2、幽门螺杆菌置微需氧环境中孵育。

4. 结果判定标准　将平板置于暗色、无反光物体表面上判断试验终点,以抑制细菌生长的最低药物浓度为 MIC。在含甲氧苄胺嘧啶或磺胺琼脂平板上可见轻微细菌生长,与生长对照比较抑制 80% 以上细菌生长的最低药物浓度作为终点浓度。

【实验结果】　出现有 2 个以上菌落生长于含药浓度高于终点水平的琼脂平板上,或低浓度药物琼脂平板上不长而高浓度药物琼脂平板上生长现象,则应检查培养物纯度或重复试验。

(吕丽艳)

实验四　球菌的检测

病原性球菌主要指葡萄球菌、链球菌、肺炎链球菌、脑膜炎球菌及淋球菌。这些细菌经常引起人类的化脓性疾病,故又称化脓性球菌。在临床进行微生物学检查时,根据这些细菌各不相同的形态、染色、培养等特点,即可做出初步诊断。当难以确定它们的致病性或耐药性时,则需作进一步的实验来鉴定。

一、葡萄球菌属

按葡萄球菌的生理化学组成,将葡萄球菌分为金黄色葡萄球菌、表皮葡萄球菌和腐生葡萄球菌,其中金黄色葡萄球菌多为致病性菌,表皮葡萄球菌偶尔致病。金黄色葡萄球菌是人类化脓性感染中最常见的病原菌。可引起局部化脓性感染,如疖、痈、皮下脓肿、外科切口及烧伤创面的感染;也可引起肺炎、伪膜性肠炎、肾盂肾炎、心包炎等多系统的化脓性感染;还可引起败血症、脓毒症等全身性感染。葡萄球菌的致病力强弱主要取决于其产生的毒素和侵袭性酶。葡萄球菌直径 0.8μm 左右,排列成葡萄串状,无芽孢,无荚膜。

(一) 葡萄球菌的分离培养和革兰染色

【实验目的】

(1) 掌握葡萄球菌的培养方法,菌落特点。

(2) 熟悉葡萄球菌的菌体形态及染色性。

【实验原理】　葡萄球菌营养要求不高,在普通培养基上生长良好,需氧或兼性厌氧,最适生长温度 37°C,最适生长 pH 7.4。平板上菌落厚、有光泽、圆形凸起,直径 1 ~ 2mm。血平板菌落周围形成透明的溶血环。金黄色葡萄球菌有高度的耐盐性,可在 10% ~ 15% NaCl 肉汤中生长。

【实验材料】

1. 菌种　金黄色葡萄球菌、白色葡萄球菌和柠檬色葡萄球菌。

2. 培养基　普通琼脂平板、血琼脂平板、10g/L 盐水琼脂,液体培养基。

3. 试剂　革兰染色液。

【实验方法】

1. 细菌菌落观察　分别取金黄色葡萄球菌、白色葡萄球菌和柠檬色葡萄球菌分别接种于普通琼脂平板、血琼脂平板、10g/L 盐水琼脂,液体培养基中,37℃培养 18 ~ 24h,观察生长现象。

2. 葡萄球菌染色性观察

(1) 葡萄球菌涂片标本制备:取普通琼脂平板上葡萄球菌制作涂片。

(2) 葡萄球菌革兰染色:初染——媒染——脱色——复染。

(3) 油浸镜下观察。

【实验结果】

(1) 三种葡萄球菌在普通琼脂平板上形成中等大小、圆形、表面光滑、边缘整齐、不透明菌落,并可产生不同的脂溶性色素,如金黄色葡萄球菌呈现金黄色色素、表皮葡萄球菌大多呈白色色素、腐生葡萄球菌大多呈柠檬色素。三种葡萄球菌在血琼脂平板上出现的菌落类似它们在普通琼脂平板上的菌落,但金黄色葡萄球菌菌落周围有明显溶血环,而表皮葡萄球菌和腐生葡萄球菌菌落周围无溶血环。葡萄球菌在液体培养基中呈浑浊生长,金黄色葡萄球菌可在10%~15% NaCl 肉汤中生长。

(2) 葡萄球菌革兰染色阳性,显微镜下排列成葡萄串状。

(二) 葡萄球菌凝固酶实验

【实验目的】 掌握金黄色葡萄球的凝固酶实验原理及应用。

【实验原理】 凝固酶是实验室鉴定葡萄球菌致病性的重要试验。致病性葡萄球菌可产生两种凝固酶,一种是与细胞壁结合的凝聚因子,称结合凝固酶,它直接作用于血浆中纤维蛋白质,使发生沉淀,保卫与细菌外面而凝聚成块;另一种凝固酶是分泌至菌体外,成为游离凝固酶,它能使凝血酶原变成凝血酶类产物,使纤维蛋白原变为纤维蛋白,从而使血浆凝固。血浆凝固酶试验被广泛用于常规鉴定金黄色葡萄球菌与其他葡萄球菌,常作为鉴定葡萄球菌致病性的主要依据之一。金黄色葡萄球菌的凝固酶阳性,表皮葡萄球菌和腐生葡萄球菌的凝固酶阴性。

【实验材料】 待测葡萄球菌、试管、载玻片、鲜兔血浆(或人血浆)、生理盐水、接种针、酒精灯等。

【实验方法】

1. 玻片法 取未稀释的新鲜兔血浆(或人血浆)和生理盐水各1滴分别滴于载玻片上,挑取待检葡萄球菌菌落少许,分别与生理盐水和血浆混合,立即观察结果。此法用于测定结合型凝固酶(凝聚因子)。

2. 试管法 取3支10mm×100mm 试管,各加1∶4稀释的新鲜兔血浆(或人血浆)0.5ml,在其中1支试管中加3~5个待检菌菌落,充分研磨混匀,另2支试管中分别加凝固酶阳性菌株和阴性菌株作对照,置37℃水浴中。每30min 观察一次,一般观察3~4h。此法用于测定游离型凝固酶。

【实验结果】

1. 玻片法 细菌在生理盐水无凝集而在血浆中聚集成团块或无法混匀,为血浆凝固酶试验阳性;反之,细菌在血浆中呈均匀混浊则为阴性。

2. 试管法 细菌使试管内血浆凝固呈胶冻状,为血浆凝固酶试验阳性;反之,试管内血浆不凝固仍流动的,则为阴性。

【注意事项】 在临床检验中,常遇到血浆凝固酶阴性的葡萄球菌,不能轻率作出非致病性葡萄球菌或污染菌的结论。因血浆凝固酶阴性的葡萄球菌也可引起菌血症、尿路感染和心内膜炎等。

(三) 葡萄球菌甘露醇发酵试验

【实验目的】 掌握葡萄球菌甘露醇发酵试验原理及应用。

【实验原理】 致病性葡萄球菌多能发酵甘露醇产酸,使培养基由紫色变为黄色。

【实验材料】 待测葡萄球菌、甘露醇发酵管等。

【实验方法】 将三种葡萄球菌分别接种于甘露醇发酵管,35℃孵育18~24 h后观察结果。

【实验结果】 培养基呈混浊。黄色为甘露醇发酵试验阳性，仍为紫色则是阴性。致病性葡萄球菌可呈阳性，多数非致病性葡萄球菌为阴性。

（四）触酶试验

【实验目的】 熟悉触酶试验原理及应用。

【实验原理】 葡萄球菌产生的触酶（过氧化氢酶）能将对细菌有害的 H_2O_2，分解成水和氧气。

【实验材料】 待测葡萄球菌、3% H_2O_2 溶液、洁净载玻片、接种环、阳性菌株和阴性对照菌株。

【实验方法】 用接种环挑取葡萄球菌，置于洁净载玻片上，滴加 3% H_2O_2 溶液 1 ~ 2 滴，1min 内观察结果。

【实验结果】 产生大量气泡，为触酶试验阳性；而不产生气泡则为阴性（每次试验应有阳性菌株和阴性菌株作对照）。本试验用于鉴别葡萄球菌和链球菌，前者为阳性，后者为阴性。

【注意事项】 因红细胞内含有触酶，会出现假阳性反应，故触酶试验不宜用血琼脂平板上的菌落；此外，陈旧培养物可丢失触酶活性，而出现假阴性反应。因此每次做触酶试验一定要用阳性菌株和阴性菌株作对照。阳性对照可用金黄色葡萄球菌，阴性对照可用链球菌。

（五）耐热核酸酶测定

【实验目的】 掌握耐热核酸酶实验原理及应用。

【实验原理】 耐热核酸酶测定，是鉴别致病性葡萄球菌和非致病性葡萄球菌的一个重要试验，前者为阳性，后者为阴性，因非致病性葡萄球菌一般只能产生不耐热核酸酶，而不产生耐热核酸酶。致病性葡萄球菌能产生一种耐热核酸酶，它能分解 DNA，使含甲苯胺蓝核酸琼脂显示粉红色。

【实验材料】 待测葡萄球菌、甲苯胺蓝核酸琼脂平板、载玻片、打孔器。

【实验方法】

1. 玻片法 取融化好的甲苯胺蓝核酸琼脂 3ml 均匀浇在载玻片上，待琼脂凝固后打 6 ~ 8 个小孔（孔径 2mm），各孔分别加 1 滴经沸水浴 3min 处理过的待检葡萄球菌和阳性、阴性葡萄球菌培养物，35℃孵育，观察有无粉红色圈及其大小。

2. 平板法 将已形成葡萄球菌菌落的平板置 60℃干燥热力灭菌 2h，再将融化的甲苯胺蓝琼脂 10ml 倾注平板，35℃孵育 3h，观察菌落周围有无粉红色圈。

【实验结果】 玻片法：孔外出现粉红色圈的为阳性。平板法：葡萄球菌菌落周围呈粉红色圈的为阳性；不变色者为阴性。

（六）新生霉素敏感试验

【实验目的】 了解新生霉素敏感试验原理及应用。

【实验原理】 表皮葡萄球菌对新生霉素敏感，而腐生葡萄球菌则对新生霉素耐药。故该试验可用于表皮葡萄球菌和腐生葡萄球菌的鉴别。

【实验材料】 待测葡萄球菌、新生霉素纸片、血平板、金黄色葡萄球菌 ATCC25923。

【实验方法】 先取待检菌密涂于血平板上，再贴上含 5μg/片的新生霉素纸片，35℃孵育 16 ~ 20h，观察抑菌圈大小。试验时应以金黄色葡萄球菌 ATCC25923 作为阳性对照，以确认纸片是否失效。

【实验结果】 抑菌圈直径 ≤16mm 为耐药，>16mm 为敏感。此试验是用于鉴别表皮葡萄球菌和腐生葡萄球菌，前者为阳性，后者阴性。

（七）血清学试验

【实验目的】 了解血清学试验原理及应用。

【实验原理】 金黄色葡萄球菌肠毒素与肠毒素抗血清在琼脂板上可形成白色沉淀线。此试验用于检测金黄色葡萄球菌是否产生肠毒素。

【实验材料】 载玻片、金黄色葡萄球菌肠毒素抗血清、液体培养基、待检培养物。

【实验方法】 将融化的10g/L盐水琼脂3ml倾注载玻片,在载玻片中央打一小孔,加满肠毒素抗血清,在四周打4个小孔,孔内分别加入标准肠毒素(阳性对照)、液体培养基(阴性对照)及待检培养物经处理后的上清液,加满为止,放入湿盒中,35℃ 24h孵育后观察结果。

【实验结果】 在中央孔和待检菌孔之间出现白色沉淀线为阳性,无白色沉淀线为阴性。

二、链球菌属

链球菌属细菌,呈链状排列的革兰阳性球菌,个别种成双排列。链球菌呈球形或椭圆形,直径0.6~1.0μm,呈链状排列,链的长短与细菌的种类及生长环境有关。广泛分布于自然界、人及动物肠道和健康人鼻咽部,大多数不致病,致病菌可引起各种化脓性炎症、猩红热、新生儿败血症、细菌性心内膜炎以及风湿热、肾小球肾炎等超敏反应性疾病。β-溶血性链球菌的致病力强,常引起人类和动物的多种疾病。

(一) 链球菌的分离培养和革兰染色

【实验目的】

(1) 掌握链球菌属的培养方法,菌落特点。

(2) 熟悉链球菌的菌体形态及染色性。

【实验原理】 在液体培养基中易呈长链,固体培养基中常呈短链。该菌不形成芽孢,无鞭毛,易被普通的碱性染料着色,革兰阳性。营养要求较高,最适生长温度为37℃,在血平板上形成灰白色、半透明、表面光滑、边缘整齐、直径0.5~0.75mm的细小菌落,不同菌株溶血不一。在血清肉汤中易成长链,管底呈絮状或颗粒状沉淀生长。

【实验材料】

1. 菌种 甲、乙、丙型链球菌、肺炎链球菌。

2. 培养基 血琼脂平板、血清肉汤培养基。

3. 试剂 革兰染色液。

【实验方法】

1. 细菌菌落观察 分别取甲、乙、丙型链球菌、肺炎链球菌分别接种于血65g/L NaCl血清肉汤培养基琼脂平板、血清肉汤培养基中,37℃培养18~24h,观察生长现象。

2. 染色性观察

(1)涂片标本制备:取血琼脂平板上链球菌制作涂片。

(2) 革兰染色:初染——媒染——脱色——复染。

(3) 油浸镜下观察。

【实验结果】

1. 菌落观察 链球菌在血琼脂平板上生长后出现灰白色针尖大小菌落,菌落周围可出现不同的溶血情况,甲型链球菌菌落周围出现草绿色溶血环(α溶血,不完全溶血),乙型链球菌菌落周围出现透明溶血环(β溶血,完全溶血),丙型链球菌菌落周围无溶血环(γ溶血,不溶血)。肺炎链球菌在血琼脂平板上出现的菌落与甲型链球菌相似。肠球菌在血琼脂平板上出现灰白色、不透明的小菌落,菌落周围可出现α溶血环,也可无溶血环。

2. 镜检 链球菌为革兰阳性、链状排列的球菌;肺炎链球菌为革兰阳性、成双排列的矛头状球菌。

（二）链球菌生化反应鉴定实验

【实验目的】

（1）掌握不同链球菌的鉴定要点。

（2）掌握抗链球菌溶血素“O”试验原理及应用。

【实验原理】　不同致病性的链球菌对乳糖、甘露醇、水杨苷、山梨醇、棉子糖、蕈糖、七叶苷的分解能力不同。一般不分解菊糖，不被胆汁溶解，触酶阴性。

【实验材料】

1. 菌种　甲、乙、丙型链球菌、肺炎链球菌、金黄色葡萄球菌。

2. 培养基　马尿酸钠培养基、血清肉汤、菊糖发酵管、七叶苷斜面培养基。

3. 试剂　$FeCl_3$ 试剂、去氧胆酸钠溶液、抗“O”试剂、亚甲蓝溶液。

4. 其他　杆菌肽纸片、人血浆、无菌生理盐水、Optochin 纸片，人血清、兔红细胞、乳胶反应板、家兔、小白鼠、注射器、剪刀。

【实验方法】

1. 杆菌肽敏感试验　挑取被检的链球菌菌落，密集划在血平板上，将杆菌肽纸片（0.04 单位/片）贴于血平板上，35℃孵育 18～24h 观察结果。

2. 链激酶试验　取健康人血浆 0.2ml，加入含无菌生理盐水 0.8ml 的试管中，加入经 18～24h 肉汤孵育的待检菌 0.5ml，混合后加入 0.25ml 2.5g/L $CaCl_2$ 溶液，置 35℃水浴 10min。

3. CAMP 试验　先将羊血琼脂平板上接种一条金黄色葡萄球菌，再用被检菌与金黄色葡萄球菌接种线垂直接种一短条，两者间隔 3mm 左右，35℃孵育 18～24h 观察结果。同时设阳性对照和阴性对照。

4. Optochin 敏感试验　挑取待检菌密集划线接种在血琼脂平板上，取 Optdchin 纸片（5μg/片）贴在平板上，35℃孵育 18～24h 观察结果。

5. 胆汁溶菌试验

（1）平板法：加一滴 100g/L 去氧胆酸钠溶液于血琼脂平板草绿色溶血的菌落上，35℃孵育 30min 观察结果。

（2）试管法：加 100g/L 去氧胆酸钠溶液 0.1ml 于 1ml 草绿色溶血性链球菌和肺炎链球菌血清的培养液的试管中，摇匀后置 35℃水浴 10～15min 观察结果。

6. 菊糖发酵试验　将被检菌接种菊糖发酵管中，35℃孵育 18～24h 观察结果。

7. 七叶苷试验　将被检菌接种七叶苷斜面培养基，35℃孵育 18～24h。

【实验结果】

1. 杆菌肽敏感试验　在杆菌肽纸片周围出现明显抑菌环的为杆菌肽敏感试验阳性，无抑菌环为阴性。此试验是鉴别 A 群和其他群链球菌的一个重要试验，A 群溶血性链球菌对杆菌肽敏感，故在血平板上杆菌肽纸片四周出现抑菌环，为阳性。其他群链球菌为阴性（对杆菌肽耐受）。

2. 链激酶试验　血浆先凝固，随后又溶解。在 10min 溶解凝固血浆为阳性，在 15min 内完全溶解凝固的血浆为强阳性，24h 仍不溶解为阴性。此试验是鉴定 A 群溶血性链球菌的一个重要试验。A 群溶血性链球菌产生链激酶，能激活溶纤维蛋白酶原（血浆素原），使之变为有活性的溶纤维蛋白酶（血浆素）而溶解纤维蛋白。

3. CAMP 试验　B 群溶血性链球菌（无乳链球菌）能产生 CAMP，CAMP 可促进金黄色葡萄球菌 β 溶血素活性，故在血平板上两种细菌交界处溶血增强，形成前头状透明溶血区。与金黄色葡萄球菌接种线相垂直的待检菌接种线近端交接处出现箭头形溶血区为阳性，否则为阴性（一般不产生 CAMP）。此试验是用于鉴别 B 群链球菌和其他链球菌的一个重要试验。

4. Optochin 敏感试验 胆汁溶菌试验抑菌圈直径>18mm 为阳性,<15mm 为阴性,15 ~ 18mm 之间应重复试验。肺炎链球菌对 Optochin 即盐酸乙基氢化羟基奎宁敏感,它能干扰肺炎链球菌叶酸合成,故 Optochin 能抑制肺炎链球菌生长,而不抑制甲型链球菌生长。此试验用于鉴别肺炎链球菌和甲型链球菌,前者为阳性,后者为阴性。

5. 胆汁溶菌试验 胆汁或胆盐能活化肺炎链球菌的自溶酶,促进细菌细胞膜破损或菌体裂解。平板法试验若菌落消失为阳性,菌落不消失为阴性。试管法试验若液体由混浊变为透明为阳性,混浊不变为阴性。此试验是用于鉴别肺炎链球菌和甲型链球菌的重要试验,前者为阳性,后者为阴性。

6. 菊糖发酵试验 肺炎链球菌能发酵菊糖产酸,使培养基中指示剂改变颜色。培养基由紫色变为黄色为阳性,而不变色为阴性。肺炎链球菌为阳性,甲型链球菌为阴性。

7. 七叶苷试验 链球菌不能水解七叶苷肠,而球菌能水解七叶苷,生成葡萄糖和七叶素,七叶素与培养基中的枸橼酸铁的 Fe^{2+} 起反应,形成黑色沉淀,使培养基变黑色。培养基变黑色为阳性,不变色为阴性。此试验链球菌为阴性。

(三) 链球菌血清学试验(胶乳凝集试验)

【实验目的】 掌握胶乳法抗链球菌溶血素"O"实验的原理及应用。

【实验原理】 ASO 高滴度的患者血清被适量的溶血素"O"中和后,失去了正常水平量的抗体,多余抗"O"抗体与 ASO 胶乳试剂反应,出现清晰均匀的凝集颗粒(ASO 胶乳试剂系羧化聚苯乙烯胶乳与溶血素"O"共价交联的产物)。

【实验材料】

(1) 溶血素"O"溶液,用时摇匀。

(2) ASO 胶乳试剂,用时摇匀。

(3) 阳性控制血清和阴性控制血清(已经稀释灭活,可直接使用);待检血清。

【实验方法】 先将患者血清 56℃30min 灭活,然后用生理盐水作 1 : 15 稀释。在反应板各孔内分别滴加稀释血清、阳性和阴性对照血清一滴(50μl),再在各孔内滴一滴溶血素"O"溶液,轻摇 1min 混匀,最后在各孔内分别滴加一滴 ASO 胶乳试剂,轻摇 3min(18 ~ 20℃)后观察结果。

【实验结果】 出现清晰凝集为阳性,不凝集为阴性(ASO≤250U/ml),意义同上。

【注意事项】 作 ASO 胶乳凝集试验时,当加入 ASO 胶乳后,轻摇至本说明规定的时间应立即记录结果,超过规定时间才出现凝集不作为阳性。如标本发生溶血,高脂、高胆红素、高胆固醇血液,类风湿因子及被细菌污染都会影响试验结果。胶乳试剂不可冻存,宜放 4℃环境中,有效期为 1 年,用前摇匀。室温低于 10℃,在胶乳试剂加后应延长反应时间 1min,室温升高 10℃,应缩短反应时间 1min。

三、奈瑟菌属

奈瑟菌属主要包括淋病奈瑟菌和脑膜炎奈瑟菌。均成双排列,两菌接触面平坦,呈肾形或咖啡豆的革兰阴性球菌。脓液标本中,大多数细菌位于中性粒细胞内,但慢性病患者多分布于细胞外。无芽孢,无鞭毛,新分离株有荚膜和菌毛。细菌对营养的要求高,只能在巧克力平板和专用选择培养基中生长,初次分离需供给 5% CO_2。最适温度为 35 ~ 37℃。经 24 ~ 48h 后,形成圆形、凸起、灰白色、直径 0.5 ~ 1.0 mm 的光滑型菌落。脑膜炎奈瑟菌可引起流行性脑脊髓膜炎、菌血症和败血症。淋病奈瑟菌是传播性病的主要病原菌,可引起淋病和新生儿结膜炎。

【实验目的】

(1) 掌握脑膜炎奈瑟菌和淋病奈瑟菌的鉴定要点。

（2）熟悉脑膜炎奈瑟菌和淋病奈瑟菌的形态和培养特性。

【实验原理】 脑膜炎奈瑟菌和淋病奈瑟菌形态、染色性、菌落特征相似。临床和基础研究中可以依据生化反应进行鉴定。

【实验材料】

1. 菌种 脑膜炎奈瑟菌、淋病奈瑟菌。

2. 培养基 巧克力血平板、葡萄糖发酵管、麦芽糖发酵管、蔗糖发酵管、硝酸盐培养基。

3. 试剂 氧化酶试剂 3% H_2O_2、革兰染色液、硝酸盐还原试剂。

【实验方法】

1. 形态观察 取脑膜炎患者脑脊液标本和淋病患者标本分别涂片、革兰染色镜检两种菌都为革兰阴性、肾形或豆形、成双排列、相邻边凹面相对的球菌，多位于吞噬细胞内，少数在吞噬细胞外。但慢性淋病性尿道炎患者标本中不少细菌在吞噬细胞外。

2. 菌落观察 脑膜炎奈瑟菌在巧克力血平板上的菌落呈圆形、凸起、光滑、湿润、透明、边缘整齐、直径为2～3mm似露滴状。淋病奈瑟菌在巧克力血平板生长出现呈圆形、凸起、不透明、灰白色、直径为0.5～1.0mm的小菌落。

3. 生化反应

（1）葡萄糖、麦芽糖和蔗糖发酵试验：将奈琴菌分别接种葡萄糖、麦芽糖和蔗糖发酵管，35℃孵育18～24h。

（2）触酶试验：见葡萄球菌生化反应。

（3）氧化酶试验：用滤纸条蘸取被检菌落，用毛细滴管吸10g/L盐酸二甲苯对苯二胺试剂，滴一滴在滤纸条的菌落上（或直接将试剂滴于培养平板的菌落上），立即观察结果。

（4）硝酸盐还原试验：将待检菌接种硝酸盐培养基，35℃孵育1～4天，每天吸取培养液0.5～1ml加入硝酸盐还原试剂0.1ml后观察结果。

【实验结果】

（1）脑膜炎奈瑟菌和淋病奈瑟菌可分解其中的单糖，发酵后使培养基酸性增高，从而使培养基由紫色变为黄色。培养基呈黄色为阳性，培养基仍为紫色呈阴性。这三种单糖发酵试验是鉴别脑膜炎奈瑟菌和淋病奈瑟菌的重要生化反应。

（2）奈瑟菌等产生氧化酶，能将盐酸二甲基对苯二胺或盐酸四甲基对苯二胺氧化成有色的醌类化合物。立刻出现红色，继而逐渐加深为阳性（如加盐酸四甲基对苯二胺试剂，呈现蓝紫色为阳性）。不变色为阴性。此试验是鉴定奈瑟菌的生化反应。

（3）某些细菌能还原培养基中的硝酸盐，生成亚硝酸盐、氨和氮等。当培养液中产生亚硝酸盐，与醋酸作用生成亚硝酸，亚硝酸与对氨基苯磺酸作用，成为重氮苯磺酸，它可与α-奈胺结合为红色的N-α-奈胺偶氮苯碘酸。立即或10min内呈红色为阳性，不变色为阴性。如检查有无氮气产生，可在硝酸盐培养基的试管内加一支小导管，有气泡在小导管内，表示有氮气生成。如加入硝酸盐还原试剂不出现红色，需检查硝酸盐是否被还原，可在原试管内再加入少许锌粉，如出现红色，表示硝酸盐仍存在。若不出现红色表示硝酸盐已被还原为氨和氮。此试验是用于鉴定奈瑟菌的一项生化反应，奈瑟菌为阴性。对比结果见表5-4-1。

表5-4-1　脑膜炎奈瑟菌和淋病奈瑟菌生化反应

	触酶	氧化酶	葡萄糖	麦芽糖	蔗糖	硝酸盐还原
脑膜炎奈瑟菌	+	+	+	+	−	−
淋病奈瑟菌	+	+	+	−	−	−

【注意事项】 奈瑟菌抵抗力极弱，在室温环境中很易死亡，要注意快速接种。

（吕丽艳）

实验五　杆菌的检测

一、肠道杆菌的生化反应

【实验目的】

(1) 掌握肠道杆菌的生化反应的原理和方法。

(2) 掌握肠道杆菌的生化反应鉴别。

【实验原理】 细菌的新陈代谢都是在各种不同酶的催化下进行的，由于不同细菌的酶系统不同，其对营养物质的分解能力亦有差异，代谢产物亦不相同。故可利用生化反应的方法，测定细菌的各种代谢产物，借以区别和鉴定细菌。

【实验器材】

1. 器材 接种环、酒精灯、恒温箱。

2. 试剂 单糖发酵培养基、吲哚(靛基质)试验培养基、甲基红试验培养基、硫化氢试验培养基、尿素酶试验培养基。

3. 菌种 大肠埃希菌、伤寒杆菌、乙型副伤寒杆菌、变形杆菌。

【实验方法】

1. 单糖发酵试验 不同细菌具有发酵不同糖类的酶，有的能分解糖产酸，有的则既能产酸又能产气，有的则不能分解，据此可以鉴别细菌。常用的糖有葡萄糖、乳糖、麦芽糖、甘露醇、蔗糖等。分别将待测物接种于以穿刺法接种于乳糖及葡萄糖发酵管中，经37℃孵育18～24h后观察结果。

2. 吲哚(靛基质)试验 某些细菌具有色氨酸酶，能分解蛋白胨中的色氨酸而生成吲哚(靛基质)。吲哚本身无色，不能直接观察，如与吲哚试剂中的对二甲基氨基苯甲醛作用，形成红色的玫瑰吲哚，即为吲哚试验阳性。分别用接种环将待测菌接种于蛋白胨水培养基中。

3. 甲基红试验 某些细菌分解葡糖后产生丙酮酸，能使甲基红指示剂显红色。分别将待测菌接种于甲基红培养基中。

4. 硫化氢试验 某些细菌能分解培养基中的含硫氨基酸(如胱氨酸、半胱氨酸)生成 H_2S。产生的 H_2S 遇培养基中的铅或铁离子，则形成黑褐色的硫化铅或硫化铁沉淀，因此可间接地检测细菌是否产生 H_2S。分别用接种针穿刺将待测菌接种于醋酸铅培养基内。

5. 尿素酶试验 某些细菌如变形杆菌具有尿素酶，因此，在含有尿素的培养基中，能分解尿素产生氨，使培养基变碱，此时培养基中的酚红指示剂显红色，借此可鉴别细菌。分别将待测菌接种于尿素培养基上。

【实验结果】

1. 单糖试验 如细菌生长，则培养基变混浊。糖是否被分解，根据以下现象判定。

(1) 指示剂仍为紫色不变，表示细菌不分解该糖，用“-”表示。

(2) 指示剂由紫变黄，无气体产生，表示细菌分解该糖，产酸不产气，用“+”表示。

(3) 指示剂由紫变黄，并有气体产生，表示细菌分解该糖，产酸又产气，用“⊕”表示。

2. 吲哚(靛基质)试验 37℃孵育24～48h后取出，沿管壁加入2～3滴吲哚试剂于液面上，振摇试管使试剂与培养液混合，然后静置数分钟，观看是否变色。阳性者可见上层试剂呈玫瑰红色，仍呈黄色者为阴性。

3. 甲基红试验 甲基红培养基变红色者为阳性，颜色不变为阴性。

4. 硫化氢试验　穿刺部位呈黑褐色者为阳性,不变颜色者为阴性。

5. 尿素酶试验　尿素培养基变红色者为阳性,颜色不变为阴性。

6. 各种细菌的生化反应结果　见表 5-5-1。

表 5-5-1　各种细菌的生化反应结果

	葡糖	乳糖	吲哚	甲基红	硫化氢	尿素
大肠埃希菌	⊕	⊕	+	+	-	-
伤寒杆菌	-	-	-	+	+/-	-
乙型副伤寒	⊕	-	-	+	+	-
变形杆菌	⊕	-	-	+	+	+

【注意事项】

(1) 肠道杆菌传染性强,要在生物安全柜内操作。

(2) 注意接种的每一步都要无菌操作,才能结果准确。

二、沙门菌的检测

(一) 沙门菌肥达试验

【实验目的】

(1) 掌握肥达试验的原理、方法和结果判定。

(2) 辅助诊断伤寒和副伤寒。

【实验原理】　用已知的伤寒沙门菌 O、H 抗原与患者血清做定量凝集试验,以检测患者血清中有无相应抗体存在,用于辅助诊断伤寒。

【实验器材】

1. 标本　待测患者血清。

2. 试剂　伤寒沙门菌 O、H 抗原、生理盐水。

3. 其他　接种环、反应板、微量加样器、吸头、恒温箱。

【实验方法】

(1) 设反应板的两排孔为一组,标记 O、H。

(2) 每孔加生理盐水 200μl。

(3) 倍比稀释血清:每组第一孔加待测血清(1∶10)200μl,混合均匀,取出 200μl 加入下孔,依次作倍比稀释到第七孔,混匀后,取出 200μl 弃去,即第 8 孔中只有生理盐水,作为阴性对照。

(4) 加菌液:O 组中每孔加 O 抗原 200μl,H 组中每孔加 H 抗原 200μl,则最终每孔稀释度如表 5-5-2 所示。

表 5-5-2　肥达试验每孔最终稀释度

孔号	1	2	3	4	5	6	7	8
血清稀释度	1∶40	1∶80	1∶160	1∶320	1∶640	1∶1280	1∶2560	-

(5) 置 45℃ 水浴箱中,2h 后观察结果。

【实验结果】

1. 凝集现象判定

++++表示完全凝集。上层液体澄清透亮,孔底有边缘不整的白色凝集物。

+++表示大部分凝集。上层液体微混浊,孔底有边缘不整的白色凝集物。

++表示部分凝集或中等凝集。上层液体中等混浊，孔底有大而薄的伞状白色凝集物。

+表示少量凝集。上层液体混浊，孔底有少量凝集物，需注意观察才能看到，中心有细菌因重力沉积的白色圆形沉积物。

-表示不凝。菌液混浊，部分细菌沉积于孔底形成白色圆形沉积物。

2. 血清凝集效价判断 血清凝集效价是指能发生++凝集现象的最高血清稀释度。

3. 血清凝集效价结果意义

(1) 若O凝集价≥1∶80，H凝集价≥1∶160，则伤寒的可能性很大。

(2) 若O凝集价<1∶80，H凝集价≥1∶160，则可能是以往预防接种的结果或是非特异性回忆反应。

(3) 若O凝集价≥1∶80，H凝集价<1∶160，则可能是感染早期或沙门菌属中其他的细菌感染所引起的交叉反应。

【注意事项】

(1) 要严格掌握时间，延长或缩短结果不准。

(2) 加样器吸取不同液体时，要及时更换吸头。

(二) 伤寒沙门菌内毒素的检测

【实验目的】 掌握伤寒沙门菌内毒素检测的原理、方法和结果判定。

【实验原理】 内毒素具有多种生物学活性，主要毒性作用有发热反应、循环障碍和休克等。将含有内毒素的细菌培养物注入动物体内，可表现上述毒性。

【实验器材】

1. 标本 伤寒沙门菌24h培养物。

2. 动物 家兔、小白鼠。

3. 其他 体温计、注射器。

【实验方法】

1. 内毒素的致病作用

(1) 用75%乙醇溶液消毒体温计，并涂上凡士林，然后将体温计缓慢插入家兔肛门内。

(2) 3min后取出体温计，观测并记录体温。

(3) 用无菌注射器吸取伤寒沙门菌24h培养物1ml注入家兔耳静脉内。

(4) 注射后60min，再测量家兔体温。

2. 内毒素对血管作用

(1) 用无菌注射器吸取伤寒沙门菌24h培养物1ml注入小白鼠尾静脉。

(2) 注射后7～8h用颈椎推位法致小白鼠死亡。

(3) 解剖小白鼠，观察脏器情况。

【实验结果】

1. 内毒素的致病作用 可见小鼠注射内毒素后体温明显升高。

2. 内毒素对血管作用 可见肠系膜血管、肾上腺、肝与脾出现充血、淤血及出血。

【注意事项】 测量家兔体温动作要轻柔，否则家兔剧烈运动，体温会明显升高。

三、大肠埃希菌的检测

(一) 大肠埃希菌的血清学鉴定

【实验目的】

(1) 掌握大肠埃希菌的血清学鉴定的原理和方法。

(2) 用血清学方法鉴别不同型别的大肠埃希菌。

【实验原理】 大肠埃希菌型别很多，致病性差异很大，大多不致病，通过血清学鉴定，可以判断其对机体的致病性。

【实验器材】

1. 标本 大肠埃希菌。

2. 试剂 大肠埃希菌诊断血清。

3. 其他 接种环、恒温箱。

【实验方法】

(1) 取待测大肠埃希菌培养物，分别与 EPEC、EPEC 和 O157 的 O、K 多价诊断血清作玻片凝集试验。

(2) 如与某一组多价血清发生凝集，继与该组中的单价分型血清作玻片凝集试验。

【实验结果】 如与某一组单价血清迅速发生明显凝集，即为某型大肠埃希菌。生理盐水对照不凝集，为阴性。

【注意事项】 诊断血清应放在冰箱中冷藏，用时取出，否则易失效。

(二) 大肠埃希菌肠毒素兔肠段结扎试验

【实验目的】

(1) 掌握大肠埃希菌肠毒素的检测方法。

(2) 掌握兔肠段结扎试验的原理、方法和结果。

【实验原理】 大肠埃希菌为人和动物肠道内大量存在的正常菌群之一，只有当机体抵抗力降低或发生定位转移时才可造成感染。极少数型别可以可以产生外毒素，检测是否产生外毒素，来判断细菌的致病性。

【实验器材】

1. 标本 大肠埃希菌培养液。

2. 试剂 乙醚。

3. 其他 家兔、注射器、手术台。

【实验方法】

(1) 取体重 2kg 左右的健康家兔一只(10 周龄左右)，禁食 2 天后固定于试验动物手术台上。

(2) 乙醚麻醉(吸入法)后，以无菌操作的方法解剖取出小肠，自回盲末端开始结扎肠段 6 个，每段 5cm 长。

(3) 一段作阳性对照，注入大肠埃希菌 7922 标准肠毒素培养上清液 2ml。

(4) 一段作阴性对照，注入大肠埃希菌 1485 培养上清液 2ml。

(5) 其余四段注入待测大肠埃希菌的培养上清液 2ml。

(6) 注射完毕后，将小肠送回腹腔内，手术部位连续缝合后，无菌纱布包扎手术部位。

(7) 经 18 ~ 24h 后观察手术结果。

【实验结果】

(1) 阴性对照肠段未见肠内有液体。

(2) 阳性对照肠段肠内充满液体(可达到 $1ml/cm^3$)。

(3) 试验组以液体储留量与肠段长度之比(W/L)作为毒素活力指标。一般以试验肠段平均积液量≥$1ml/cm^3$ 者为阳性。

【注意事项】 实验动物试验后应高压灭菌处理。

四、志贺菌属的检测

(一) 痢疾杆菌快速检测

【实验目的】

(1) 掌握痢疾杆菌免疫荧光球试验的原理和方法。

(2) 掌握痢疾杆菌的快速诊断方法。

【实验原理】 将标本接种于含有一定荧光素标记的志贺菌抗血清的液体中,若标本中有相应型别的志贺菌存在,细菌可与相应抗体结合,但不能被杀死。在适宜的温度下仍能生长,繁殖后与荧光素标记的抗体凝集成小球,在荧光显微镜下易被检出。适用于急性痢疾的检测。

【实验器材】

1. 标本 痢疾杆菌。

2. 试剂 荧光素标记的志贺菌抗血清、蛋白胨水培养基。

3. 其他 接种环、载玻片、荧光显微镜。

【实验方法】

(1) 将痢疾杆菌接种于含荧光素标记的志贺菌抗血清的蛋白胨水培养基中。

(2) 置37℃培养4~8h。

(3) 用接种环取2~3环上述培养物于洁净载玻片上,观察结果。

【实验结果】

(1) 镜下可见发荧光的团状物,结构疏松,周围似卷发状。

(2) 随着培养时间延长,菌球逐渐致密,周围较圆而整齐。

【注意事项】 荧光素标记的志贺菌抗血清要在冰箱中保存,尽快使用。

(二) 志贺菌属种间鉴别

【实验目的】

(1) 掌握志贺菌属各菌种生化反应的区别。

(2) 掌握志贺菌属各菌种的鉴别要点。

【实验原理】 志贺菌属各菌种均为革兰阴性杆菌,散在分布,无鞭毛。均不分解乳糖,在SS琼脂平板和麦康凯琼脂平板上形成无色透明的、中等大小的菌落。在染色、培养和生化反应上十分相近,可以用半乳糖苷酶、鸟氨酸脱羧酶、甘露醇等实验来鉴别。

【实验器材】

1. 标本 痢疾志贺菌、福氏志贺菌、鲍氏志贺菌、宋内志贺菌。

2. 试剂 半乳糖苷酶、鸟氨酸脱羧酶和各种糖类培养基。

3. 其他 接种环、恒温箱。

【实验方法】

(1) 将接种环灭菌。

(2) 取四种志贺菌分别接种于半乳糖苷酶、鸟氨酸脱羧酶和各种糖类培养基中。

(3) 置37℃培养18~24h,观察结果。

【实验结果】 四种志贺菌生化反应见表5-5-3。

表 5-5-3 志贺菌属种间鉴别

生化反应	痢疾志贺菌	福氏志贺菌	鲍氏志贺菌	宋内志贺菌
半乳糖苷酶	−	−	−	+
鸟氨酸脱羧酶	−	−	−	+
发酵糖类				
乳糖	−	−	−	−[#]
甘露醇	−	+	+	+
蔗糖	−	−	−	−
木糖	−	−	−	−

个别菌株可以出现迟缓发酵

（蔡文辉）

实验六 棒状杆菌的检测

一、白喉棒状杆菌 Albert 染色

【实验目的】

(1) 掌握白喉棒状杆菌形态特点。

(2) 掌握白喉棒状杆菌 Albert 染色原理、方法与应用。

【实验原理】 白喉棒状杆菌含有异染颗粒,异染颗粒中的主要成分为 RNA 和多聚偏磷酸盐,经过染色后,可以染成与菌体不同的颜色,以此来鉴别白喉棒状杆菌。

【实验器材】

1. 器材 光学显微镜,接种环,酒精灯,吸水纸,载玻片。

2. 试剂 Albert 染色液甲液,Albert 染色液乙液。

3. 菌种 白喉棒状杆菌。

【实验方法】

(1) 白喉棒状杆菌涂片标本的制备,干燥后加热固定。

(2) Albert 染色

1) 将已固定的涂片上滴加 Albert 染色液甲液数滴,持续 5min,水洗。

2) 涂片上滴加 Albert 染色液乙液数滴,持续 1min,水洗。

3) 吸干后用油镜观察。

(3) 用油镜检查并记录结果。

【实验结果】 典型的白喉棒状杆菌为革兰染色阳性,一端或两端膨大呈棒状;Albert 染色菌体呈草绿色,异染颗粒呈紫褐色、菌体呈 X、Y、W、N、M 等字母形或栅栏状排列。

【注意事项】

(1) 白喉棒状杆菌最好培养在营养丰富的血琼脂培养基上,这样异染颗粒较大,容易观察。

(2) Albert 染色液甲液和乙液最好使用前配制,否则,染色液陈旧,影响染色效果。

二、白喉棒状杆菌的分离培养

【实验目的】

(1) 掌握白喉棒状杆菌分离培养的方法。

(2) 掌握白喉棒状杆菌的菌落特点。

【实验原理】 白喉棒状杆菌在普通培养基上能够生长，但形态不典型，在吕氏血清培养基生长较好，18h 就能长出细小、灰白色菌落；在0.033%的亚碲酸钾血琼脂培养基上，能吸收碲盐，并使其还原为元素碲，菌落呈黑色，而且亚碲酸钾能抑制标本中其他细菌的生长，该培养基可以作为白喉棒状杆菌的选择和鉴别培养基。

【实验器材】

1. 标本 白喉患者咽拭纸或假膜。

2. 试剂 吕氏血清斜面、血琼脂平板、亚碲酸钾血液琼脂平板。

3. 其他 接种环、酒精灯、恒温箱。

【实验方法】

(1) 接种环用酒精灯灭菌。

(2) 用接种环无菌取白喉患者咽拭纸或假膜，用分离划线法接种在吕氏血清斜面、血琼脂平板和亚碲酸钾血液琼脂平板上。

(3) 置37℃恒温箱中，孵育18～24h后观察结果。

【实验结果】 可在血平板上长出白色不透明菌落，本菌轻型菌株的菌落有狭窄溶血环，其余无溶血现象；在亚蹄酸钾血液琼脂平板上的菌落呈黑色；在吕氏血清斜面或凝固鸡蛋清斜面上可长出细小灰白色而有光泽的圆形菌落。

【注意事项】

(1) 白喉棒状杆菌由呼吸道传播，应在生物安全柜内接种。

(2) 吕氏血清斜面、血琼脂平板、亚碲酸钾血液琼脂平板营养丰富，配制过程中注意避免营养的损失。

三、白喉棒状杆菌与其他常见棒状杆菌的生化反应鉴别

【实验目的】

(1) 掌握白喉棒状杆菌的生化反应方法和结果。

(2) 掌握白喉棒状杆菌与其他常见棒状杆菌的鉴别。

【实验原理】 白喉棒状杆菌与其他常见棒状杆菌形态相近，很难鉴别。但两者在生化反应上相差较大，通过生化反应可以将两者区分开。

【实验器材】

1. 标本 白喉棒状杆菌、干燥棒状杆菌、溃疡棒状杆菌。

2. 试剂 明胶培养基，血清糖发酵管(葡萄糖、麦芽糖、蔗糖、糊精)，尿素卵黄双糖琼脂斜面。

3. 其他 接种环、接种针、酒精灯、恒温箱、试管架。

【实验方法】

(1) 用接种环无菌取白喉棒状杆菌、干燥棒状杆菌和溃疡棒状杆菌，分别接种于明胶培养基和血清糖发酵管(葡萄糖、麦芽糖、蔗糖、糊精)中。

(2) 用接种针无菌取白喉棒状杆菌、干燥棒状杆菌和溃疡棒状杆菌，在尿素卵黄双糖琼脂斜面先行穿刺接种，然后再用在斜面划线接种。

(3) 置37℃恒温箱中，孵育18～24h后观察结果。

【实验结果】 白喉棒状杆菌、干燥棒状杆菌和溃疡棒状杆菌生化反应结果见表5-6-1，尿素卵黄双糖琼脂斜面上不同棒状杆菌的鉴别见表5-6-2。若呈阴性反应则延长至72h观察结果。

表 5-6-1　白喉棒状杆菌和其他常见棒状杆菌的生化反应

	触酶	硝酸盐还原	明胶液化	葡萄糖	麦芽糖	蔗糖	糊精
白喉棒状杆菌	+	+	−	+	+	−	+
干燥棒状杆菌	+	+	−	+	+	+	−
溃疡棒状杆菌	+	−	−/+	+	+	−	+

【注意事项】　培养基较多，接种时要注意标记清楚。

表 5-6-2　尿素卵黄双糖琼脂斜面上不同棒状杆菌的鉴别

	底层（葡萄糖）	斜面（蔗糖）
白喉棒状杆菌	黄色	不变色
干燥棒状杆菌	黄色	黄色
溃疡棒状杆菌	红色	红色

四、白喉棒状杆菌毒力实验

【实验目的】　判断白喉棒状杆菌的毒力。

【实验原理】　由于只有带-棒状杆菌噬菌体的白喉棒状杆菌才产生外毒素，因此，判断从标本中分离出的白喉棒状杆菌是否具有致病性，必须做毒力实验。琼脂平板毒力实验（Elek 平板毒力实验）是将含白喉抗毒素的滤纸条贴于 Elek 平板上，再在培养液上与滤纸条垂直划线接种白喉棒状杆菌，如为产毒株，则白喉棒状杆菌产生的毒素与白喉抗毒素在比例适当处结合，产生免疫沉淀反应，生成乳白色沉淀线。

【实验器材】

1. 菌种　白喉棒状杆菌标准产毒株、类白喉杆菌。

2. 待测标本　略。

3. 试剂　Elek 培养液、白喉抗毒素、灭菌滤纸条、无菌兔血清。

4. 其他　接种环、酒精灯、恒温箱。

【实验方法】

（1）取 Elek 培养液 15ml，加热融化，待冷却至 50～55℃时，加入 3ml 无菌兔血清，立即混合，倾入无菌平皿中。

（2）待琼脂凝固后，将浸有白喉抗毒素（500 U/ml）的滤纸条（75mm×5mm）放于平板中央，将平板置 37℃恒温箱中，孵育 1～2h，使培养基表面干燥。

（3）将待测细菌分别与滤纸条成垂直方向作划线接种。测定未知标本时应同时用阳性（白喉棒状杆菌）及阴性（类白喉杆菌）作对照。

（4）将平板置 37℃恒温箱中，孵育 18～24h 后观察结果。

【实验结果】　阳性结果是在接种线与滤纸间有可见的乳白色沉淀线，证明能够产生白喉毒素。

【注意事项】

（1）白喉抗毒素浓度要配制准确，否则影响结果。

（2）Elek 平板要在用时现配制，加入无菌兔血清，白喉杆菌才能生长良好。

（包丽丽）

实验七　分枝杆菌的检测

一、结核分枝杆菌抗酸染色

【实验目的】

（1）掌握结核分枝杆菌抗酸染色法的原理、方法和结果判定。

(2) 掌握结核分枝杆菌的形态特点。

【实验原理】 结核分枝杆菌对苯胺染料一般不易着色,但经加温或延长染色时间后能抵抗盐酸乙醇的脱色作用。经此法染色后,结核分枝杆菌及其他分枝杆菌呈红色,非抗酸菌呈蓝色。

【实验器材】

1. 器材 光学显微镜,接种环,酒精灯,玻片夹,载玻片。

2. 试剂 苯酚复红染液,碱性亚甲蓝染液,3% 盐酸乙醇溶液。

3. 菌种 结核杆菌。

【实验方法】

(1) 结核分枝杆菌涂片标本的制备,干燥后加热固定。

(2) 抗酸染色

1) 初染:将已固定的涂片置于染色架上或用染色夹子夹住,滴加苯酚复红染液,并于载玻片下方以弱火加热至出现蒸汽(勿煮沸或煮干)随时补充染液以防干涸,持续 5min,待冷,水洗。

2) 脱色:用 3% 盐酸乙醇溶液脱色,直至涂片无红色染液脱下为止(约 30s),水洗。

3) 复染:用亚甲蓝复染 0.5min,水洗后吸干。

(3) 用油镜检查并记录结果。

【实验结果】 结核分枝杆菌呈红色,其他细菌及背景物质均为蓝色。必须逐一观察各个视野,直到全部涂片找不到结核杆菌时,才可报告阴性。

【注意事项】

(1) 抗酸染色需要加温染色,并且需要延长染色时间,要求学生用玻片夹夹住载玻片,不要倾斜,防止染液流出污染衣物和实验室或烫伤自己。

(2) 染色时间较长,并且染液温度高,但一定要随时补加染液,防止染液干涸,影响染色效果。

二、结核分枝杆菌分离培养

【实验目的】

(1) 掌握结核分枝杆菌分离培养的方法。

(2) 掌握结核分枝杆菌的菌落特点。

【实验原理】 结核分枝杆菌营养要求高,分离需营养丰富的培养基,并且生长缓慢,一般 4 周后出现肉眼可见的菌落。

【实验器材】

1. 标本 结核患者痰液。

2. 试剂 罗氏培养基、20g/L NaOH、试管架、蒸馏水。

3. 其他 接种环、振荡器、试管架、酒精灯、恒温箱。

【实验方法】

(1) 取痰标本 1 ~ 2ml,加 20g/L NaOH 2 ~ 4 倍量,振荡器振荡 5 ~ 10min 或置室温 30min,其间振荡 2 ~ 3 次,使痰液化。

(2) 取消化后痰液 0.1ml,无菌操作接种于罗氏培养基斜面上,并反复倾斜培养基使痰液均匀分布,保持涂片于水平面,每分标本应同时接种两支斜面,置 37℃孵育 1 周后再直立于试管架上培养 4 周以上。

(3) 接种后第 3 天、第 7 天观察,此后每周观察一次菌落生长情况,阳性生长斜面需经抗酸染色镜检确认是否为分枝杆菌后报告生长情况。

【实验结果】 菌落特点及报告方式:观察结核分枝杆菌在罗氏培养基上的菌落,呈乳白色或米黄色、呈粗糙颗粒状,形似花菜心,表面干燥。若无菌落生长需观察至第 8 周末。

-:分枝杆菌培养阴性,斜面无菌落生长。

+:菌落数在 20 个以上或菌落占斜面面积 1/4 者。菌落在 20 个以下者实报菌落数。

++:菌落占斜面面积 1/2。

+++:菌落占斜面面积 3/4。

++++:菌落布满斜面面积,或菌落密集汇成菌苔。

【注意事项】

(1) 结核杆菌污染性较强,应在生物安全柜内接种。

(2) 罗氏培养基应用间歇灭菌法配制,否则营养损耗大,细菌不易生长。

三、结核分枝杆菌与非结核分枝杆菌的生化反应鉴别

【实验目的】 鉴别结核分枝杆菌与非结核分枝杆菌。

【实验原理】 结核分枝杆菌与非结核分枝杆菌均为抗酸阳性菌,形态相近,很难鉴别。但两者在生化反应上相差较大,通过生化反应可以将两者区分开。

【实验器材】

1. 菌种 结核分枝杆菌、堪萨斯分枝杆菌、耻垢分枝杆菌。

2. 试剂 罗氏培养基、生理盐水、0.2% 氨基苯磺酸、N-奈乙烯二胺盐酸盐液、0.12% 尿素、10% 聚山梨酯、30% H_2O_2。

3. 其他 接种环、振荡器、试管架、酒精灯、恒温箱。

【实验方法】

1. 耐热触酶试验 取生长在改良罗氏培养基 3~4 周的菌落,比浊制备 10mg/ml 菌悬液,取 0.5ml 混悬于含 pH 7.0 PBS 溶液 1ml 的试管内,置 68℃ 水浴 20min,待冷却后缓缓滴加 30% H_2O_2 与 10% 聚山梨酯(Tween-80)等混合液 0.5ml(临用前混合配制)。

2. 硝酸盐还原试验 取生长在改良罗氏培养基 3~4 周的菌落,比浊制备 10mg/ml 菌悬液,取 0.5ml 混悬于含 2ml 硝酸盐溶液中,放 37℃ 水浴 2h,取出后每管加 1 滴二倍稀释的浓 HCl,再加 2 滴 0.2% 氨基苯磺酸和 2 滴 N-奈乙烯二胺盐酸盐液,1min 后观察结果。

3. 脲酶试验 取在改良罗氏培养基生长 3~4 周的菌落,比浊制备 10mg/ml 菌悬液,取 0.5ml 混悬于 3ml 的 0.12% 尿素溶液内,每管加无菌的 0.1% 酚红 1 滴,置 37℃ 孵育 3 天,观察结果。

【实验结果】

1. 耐热触酶试验 持续产生小气泡者为阳性。10~20min 内仍无气泡产生为阴性。空白试剂对照无气泡产生。堪萨斯分枝杆菌为阳性,结核分枝杆菌为阴性。

2. 硝酸盐还原试验 1min 后呈红色者为阳性,无色者为阴性,空白试剂对照为无色。结核分枝杆菌为强阳性,牛型分枝杆菌为阴性。

3. 脲酶试验 菌液呈红色者为阳性,不变色者为阴性,空白试剂对照不变色。结核分枝杆菌呈阳性,蟾蜍分枝杆菌呈阴性。

结核分枝杆菌与非结核分枝杆菌的生化反应鉴别见表 5-7-1。

表 5-7-1　分枝杆菌生化反应鉴别

分枝杆菌名称	37℃生长	生长速度	耐热触酶	硝酸盐还原	尿素酶
结核分枝杆菌	+	缓慢	-	++++	+
堪萨斯分枝杆菌	+	缓慢	+	+	-
耻垢分枝杆菌	+	缓慢	+	+	?

+表示 84% 以上菌株阳性;-表示少于 16% 阳性;? 表示无准确数据

【注意事项】

(1) 各种试剂应用时,现配制效果好。

(2) 观察结果要严格掌握时间,延长时间结果不准。

四、结核菌素实验

【实验目的】

(1) 掌握结核菌素实验的原理和方法。

(2) 掌握结核菌素实验的结果判定和应用。

【实验原理】 结核菌素实验是最常见的迟发型变态反应皮肤实验,是测定机体细胞免疫功能的方法之一。若受试者曾经受结核分枝杆菌感染,将旧结核菌素(old tuberculin,OT)或纯蛋白衍生物(purified protein derivative,PPD)注入机体皮内后,就与致敏的T淋巴细胞呈特异性结合,在注射部位致敏T淋巴细胞释放淋巴因子,使巨噬细胞积聚并参与反应,有些淋巴因子还可以使血管通透性增加。经24~72h,注射部位出现红肿、硬结。

【实验器材】

1. 标本 旧结核菌素。

2. 试剂 75%乙醇溶液、生理盐水。

3. 其他 注射器、无菌棉签。

【实验方法】

(1) 用无菌生理盐水将OT稀释成1:2000的稀释液。

(2) 在前臂掌侧下1/3处,用75%乙醇溶液做皮肤消毒。

(3) 在消毒处皮内注射1:2000的OT 0.1ml,以形成明显的丘状突起为宜。

(4) 注射48~72h观察局部反应,并记录结果。

【实验结果】

1. 阳性反应 注射局部出现红肿、硬结,硬结直径0.5~1.5cm。

2. 强阳性反应 注射局部红肿硬结直径超过1.5cm,或局部出现水泡、溃疡等强烈反应。

3. 阳性反应 注射局部无明显反应,或红肿直径小于0.5cm,并迅速消失。

【注意事项】

(1) 已明确为活动期结核患者,特别是婴幼儿,慎用或不选用此试验。

(2) 对常规试验为阴性反应者,最好再分别用1:1000与1:100稀释度作皮试,若仍为阴性反应者,则最后判定为阴性。

(李 恋)

实验八 厌氧菌的检测

一、破伤风梭菌的检测

破伤风梭菌是破伤风的病原菌,发病后死亡率约为20%。1981年,世界卫生组织公布全世界每年有100万人死于破伤风。破伤风梭菌寄生于人与动物的消化道中,其芽孢可以在土壤中存活数年,通过伤口侵入机体,产生毒素,引起破伤风。形态如图5-8-1所示。

(一) 破伤风梭菌分离培养

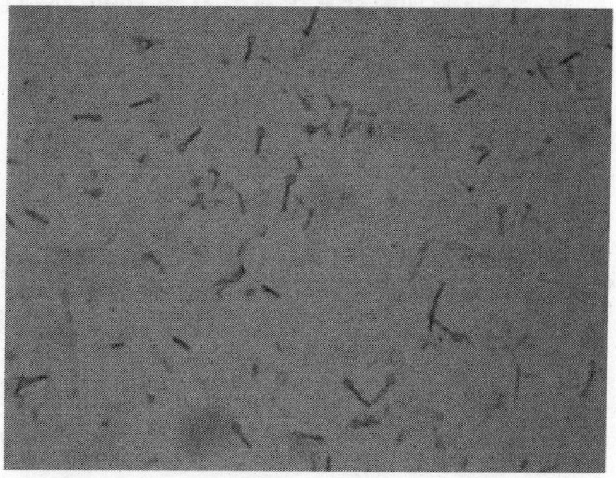
图 5-8-1　破伤风梭菌革兰染色(×1000)

【实验目的】

(1) 掌握破伤风梭菌分离培养的方法。

(2) 掌握破伤风梭菌的生长特点。

【实验原理】　厌氧菌对氧敏感,在有氧时不能生长。要培养厌氧菌,必须创造一个无氧的环境。人工培养时,可利用物理学、化学或生物学方法去除培养基或环境中的氧气,或加入还原剂,降低其氧化还原电势。

【实验器材】

1. 标本　破伤风梭菌。

2. 试剂　庖肉培养基、液状石蜡。

3. 其他　接种环、试管架、酒精灯、恒温箱、水浴锅。

【实验方法】

(1) 将庖肉培养基在水浴锅中煮沸 10min,冷却。

(2) 用接种环无菌取破伤风梭菌接种于庖肉培养基中。

(3) 于培养基表面滴加熔化的石蜡 1 ~ 2ml,隔绝空气。

(4) 置 37℃温箱孵育 24 ~ 48h 后观察结果。

【实验结果】　在庖肉培养基中,液体微混,庖肉变色,有腐败臭味,证明有破伤风梭菌生长。

【注意事项】

(1) 破伤风梭菌容易形成芽孢,污染性较强,应在生物安全柜内接种。

(2) 石蜡应充分灭菌熔化后滴加,否则容易生长杂菌。

(二) 破伤风梭菌芽孢染色

【实验目的】

(1) 掌握破伤风梭菌芽孢染色的原理、方法和结果判定。

(2) 掌握破伤风梭菌的形态特点。

【实验原理】　破伤风梭菌为粗大的革兰阳性菌,芽孢直径一般大于菌体,多位于一端,使菌体膨胀呈梭形。芽孢具有厚而致密的壁,透性低,不易着色,芽孢染色法就是根据芽孢既难以染色而一旦染上后又难以脱色的特点设计的。所以芽孢染色法都基于同一个原则,采用着色力强的染料,并加热以促进标本着色,然后使菌体脱色,而芽孢上的染料仍保留,经复染后,菌体和芽孢呈现不同的颜色。

【实验器材】

1. 器材　光学显微镜,接种环,酒精灯,载玻片。

2. 试剂　苯酚复红、95% 乙醇溶液、碱性亚甲蓝。

3. 菌种　破伤风梭菌。

【实验方法】

(1) 用破伤风梭菌涂片,干燥,火焰固定。

(2) 芽孢染色

1) 初染:滴加苯酚复红液于涂片上,用微火加热至染料冒蒸汽(切勿煮沸)维持 3 ~ 5min,加热过程要随时添加染液,勿让标本干涸,待玻片冷却后,水洗。

2) 脱色:用 95% 乙醇溶液脱色 30s,水洗。

3）复染：滴加碱性亚甲蓝液复染 1min，水洗。

（3）干燥后，用油镜检查并记录结果。

【实验结果】 破伤风梭菌芽孢染呈红色，菌体染呈蓝色。芽孢型的芽孢呈正圆形，位于菌体顶端，直径大于菌体，使芽孢和菌体呈鼓槌状。

【注意事项】

（1）破伤风梭菌芽孢染色需要加温染色，并且需要延长染色时间，要求学生用玻片夹夹住载玻片，不要倾斜，防止染液流出污染衣物和实验室或烫伤自己。

（2）染色时间较长，并且染液温度高，但一定要随时补加染液，防止染液干涸，影响染色效果。

（三）破伤风梭菌的生化反应鉴别

【实验目的】 鉴定破伤风梭菌的生化反应特性。

【实验原理】 破伤风梭菌的生化反应不活跃，一般不分解糖和牛乳。

【实验器材】

1. 菌种 破伤风梭菌。

2. 试剂 五糖（葡乳麦甘蔗）发酵管，牛乳培养基、液状石蜡。

3. 其他 接种环、试管架、酒精灯、恒温箱。

【实验方法】

（1）将五糖发酵管与牛乳培养基置水浴锅中加热。煮沸 10min，迅速冷却。

（2）以无菌接种环取破伤风梭菌纯培养物，分别接种于牛乳培养基与五糖发酵管中。

（3）接种完毕后，在液面上加一薄层熔化的石蜡。

（4）经 37℃孵育 24～48h，观察结果。

【实验结果】 破伤风梭菌五糖（葡乳麦甘蔗）均不分解，牛乳培养基无变化。

【注意事项】

（1）破伤风梭菌容易形成芽孢，污染性较强，应在生物安全柜内接种。

（2）石蜡应充分灭菌熔化后滴加，否则容易生长杂菌。

（四）破伤风外毒素的检测

【实验目的】

（1）掌握破伤风外毒素的毒性作用。

（2）掌握破伤风外毒素的检测方法。

【实验原理】 破伤风梭菌生长繁殖，释放外毒素——神经毒素。毒素可以选择性作用于运动神经元，阻断上下神经元之间抑制性冲动的正常传导，导致机体骨骼肌痉挛强直甚至死亡。外毒素对机体的毒性作用，可被相应抗毒素所中和。

【实验器材】

1. 标本 破伤风外毒素。

2. 试剂 破伤风抗毒素。

3. 其他 注射器、小白鼠 1 号和 2 号。

【实验方法】

（1）给 1 号小白鼠腹腔注射 0.5ml 破伤风抗毒素。

（2）30min 后，分别给 1 号和 2 号小鼠一侧后腿肌内注射 0.2ml 破伤风外毒素。

（3）观察两只小鼠发病情况。

【实验结果】

（1）大约 7h 后，仅注射了破伤风外毒素的 2 号小鼠肌肉痉挛强直，大约 12h 后死亡。

（2）事先注射了破伤风抗毒素的1号小鼠无症状，健康存活。

【注意事项】 小鼠实验后应高压灭菌处理，避免污染环境。

二、产气荚膜梭菌的检测

产气荚膜梭菌在自然界及人与动物的消化道中分布广泛，芽孢在土壤中可以长期存在。产气荚膜梭菌能够产生多种外毒素，引起气性坏疽、食物中毒和坏死性肠炎等疾病。形态如图5-8-2所示。

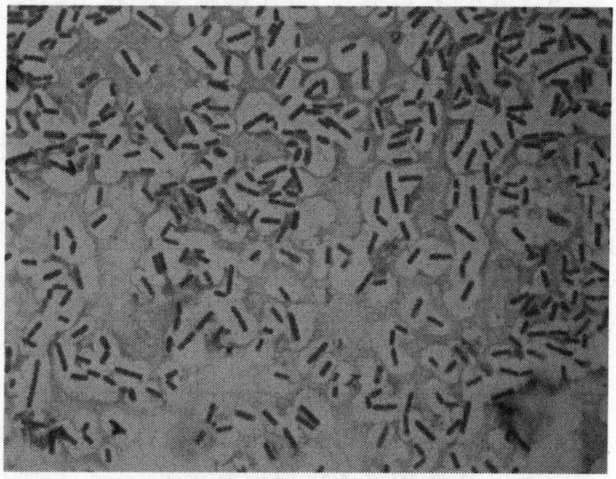

图5-8-2　产气荚膜梭菌革兰染色（×1000）

（一）产气荚膜梭菌汹涌发酵

【实验目的】

（1）掌握产气荚膜梭菌汹涌发酵的原理和方法。

（2）观察产气荚膜梭菌汹涌发酵的现象。

【实验原理】 产气荚膜梭菌能迅速分解乳糖产酸，使酪蛋白凝固，并产生大量气体，将凝固的酪蛋白冲散形成分散的海绵状碎块，并将培养基表面的石蜡冲至试管塞处。

【实验器材】

1. 标本　产气荚膜梭菌。

2. 试剂　溴甲酚紫牛乳培养基。

3. 其他　接种环、恒温箱。

【实验方法】

（1）用灭菌接种环取产气荚膜梭菌疱肉培养物，接种于溴甲酚紫牛乳培养基中。

（2）置35℃孵育18～24h，观察结果。

【实验结果】 一般于孵育6h后即可发生，产气荚膜梭菌迅速分解乳糖，产酸产气，酪蛋白被酸凝固，形成凝块与乳清，凝块被产生的大量气体冲击，形成分散的海绵状碎块，将部分培养基冲至试管口塞处。这种发酵气势凶猛，证明有产气荚膜梭菌生长。

【注意事项】

（1）产气荚膜梭菌容易形成芽孢，污染性较强，应在生物安全柜内接种。

（2）发酵气势凶猛，易冲开试管塞，应避免污染外界器皿。

（二）产气荚膜梭菌卵磷脂酶试验和奈格尔试验

【实验目的】

（1）掌握产气荚膜梭菌卵磷脂酶试验和奈格尔试验的原理和方法。

（2）掌握产气荚膜梭菌卵磷脂酶试验和奈格尔试验的结果判定。

【实验原理】 产气荚膜梭菌能产生卵磷脂酶，在卵黄琼脂平板上，能将培养基中可溶性的磷脂酰胆碱分解生成磷酸胆碱和不溶性的二脂酰甘油酯，后者在菌落周围形成不透明区（有乳白色环），此为卵磷脂酶试验阳性。奈格尔试验是抗原抗体中和试验用产气荚膜梭菌抗血清，实际是卵磷脂酶抗血清（抗体）涂在琼脂上，由于抗原（卵磷脂酶）抗体中和反应，使菌落周围不形成不透明区，即无乳白色环，则为奈格尔试验阳性。这样可确证该菌能产生卵磷脂酶。

【实验器材】

1. 标本　产气荚膜梭菌。

2. 试剂 卵黄琼脂平板、产气荚膜梭菌抗血清。

3. 其他 接种环、厌氧箱。

【实验方法】

(1) 将卵黄琼脂平板底部划分两个区,琼脂的一半均匀涂上产气荚膜梭菌抗血清。

(2) 置37℃待干后,将待检细菌先在未涂抗血清区划线接种,然后在有血清区划线接种。

(3) 置37℃厌氧孵育24~48h,观察结果。

【实验结果】

(1) 未涂抗血清的一半平板,菌落周围形成较大的混浊不透明区,表示卵磷脂酶试验阳性。

(2) 涂抗血清的一侧,菌落周围无不透明区(无乳白色环),表示卵磷脂酶活性已被抗毒素所中和,为奈格尔试验阳性。

(3) 如两侧菌落周围均无不透明区,表示该菌不产生卵磷脂酶。

(4) 产气荚膜梭菌卵磷脂酶试验为阳性,破伤风梭菌、肉毒梭菌为阴性,以此来鉴别。

【注意事项】

(1) 产气荚膜梭菌容易形成芽孢,污染性较强,应在生物安全柜内接种。

(2) 产气荚膜梭菌抗血清要涂布均匀,否则结果不清晰。

(三) 产气荚膜梭菌动物实验

【实验目的】

(1) 掌握结核菌素实验的原理和方法。

(2) 掌握结核菌素实验的结果判定和应用。

【实验原理】 产气荚膜梭菌接种小白鼠腹腔后,可使小白鼠各脏器肿胀,并有许多气泡,尤以肝脏为甚,故又称为海绵肝或泡沫肝。

【实验器材】

1. 标本 产气荚膜梭菌。

2. 试剂 革兰染色液。

3. 其他 小白鼠、载玻片,接种环。

【实验方法】

(1) 将产气荚膜梭菌培养液0.2~1.0ml注射小白鼠腹腔,5min后断髓处死。

(2) 置37℃孵育5~8h,观察小白鼠腹腔是否膨胀有气肿现象。

(3) 然后解剖小白鼠,取内脏组织涂片镜检;观察各脏器,尤其是肝脏的变化。

【实验结果】

(1) 解剖可见各脏器肿胀,并有许多气泡,尤以肝脏为甚,称海绵肝或泡沫肝。

(2) 如果取内脏组织涂片,革兰染色、镜检,可见具有荚膜的革兰阳性梭菌。

【注意事项】

(1) 产气荚膜梭菌容易形成芽孢,污染性较强,应在生物安全柜内接种。

(2) 实验动物实验后一定要高压灭菌处理,否则传染性极强。

三、肉毒梭菌的检测

(一) 肉毒梭菌脂酶试验

【实验目的】

(1) 掌握肉毒梭菌脂酶试验的原理和方法。

(2) 掌握肉毒梭菌脂酶试验的结果判定。

【实验原理】 肉毒梭菌能产生脂酶,它作用于卵黄中游离脂肪,产生甘油和不溶性游高脂肪酸,在菌落的周围形成局限的不透明区,并于菌落表面产生一层珠光层。为一薄层脂肪酸,可与卵磷脂的分解产物(二酯酰甘油酯)区别。

【实验器材】

1. 标本 肉毒梭菌。

2. 试剂 卵黄平板。

3. 其他 接种环、厌氧箱。

【实验方法】

(1) 用接种环无菌将肉毒梭菌接种于卵黄平板。

(2) 置35℃厌氧孵育48～72h,观察结果。

【实验结果】

(1) 菌落表面有珠光层,菌落的周围有不透明区者为脂酶阳性。

(2) 各型肉毒梭菌(G型除外)脂酶试验阳性,破伤风与产气荚膜梭菌该试验为阴性。

【注意事项】 卵黄平板营养丰富,最好用间歇灭菌法配制。

(二) 肉毒梭菌动物试验

【实验目的】

(1) 掌握肉毒梭菌动物试验的原理和方法。

(2) 掌握肉毒梭菌动物试验的结果判定。

【实验原理】 肉毒梭菌培养液注入小白鼠腹腔后其毒素作用于颅脑神经核、外周神经肌接头以及自主神经末梢,使小白鼠出现四肢麻痹、呼吸困难、眼睑下垂、瞳孔散大、流涎,最后因心力衰竭或呼吸困难而死亡。

【实验器材】

1. 标本 肉毒梭菌。

2. 动物 小白鼠。

3. 其他 注射器、离心机,电磁炉。

【实验方法】

(1) 取培养5天的肉毒梭菌液体培养物,离心3000r/min,30min,取上清液经滤菌器除菌,取滤液做试验。

(2) 将动物分为三组,第1组取上述滤液0.5ml,注入小白鼠腹腔。第2组同法注入加热100℃ 30mm的滤液于第二只小白鼠,第3组小白鼠在注射肉毒梭菌多价抗毒素的同时再注射不加热的滤液。

【实验结果】

(1) 注射后1h(也有延至3～7天),第1组小白鼠出现四肢麻痹、呼吸困难、眼睑下垂、瞳孔散大、流涎等中毒症状,最后因心衰或呼吸困难而死亡。剖检,内脏可见明显充血,大量出血与血栓形成等。

(2) 第2、3组动物不发病,存活。

【注意事项】

(1) 肉毒毒素污染性强,一定注意无菌操作。

(2) 所有实验动物试验后均要高压灭菌,避免传染。

四、艰难梭菌家兔肠拌试验

【实验目的】

（1）掌握艰难梭菌家兔肠拌试验的原理和方法。

（2）掌握艰难梭菌家兔肠拌试验的结果判定。

【实验原理】 艰难梭菌的毒素注入家兔小肠后可使肠腔积有大量暗红色混浊液甚至坏死。

【实验器材】

1. 标本 艰难梭菌患者粪便标本。

2. 动物 家兔、生理盐水。

3. 其他 注射器、离心机、恒温箱。

【实验方法】

1. 准备标本滤液 用于毒性检测的腹泻粪便标本，先经1000r/min，10min离心沉淀后，取上清液过滤除菌。

2. 家兔肠拌试验 取断食两天的家兔，剖腹后取出小肠扎成四段，分别注入待测标本滤液；经56℃30min加热灭活的标本滤液；艰难梭菌抗毒素和标本滤液；生理盐水四种液体。

3. 其他 24h后再行剖腹、观察各肠段内的液体储积量。

【实验结果】 若只有注入未经任何处理的待测标本滤液的肠段内积有大量暗红色的混浊液；而其他肠段先变化者，判为阳性反应。

【注意事项】

（1）艰难梭菌易形成芽孢，试验时注意避免污染环境。

（2）家兔实验后必须高压灭菌，然后再丢弃。

五、脆弱类杆菌和产黑色素类杆菌检测

（一）脆弱类杆菌和产黑色素类杆菌明胶液化试验

【实验目的】

（1）掌握明胶液化试验的原理、方法和结果观察。

（2）鉴别脆弱类杆菌和产黑色素类杆菌。

【实验原理】 明胶是一种动物蛋白，能在20℃凝固，高于20℃时液化；某些细菌有明胶能使明胶分解为多肽和氨基酸，即不再凝固。

【实验器材】

1. 标本 脆弱类杆菌和产黑色素类杆菌。

2. 试剂 明胶培养基。

3. 其他 注射器、冰箱。

【实验方法】

（1）将脆弱类杆菌和产黑色素类杆菌分别接种于明胶管中，另外放一只未接种的明胶管对照。

（2）37℃ 2～5天孵育，取出置冰箱（4℃）中30 min后观察。仍不凝固者为阳性，凝固者为阴性；而对照管37℃时呈液化状态，4℃冰箱中应凝固。

【实验结果】

（1）30min后观察。仍不凝固者为阳性，凝固者为阴性；而对照管37℃时呈液化状态，4℃冰箱中应凝固。

(2) 脆弱类杆菌明胶液化试验为阴性,产黑色素类杆菌明胶液化试验为阳性。

【注意事项】 明胶液化试验要求严格掌握时间,结果才能准确。

(二) 脆弱类杆菌和产黑色素类杆菌七叶灵水解试验

【实验目的】

(1) 掌握七叶灵水解试验的原理、方法和结果观察。

(2) 鉴别脆弱类杆菌和产黑色素类杆菌。

【实验原理】 细菌产生七叶灵水解酶,能水解七叶灵(苷),产生七叶亭和葡萄糖,加入5g/L柠檬酸铁后,使铁结合在七叶亭的酚羟基上,生成棕黑色化合物。

【实验器材】

1. 标本 脆弱类杆菌、产黑色素类杆菌。

2. 试剂 0.2g/L七叶灵、微孔板。

3. 其他 注射器、紫外灯、恒温箱。

【实验方法】

(1) 将脆弱类杆菌和产黑色素类杆菌分别接种在含七叶灵柠檬酸铁的琼脂斜面上。

(2) 经24~48h厌氧培养。

【实验结果】

(1) 培养基变黑表示七叶灵已经水解,为阳性。

(2) 强脆弱类杆菌能水解七叶灵为阳性反应;产黑色素类杆菌一般不水解七叶灵为阴性反应。

【注意事项】 七叶灵枸橼酸铁培养基最好使用前配制,否则实验效果不佳。

(刘伯阳)

实验九 弧菌、弯曲菌和螺杆菌的检测

一、霍乱弧菌和副溶血性弧菌形态观察

【实验目的】 掌握霍乱弧菌和副溶血性弧菌形态。

【实验原理】 霍乱弧菌和副溶血性弧菌形态相近,排列有差异,注意区分。

【实验器材】

1. 菌种 霍乱弧菌和副溶血性弧菌。

2. 试剂 革兰染色染液。

3. 其他 接种环、载玻片、显微镜、酒精灯。

【实验方法】

(1) 霍乱弧菌和副溶血性弧菌涂片标本的制备,干燥后加热固定。

(2) 将制好的玻片革兰染色。

(3) 用油镜检查并记录结果。

【实验结果】

(1) 霍乱弧菌呈弧形或逗点状,排列似“鱼群”样,染色为革兰阴性。

(2) 副溶血性弧菌的形态呈弧形、棒状、卵圆形等多形性,排列不规则,散在或成对;为革兰阴性。

【注意事项】 霍乱弧菌传染性强，要避免污染。

二、霍乱弧菌与副溶血性弧菌的生化反应鉴别

【实验目的】

(1) 掌握霍乱弧菌与副溶血性弧菌的生化反应。

(2) 鉴别霍乱弧菌与副溶血性弧菌。

【实验原理】 霍乱弧菌与副溶血性弧菌形态相似，可以通过生化反应进行鉴别。

【实验器材】

1. 标本 霍乱弧菌与副溶血性弧菌。

2. 试剂 KIA 培养基、MIU 培养基、氧化酶培养基、蛋白胨水。

3. 其他 接种环、振荡器、试管架、酒精灯、恒温箱。

【实验方法】

(1) 将霍乱弧菌接种在 KIA、MIU 等培养基中，经 35℃孵育 18 ~ 24h 观察结果。

(2) 将副溶血性弧菌接种在 KIA、MIU 及各种蛋白胨水培养基中，经 35℃孵育 18h 观察结果。

【实验结果】

(1) 霍乱弧菌生化反应结果见表 5-9-1。

(2) 副溶血性弧菌生化反应结果见表 5-9-2。

表 5-9-1 霍乱弧菌生化反应

KIA				MIU			其他	
斜面	底层	产气	H_2S	动力	吲哚	脲酶	氧化酶	黏丝试验
-	+	-	-	+	+	-	+	+

表 5-9-2 副溶血性弧菌生化反应

KIA				MIU			蛋白胨水		
斜面	底层	产气	H_2S	动力	吲哚	脲酶	无	70g/L NaCl	100g/L NaCl
-	+	-	-	+	+	-	-	+	-

【注意事项】 霍乱弧菌传染性强，要避免污染。

三、霍乱弧菌霍乱红试验

【实验目的】 鉴别结核分枝杆菌与非结核分枝杆菌。

【实验原理】 霍乱弧菌含有色氨酸酶能分解色氨酸产生吲哚，同时也能还原硝酸盐为亚硝酸盐，亚硝酸盐与吲哚结合生成亚硝基吲哚；滴加浓硫酸后立即出现玫瑰红色，称霍乱红试验阳性。

【实验器材】

1. 菌种 霍乱弧菌。

2. 试剂 碱性蛋白胨水、浓硫酸。

3. 其他 接种环、试管架、酒精灯、恒温箱。

【实验方法】

(1) 将细菌接种于碱性蛋白胨水中，经 35℃孵育 18 ~ 24h。

(2) 在培养基中加入浓硫酸，混合后观察结果。

【实验结果】

(1) 呈红色者为阳性反应。

(2) 霍乱弧菌为霍乱红试验阳性,以此来鉴别霍乱弧菌。

【注意事项】

(1) 霍乱弧菌传染性强,要避免污染。

(2) 本试验主要区别霍乱弧菌和其他菌属,但弧菌属内特异性不强。

四、副溶血性弧菌神奈川现象试验

【实验目的】

(1) 掌握副溶血性弧菌神奈川现象试验的原理和方法。

(2) 掌握副溶血性弧菌神奈川现象试验的结果判定。

【实验原理】 副溶血性弧菌的致病菌株在含人血或兔血的琼脂平板上,产生β溶血环,称为神奈川现象。以此来鉴别致病性副溶血性弧菌与非致病性副溶血性弧菌。

【实验器材】

1. 标本 副溶血性弧菌。

2. 试剂 我妻血琼脂平板。

3. 其他 酒精灯、接种环、恒温箱。

【实验方法】

(1) 烘干平板表面,防止细菌蔓延生长。

(2) 用接种环刮取少量新鲜斜面培养物,接种于我妻血琼脂平板中央。

(3) 并用接种环平涂成约1cm直径的圆圈,置37℃经24~48h孵育后观察结果。

【实验结果】

(1) 神奈川现象阳性者,在涂菌的周围可见到溶血环。

(2) 副溶血性弧菌神奈川现象阳性。

【注意事项】 副溶血弧菌易扩散生长,避免污染环境。

五、胃黏膜幽门螺杆菌的分离、鉴定

【实验目的】

(1) 掌握幽门螺杆菌的形态。

(2) 掌握幽门螺杆菌的分离、鉴别方法。

【实验原理】 幽门螺杆菌是非自身免疫性慢性胃炎的致病菌,该菌与消化性溃疡、特别是十二指肠溃疡有密切关系。幽门螺杆菌为革兰阴性菌,弯曲为“C”、“S”形或海鸥形,生化反应活跃,可与其他菌鉴别。

【实验器材】

1. 标本 胃溃疡患者新鲜胃窦黏膜标本。

2. 试剂 含7%羊血的心脑选择琼脂平板、过氧化氢酶、氧化酶、脲酶试剂、硝酸盐还原试剂、尿素琼脂。

3. 其他 接种环、酒精灯、恒温箱、显微镜、载玻片。

【实验方法】

(1) 用镊子夹取胃黏膜标本接种在7%羊血的心脑选择琼脂平板中,培养基中加入磺胺甲噁唑5mg/L、万古霉素10mg/L、多黏菌素B 2500U/L,来抑制其他细菌的生长。

(2) 35℃微需氧培养3天。

(3) 生化反应鉴定

1) 脲酶试验:取待检菌一满环接种于尿素琼脂表面划线接种,置35℃孵育18~24h观察结果。

2) 快速脲酶试验:取微量反应板一块,每孔加入脲酶试剂50μl,将幽门螺杆菌菌落加入孔内、用透明胶带将孔口封闭,置37℃孵育,观察试剂颜色变化。

3) 氧化酶试验:用滤纸条蘸取待检菌落,滴加氧化酶试剂2~3滴于菌落上,5~10s内观察结果。

4) 过氧化氢酶试验:取待检菌放于玻片上,滴加过氧化氢数滴,30s内观察结果。

5) 硝酸盐还原试验:取待检菌接种到硝酸盐琼脂平面上,35℃微需氧培养3天,加入硝酸盐还原试剂,30s后观察结果。

【实验结果】

1. 涂片镜检 镜下可见幽门螺杆菌为革兰阴性菌,弯曲为"C"、"S"形或海鸥形,常聚集成堆排列。

2. 菌落特点 典型菌落呈针尖状、圆形、光滑、透明无色、边缘整齐、凸起的菌落。

3. 脲酶试验 若水解尿素培养基呈现红色反应;未水解尿素者培养基为黄色。24h内呈红色反应者为阳性,幽门螺杆菌脲酶试验阳性。

4. 快速脲酶试验 24h内若由正常的淡黄色变为粉红色,即为阳性,表示有幽门螺杆菌感染;若无变化为阴性。

5. 氧化酶试验 菌落呈深紫色为阳性,否则为阴性。

6. 过氧化氢酶试验 出现气泡为阳性,否则为阴性。

7. 硝酸盐还原试验 变红色为阳性,否则为阴性。

【注意事项】 阳性反应变化时间与接种菌种和菌量有关,有时几秒钟内即可以出现结果,最好随时观察。

(李建蓉)

实验十 其他微生物的检测

镀银染色

【实验目的】 掌握螺旋体的镀银染色检查法。

【实验原理】 寄生于人类口腔的螺旋体以奋森螺旋体为常见。该螺旋体一般不致病。一定条件下可与寄居在口腔的梭杆菌协同引起咽喉炎、齿龈炎、溃疡性口腔炎等疾病。

该螺旋体都属于小螺旋体科,形态纤细,折光性强,未经染色时不易查见,革兰染色呈阴性,但不易着色,常用冯泰纳镀银染色法检查。

【实验器材】 生理盐水,固定液,媒染剂,硝酸银染液。

【实验方法】

(1) 取玻片加生理盐水1滴于中央,用牙签取牙垢少许与盐水均匀作一涂片。

(2) 待涂片干燥后滴加固定液,固定1~2min后水洗。

(3) 滴加媒染剂,加温至有蒸汽出现,作用30s,水冲洗。

(4) 加硝酸银染液,微加温,约30s,水冲洗,待干后镜检。

【实验结果】 镜下牙垢中螺旋体呈棕褐色或黑褐色,有3~10个稀疏不规则的螺旋,呈波状。属疏螺旋体(奋森螺旋体)。

(姚淑娟)

实验十一　真菌与放线菌的检测

一、浅部真菌的检测

浅部真菌是指主要侵犯皮肤、毛发和指(趾)甲,引起癣病的真菌,也称皮肤丝状菌。有毛癣菌属、小孢子菌属和表皮癣菌属等3个属约37种。

(一) 浅部真菌感染标本的显微镜检查

【实验目的】

(1) 掌握浅部真菌感染标本直接检查的制片技术。

(2) 熟悉浅部真菌感染标本不染色检查法及乳酸酚棉蓝染色法。

【实验原理】　对疑为浅部真菌感染的标本,进行涂片检查,可直接观察到真菌的结构——菌丝和孢子,可以直接迅速地确定是否为真菌感染,但除少数真菌外,不能确定真菌的菌种。

【实验器材】

1. 标本　患者的甲屑、皮屑或毛发。

2. 试剂　10% KOH、乳酸酚棉蓝染液。

3. 其他　小镊子、盖玻片、载玻片、普通光学显微镜。

【实验方法】

1. 不染色标本的检查

(1) 制片:用小镊子取少许甲屑、皮屑或病发,置于载玻片中央,1～2滴10% KOH溶液。稍待片刻,加盖玻片,将载玻片放在火焰上方微加热,使组织或角质软化溶解,但切勿过热以免产生气泡或烤干;也可将盖片稍加按压,使溶解的组织分散并使其透明,吸去周围溢液避免玷污盖玻片。

(2) 镜检:先用低倍镜观察有无真菌菌丝或孢子,再用高倍镜观察菌丝、孢子的特征。镜检时光线应稍弱,使视野稍暗为宜。低倍镜下,菌丝折光性较强、并可见分支丝状体,高倍镜下,菌丝分隔,有时菌丝末端有较短粗关节孢子。

2. 乳酸酚棉蓝染色法　取洁净玻片1张,滴加一滴染液,将皮屑标本放于染色液中,加上盖玻片(加热或不加热)后镜检。结果真菌染成蓝色。

(二) 毛发穿孔试验

【实验目的】　了解毛发穿孔试验的方法及用途。

【实验原理】　某些皮肤癣菌通过特殊的菌丝附属器——穿孔器官而使毛发穿孔,而另一些菌种则不见此穿孔器官,可用于某些菌种的鉴定。本试验常用于石膏样毛癣菌和红色毛癣菌的鉴别,前者阳性,后者阴性。

【实验器材】

1. 菌种　石膏样毛癣菌、红色毛癣菌。

2. 培养基　10% 酵母浸膏水溶液。

3. 正常毛发　剪成1cm长,高压121℃10min灭菌处理。

【实验方法】

(1) 将灭菌毛发置于10% 酵母浸膏水溶液管内,然后分别接种石膏样毛癣菌和红色毛癣菌。

(2) 每周后取出毛发置显微镜下观察,连续4周。

【结果分析】 石膏样毛癣菌使毛发有裂口或凹陷,为毛发穿孔试验阳性;红色毛癣菌不能使毛发穿孔,为毛发穿孔试验阴性。

二、深部真菌的检测

深部真菌是指侵犯人体深部组织和内脏以及能引起全身性感染的真菌。多数能引起慢性肉芽肿样炎症、溃疡和坏死等病变,如新生隐球菌、组织胞浆菌等。近来,由于广谱抗生素、激素等大量应用,条件致病性的白假丝酵母病等比以往有所增加。

(一) 新生隐球菌墨汁负染色法

新生隐球菌是隐球菌病的病原体。该菌在自然界中以腐物寄生性广泛存在,当人体抵抗力低下时,可乘机侵入人体而致病。本菌可以侵犯皮肤、黏膜、淋巴结、骨、中枢神经和内脏各器官,从而引起不同的临床类型,但随病情发展,最终侵犯中枢神经系统。

【实验目的】 掌握墨汁压片负染色法的操作方法。

【实验原理】 新生隐球菌为单细胞酵母菌,菌体周围有宽厚荚膜,折光性强,一般染色法不易着色而难以发现。常采用墨汁负染色法,在黑色背景下可镜检到透亮菌体和宽厚荚膜。

【实验器材】

1. 菌种 新生隐球菌。

2. 试剂 优质墨汁。

3. 其他 载玻片、盖玻片、镊子、普通光学显微镜。

【实验方法】

(1) 用接种环取培养菌液(或少量的固体培养物混悬于一滴生理盐水)2~3环,与一滴墨汁在载玻片上混合。

(2) 用镊子夹好盖玻片,覆盖于菌液上,注意先将盖玻片一边接触菌液缓缓斜放下,使其不产生气泡。

(3) 先以低倍镜找好位置,再在高倍镜下观察有荚膜的菌细胞及芽生孢子。

【实验结果】 新生隐球菌为圆形或卵圆形,有芽生孢子,细胞外有一层胶质样荚膜,一般厚度与菌体相等。菌体和荚膜不着色、透亮,背景为黑色。

【注意事项】

(1) 掌握好墨汁浓度,过浓不易观察,过淡荚膜衬托不出。

(2) 掌握好菌液浓度,过浓菌体堆积不易看清结构,过淡寻找费时。

(3) 液体不要太多,以免加盖玻片时外溢造成污染。

(二) 白假丝酵母菌芽管和厚膜孢子形成试验

白假丝酵母菌为条件致病性真菌,本菌可引起皮肤、黏膜和内脏念珠菌病。此外,尚可引起念珠菌性肉芽肿和慢性黏膜皮肤念珠菌病。

【实验目的】 掌握芽管形成及厚膜孢子形成试验的方法。

【实验原理】 白假丝酵母菌在动物血清中孢子伸长,形成芽管,借此可鉴定酵母样真菌。玉米琼脂加Tween-80,可降低培养基的表面张力,很适宜于酵母样真菌的菌丝和芽生孢子的生长,白假丝酵母菌在此培养基上能产生厚壁孢子,借此可以鉴定。

【实验器材】

1. 菌种 白假丝酵母菌。

2. 培养基 玉米粉 Tween-80 琼脂平板。

3. 试剂 动物或正常人血清。

4. 其他 接种环、载玻片、盖玻片、小镊子等。

【实验方法】

1. 芽管形成试验 用无菌小试管,加动物(兔、牛、羊)或正常人血清 0.2～0.5ml,接种少量被检菌,充分振荡混合数分钟后,置37℃恒温箱中孵育,每隔1h用接种环取一环含菌血清,置于载玻片上,加上盖玻片镜检,共检查3次。

2. 厚膜孢子形成试验 将白假丝酵母菌接种于玉米粉 Tween-80 琼脂平板中,置室温孵育(以25℃左右为宜,不得超过28℃)。经24～48h后,将菌落连同周围培养基割下一小块置于载玻片上,再以盖玻片压平,于高倍镜或低倍镜进行检查。

【实验结果】

1. 芽管形成试验 可见白假丝酵母可由孢子长出短小的芽管。

2. 厚膜孢子形成试验 可见白假丝酵母菌形成较多壁厚、圆形的厚膜孢子,多形成在假菌丝的顶端。

【注意事项】

(1) 如无玉米粉可用米汤或芋头培养基,所形成的厚膜孢子不亚于玉米粉培养基。

(2) 形成厚膜孢子的温度以25℃最佳。

(3) Tween-80 的作用是使假菌丝及厚膜孢子均匀分散生长而不纠缠成团,并促进孢子的形成。

(4) 芽管形成检查时间不得超过3h,因3h后可生长假菌丝。

(5) 芽管形成试验所用菌种应来自沙保葡萄糖琼脂培养基、菌龄为24～48h,接种菌量约为10^6/ml。

(6) 芽管形成试验需用已知阳性白假丝酵母菌作对照,因为血清内可能含有芽管形成抑制物质。

三、放线菌的检测

放线菌广泛存在于土壤中,大多数为腐物寄生菌,有一部分可产生抗生素,少数对人致病,可引起面颈部、肺部坏死与脓肿等。

【实验目的】 了解放线菌硫磺颗粒检查法及培养方法。

【实验原理】 放线菌在患者病灶组织和瘘管流出的脓样分泌物中,常形成肉眼可见的黄色小颗粒,称为硫磺颗粒。放线菌的检查,最简便的方法是检查标本中的硫磺样颗粒,并以压片镜检与培养检查作进一步的诊断。

【实验器材】

1. 标本 患者局部病灶、窦腔、瘘管的脓汁、痰或活检组织。

2. 试剂 HE 染色液、革兰染色液。

3. 培养基 葡萄糖巯基乙酸盐培养基/脑心浸液血液琼脂平板。

4. 其他 载玻片、盖玻片、显微镜。

【实验方法】 将脓汁、痰、渗出液等标本置于平皿内,仔细寻找硫磺样颗粒,颗粒质地较硬,一般肉眼刚可查见,直径为0.2～2mm,呈黄色或褐色颗粒;星型诺卡放线菌亦有呈红色或黑色的色素颗粒。

1. 压片检查 将“硫磺样颗粒”置于玻片上,加一滴水或5%～10% NaOH,加盖玻片轻轻压平后以高倍镜观察,可见中心向四周散出放射状棒状体,形如“菊花”。用革兰染色颗粒中央部呈革兰染色阳性,周围长丝末端大部分阴性;切片用 HE 染色,中央呈紫色,而末端膨大,大部分为红色。如无颗粒,涂片进行革兰染色,若为革兰染色阳性分枝杆菌和纤细丝状,则有可能为放线菌。

2. 培养 将标本接种在葡萄糖巯基乙酸盐培养基中,或划线接种在脑心浸液血液琼脂平板上,在 37℃、5% CO_2 下厌氧培养 2 ~ 14 天。在葡萄糖巯基乙酸盐培养基中,菌在底部生长或绒毛样菌球。在脑心浸液血液琼脂平板上,18 ~ 48h 可呈小菌落,7 ~ 14 天长成成熟菌落,不溶血,可取培养物作形态学特征观察。

3. 生化反应

(1) 过氧化氢酶(触媒)试验:挑取固体培养基上放线菌菌落 1 接种环,置于洁净试管内,滴加临时配制的 3% 过氧化氢溶液 2ml,立即观察结果。放线菌过氧化氢酶(触媒)试验阴性。

(2) 将典型菌落接种葡萄糖、木糖、棉子糖及甘露醇、硝酸盐、明胶、甲基红、VP 和硫化氢液体生化反应培养基,18 ~ 24h 后观察结果。分解葡萄糖、木糖、棉子糖及甘露醇产酸不产气,大部分能还原硝酸盐,明胶液体试验阴性或阳性、甲基红试验阳性或阴性、VP 和硫化氢试验均为阴性。

(姚淑娟)

实验十二　病毒的培养

病毒与细菌不同,它完全缺乏细胞器等必要装置,不能单独进行物质代谢,必须在易感染的活细胞中寄生,由宿主细胞供给其合成的原料、能量与场所才能增殖。

常于用于病毒培养的方法有易感动物、鸡胚与组织(细胞)培养三种方法。目前组织(细胞)培养法已大为发展,应用很大,因此前二法较少应用。

一、动物接种法

【实验目的】 熟悉实验动物的接种、剖检的方法。

【实验原理】 动物试验法是分离培养病毒最早应用的方法,根据病毒的组织亲嗜性,选择对其敏感的动物以合适的途径接种。观察动物的发病情况,并进一步分离鉴定病毒。

【实验器材】 一次性注射器、家兔、小白鼠、豚鼠、酒精灯、火柴等。

【实验方法】

1. 小白鼠皮下注射 作小白鼠皮下注射接种,以右手捏取鼠尾,然后用左手的拇指和食指捏住其两耳及其头颈部皮肤使其翻转,背部皮肤固定于左手中指、无名指及拇指基础之间,以小指压住其尾根,小白鼠即仰卧固定于左手上。右手操作局部消毒,注射器针头稍微挑起皮肤插入皮下,注入时见有水疱微微隆起即表示注入皮下。拔出针头时用消毒棉球按住针孔并稍加按摩。

2. 皮内接种 豚鼠的皮内接种时,需助手帮助固定动物。接种时,术者以左手拇指及食指夹起皮肤,右手持注射器,针头要很细,针头插入拇指与食指之间的皮肤内,针头插入不宜过深,同时针头插入角度要小,即与夹起的皮肤平行,注射时感到有阻力且注射完毕后皮肤上有小硬疱即为注入皮内的表现。皮内接种要慢,否则容易使皮肤胀裂或针孔流出注射物而播散传染。

3. 腹腔内接种 小白鼠作腹腔接种,宜采取仰卧固定。接种时,其后腿应稍抬高使其内脏倾向前腔,接种部位在腹后侧面,针头先插入皮下,后进入腹腔,注射时应无阻力,注射后皮肤应无疱隆起。其余术式同于皮下接种法。

4. 脑内接种 做病毒学实验研究时,有时用脑内接种法,通常多用小白鼠,特别是乳鼠(1 ~

3 日龄）。接种时，通常使小白鼠以乙醚作轻度麻醉，用碘酒消毒其颅部皮毛再以乙醇溶液棉球拭去碘液，用 1ml 结核菌属注射器，以最小号针头吸取接种物，于两耳根连接线中点略偏左（或右）处，经皮肤及颅骨稍向后下刺入少许即可，注射完毕拔出针头，以棉球压住针孔片刻，接种乳鼠时一般不麻醉，不用碘酒。

【实验结果】 实验动物经接种后而死去，应对其尸体进行剖检，以观察其病变情况，并可取材保存或进一步作微生物学、病理学、寄生虫学、毒物学等的检查。

(1) 先用右眼观察动物体表的情况，并留心观察接种部位有无变化。

(2) 将动物尸体仰卧固定于解剖板上，充分露出胸腹部。

(3) 用 3% 来苏儿液、乙醇溶液、碘酒浸擦尸体的颈胸腹部的皮毛。

(4) 用无菌剪刀自其颈部至耻骨部切开皮肤，并将四肢腋窝处皮肤剪开，剥离胸腹部皮肤使其尽量翻向外侧，注意皮下组织有无出血、水肿等病变，观察腋下、腹股沟淋巴结有无病变。

(5) 用毛细吸管或注射器穿过腹壁及腹膜吸取腹腔渗出液，供直接培养或涂片检查。

(6) 另换一套灭菌刀剪开腹部，观察肝脾及肠系膜淋巴结等有无变化，此时可采取肝、脾、肾等实质各一小块放在灭菌平皿中，以备培养及直接涂片检查。然后剪开胸腔，观察心肺有无病变。若作心血培养时，可在心包膜处用无菌毛细吸管或注射器抽吸心血直接培养或作涂片。

(7) 必要时取脑组织作检查。

【注意事项】

(1) 如欲作组织切片检查，则各种组织小块应置于 10% 甲醛溶液中使固定。

(2) 经剖检后的动物尸体应妥善处理，以免散播传染，最好火化、高压灭菌或者深埋。若是小白鼠尸体，亦可浸泡于 3% 来苏儿液中杀菌，然后倒于深坑中，令其自然腐化。

二、鸡胚培养法

鸡胚的组织分化程度低，可选择适当接种途径，病毒易于繁殖，感染。实验室常用的鸡胚接种法有尿囊接种、绒毛尿囊膜接种、卵黄囊接种及羊膜腔接种。按各类病毒在鸡胚中的适宜生长部位选用适当方法接种。

【实验目的】 掌握能用鸡胚分离培养的病毒种类及四种常用的鸡胚接种途径。

【实验原理】 鸡胚和实验动物一样，为正常发育中的机体，有神经血管的分布及脏器的结构。鸡胚来源充足，操作简便，通常是无菌的，对接种的病毒不产生抗体。对某些呼吸道病毒如正黏病毒、副黏病毒、痘类病毒、疱疹病毒和某些脑炎病毒很敏感，可用来从患者材料中分离上述病毒。

【实验器材】

(1) 来享鸡受精卵、卵架、检卵灯。

(2) 碘酒、乙醇消毒棉球。

(3) 灭菌的手术刀、镊子、剪刀。

(4) 1ml 注射器及针头。

(5) 病毒液：流感病毒、乙型脑炎病毒、单纯疱疹病毒。

(6) 石蜡、透明胶纸。

【实验方法】

1. 鸡胚的准备 选择表面光泽干净，最好是白色蛋皮的受精卵，放入 38～39℃ 孵卵器内孵育，相对湿度 40%～70%。孵育 3 天后，需每日翻动鸡胚 1 次。第 4 天起，用检卵灯观察鸡胚发育情况，未受精卵只见模糊的卵黄黑影，应予淘汰，受精卵可看到清晰的血管和鸡胚的暗影，随着转动鸡胚可见胚影活动。随后每天观察 1 次，若出现胚动呆滞或胚影固定于卵壳，或血管昏暗模糊者，说明鸡胚将要死亡或已死亡，需随时淘汰。生长良好的鸡胚一直孵育到适当的胚龄。

2. 接种方法

（1）尿囊腔接种法

1）取 9 ~ 11 日龄鸡胚，在检卵灯下画出气室界限、于胚胎面与气室交界的边缘上约 1mm 处或在胚胎的对侧处，避开血管作一标记，作为注射点。

2）用碘酒、乙醇溶液消毒后，用无菌刀尖在记号处打一小孔。

3）用无菌注射器吸取流行性感冒病毒悬液，从小孔处刺入 5mm，注入病毒液 0. 1 ~ 0. 2ml（图 5-12-1）。

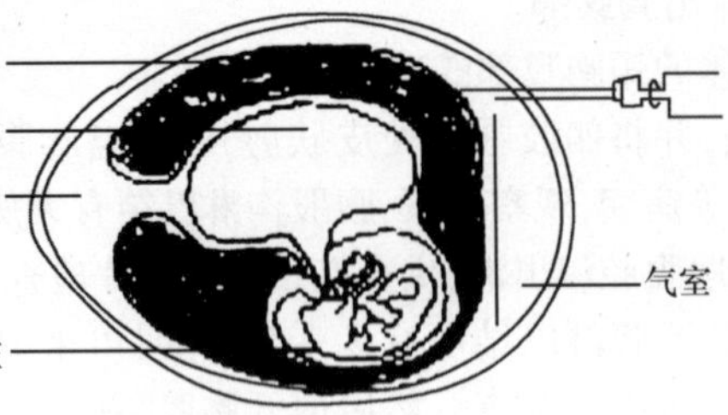

图 5-12-1　尿囊腔接种法

4）用透明胶带封闭注射孔，蜡笔标记号码及日期等，放卵架上置 33 ~ 35℃孵箱孵育，日检视鸡胚的死活，如果鸡胚在 24h 内死亡者为非特异死亡，弃之。

5）孵育 48 ~ 72h 取出，放 4℃冰箱过夜。

6）次日取出鸡胚，消毒气室部位卵壳，用无菌剪刀沿气室线上缘剪去卵壳，用无菌镊撕去卵膜。

7）用无菌毛细吸管吸取尿囊液，收集于无菌试管内。用血凝试验检测有无病毒。

（2）卵黄囊接种法

1）取 6 ~ 8 日龄鸡胚，于检卵灯下画出气室及胚胎位置，垂直放于蛋架上，气室端向上。

2）碘酒、乙醇溶液消毒卵顶部气室中央，用无菌刀尖锥一小孔。

3）用装有 12 号长针头的 1ml 注射器吸取乙型脑炎病毒液，自小孔刺入，对准胚胎对侧，垂直接种于卵黄囊内，深度为 35mm 左右，注入病毒液 0. 2 ~ 0. 5ml，退出注射器。

4）透明胶带封口，置 37℃孵育，每天检卵并翻动 2 次。

5）取孵育 24h 以上濒死的鸡胚，无菌技术于气室端开窗，用镊子提起卵黄囊蒂，挤出卵黄囊液，用无菌生理盐水洗去卵黄囊上的卵黄囊液后，将囊置于无菌平皿内，低温保存、备用。

（3）绒毛尿囊膜接种法

1）取 12 日龄鸡胚，于检卵灯下标记胚胎位置及大血管处。

2）碘酒，乙醇溶液消毒附近无大血管走行的卵壳处，用小锯片在其上锯一个三角形窗，同时用无菌刀尖在气室顶部锥一小孔。

3）用针头挑去三角形窗之卵壳，勿伤及卵壳膜，滴加灭菌生理盐水 1 滴于壳膜上。

4）用橡皮吸帽从气室小孔吸气，可见盐水被吸下。绒毛尿囊膜下沉，去壳膜后可见壳膜与尿囊膜之间形成人工气室。

5）用注射器吸取 0. 2 ~ 0. 5ml 2 型单纯疱疹病毒液滴于绒毛尿囊膜上，用透明胶带封口（图 5-12-2）。置孵箱 37C 孵育 4 ~ 5 天后收获。

6）剪开气室，若接种效果成功，可在绒毛尿囊膜上见到明显疹斑，用无菌剪刀剪下此膜，置于无菌平皿内，低温保存、备用。

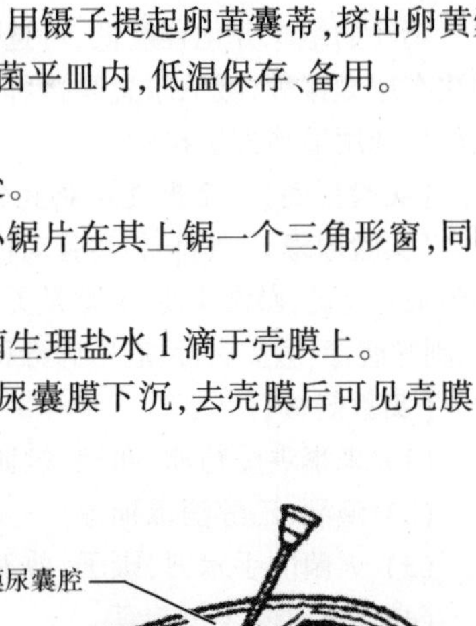

图 5-12-2　绒毛尿囊膜接种法

（4）羊水囊接种法

1）取 12 日龄鸡胚，在检卵灯下画出气室及胚胎位置。

2）碘酒、乙醇溶液消毒气室部卵壳，在气室顶开方形窗，选择无大血管处，用无菌镊子快速刺破绒毛尿囊膜进入尿囊后，再夹起羊膜，轻轻将其从绒毛尿囊膜破裂处拉出，以 1ml 注射器刺破羊膜，注入病毒液0.1～0.2ml。

3）用镊子将羊膜轻轻送回原位，用透明胶带封闭气室端开窗，置孵箱37℃孵育3～5天。

4）收获时，先消毒气室部，剪去壳膜及绒毛尿囊膜，吸弃尿囊液，夹起羊膜，用细头毛细吸管刺入羊膜腔内吸取羊水，收集于无菌小瓶内冷藏、备用。

三、细胞培养法

细胞培养法是目前培养病毒应用最广的一种方法，其优点是：经济适用，结果正确敏感，较实验动物易控制和管理。多种病毒可在其中繁殖，细胞培养方法不受抗体等其他因素的影响。可用于病毒的分离，对某些能致细胞病变病毒更可进行鉴定及测定中和抗体。细胞培养亦用于制备血清学试验的抗原和疫苗等生物制品。实验室常用的细胞有原代细胞如鸡胚单层细胞、人胚肾及猴肾细胞；传代细胞如Hela细胞及二倍体细胞等。

【实验目的】

（1）熟悉原代单层细胞培养过程，病毒感染细胞后的细胞病变效应。

（2）熟悉传代细胞的培养与传代技术。

【实验原理】 组织培养法是用离体活的器官、组织或细胞来培养病毒。它是在体外培养单个细胞或单一性细胞群，并表现一定组织特性的培养方法。

【实验器材】

1. 毒种 水泡性口炎病毒，约10^6TCID$_{50}$/ml。

2. 培养基 孵育9～11日龄鸡胚、Hela细胞，细胞生长液（含5%～10%小牛血清及100U/ml双抗的Eagle液或RPMI-1640液），细胞维持液（无血清Eagle液或含2%小牛血清的RPMI-1640液）。

3. 试剂 2.5g/L胰酶，青、链霉素（双抗），5.6% $NaHCO_3$、Hank's液、无菌蒸馏水。

4. 其他 培养瓶、培养平皿、96孔培养板、无菌剪刀、镊子、100目不锈钢网、各种无菌吸管、滴管、无菌小试管、试管架、水浴箱、CO_2孵箱、倒置显微镜。

【实验方法】

1. 鸡胚单层细胞培养

（1）取胚：收9～11日龄鸡胚放于蛋架上，用碘酒、乙醇溶液消毒气室部，用剪刀剪除气室部卵壳，用无菌弯头镊轻轻取出鸡胚于无菌平皿。

（2）去除鸡胚的头、爪、内脏及骨骼，用Hank's液洗3次，以去除残存血液，然后将鸡胚组织移入小三角烧瓶内，用眼科剪在瓶口处将胚组织剪成1mm^{3}大小组织块，用含有双抗的Hank's液洗2次。

（3）胰酶消化：将洗液上清吸弃，根据下沉的鸡胚组织块量的多少，加入5倍量的2.5g/L胰酶溶液（每个鸡胚约需加胰酶10～15ml），塞好瓶口，置37℃水浴箱消化15～30min，视其组织块聚合成一团，表面呈绒毛状，吸弃胰酶，用冷Hank's液轻洗1～3次，以去除残存的胰酶。

（4）分散细胞：吸净Hank's液后，加入10ml不含血清的营养液，用大口吸管反复吹打细胞悬液（30～50次），使细胞充分分散，将细胞悬液通过不锈钢碲网，补加1ml（10%）小牛血清。

（5）细胞计数：吸取0.1ml细胞悬液与0.8ml Hank's液0.1ml（0.4%）台盼蓝染液混匀于小试管中，取少许滴入血细胞计算盘内，按白细胞计数法数出4个大方格内活细胞（未染蓝色的）总数，用下列公式计算每毫升细胞数。

细胞数/ml＝4大方格细胞总数/4×10000×稀释倍数（10）

（6）细胞分装培养：经台盼蓝拒染试验证明活细胞必须在90%以上，方可分装。根据细胞计数用生长液将细胞浓度调至(3 ~ 5) ×10^5 个/ml,分装于培养瓶内。平放于 5% CO_2 孵箱内 37℃孵育,一般 4h 可使细胞贴壁,2 ~ 3 天后可于倒置显微镜下看到成片的单层成纤维样细胞。

2. 水泡性口炎病毒在细胞上的感染性测定

(1) 制备细胞

1) 如前法,经消化分散好的鸡胚细胞悬液,用生长液调整至细胞浓度为 3×10^5/ml。

2) 预先将 96 孔培养板设计好,并做好标记。用微量移液器将细胞悬液加入微孔中,每孔 100μl。将培养板置于 37℃、5% CO_2 孵箱中孵育 18 ~ 24h,使细胞长成单层细胞。

(2) 50% 组织细胞感染量($TCID_{50}$)测定

1) 稀释病毒液:取无菌小试管 10 支,各管分别加含 2% 小牛血清的维持液 2.7ml,然后向第 1 管加 VSV 病毒液 0.3ml,反复混合 3 次,再换一新吸管,从第 1 管内吸液 0.3ml 加入第 2 管内,反复混合 3 次,再换一新吸管,从第 2 管吸液 0.3m 加入第 3 管内,反复混合 3 次。以此类推将待测的 VSV 病毒液作连续 10 倍稀释,使病毒稀释度为 10^{-1}、10^{-2}、10^{-3}、…、10^{-10} 等。

2) 病毒接种:将长好单层细胞的培养板各孔培养液全部倾弃,用微量移液器把各稀释度的 VSV 病毒液从低浓度开始,依次加入各微孔中,每稀释度平行加 4 孔,每孔 100μl。细胞对照孔不加病毒液,只加维持液。置 37℃,5% CO_2 孵箱中孵育。

3) 观察结果:于孵育后 18h、24h、36h、96h 在倒置显微镜下观察细胞病变效应(CPE),病毒可引起细胞圆缩、堆聚及脱落现象,在通观整个"单层区"权衡总的情况,以发生 CPE 细胞比例表示其程度,并以下列符号记录结果。

-:无 CPE。+:1/4 以下的细胞有 CPE。++:1/2 的细胞有 CPE。+++:1/2 ~ 3/4 的细胞有 CPE。++++:3/4 以上的细胞有 CPE。

3. Hela 细胞传代培养法

(1) 选生长良好的 Hela 细胞一瓶,轻轻摇动使细胞表面的碎片等浮起,连同生长液一起倒入废液瓶内,再用 Hank's 液洗涤一次。

(2) 从无细胞面一侧加入适量(能覆盖细胞面)的 2.5g/L 胰蛋白酶溶液,翻转培养瓶,使消化液浸没细胞 1min 左右,再翻转培养瓶使细胞层向上,让残存胰酶继续作用 5 ~ 10min,至肉眼能看到细胞面出现布纹状网孔为止。

(3) 倒掉胰酶,沿细胞面加入原培养该 2 倍量不含小牛血清的营养液洗下细胞,并用吸管用力吹打数次,吹打被消化的细胞,使其脱壁、分散,成为均匀的细胞悬液,补加 10% 的小牛血清,按 1 传 2 分袋培养瓶。

(4) 将培养瓶平放于 37℃,5% CO_2 孵箱内培养,于分装后 30min 细胞便可贴壁,于 48h 可换生长液 1 次,一般 3 ~ 4 天可形成单层。形成单层细胞后,换维持液供感染病毒等试验用。

四、病毒数量与感染性的测定

(一) 50% 组织细胞感染量($TCID_{50}$)试验

【实验目的】 了解 $TCID_{50}$ 的测定。

【实验原理】 50% 组织细胞感染量(50% tissue culture lnfecilon dose,$TCID_{50}$)是测定病毒感染鸡胚、动物或细胞后,引起 50% 发生死亡或病变的最小量。此法只估计病毒感染性的强弱和含量,不能准确测定感染性病毒颗粒的多少。

【实验器材】

(1) 待测病毒液:柯萨奇病毒 B 组 3 型(CBV3)。

(2) Hela 细胞。

(3) 2% FCEMEM 或 RPMI-1640 维持液。

(4) 经紫外线照射 2h 的 40 孔塑料组织培养板及微量加样器、吸管、试管等。

【实验方法】

(1) 选择培养:20 ~ 48h 生长旺盛、成层良好的 Hela 细胞一瓶。倾弃生长液,加入 0.02% EDTA 10ml,37℃消化 10 ~ 15min,弃去消化液,用含 10% FCSMEM 或 RPMI-1640 生长液分散细胞,使细胞悬液浓度为 40 万/ml。用微量加样器将细胞悬液加入无菌塑料培养板微孔中,每孔 0.1ml。

(2) 将培养板置于 5% CO_2 温箱中 37℃培养 12 ~ 18h,使细胞长成单层。

(3) 将待测病毒液在试管内用 2% FCS MEM 或 RPMI-1640 维持液作 10 倍系列稀释使病毒液浓度分别为 10^{-1}、10^{-2}、10^{-3}、…、10^{-10}。

(4) 弃去培养板中生长液,各细胞孔用 Hank's 液洗涤二次,每孔加入不同稀释度的病毒液 0.1ml,每个稀释度 4 个孔。4 个对照孔加入维持液 0.1ml,37℃吸附 1h,然后往各孔加入维持液 0.1ml,轻轻摇匀,37℃ 5% CO_2 下静止培养。逐日观察细胞病变,连续观察 3 ~ 7 天,以"++"细胞病变判定为阳性病变孔,计算 $TCID_{50}$。

【实验结果】 整理 7 天观察记录,按 Reed-Muench 法计算病毒能致半数细胞培养孔产生细胞病变的最高稀释度,即该病毒的 $TCID_{50}$。举例计算如表 5-12-1。

表 5-12-1　用 Reed-Muench 法计算病毒 $TCID_{50}$ 举例

病毒稀释度	细胞病变 病变孔数接种孔数	累积孔数		病变细胞孔	
		有病变	无病变	比例	%
10^{-4}	4/4	9	0	9/9	100
10^{-5}	3/4	5	1	5/6	83
10^{-6}	2/4	2	3	2/5	40
10^{-7}	0/4	0	7	0/7	0

(二) 空(蚀)斑形成试验

【实验目的】 了解病毒感染性测定的方法。

【实验原理】 蚀斑形成试验是目前测定病毒感染性最精确的方法。将适当浓度的病毒悬液加入致密的单层细胞培养中,使病毒吸附,再覆盖一层融化的琼脂,病毒在细胞内复制后,可产生一个局限的感染灶,此即蚀斑,用中性红染活细胞,可见未染上颜色的空虫斑是由一个感染性病毒体复制产生的。类似细菌的菌落,称为蚀斑形成单位(plaqueforming unit,PFU),亦即一个空斑就相当于一个病毒体。病毒悬液中含有的感染性病毒量以每毫升能形成的空斑形成单位来表示,即 PFU/ml。

【实验器材】

(1) 待测病毒液:柯萨奇病毒 B 组 3 型(CBV3)。

(2) Hela 细胞。

(3) 2% FCS MEM 或 RPMI-1640 维持液,Hank's 液和 1.5% 覆盖琼脂。

(4) 玻璃培养瓶、吸管、试管等。

【实验方法】

(1) 将待测病毒用维持液作 10 倍 10^{-1} 系列稀释。

(2) 将 24h 培养生长良好的单层细胞培养瓶内的生长液倒掉,用 Hank's 液洗涤细胞 3 次。

(3) 取不同稀释度的病毒液 0.5ml,分别接种于细胞培养瓶内,轻轻摇匀,每个稀释度至少接种 2 瓶,同时做正常细胞对照。

(4) 放 37℃温箱吸附 1h,每 15min 摇动一次。

(5) 弃去病毒液,将已融化的 42℃左右覆盖琼脂 5ml 加于各瓶内,待琼脂凝固后,将琼脂层向上,置 37℃避光培养 3 ~ 5 天,逐日观察结果。

【实验结果】 由于覆盖琼脂内含有中性红,在红色背底上可见无色的蚀斑。选择蚀斑不融合、分散呈单个数目在 30 ~ 100 个/瓶的细胞瓶,分别计算蚀斑数,再求平均值,并按下述公式计算:PFU/ml = 每瓶内蚀斑平均数×接种病毒量/每瓶接种病毒量(ml)。

(姚淑娟)

实验十三 病毒的检测

病毒的血清学反应在临床诊断及流行病学调查上应用甚广,其基本原理与其他微生物的血清学反应相同,也是应用抗原与抗体能特异性结合的原则。可用已知病毒抗原来测定患者体内抗体,也可用已知抗体来测定未知病毒抗原。

一、流感病毒的血凝及血凝抑制试验

(一) 血凝试验

【实验目的】 掌握血凝试验的原理及方法。

【实验原理】 流感病毒表面有血凝素,血凝素是糖蛋白成分。少数哺乳动物和鸟类的红细胞表面有糖蛋白受体,通过糖蛋白与相应受体的结合,可使流感病毒与红细胞互相吸附结合,从而发生红细胞凝集现象。如出现血凝现象,表示有流感病毒存在。

【实验器材】

(1) 流感病毒悬液(1 : 5)、收获的鸡胚尿囊液或羊水。

(2) 0.5% 鸡红细胞,生理盐水。

(3) 稀释棒,凹孔塑料板,吸管和滴管,橡皮乳头,小试管,试管架。

【实验方法】 按表 5-13-1 加入各种试剂。

表 5-13-1 血凝试验试剂加入顺序与剂量

材料 \ 板孔	1	2	3	4	5	6	7	8
生理盐水(ml)	0.025 } ↘	0.025 } ↘	0.025 } ↘	0.025 } ↘	0.025 } ↘	0.025 } ↘	0.025 } ↘	0.025
病毒液(ml)	0.025	0.025	0.025	0.025	0.025	0.025	0.025	(弃去)
病毒稀释倍数	10	20	40	80	160	320	640	对照
0.5% 鸡红细胞悬液	各加 0.025							
	放置 37℃ 40min							
结果								

【实验结果】

(1) 先观察对照管,红细胞应无凝集。

(2) 其他各孔红细胞凝集程度以++++,+++,++,+,-表示。

++++表示全部红细胞凝集,红细胞铺满孔底,边缘不整齐。

+++表示大部分红细胞凝集,红细胞铺满孔底,薄层较大。

++表示孔底有小圆点状,但边缘有凝集薄层。

+表示孔底有小圆点状,但边缘略有凝集薄层。

-表示红细胞全部沉于孔底,呈圆点状,边缘整齐。

【效价判定】 凝集效价:能使红细胞呈++凝集的病毒最高稀释度为凝集效价,表示含有一个单位血凝抗原。例如,一份病毒液标本的血凝试验结果如表 5-13-2 所示。

表 5-13-2　流感病毒血凝试验

管号	1	2	3	4	5	6	7	8
病毒稀释度	1 : 10	1 : 20	1 : 40	1 : 80	1 : 160	1 : 320	1 : 640	对照
结果举例	++++	++++	++++	++	++	+	-	-

按血凝效价的定义,该病毒液的血凝集效价为为 1 : 160,即病毒液稀释到 1 : 160 时,每 0. 25ml 中含一个血凝单位,配制 4 个血凝单位时,病毒液应稀释成 1 : 160/4,即 1 : 40。

应用:用于检查材料中有无流感等有血凝素的病毒存在及其含量(效价)。

(二) 血凝抑制试验

【实验目的】 熟悉血凝抑制试验的原理、方法。

【实验原理】 许多病毒能凝集鸡、豚鼠、人等红细胞,称为血凝现象。这种现象能被相应抗体所抑制,称血凝抑制试验。其原理是相应的抗体与病毒结合后,阻抑了病毒表面的血凝素与红细胞的结合。流感病毒表面的血凝素与相应的血凝素抗体发生特异性结合后,则不能与红细胞结合,红细胞不出现凝集现象,即为红细胞凝集抑制,简称血凝抑制。试验中若用已知抗体(病毒免疫血清),可鉴定分离病毒的型及亚型;若用已知病毒,则可测定患者血清中相应抗体。

【实验器材】 流感病毒液(4U/0. 025ml)、患者血清、0. 5% 鸡红细胞悬液、生理盐水、凹孔塑料板、稀释棒等。

【实验方法】 按表 5-13-3 加入各种试剂。

表 5-13-3　血凝抑制试验试剂加入顺序与剂量

材料＼板孔	1	2	3	4	5	6	7	8
生理盐水(ml)	0. 025 } ↘	0. 025 } ↘	0. 025 } ↘	0. 025 } ↘	0. 025 } ↘	0. 025 } ↘	0. 025 } ↘	0. 025
患者血清(ml)	0. 025	0. 025	0. 025	0. 025	0. 025	0. 025	0. 025	(弃去)
血清稀释倍数	10	20	40	80	160	320	640	对照
流感病毒液(ml)	各加 0. 025							
	放置 37℃ 20min							
0. 5% 鸡红细胞悬液(ml)	各加 0. 025							
	放置 37℃ 40min							
结果								

【实验结果】

-表示不凝集。红细胞沉积于管底,呈边缘整齐的圆盘状。

+表示微量凝集。红细胞沉积于管底,呈边缘不清晰的圆盘状。

++表示凝集。红细胞沉积于管底呈环状,四周有凝集的小块。

+++表示大部凝集。红细胞呈颗粒状凝集,边缘不整齐,有下垂趋势。

++++表示完全凝集。红细胞均匀铺于管底。

【效价判定】

(1) 血凝抑制效价:完全抑制血球凝集(即不凝集)的血清最高稀释度为其血凝抑制效价。

(2) 应用:常用于正黏病毒及副黏病毒等感染的辅助诊断和流行病学调查,并用于其分型与亚型的鉴定。

二、乙型肝炎病毒抗原抗体的检测——ELISA

乙型肝炎病毒目前培养困难,临床主要测定乙型肝炎病毒的各种抗原和抗体做辅助诊断。乙型肝炎病毒抗原抗体系统的检测包括:乙型肝炎病毒表面抗原(HBsAg)及表面抗体(抗 HBs)、乙型肝炎 e 抗原(HBeAg)和 e 抗体(抗 HBe)以及核心抗体(抗 HBc),简称乙肝"两对半"检测,是目前诊断乙肝病毒感染的主要指标。广泛应用的检测方法是 ELISA,即可用已知抗血清检测病毒抗原,亦可用已知病毒抗原检测相应的抗体。方法包括双抗体夹心法(测 HBsAg 和 HBeAg)、竞争抑制法(测抗 HBe 和抗 HBc)、双抗原夹心法(测抗 HBs)。

ELISA 法检测抗 HBs

【实验目的】 掌握检测乙型肝炎病毒抗 HBs 的操作方法、结果判断及其临床意义。

【实验原理】 用 HBsAg 包被反应板,加入待检标本,同时加入酶标抗 HBs,与抗原形成竞争结合,如待检标本中存在抗 HBs,就会抑制或减少酶标抗 HBs 与 HBsAg 的结合,加入底物时显色淡,反之则显色深。

【实验器材】 诊断试剂盒(欲包被反应条、酶标抗 HBs、抗 HBs 阳性对照、抗 HBs 阴性对照、洗涤液、显色剂、终止液、封口胶纸),待检标本(血清/血浆)1∶50 稀释,定量移液器。

【实验方法】

(1) 取出包被的反应板,加入待检标本每孔 50μl,抗 HBs 阴阳性对照各 2 孔(每孔 50μl),同时设一空白对照孔(加洗涤液 50μl)。

(2) 加入酶标抗体每孔 50μl,空白对照孔不加,充分混匀,置 37℃孵育 30min。

(3) 弃去反应板条孔内液体,用洗涤液洗涤 5 次,拍干。

(4) 每孔加显色剂 A 和 B 各 50μl,充分混匀,置 37℃孵育 15min。

(5) 每孔加终止液 50μl,混匀。

【实验结果】

1. 目测 阴性及空白对照孔无色,阳性对照孔有色,标本孔有色为阳性。

2. 酶标仪测定 波长 450nm,用空白孔校正零点,读取各孔 OD 值。标本孔 OD 值/阴性对照平均 OD 值<0.5 为阳性;≥0.5 为阴性。

(姚淑娟)

第六章　人体寄生虫学经典验证性实验

实验一　线　　虫

一、似蚓蛔线虫

【实验目的】

(1) 掌握蛔虫卵(受精卵、未受精卵及感染期蛔虫卵)的形态特征。

(2) 熟悉蛔虫成虫的形态特点,并能区分雌虫和雄虫。

(3) 观察病理标本,以深入了解蛔虫对人体的致病作用。

【实验材料】　蛔虫成虫浸制标本、虫卵玻片标本及各种病理标本。

【实验方法】

1. 标本观察

(1) 受精蛔虫卵(玻片标本):从大小、形态、颜色、卵壳结构和内含物等五个方面仔细观察。虫卵呈宽椭圆形,大小为(45～75)μm×(35～50)μm,卵壳厚,表面有一层凸凹不平的蛋白质膜,新鲜粪便排出的虫卵常被宿主胆汁染成棕黄色,内含有一个大而圆、未分裂的受精卵细胞,与卵壳之间形成半月形间隙,如粪便放置过久或者患者便秘,那么虫卵内的半月形间隙可消失(图6-1-1)。

(2) 未受精蛔虫卵(玻片标本):虫卵呈长椭圆形或不规则形,大小为(88～94)μm×(39～44)μm,卵壳和蛋白质膜均较受精蛔虫卵薄,呈淡黄色,内含有许多大小不等的屈光颗粒(图6-1-2)。

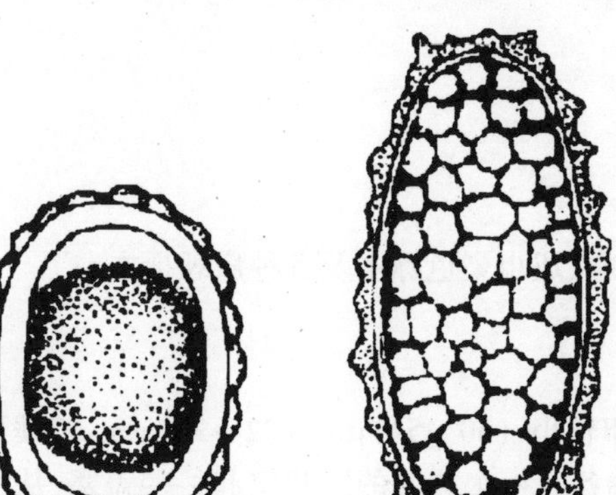

(a) 受精卵　　(b) 未受精卵

图6-1-1　蛔虫卵

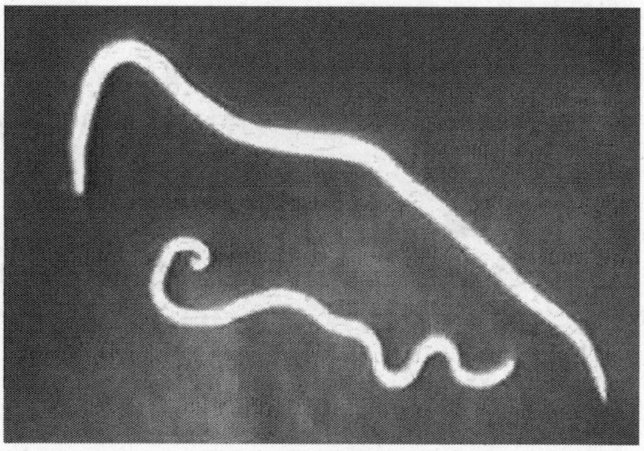

图6-1-2　蛔虫成虫

(3) 感染期虫卵(玻片标本):受精蛔虫卵在外界适宜条件下,经过一段时间卵壳内的卵细胞可发育成一条卷曲的幼虫。

(4) 脱蛋白膜受精卵(玻片标本):蛔虫卵排出体外后,由于摩擦等外力等因素作用,有时蛋白质膜会完全或部分脱落,此时虫卵颜色变浅或无色透明,可见清晰的卵壳,仍较厚,常易与无色透明的钩虫卵相混淆,观察时应注意显微镜光线不要太强。

(5) 蛔虫头端结构标本(玻片标本):将蛔虫成虫切片后,卡红染色后呈粉红色。低倍镜下观察,在虫体顶端口孔周围可见有 3 个“品”字形排列的唇瓣,背侧的一个较大,唇瓣的内缘有细齿。

2. 示教

(1) 雌雄成虫(大体标本):肉眼观察,新鲜虫体呈淡红色,死后或经福尔马林固定保存后呈灰白色。成虫为线状、长圆柱状,中间稍膨大,两端逐渐变细,体表有横纹和两条侧线,形似蚯蚓,雌虫大小为 20 ~ 35cm,尾部尖直,雄虫大小为 15 ~ 31cm,后端向腹部卷曲,有时可见 2 根交合刺(图 6-1-2)。

(2) 雌雄成虫内部结构解剖标本(大体标本):观察体内生殖与消化器官。肉眼观察可见,虫体体腔内除一条直的消化管外,其余均为生殖器官,细长如线,迂回盘曲,并且雌性生殖系统为双管型,由卵巢、输卵管、子宫、阴道和阴门等组成。近端为子宫,两侧子宫会合为阴道,远端为卵巢游离在原体腔内。因此,蛔虫的产卵量非常大,繁殖能力相当强。雄性生殖器官为单管型:由睾丸、储精囊、输精管、射精管和交合刺等组成,游离端为睾丸。

(3) 蛔虫横切面染色标本(玻片标本):观察体壁、肠管和原体腔的结构。体壁:表皮为角皮层,其下为皮下层和纵肌层,皮下层伸入原体腔内并增厚,背腹及两侧分别形成四条纵索。肠管:肠壁由单层柱状上皮细胞组成。原体腔:即体壁和消化道之间的腔隙,腔内充满液体,内部器官,如生殖、消化器官浸浴其中。

(4) 蛔虫性机械性肠梗阻(病理标本):可见较多蛔虫扭结成团,完全或部分阻塞肠道。

(5) 胆道蛔虫症(病理标本):肝门胆管内嵌塞有 1 条蛔虫。

(6) 蛔虫性肠穿孔(病理标本):可见蛔虫穿透患者肠壁。

(7) 蛔虫钻入阑尾(病理标本):可见蛔虫钻入阑尾。

二、毛首鞭形线虫

【实验目的】

(1) 掌握鞭虫卵的形态特征。

(2) 熟悉鞭虫成虫的形态特征。

(3) 了解鞭虫对人体的致病作用。

【实验材料】 鞭虫虫卵玻片标本、成虫浸制标本、成虫染色标本及各种病理标本。

【实验方法】

1. 标本观察

虫卵(玻片标本):先在低倍镜下观察,可见虫卵较小,(50 ~ 54) μm×(22 ~ 23) μm,纺锤形或腰鼓形,黄褐色,卵壳较厚,换高倍镜,可见卵壳两端各有一个透明的塞状突起——盖塞,从粪便排出的新鲜虫卵内含有一个受精卵细胞。

2. 示教

(1) 鞭虫成虫标本(大体标本):新鲜鞭虫呈肉红色,固定后为乳白色,外形似马鞭,前 3/5 细长,后 2/5 粗短。雄虫较小,长 30 ~ 45mm,尾部向腹面卷曲,雌虫较大,长 35 ~ 50mm,尾端顿圆。

(2) 鞭虫寄生于肠壁(病理标本):10% 甲醛固定,瓶装标本。可见成虫以其细长的头端钻入肠壁黏膜层,粗短的后部则游离于肠腔,由于成虫吸食宿主血液,故体内为黑褐色。

三、十二指肠钩口线虫(十二指肠钩虫)与美洲板口线虫(美洲钩虫)

【实验目的】

(1) 掌握虫卵的形态特征。

(2) 熟悉两种钩虫形态的鉴别要点。

(3) 了解钩虫对人体的致病作用。

【实验材料】　钩虫成虫浸制标本、成虫玻片标本、虫卵玻片标本;生理盐水、载玻片、虫卵待检标本。

【实验方法】

1. 标本观察

(1) 钩虫卵(玻片标本):十二指肠钩虫卵与美洲钩虫卵极为相似,不易区分。先在低倍镜较暗光线下找到椭圆形、无色透明或淡黄色的虫卵,大小较蛔虫卵稍小,为(36 ~ 40) μm×(56 ~ 76) μm,换高倍镜观察,卵壳很薄,内含 2 ~ 8 个卵。

细胞或多细胞期,若患者便秘或粪便放置过久,虫卵细胞可继续分裂为多细胞期,有时可见桑葚期甚至含蚴卵。卵壳与细胞间有明显的空隙。

(2) 丝状蚴(玻片标本):由于两种钩虫对人体的致病作用及地理分布存在差异,因此,有必要对二者进行鉴别。两种钩虫的丝状蚴的鉴别要点见表 6-1-1。

表 6-1-1　寄生人体两种钩虫丝状蚴的鉴别

鉴别要点	十二指肠钩虫	美洲钩虫
外形	圆柱形,虫体细长,头端略扁平,尾端较钝	长纺锤形,虫体较短粗,头端略圆,尾端较尖
鞘横纹	不显著	显著
口矛	透明丝状,背矛较粗,两矛间距宽	黑色杆状,前端稍分叉,两矛粗细相等,两矛间距窄
肠管	管腔较窄,为体宽的 1/2,肠细胞颗粒丰富	管腔较宽,为体宽的 3/5,肠细胞颗粒少

2. 示教

(1) 成虫(大体标本):成虫体长约 1cm,半透明,肉红色,死后呈灰白色。细长圆柱形,虫体前端较细,顶端有一发达的口囊,由坚韧的角质构成。前端向背侧仰屈,雄虫末端膨大形成交合伞,雌虫尾部尖细,十二指肠钩虫头部及尾部均向背面弯曲,呈"C"形;美洲钩虫头部向背部弯曲,尾部向腹面弯曲,呈"S"形。十二指肠钩虫与美洲钩虫的形态鉴别要点见表 6-1-2。

(2) 十二指肠钩虫口囊染色标本(玻片标本):十二指肠钩虫顶端有一发达的口囊,由坚韧的角质构成。因虫体前端向背面仰曲,口囊的上缘为腹面、下缘为背面。十二指肠钩虫的口囊呈扁卵圆形,其腹侧缘有钩齿 2 对,外齿一般较内齿略大,背侧中央有一半圆形深凹,两侧微呈突起。

(3) 美洲钩虫的口囊染色标本:美洲钩虫口囊呈椭圆形。其腹侧缘有板齿 1 对,背侧缘则有 1 个呈圆锥状的尖齿。

表 6-1-2　寄生人体两种钩虫成虫的鉴别

鉴别要点	十二指肠钩虫	美洲钩虫
大小(mm)	♀:(10 ~ 13)×0.6 ♂:(8 ~ 11)×(0.4 ~ 0.5)	(9 ~ 11)×0.4 (7 ~ 9)×0.3

续表

鉴别要点	十二指肠钩虫	美洲钩虫
体形	前端与后端均向背面弯曲,体呈“C”形	前端向背面仰曲,后端向腹面弯曲,体呈“∫”形
口囊	腹侧前缘有两对钩齿	腹侧前缘有一对板齿
交合伞	撑开时略呈圆形	撑开时略呈扁圆形
背辐肋	远端分两支,每支再分三小支	基部先分两支,每支远端再分两小支
交合刺	两刺呈长鬃状,末端分开	一刺末端呈钩状,常包套于另一刺的凹槽内
阴门	位于体中部略后	位于体中部略前
尾刺	有	无

(4) 成虫咬附在肠壁上(病理标本):钩虫寄生于犬小肠标本,可见肠黏膜表面的小溃疡和出血点。

四、蠕形住肠线虫与蛲虫

【实验目的】

(1) 掌握蛲虫卵的形态特征。

(2) 熟悉蛲虫成虫的形态特点。

(3) 了解蛲虫对人体的致病作用和实验室诊断方法。

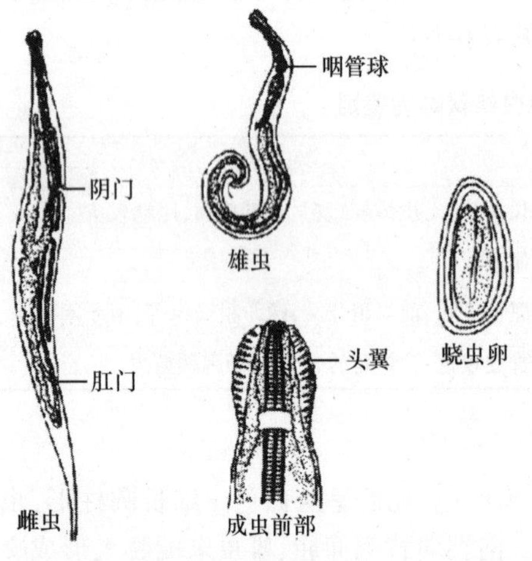

图 6-1-3　蛲虫成虫与虫卵

【实验材料】 蛲虫成虫浸制标本、虫卵玻片标本;生理盐水、载玻片、虫卵待检标本。

【实验内容】

1. 标本观察

虫卵(玻片标本):虫卵大小为(50 ~ 60) μm×(20 ~ 30) μm,卵壳厚,无色透明,有两层壳质,蛋白质膜光滑。普通显微镜下观察的卵壳两侧不对称,一侧较平,一侧稍凸,两端不等宽,虫卵的立体构型呈近似椭圆形的不等面三角体。虫卵自虫体排出时,卵壳内细胞多已发育至蝌蚪期胚。成熟虫卵,内含幼虫(图 6-1-3)。

2. 示教

雌雄成虫(大体标本):成虫细小,乳白色。虫体角皮具有横纹,雌虫大小为(8 ~ 13) mm×(0.3 ~ 0.5) mm,虫体中部膨大,尾端直而尖细,其尖细部分约为虫体长的 1/3。雄虫微小,大小为(2 ~ 5) mm×(0.1 ~ 0.2) mm,体后端向腹面卷曲。

3. 操作

(1) 生理盐水棉签拭子法:用生理盐水湿润棉签轻拭肛门周围或皱褶,把棉签放入盛有饱和盐水的西林瓶内荡洗,然后用浮聚法或沉淀法检查虫卵。

(2) 透明胶纸法查虫卵:用长约 6cm,宽约 2cm 的透明胶纸粘擦肛门周围的皮肤,取下胶纸,将有胶面平贴玻片上,镜检。镜检时,在胶纸下加一滴生理盐水或二甲苯,可增加虫卵清晰度,便于检查出虫卵。注意此法检查时间在清晨未解大便前,并且胶纸从肛周取下后再粘到载玻片上时应尽量贴平,不要出现皱褶或气泡,以免影响检查结果。

五、丝虫、马来布鲁线虫与班氏吴策线虫

【实验目的】

(1) 掌握两种微丝蚴的基本结构。

(2) 熟悉丝虫病的病原学诊断方法。

(3) 了解丝虫生活史和流行病学特点。

【实验材料】　丝虫成虫浸制标本、微丝蚴玻片标本。

【实验内容】

1. 标本观察

(1) 班氏丝虫微丝蚴染色标本(玻片标本):先在低倍镜下找到虫体,虫体呈细长线状(注意虫体外形、姿态、鞘膜、头间隙的长宽比例、体核等),头端钝圆,尾端尖细,外被有鞘膜。体内有很多圆形或椭圆形的体核,头端无核区为头间隙,其长宽比约为1∶1,在虫体前端1/5处的无核区为神经环,尾逐渐变细,近尾端腹侧有肛孔。尾端无尾核(图6-1-4和表6-1-3)。

(2) 马来丝虫微丝蚴染色标本(玻片标本):与班氏丝虫微丝蚴相比,马来丝虫微丝蚴较短粗,弯曲不自然,头间隙较长,其长宽比约为2∶1,体核常堆积在一起,大小不规则。尾端有2个膨大处,其内各有1个尾核。

(3) 微丝蚴未染色标本(玻片标本):微丝蚴细长弯曲或卷曲,反光性强,头端钝圆,尾端尖细,观察时光线不要太强。

表6-1-3　班氏与马来微丝蚴形态鉴别

	班氏微丝蚴	马来微丝蚴
长×宽(μm)	(244～296)×(5.3～7.0)	(177～230)×(5～6)
体态	柔和,弯曲较大	硬直,大弯上有小弯
头间隙(长∶宽)	较短(1∶1或1∶2)	较长(2∶1)
体核	圆形或椭圆形,各核分开,排列整齐,清晰可数	椭圆形,大小不等,排列紧密,常互相重叠,不易分清
尾核	无	有2个,前后排列,尾核处角皮略膨大

2. 示教

(1) 马来丝虫成虫标本(大体标本):肉眼观察,虫体呈乳白色,细长如丝线。雌虫长约8cm,雄虫长约4cm,雄虫尾端向腹面卷曲2～3圈。

(2) 丝虫中间宿主:致倦库蚊(大体示教);中华按蚊(大体示教)。

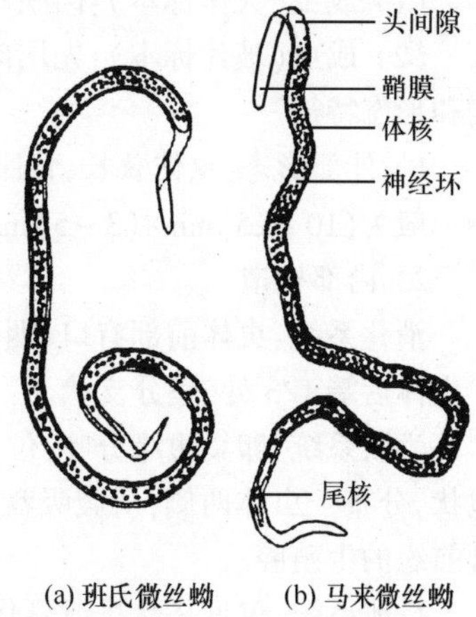

(a) 班氏微丝蚴　　(b) 马来微丝蚴

图6-1-4　丝虫微丝蚴

六、旋毛形线虫(旋毛虫)

【实验内容】

(1) 掌握幼虫囊包的形态特点和病原学诊断方法。

(2) 通过动物实验了解生活史和致病作用。

【实验材料】　旋毛虫囊包染色玻片标本;剪刀、玻片。

【实验内容】

1. 标本观察

幼虫囊包染色标本(示教):幼虫囊包于宿主的横纹肌肉,呈梭形,其纵轴与肌纤维平行,

大小为(0.25～0.5)mm×(0.21～0.42)mm。一个囊包内通常含1～2条卷曲的幼虫,个别也有的6～7条。

2. 示教

成虫(大体标本):成虫微小,线状,虫体后端稍粗。雄虫大小为(1.4～1.6)mm×(0.04～0.05)mm;雌虫为(3～4)mm×0.06mm。

实验二 吸 虫

一、华支睾吸虫(肝吸虫)

【实验目的】

(1) 掌握虫卵形态特征和病原学诊断方法。

(2) 掌握成虫的形态特征。

(3) 熟悉各期幼虫及中间宿主的形态特征。

(4) 了解感染途径、感染方式、寄生部位与致病作用及防治要点。

【实验材料】 华支睾吸虫虫卵保存液、尾蚴、成虫染色玻片标本。华支睾吸虫的中间宿主瓶装标本。

【实验内容】

1. 标本观察

(1) 虫卵形态(玻片标本):虫卵很小,平均为(27～35)μm×(12～20)μm,为人体寄生虫卵中最小的虫卵,形似芝麻状,黄褐色,一端较窄且有盖,盖周围的卵壳增厚稍向外突起,形成肩峰,后端钝圆,有一小疣状突起,卵内有一毛蚴。甲醛保存,标本内毛蚴死亡,结构不清。

(2) 尾蚴(玻片标本):有体部和尾部,体部长椭圆形,前端有棕黑色的眼一对,单尾型,尾部较长,为体部的2～3倍,有鳍。

(3) 囊蚴(玻片标本):椭圆形,平均大小为0.138mm×0.115mm,囊壁两层,内含幼虫,可见口、腹吸盘及含有黑色颗粒的排泄囊。

2. 示教

(1) 成虫(大体标本):肉眼观察可见葵花籽样,前端尖细,后端钝圆,乳白色,体薄,半透明。

(2) 成虫(玻片标本):先用肉眼作一般观察,然后在解剖镜下观察下列器官的位置、排列方式和形态特征。

1) 外部形态:虫体狭长,背腹扁平,被染成紫红色,前端尖细,后端略钝,体表无棘。虫体大小一般为(10～25)mm×(3～5)mm。口吸盘略大于腹吸盘,后者位于虫体前端1/5处。

2) 内部构造

消化系统:虫体前部有口、咽及短的食管,然后分叉为两肠支伸至虫体后端。睾丸前后排列于虫体后端1/3处,呈分支状。

生殖系统:卵巢边缘分叶,位于睾丸之前,受精囊在睾丸和卵巢之间,呈椭圆形。卵黄腺滤泡状,分布于虫体两侧,从腹吸盘向下延至受精囊水平。子宫从卵模开始盘绕而上,开口于腹吸盘前缘的生殖腔。

排泄系统:仅见袋状排泄囊作"S"状弯曲在虫体后部末端,开口为排泄孔。

(3) 中间宿主和幼虫(大体标本)

第一中间宿主:豆螺,螺体不大,表面光滑,螺纹少。

第二中间宿主:淡水鱼(鲤科鱼)、淡水虾。

二、布氏姜片虫(肠吸虫)

【实验目的】

(1) 掌握虫卵特征和病原学诊断方法。

(2) 熟悉成虫的形态特征,进一步理解其形态与机械致病之间的联系。

(3) 了解其中间宿主及植物媒介。

【实验材料】 姜片吸虫虫卵保存液、姜片吸虫成虫染色玻片标本。姜片吸虫中间宿主瓶装标本。

【实验内容】

1. 标本观察(自学)

(1) 虫卵(玻片标本):为人体最大的寄生虫卵,虫卵大小(130~140)μm×(80~85)μm,椭圆形,淡黄色,卵壳薄而均匀,卵盖小(不明显),常位于有卵细胞的一端,新排出的卵内含一个大而亮的卵细胞和20~40个多边形的卵黄细胞。此虫卵与肝片形吸虫卵相似,应注意鉴别。

2. 示教

(1) 成虫(大体标本):为寄生人体的最大吸虫,呈长椭圆形、肥厚,新鲜虫体呈肉红色,背腹扁平,前窄后宽,长20~75mm,宽8~20mm,厚0.5~3mm,体表有体棘。口吸盘近体前端,直径约0.5mm,腹吸盘靠近口吸盘后方,漏斗状,肌肉发达,较口吸盘大4~5倍,肉眼可见。

(2) 成虫(玻片染色标本)解剖镜下观察。

1) 外部特点:虫体经压片染色后呈紫红色,背腹扁平、肥厚,腹吸盘较口吸盘大4~5倍,肌肉相当发达。

2) 内部构造:①消化系统:咽和食管短,肠支呈波浪状弯曲,向后延至虫体末端,以盲端终止。②生殖系统:睾丸两个,高度分支,前后排列于虫体的后半部。卵巢具分支。子宫盘曲在卵巢和腹吸盘之间。卵黄腺颇发达,分布于虫体的两侧。生殖孔位于腹吸盘的前缘。

(3) 中间宿主和媒介(大体标本)

1) 中间宿主:扁卷螺。

2) 媒介:菱角、荸荠(马蹄)等。

三、卫氏并殖吸虫(肺吸虫)

【实验目的】

(1) 掌握卫氏并殖吸虫虫卵和成虫的形态特征。

(2) 熟悉卫氏并殖吸虫寄生部位和主要致病作用。

(3) 了解卫氏并殖吸虫的生活史及中间宿主和传播媒介。

【实验材料】 肺吸虫虫卵保存液、斯氏狸殖吸虫及卫氏并殖吸虫染色玻片标本,病理标本。

【实验内容】

1. 标本观察

(1) 虫卵(玻片标本):虫卵呈金黄色,长椭圆形,形态常不规则,大小为(80~118)μm×(48~60)μm。卵壳厚薄不均,卵盖大,常倾斜,卵内含有一个未分裂的受精卵细胞和十多个卵黄细胞。

(2) 尾蚴(玻片标本):尾部短小,呈圆球状。

(3) 囊蚴(玻片标本):球形,囊壁厚。直径300~400μm。可见吸盘、弯曲的肠支和排泄囊。

2. 示教

(1) 成虫(大体标本):肉眼观察,虫体肥厚,呈椭圆形,背侧略隆起,腹面扁平,似半粒花生米。灰白色,半透明(活体呈红褐色)。体长7.5~12mm,宽4~6mm,厚3.5~5.0mm,宽长之比约1∶2。

(2) 成虫(玻片标本)

1) 外部形态:虫体经压片染色后呈深紫红色,口、腹吸盘大小略同,腹吸盘位于体中横线之前。

2) 内部构造:①消化系统:肠管分支,弯曲;排泄孔位于虫体后端腹面。②生殖系统:卵巢与子宫并列于腹吸盘之后,卵巢分5~6叶,形如指状。两个睾丸分支状,位于虫体后1/3,左右并列。卵黄腺为许多密集的卵黄滤泡所组成,分布于虫体两侧。

(3) 中间宿主

1) 第一中间宿主:川卷螺(大体标本)黑褐色,螺层粗大,壳不光滑,螺尖常缺损。

2) 第二中间宿主:溪蟹、虫刺蛄(大体标本)。

(4) 病理标本

1) 肺吸虫病肺脏病理标本:此标本取自病犬或猫的肺脏。可见肺脏表面有椭圆形突起的囊状物,内含肺吸虫成虫。

2) 肺吸虫病肝脏病理标本:注意肝脏表面的窟穴状或隧道状病变。

四、斯氏狸殖吸虫

【实验目的】

(1) 掌握虫卵形态特征。

(2) 熟悉成虫形态特点。

(3) 了解其中间宿主。

【实验材料】 斯氏狸殖吸虫虫卵、成虫、拟钉螺和溪蟹。

【实验内容】

1. 标本观察(自学) 虫卵(玻片标本):虫卵椭圆形,不对称,卵盖大而明显,卵壳厚薄不均。其大小平均71~48μm。

2. 示教

(1) 成虫(大体标本):虫体窄长,前宽后窄,两端较尖,大小为(3.5~6.0)mm×(11.0~18.5)mm,宽长比例为(1∶2.4)~(1∶3.2),最宽处在腹吸盘稍下水平。在童虫期已显示出虫体长明显大于体宽的特征。腹吸盘位于体前约1/3处,略大于口吸盘。卵巢位于腹吸盘的后侧方,其大小及分支情况视虫体成熟程度而定,虫龄低者,分支数较少。虫龄高者,分支数多,形如珊瑚。睾丸2个,左右并列,可分多叶,其长度占体长的1/7~1/4,有些可达1/3,位于体中、后1/3间部。

(2) 中间宿主(大体标本):第一中间宿主为拟钉螺。第二中间宿主为溪蟹。

五、日本血吸虫(血吸虫)

【实验目的】

(1) 掌握虫卵形态特征。

(2) 熟悉血吸虫的感染期、感染途径和致病作用。

(3) 了解毛蚴、尾蚴及成虫的形态及中间宿主。

【实验材料】 日本血吸虫成虫(雌、雄虫),尾蚴染色玻片标本(卡红染色)。虫卵及成虫致病标本。

【实验内容】

1. 标本观察

(1) 日本血吸虫虫卵(玻片标本):虫卵呈宽椭圆形,大小 89μm×67μm,淡黄色,卵壳薄而均匀,通常从粪便中排出的虫卵,其卵壳周围常有污物黏附。无卵盖,有一小侧棘,但常因虫卵的位置变化,或侧棘被卵壳外附着的黏附物遮盖而不易看到。成熟虫卵内含有毛蚴,毛蚴前端尖形。在毛蚴与卵壳之间可见油滴状折光性强的毛蚴分泌物。未成熟卵内含有很多细胞。变性卵呈黑色,无结构(表 6-2-1)。

(2) 日本血吸虫虫卵扫描电镜照片(示教)。

表 6-2-1　黏膜内血吸虫卵未染色之鉴别

	活卵	近期变性卵
颜色	淡黄至黄褐色	灰白至略黄色
卵壳	较薄	薄或不均匀
胚膜	清楚	清楚
内含物	卵黄细胞或胚团或毛蚴	黑色小点或萎缩的毛蚴

2. 示教

(1) 成虫(大体标本):雄虫乳白色,长 12～20mm,虫体扁平,前端有发达的口吸盘和腹吸盘,腹吸盘以下,虫体向两侧延展,并略向腹面卷曲,形成抱雌沟,故外观呈圆筒状。

雌虫前细后粗,形似线虫,体长 20～25mm,腹吸盘大于口吸盘,由于肠管充满消化或半消化的血液,故雌虫呈黑褐色,常居留于抱雌沟内,与雄虫合抱。

(2) 成虫雌雄合抱(玻片标本):低倍镜可见雄虫粗短,雌虫细长,雌虫的中部处于雄虫的抱雌沟内,其前、后端伸出外面。

(3) 成虫(玻片标本)

1) 雌虫:低倍镜观察,虫体细长,似线虫。腹吸盘大于口吸盘,消化系统有口、食道、肠管。肠管在腹吸盘前背侧分为两支,向后延伸到虫体后端 1/3 处汇合成盲管。生殖系统:雌虫生殖系统由卵巢、卵腺、卵模、梅氏腺、子宫等组成。卵巢位于虫体中部,长椭圆形。输卵管出自卵巢后端,绕过卵巢而向前。虫体后端几乎为卵黄腺所充满,卵黄管向前延长,与输卵管汇合成卵模,并为梅氏腺所围绕。卵模与子宫相接,子宫开口于腹吸盘的下方,内含虫卵 50～300 个(图 6-2-1)。

2) 雄虫:低倍镜下观察,较雌虫短宽。口吸盘在虫体前端,口在口吸盘中,腹吸盘与口吸盘相接近并向外突出成杯状。腹吸盘以下,虫体向两侧延展,并略向腹面卷曲,形成抱雌沟。在腹吸盘部有睾丸,一般为 7 个,椭圆形,成串排列。

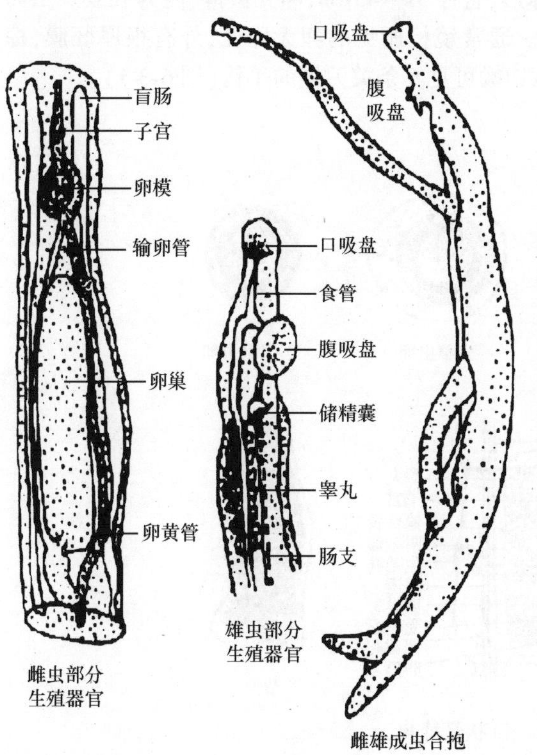

图 6-2-1　日本血吸虫成虫

3) 尾蚴(玻片标本):低倍镜下可见虫体被染成粉红色,分体部及尾部,体部呈椭圆形,尾部较大,末端分叉。

4) 中间宿主:钉螺(大体标本)较小,长度不超过 1cm,螺壳前宽后窄,灰褐色,有 6 ~ 7 个螺旋。

实验三　绦　虫

一、链状带绦虫(猪带绦虫、猪肉绦虫、有钩绦虫)

【实验目的】

(1) 掌握带绦虫卵及猪带绦虫成虫、头节及孕节的形态特征。

(2) 熟悉猪带绦虫囊尾蚴的形态特征,并结合病理标本联系其生活史特点与对人体的致病作用。

(3) 了解囊尾蚴的压片检查法和活力测定法。

【实验材料】 链状带绦虫头节封片标本(卡红染色)、孕节封片标本(墨汁染色)成节玻片标本(卡红染色)、5% 甲醛保存的猪带绦虫虫卵、盖玻片、小镊子、10% 甲醛保存的完整链状带绦虫成虫瓶装固定标本、10% 甲醛保存寄生于组织的猪囊尾蚴病理标本、猪囊尾蚴剥离标本。

【实验内容】

1. 标本观察

(1) 虫卵(玻片标本):虫卵呈球形或近球形,直径 31 ~ 43μm,卵壳甚薄,内为胚膜。虫卵自孕节散出后,卵壳多已脱落,成为不完整虫卵。通常镜检所见的卵无卵壳,外有很厚胚膜,棕黄色,具放射状条纹,内含有六钩蚴,新鲜卵的六钩蚴可见 6 条关刀样的小钩(图 6-3-1)。

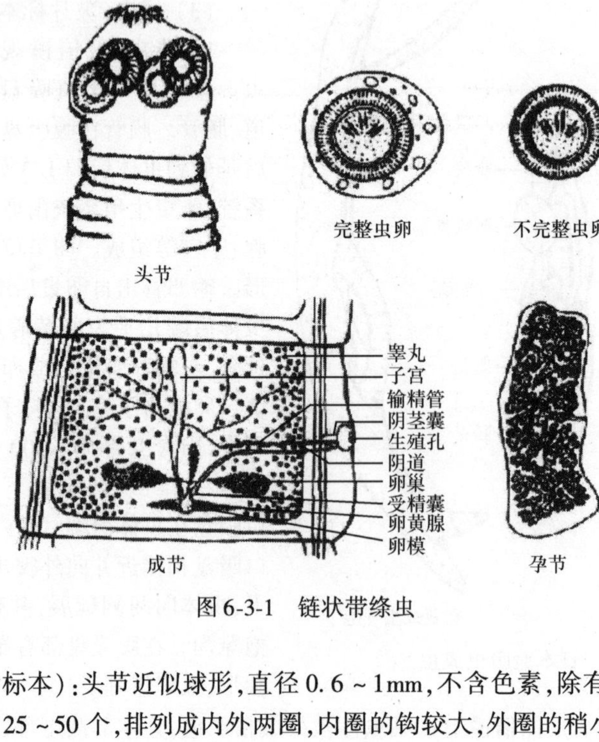

图 6-3-1　链状带绦虫

(2) 头节(玻片标本):头节近似球形,直径 0. 6 ~ 1mm,不含色素,除有 4 个吸盘外,顶端还具顶突,其上有小钩 25 ~ 50 个,排列成内外两圈,内圈的钩较大,外圈的稍小。颈部纤细,直径仅约头节之半。

(3) 孕节(玻片标本):孕节长大于宽,其中充满虫卵的子宫向两侧分支,每侧 7 ~ 13 支,每一支又继续分支,呈不规则的树枝状。

1) 猪带绦虫头节(玻片标本):呈圆球状,具四个吸盘,顶端具顶突,顶突上有两圈小钩。

2) 猪带绦虫成节染色标本(玻片标本):每一成节具雌雄生殖器官各一套。睾丸 150 ~ 200 个,输精管向一侧横走,在纵排泄管外侧经阴茎囊开口于生殖腔。阴道在输精管的后方。卵巢在节片后 1/3 的中央,分为三叶,除左右两叶外,在子宫与阴道之间另有一中央小叶。卵黄腺位于卵巢之后。

2. 示教

(1) 链状带绦虫(大体标本):成虫乳白色,扁长如带,较薄,略透明,长 2 ~ 4m,前端较细,向后渐扁阔。头节近似球形,直径 0.6 ~ 1mm。颈部纤细,直径仅约头节之半。链体上的节片数 700 ~ 1000 片,近颈部的幼节,节片短而宽;中部的成节近方形,末端的孕节则为长方形。

(2) 猪囊尾蚴(大体标本):如黄豆大小,圆形或椭圆形,乳白色半、透明的囊状物,囊内充满透明的囊液,有一小米粒大小的白点。大小为(8 ~ 10)mm×5mm。

(3) 猪囊尾蚴寄生病理标本(大体标本):可见寄生于脑、肌肉、舌等器官的囊尾蚴,椭圆形,乳白色,并见囊内的小白点。

3. 操作

(1) 带绦虫头节标本制作方法:把牛肉或猪肉内的囊尾蚴用刀顺肌肉纤维剥下,用生理盐水洗涤干净,投入盛有稀胆汁的器皿中(胆汁一份、生理盐水一份)置 37℃ 温箱内,头节很快伸出。经生理盐水洗涤干净后,用福尔马林直接固定,并保存在 70% 乙醇中。

(2) 孕节墨汁染色标本制作方法:用 0.1 ~ 0.2ml 注射器吸取少许墨汁,从孕节生殖孔插入后缓慢注入,使全部子宫分支完全充满墨汁而显示出来。

(3) 猪肉中囊尾蚴的剥离和压片检查

1) 材料:小镊子,刀,载玻片,囊尾蚴寄生的猪肉,来苏儿,消毒盆。

2) 方法:找到猪肉中囊尾蚴,为囊状的白色小泡,用剪刀和小镊子剥离其纤维囊壁;将囊尾蚴放在两个载玻片之间,囊尾蚴两边各放 1 条小滤纸防止囊状物滑动并吸收囊液,用两手各持载玻片一端,突然加压将囊液挤破压扁;在低倍镜下检查头节结构,如见小钩、吸盘等构造,即为囊尾蚴。

3) 注意:检查完毕,要用镊子把囊尾蚴推入盛有来苏儿液的容器中,并将使用过的镊子、剪刀、载玻片等消毒处理。

(4) 囊尾蚴孵化法

1) 材料:平皿,生理盐水,猪胆汁,恒温培养箱。

2) 方法:剥离囊尾蚴,置于平皿中,加入生理盐水胆汁液(二者各半),以淹没囊尾蚴为宜,置于 25 ~ 30℃ 温箱中,3 ~ 4h 后检查,可见囊尾蚴的头节伸出,可见其活动。器械用过消毒。

二、肥胖带绦虫(牛带绦虫、牛肉绦虫、无钩绦虫)

【实验目的】

(1) 掌握牛带绦虫成虫、头节及孕节的形态特征。

(2) 熟悉两种绦虫的形态鉴别点。

(3) 了解其对人体的致病作用。

【实验材料】 肥胖带绦虫头节封片标本(卡红染色)、孕节封片标本(墨汁染色)、成节玻片标本(卡红染色)、10% 甲醛浸泡的完整肥胖带绦虫成虫瓶装固定标本、10% 甲醛浸泡的牛囊尾蚴寄生于组织病理标本、牛囊尾蚴剥离标本、镊子、载玻片、注射器、3% 甲醛、碳素墨汁或卡红染液。

【实验内容】

1. 标本观察

（1）牛带绦虫头节（玻片标本）：低倍镜观察。近似方形，具四个吸盘，无顶突和小钩。

（2）牛带绦虫成节（玻片标本）：与猪带绦虫成节结构大体相同（表 6-3-1，图 6-3-2）。

（3）牛带绦虫孕节（墨汁染色玻片标本）：子宫两侧的分支数是鉴别两种绦虫的重要依据，牛带绦虫为 15 ~ 30 支，支端再分支。

表 6-3-1　两种带绦虫的形态区别

区别点	猪带绦虫	牛带绦虫
虫体长	2 ~ 4m	4 ~ 8m
节片	700 ~ 1000 节较薄、略透明	1000 ~ 2000 节较厚、透明
头节	球形、直径约 1mm，具有顶突和 2 圈小钩，25 ~ 50 个	略呈方形、直径 1.5 ~ 2.0mm 无顶突及小钩
成节	卵巢分为 3 叶，即左右两叶和中央小叶	卵巢只分 2 叶，子宫前端常可见短小的分支
孕节	子宫分支不整齐、每侧为 7 ~ 13 支	子宫分支较整齐、每侧 15 ~ 30 支，支端多有分叉
囊尾蚴	头节具顶突和小钩、可寄生人体引起囊尾蚴病	头节无顶突及小钩，不寄生于人体

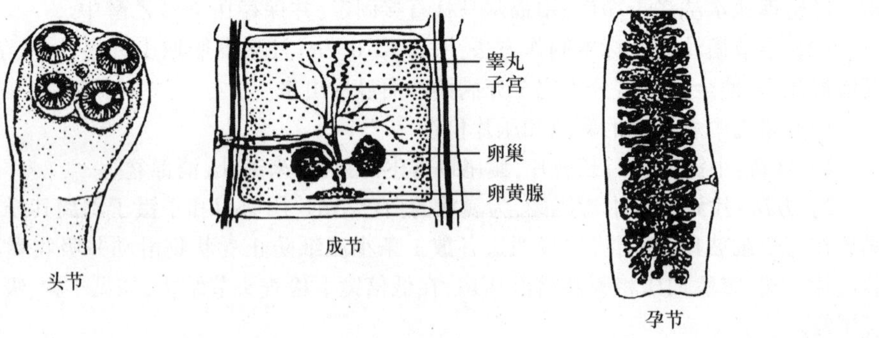

图 6-3-2　肥胖带吻绦虫

2. 示教

牛带绦虫（大体标本）：注意虫体外形、长度、头节和链体。与猪带绦虫相似，不同点见表 6-3-1。

三、细粒棘球绦虫（包生绦虫）

【实验目的】

（1）掌握棘球蚴和细粒棘球绦虫的成虫的形态特征。

（2）结合病理标本了解包虫对人体的损害。

【实验材料】　棘球蚴囊壁病理切片标本（HE 染色）棘球蚴砂封片标本、细粒棘球绦虫成虫玻片标本（卡红染色）、棘球蚴大体病理标本。泡状棘球蚴玻片标本（HE 染色）。多房棘球绦虫成虫玻片标本（卡红染色）。

【实验内容】

1. 标本观察

（1）成虫（玻片染色标本）：成虫是绦虫中最小的虫种之一，体长2～7mm，平均仅3.6mm。除头颈除外，整个虫体只有幼节、成节和孕节各一节，偶或多一节。头节略呈梨形，具有顶突和4个吸盘。顶突富含肌肉组织，伸缩力很强，其上有两圈大小相间的小钩共28～48个，呈放射状排列。各节片均为扁长形。成节的结构与带绦虫相似，生殖孔位于节片一侧的中部偏后。睾丸球形，均匀地散布在生殖孔水平线前后方。孕节的生殖孔更靠后，子宫具不规则的分支和侧囊（图6-3-3）。

图6-3-3　细粒棘球绦虫成虫

（2）原头蚴（玻片染色标本）：呈椭圆形，具吸盘和细钩。

（3）棘球蚴切片标本（玻片标本）：外层是宿主组织的反应物为假囊壁，真囊壁分为内外两层，外层为角皮层，无细胞结构，内层为生发层（胚层），具细胞核和微粒物质，胚层长出原头蚴。

2. 示教　棘球蚴在肝脏内的液浸标本（大体标本）、寄生于牛或羊肝脏内的棘球蚴、圆形囊状物。

四、微小膜壳绦虫（短小膜壳绦虫）

【实验目的】

（1）掌握微小膜壳绦虫卵的形态特征。

（2）了解成虫和似囊尾蚴的形态特征。

【实验材料】　微小膜壳绦虫虫卵玻片封片标本、缩小膜壳绦虫虫卵玻片封片标本、微小膜壳绦虫成虫固定标本、成虫头节玻片标本（卡红染色）、成节玻片标本（卡红染色）、孕节封片标本（墨汁染色）、缩小膜壳绦虫成虫整装固定标本、成节玻片标本（卡红染色）、成虫头节玻片标本（卡红染色）、孕节玻片标本（卡红染色）。

【实验内容】

1. 标本观察

（1）虫卵（玻片标本）：圆形或近圆形，大小为（48～60）μm×（36～48）μm，无色透明。卵壳很薄，其内有较厚的胚膜，胚膜两端略凸起并由该处各发出4～8根丝状物，弯曲地延伸在卵壳和胚膜之间，胚膜内含有一个六钩蚴。

（2）成虫（玻片标本）：成虫为小型绦虫，体长5～80mm（平均20mm），宽0.5～1mm。头节呈球形，直径0.13～0.4mm，具有4个吸盘和1个短而圆可自由伸缩的顶突。顶突上有20～30个小钩，排成一圈。颈部较长而纤细。链体由100～200个节片组成，最多时可达1000个节片。所有节片均宽大于长并由前向后逐渐增大。成节有3个较大的圆球形睾丸，横列在节片中部，贮精囊较发达。卵巢呈分叶状，位于节片中央。卵黄腺球形，在卵巢后方的腹面。孕节子宫呈袋状，其中充满虫卵并占据整个节片。

（3）似囊尾蚴（玻片标本）：高倍镜观察，包在肠绒毛内，呈梨形，头向内陷，可见吸盘和小钩。

2. 示教

成虫（大体标本）：肉眼观察，乳白色，体扁小。

五、曼氏迭宫绦虫

【实验目的】 掌握裂头蚴的形态特征。

【实验材料】 裂头蚴玻片标本（卡红染色）、曼氏迭宫绦虫成节封片标本（卡红染色）、5%甲醛保存的曼氏迭宫绦虫虫卵、盖玻片、小镊子、10%甲醛固定曼氏迭宫绦虫成虫玻片标本、原尾蚴玻片标本（卡红染色）、剑水蚤（卡红染色）。

【实验内容】

1. 标本观察

（1）卵（玻片标本）：椭圆形，两端稍尖，长52～76μm，宽31～44μm，呈浅灰褐色，卵壳较薄，一端有卵盖，内有一个卵细胞和若干个卵黄细胞。

（2）成虫头节（玻片标本）：呈指状，其背腹面各有一条纵行的吸槽。

（3）成节（玻片标本）：成节子宫呈螺旋状盘曲，紧密重叠，似金字塔状。

（4）裂头蚴（玻片标本）：长带形，白色，约300mm×0.7mm，头端膨大，中央有一明显凹陷，与成虫头节略相似；体不分节但具有不规则横皱褶，后端多呈钝圆形，活时伸缩能力很强。

2. 示教

（1）成虫（大体标本）：长60～100cm，宽0.5～0.6cm。头节细小，长1～1.5mm，宽0.4～0.8mm，呈指状，其背、腹面各有一条纵行的吸槽。颈部细长，链体有节片约1000个，节片一般宽度均大于长度，但远端的节片长宽几近相等。成节和孕节的结构基本相似（图6-3-4）。

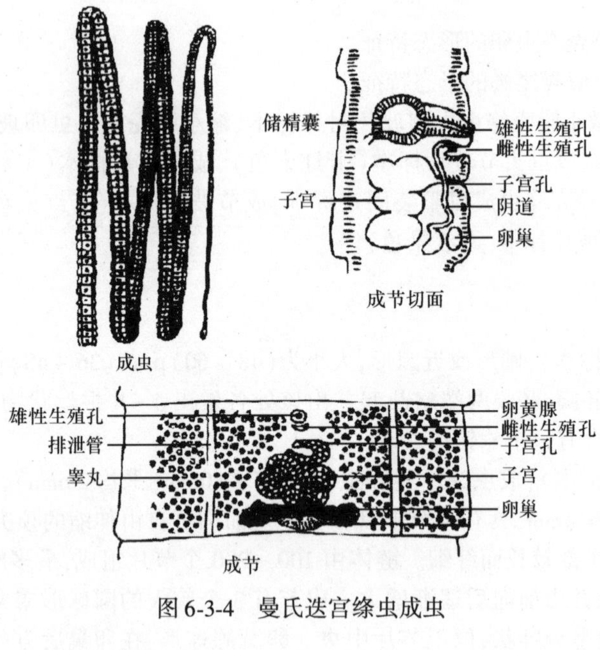

图6-3-4 曼氏迭宫绦虫成虫

（2）中间宿主及幼虫（大体标本）

1）中间宿主——剑水蚤。

2）裂头蚴在第二中间宿主——蛙肌肉内。

裂头蚴长带形，乳白色，约300mm×0.7mm，头部膨大，末端钝圆，体前端无吸槽，中央有一明显凹陷，是与成虫相似的头节。体不分节但具横皱褶。

3. 操作

解剖青蛙找裂头蚴：用小锥从枕骨大孔刺入，处死青蛙。使蛙腹朝上，四肢伸展，固定在解剖板上,剪开腹部皮肤,剥去外皮,在肌肉束间寻找裂头蚴,观察幼虫的形态、颜色和活力。

实验四　医学原虫

一、溶组织内阿米巴和其他阿米巴

【实验目的】

(1) 掌握溶组织内阿米巴滋养体和包囊的形态特点。

(2) 掌握溶组织内阿米巴常用诊断方法。

(3) 熟悉溶组织内阿米巴的致病作用。

(4) 了解溶组织内阿米巴与结肠阿米巴形态鉴别要点。

【实验材料】　溶组织内阿米巴包囊携带者粪便涂片染色玻片标本(铁苏木精染色)。阿米巴痢疾患者黏液血便涂片染色玻片标本(铁苏木精染色)。溶组织内阿米巴包囊携带者粪便涂片染色玻片标本(碘液染色)。

【实验方法】

1. 溶组织内阿米巴　标本观察。

(1) 滋养体(玻片标本):铁苏木素染色标本。先用低倍镜找到虫体,然后用油镜观察,或直接用油镜寻找。虫体外质透明,可见舌状或指状伪足,内质呈颗粒状,颗粒细小而均匀,内有一个核,圆形,核膜内缘的染色质粒大小较一致,排列整齐,核仁小而圆,位于中央。部分滋养体内质含有红细胞,红细胞的形态随消化程度不同而异。有些滋养体内质还含有空泡。

(2) 包囊(玻片标本):铁苏木素染色。包囊呈圆球形,染成蓝黑色。囊壁厚,不着色。核通常1~4个,成熟包囊具4个核,核结构与滋养体相同,糖原泡在染色时被溶解,成为空泡,拟染色体深蓝色,棒状,两端较钝圆。成熟包囊常缺拟染色体。

(3) 病理标本

1) 肠阿米巴病理标本(玻片标本):肠壁溃疡呈散在性分布,大小不一,病变中央组织缺损,周围组织水肿而隆起,形成火山口样。多个溃疡融合后,使少块肠黏膜组织坏死、脱落,形成浅表溃疡。溃疡口小底大,溃疡之间仍可见到正常组织。

2) 肠阿米巴病理组织切片(玻片示教):在溃疡周围组织可见到滋养体、大量白细胞浸润。经 HE 染色,滋养体染成桃红色,胞核和吞噬的红细胞染成深桃红色。

3) 阿米巴肝脓肿病理标本(玻片示教):脓肿多发生在肝右叶,常为单个,脓腔周围组织坏死,使腔壁不整齐,呈棉絮状。

2. 操作

(1) 活滋养体观察(示教):取一洁净玻片,中央滴一滴生理盐水,挑取有脓血黏液的粪便少许,在生理盐水中混匀,涂开,盖上盖玻片。高倍镜下检查。活滋养体的外质透明,伸出指状或舌状伪足作定向运动,使虫体形态不断发生变化。内质可见细胞核和内含物。如果标本取自培养液,虫体内可含有许多淀粉颗粒。

注意:如果天气寒冷,取得的标本要立即检查或保温处理,否则原虫的活动力减弱。检材应挑取有脓血部分,可提高检出率。

(2) 碘液染色标本(示教):挑取少许粪便制成涂片,加上盖玻片,在盖玻片旁边滴一滴碘液(碘液不宜过多),使碘液慢慢掺到粪液中,置高倍镜下观察。染色后包囊呈棕黄色,圆球形,囊壁不着色,发亮。核呈小圆圈状、糖原泡着色较深,边界不明显。拟染色体呈亮棒状。

包囊的碘液染色检查:同直接涂片法,以一滴碘液代替生理盐水。如碘液过多,可用吸水纸从盖片边缘吸去过多的液体。若同时需检查活滋养体,可在用生理盐水涂匀的粪滴附近滴一滴碘液,取少许粪便在碘液中涂匀,再盖上盖片。涂片染色的一半查包囊;未染色的一半查活滋养体。

碘液配方:碘化钾 4g,碘 2g,蒸馏水 100ml。

二、结肠内阿米巴

【实验目的】 熟悉结肠内阿米巴的形态特征。

【实验材料】 结肠内阿米巴包囊携带者粪便涂片碘液染色玻片标本;结肠内阿米巴滋养体染色玻片标本。

【实验方法】

1. 玻片观察

(1) 滋养体铁苏木素染色标本(玻片标本):较溶组织内阿米巴的滋养体略大,内质、外质分界不甚明显,食物泡内含有细菌和淀粉颗粒等,但不含红细胞。核仁常常偏于一边。核膜内缘的染色质粒粗而不均匀,排列不整齐。

(2) 包囊铁苏木素染色标本(玻片示教):较溶组织内阿米巴的包囊大,圆球形,胞核 1 ~ 8 个,核构造和滋养体相似。拟染色体的两端不整齐似碎片状或草束状。

1) 齿龈内阿米巴滋养体(玻片标本):虫体小,仅有滋养体时期,内质和外质的界限分明,食物泡内含有细菌、白细胞等物,偶有红细胞,核仁居中,有核周染色粒。

2) 微小内蜒阿米巴(玻片标本)

滋养体:新鲜标本直接涂片中虫体细小。运动缓慢,可有多个伪足。胞核一个,内外质不分明,内质粗糙,含有细菌。有一粗大明显核仁,无核周染色质粒。

包囊:较溶组织阿米巴细小,类圆形或椭圆形,核 1 ~ 4 个,核仁粗大而不规则,核膜薄,无核周染色质粒,缺拟染色体。

3) 布氏嗜碘阿米巴滋养体(玻片标本):虫体细小,新鲜标本生理盐水涂片中伪足宽大,运动缓慢。食物泡内含有细菌,染色标本中核仁大而且居中央,核膜内缘的染色质粒不明显。

2. 操作

碘液染色标本:挑取少许粪便制成涂片,加上盖玻片,在盖玻片旁边滴一滴碘液(碘液不宜过多),使碘液慢慢渗到粪液中,置高倍镜下观察。染色后包囊呈棕黄色,圆球形,囊壁不着色,发亮。核呈小圆圈状、糖原泡着色较深,边界不明显。拟染色体呈亮棒状。

三、蓝氏贾第鞭毛虫(贾第虫)

【实验目的】

(1) 掌握滋养体和包囊的形态特征。

(2) 了解病原学诊断方法。

【实验材料】 蓝氏贾第鞭毛虫感染者成形粪便涂片玻片标本(铁苏木精染色)。蓝氏贾第鞭毛虫慢性腹泻患者的稀便涂片玻片标本(铁苏木精或姬姆萨染色)。

【实验内容】

标本观察(自学)

(1) 滋养体(玻片标本):铁苏木素染色标本。正面观似半个纵切的倒置梨形,侧面观呈瓢状。两侧对称,背面隆起,腹面前半部向内凹陷形成左右两叶吸盘,每叶吸盘的背侧备有一个圆形的泡状细胞核。一对轴柱纵贯虫体,中部有 2 个半月状中体。鞭毛 4 对,按伸出虫体的部位分前侧鞭毛、后侧鞭毛、腹鞭毛和尾鞭毛各一对(图 6-4-1)。

(2) 包囊(玻片标本):铁苏木素染色标本包囊呈卵圆形,囊壁很厚,不着色。两对核偏于一端,核仁清晰,并可见到鞭毛、轴柱及丝状物。

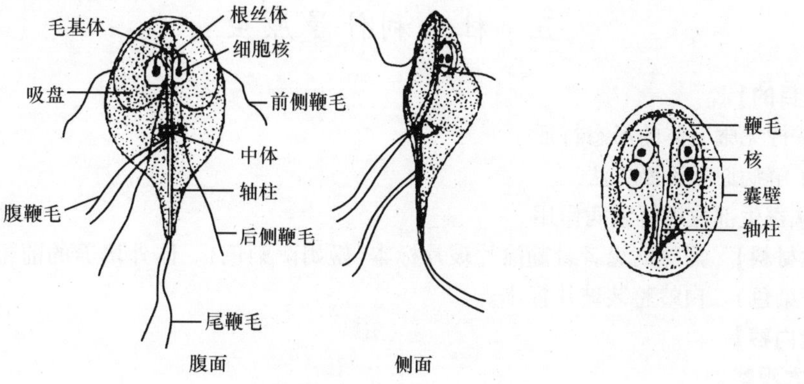

(a) 滋养体　　(b) 成熟包囊

图 6-4-1　蓝氏贾第鞭毛虫

四、阴道毛滴虫

【实验目的】 掌握阴道毛滴虫的形态。

【实验材料】 阴道毛滴虫感染者阴道分泌物涂片(姬姆萨染色)。

【实验内容】

1. 标本观察

阴道毛滴虫滋养体(玻片标本):虫体呈梨形或椭圆形,轴柱贯穿虫体并从末端伸出,虫体前1/3处可见一个椭圆形胞核,从虫体前缘发出4根前鞭毛和1根后鞭毛。体外侧前1/2处有一波动膜,其外缘与向后延伸的后鞭毛相连。胞质内可见深染、颗粒状的氢化酶体(图 6-4-2)。

2. 操作

(1) 阴道毛滴虫活滋养体(示教):活滋养体呈无色透明状,有折光性,体态多变,活动力强。

(2) 阴道毛滴虫的培养:常用肝-胨-糖培养基的培养配方。

1) 培养基的配制:15% 肝浸液 100ml;蛋白胨 2g;葡萄糖 0.5g。

将以上成分混合,加热使溶,经滤纸过滤,调节 pH 至 5.5 ~ 6.0。每管分装 5ml,8 磅 20min 高压灭菌,冷却后,置37℃恒温箱中24h,证明无菌后,储存于冰箱备用。接种前每管加灭活无菌马血清 1ml,即可用。15%肝浸液的制备:取牛或兔肝 15g,洗净,剪碎如小米粒大小,浸入 100ml 蒸馏水中,置冰箱过夜,次日煮沸半小时,用四层纱布过滤除去渣滓,补充蒸馏水至 100ml,即成 15% 肝浸液。

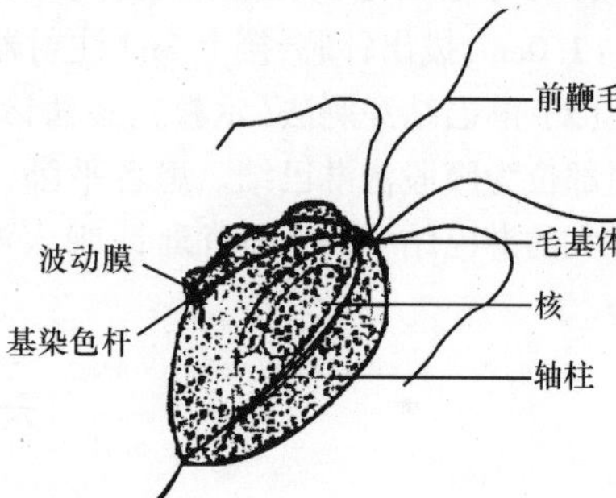

图 6-4-2　阴道毛滴虫

2) 培养方法:①以无菌棉拭从阴道后穹隆处取分泌物,无菌接种入上述的培养基中;②初次接种和第 1、2 次转种时,应加青霉素 5 万 ~ 10 万单位/2ml 培基;③培养温度以 37℃为宜;④pH 在 5.4 ~ 6.8。

(3) 直接涂片法检查阴道毛滴虫:用消毒棉签在患者阴道后穹隆及阴道壁上取分泌物,涂在滴加生理盐水的载玻片上,加盖玻片,镜检,可见活滋养体。

(4) 悬滴法检查阴道毛滴虫：取阴道分泌物置于周缘涂抹一薄层凡士林盖片上的生理盐水中，翻转盖片小心覆盖在具凹孔的载玻片上，稍加压使两片黏合，液滴悬于盖片下面，镜检。

五、杜氏利什曼原虫

【实验目的】

(1) 掌握无鞭毛体的形态特征。

(2) 了解病原学诊断方法。

(3) 从寄生部位理解致病作用。

【实验材料】 黑热病患者骨髓涂片玻片标本(姬姆萨染色)。体外培养的前鞭毛体玻片标本(姬姆萨染色)。白蛉整装玻片标本。

【实验内容】

1. 标本观察

(1) 无鞭毛体(标本观察)：骨髓涂片染色，在巨噬细胞内或细胞外有许多分散或成堆集在一起的虫体，选择细胞外的散在虫体仔细观察。虫体细小，圆形或椭圆形，姬氏染色标本中，胞质呈天蓝色，胞核一个，团块状，呈红色，动基体呈小杆状，基体和鞭毛根不易见到。

(2) 前鞭毛体(玻片标本)：染色标本。虫体窄而细长，前端稍宽，后部窄细，成熟虫体呈梭形，前端有一游离鞭毛，与虫体等长，体核靠近中部，基体在动基体之前，并由此处发出一根鞭毛。

2. 示教

媒介——白蛉(示教)：为一种小型昆虫，外形似蚊，较小。全身多细毛，头部有复眼一对，胸部向背面隆凸，有翅一对。

3. 操作

(1) 骨髓穿刺法(示教)：患者侧卧，显露髂骨部位，常规消毒铺巾，局部麻醉，依据年龄选择17～20号带有针芯的消毒穿刺针，在髂骨前上棘后约1cm处进针，触及骨面后，慢慢钻入骨内0.5～1.0cm，拔出针芯，接上2ml注射器，抽取骨髓液少许作涂片或培养。

(2) 淋巴结穿刺法(示教)：该法诊断利什曼原虫的检出率不及骨髓液检查高，但简便易行，常用部位为腹股沟淋巴结。患者平卧，显露腹股沟部，常规消毒铺巾，局麻后，用拇指和食指压紧肿大的淋巴结，取6号消毒针刺入淋巴结内，稍待片刻拔出针头，取抽出液作涂片或培养检查。

六、疟　原　虫

【实验目的】

(1) 学习疟原虫生活史，理解疟原虫的致病机理。

(2) 掌握疟原虫病原学诊断方法及三种疟原虫的鉴别要点。

(3) 初步了解疟原虫的媒介——按蚊。

(4) 认识疟疾的防治要点。

(5) 学习研究疟原虫的基本方法。

【实验材料】 间日疟原虫感染者薄血膜涂片(姬姆萨染色)。间日疟原虫感染者厚血膜涂片(姬姆萨染色)。恶性疟原虫感染者薄血膜涂片(姬姆萨染色)。三日疟原虫感染者薄血膜涂片(姬姆萨染色)。疟原虫感染蚊唾腺内子孢子涂片(姬姆萨染色)。蚊胃上的疟原虫子孢子卵囊(铁苏木精染色)。

【实验内容】

1. 标本观察

（1）红细胞内期疟原虫

1）间日疟原虫

环状体(玻片标本)：纤细环状，直径约占红细胞的1/3。染色后胞质蓝色，有一深红色的核，中间为空泡，形似红宝石戒指。

滋养体(玻片标本)：核略增大，形态视发育时间和活动情况而多变，可见伪足，胞质内有黄棕色烟丝状疟色素，被寄生的红细胞略胀大，染色变淡，并出现淡红色的薛氏点。

裂殖体(玻片标本)：早期裂殖体只见核分裂而无胞质分裂。成熟裂殖体含12～24个椭圆形裂殖子，排列不规则，疟色素集中在中央。虫体占满胀大的红细胞。

配子体(玻片标本)：①雄配子体：圆形，略大于正常红细胞，胞质色蓝略带红，核疏松，淡红色，位于中央，疟色素分散。②雌配子体：圆形，占满胀大的红细胞，胞质蓝色，核结实，较小，深红色，偏于一侧，疟色素分散。

2）恶性疟原虫

环状体(玻片标本)：需与间日疟原虫比较。虫体小，直径约为红细胞的1/5，常见多个虫体寄生在一个红细胞内，且有虫体寄生在红细胞的边缘，一个虫体有2个核较常见。

配子体(玻片标本)：①雄配子体：腊肠形，两端钝圆，胞质色蓝略带红，核位于中央，疏松、淡红色，疟色素黄棕色，小杆状，在核周围较多。②雌配子体：新月状，两端较尖。胞质蓝色。核位于中央，结实，较小，深红色。疟色素深褐色，多在核周围。

3）三日疟原虫

环状体(玻片标本)：环较粗大，约为红细胞直径的1/3。

滋养体(玻片标本)：胞质横贯红细胞呈带状或卵圆形，胞质内少有空泡，几乎看不见伪足，胞质分布不均匀，疟色素出现较早，深褐色，呈颗粒状，且沿虫体边缘分布。被寄生的红细胞大小无改变。

裂殖体(玻片标本)：成熟裂殖体含有6～12个裂殖子，排列规则，呈花瓣状，疟色素集中在中央。颗粒粗大，呈深棕色。

配子体(玻片标本)：与间日疟原虫配子体相似。但虫体的外形较规则，多呈圆形。疟色素多而粗大。红细胞大小无改变。

（2）红细胞外期疟原虫(玻片标本)

1）蚊体内发育的疟原虫。

2）卵囊：圆球形或椭圆形，内含有许多子孢子。子孢子：梭形，两端尖细，大小约为1μm×8μm，姬氏染色核红色，胞质天蓝色。

2. 示教　疟疾媒介——按蚊(针插标本)中华按蚊、微小按蚊、大劣按蚊。

3. 操作

（1）血涂片制作及染色(操作)

1）取血与涂片：用75%乙醇棉球消毒耳垂，待干后用左手拇指与食指捏着耳垂下方，并使耳垂下侧方皮肤绷紧，右手持取血针、刺破皮肤，挤出血滴。薄、厚血膜可涂制在同一张玻片上。

薄血膜制片：在载玻片1/3与2/3交界处蘸血一小滴，以一端缘光滑的载片为推片，将推片的一端置于血滴之前，待血液沿推片端缘扩散后，自右向左推成薄血膜。操作时两载片间的角度为30°～45°，推动速度适宜。理想的薄血膜，应是一层均匀分布的血细胞，血细胞间无空隙且涂血膜末端呈扫帚状。

厚血膜制片：载玻片的另一端(右)1/3处蘸血一小滴(约10mm³)，以推片的一角，将血滴自内向外作螺旋形摊开,使之成为直径 0.8 ~ 1cm,厚薄均匀的厚血膜。厚血膜为多层血细胞的重叠,约等于 20 倍薄血膜的厚度。

2) 固定与染色:血片必须充分晾干,否则染色时容易脱落。固定时用小玻棒蘸甲醇或无水乙醇在薄血膜上轻轻抹过。如薄、厚血膜在同一玻片上,须注意切勿将固定液带到厚血膜上,因厚血膜固定之前必须先进行溶血。可用滴管滴水于厚血膜上,待血膜呈灰白色时,将水倒去,晾干。在稀释各种染液和冲洗血膜时,如用缓冲液则染色效果更佳。

3) 常用的染色剂有姬氏染剂、瑞氏染剂。

姬氏染色法:用 pH 7.0 ~ 7.2 的缓冲液,将姬氏液稀释;比例为 15 ~ 20 份缓冲液加 1 份姬氏染液。用蜡笔划出染色范围,将稀释的姬氏染液滴于已固定的薄、厚血膜上,染色半小时(室温),再用上述缓冲液冲洗。血片晾干后镜检。

瑞氏染色法:瑞氏染液含甲醇,薄血膜不需先固定;而厚血膜则需先经溶血,待血膜干后才能染色。染色前先将溶过血的厚血膜和薄血膜一起用蜡笔划好染色范围,以防滴加染液时四溢。滴染液使覆盖全部厚、薄血膜上,0.5 ~ 1min 后用滴管加等量的蒸馏水,轻轻摇动载玻片,使蒸馏水和染液混合均匀,此时出现一层灿铜色浮膜(染色),3 ~ 5min 后用水缓慢地从玻片一端冲洗(注意勿先倒去染液或直对血膜冲洗),晾干后镜检。

(2) 间接荧光抗体试验

1) 抗体——兔抗人 IgG 荧光抗体。使用时用 pH 8.0,0.01mol/L PBS 溶液稀释至工作浓度(约 1 : 8 或 1 : 16)抗原标本:新发作的同种疟原虫感染者的血涂片,干后置 0.1mol/L HCl 液中脱血 5min。流水冲洗后置上述 PBS 溶液内浸泡 5min,取出风干。

2) 被检血清:用上述 PBS 溶液将被检血清稀释为 1 : 20。

3) 染色:①吸取被检血清一滴,滴于已脱血的干燥抗原血膜上,铺开,置保湿盒内,于 37℃ 温箱中孵育 30min。②用上述 PBS 溶液冲洗 1min 后,重复两次,每次 5min。取出并风干。③滴加兔抗人 IgG 荧光抗体(稀释为 1 : 8 或 1 : 16,含 1/10000 伊文思蓝)于已作抗原抗体反应的血膜上。置湿盒内,于 37℃ 温箱内孵育 30min。④同第②步洗去多余的荧光抗体。⑤染好并干燥的血片标本,用 pH 8.5 或 8.0 的碳酸盐(或磷酸盐)缓冲甘油封片。也可在血标本上加一小滴 PBS 溶液(pH 8.0)覆以盖玻片后作荧光镜检查。⑥结果判断标准:根据裂殖体和滋养体的荧光强度分级。

+++ ~ ++++:原虫胞浆荧光明亮。形态结构清楚。

++:原虫胞浆荧光一般明亮,形态结构清楚。

+:原虫胞浆清楚可见,形态结构不太清楚。

±:原虫胞浆不显荧光。

在血清稀释度为 1 : 20 时,+以上的荧光强度为阳性反应。

(3) 疟原虫在蚊体内的发育实验观察:本实验是观察鸡疟原虫在白纹伊蚊体内的发育过程。

1) 将雌性白纹伊蚊一批置蚊笼内饥饿 1 天(仅用清水饲养),次日用人工膜喂血法使蚊媒吸饱带有配子体的鸡血(取自保种鸡)。

2) 喂食后 2h 把蚊媒吸出,分别置 1、2、3 号蚊笼内,在 25 ~ 28℃ 和 75% ~ 90% 相对湿度下,用 10% 葡萄糖水喂养。

3) 吸血后 3 ~ 4h,将 1 号蚊笼内的蚊媒吸出麻醉致死,解剖,将蚊胃移到干净处,撕破胃壁,挤出血液,把血液做成涂片、染色、镜检、可见雄配子体的出丝现象。

4) 吸血后的第 4 ~ 5 天,解剖 2 号蚊笼内的蚊媒,将胃移至干净玻片上,加一滴生理盐水,加上盖玻片,置镜下检查卵囊。(先在低倍镜下用解剖针轻轻推动盖玻片,使胃壁翻转 1 周,检查到卵囊时再用高倍镜观察。)

5) 轻轻按住卵囊使之破裂,子孢子逸出,染色,油镜观察。

6) 吸血后约 10 天,解剖 3 号蚊笼的蚊媒,分离唾液腺,移至干净玻片上,用解剖针将之挑破,并轻轻挤压,在高倍镜下观察。子孢子呈镰刀状,两端尖细,有折光性,微弱运动。观察活体之后再用姬氏染色。

七、刚地弓形虫

【实验目的】

(1) 掌握弓形虫滋养体的形态特点。

(2) 了解弓形虫的检查方法。

(3) 了解弓形虫对人体的致病作用及其致病条件,以及宿主免疫功能在发病过程中的重要性。

【实验材料】 弓形虫感染鼠腹腔液涂片(姬姆萨染色)。弓形虫感染猫粪生理盐水涂片。

【实验内容】

1. 标本观察

(1) 滋养体(玻片标本):姬氏染色,香蕉形或半月形,一端较尖,一端钝圆,一侧扁平,一侧隆起,长 4 ~ 7um,细胞质呈蓝色,细胞核呈紫红色,位于虫体中央。

(2) 包囊染色(玻片标本):检材取自慢性感染小白鼠的脑组织。包囊呈圆形或卵圆形,大小差别很大(直径 5 ~ 100μm)囊壁不着色,内含数个或数千个缓殖子(酷似速殖子)。

2. 操作 弓形虫病原学检查及动物接种。

1) 液体检材:检查血液按常规制作血涂片。检材如为脑脊液或病理渗出液(如腹水),离心后取沉渣滴片加盖玻片镜检。活弓形虫速殖子呈新月状,甚活跃。运动方式:滑行,旋转,翻筋斛。沉渣亦可制成涂片染色镜检。如查不到弓形虫,可做动物接种。

2) 固体检材:病理切片检查。在病理组织内不容易查到病原体,尤其慢性患者。动物接种分离病原体可大大提高检出率。方法如下:用研磨器将花生米大小的待检组织研磨成匀浆,加生理盐水 2ml 稀释,吸取 2ml 经腹腔内接种小白鼠(一般 3 只),7 ~ 10 天后如小白鼠发病,则见其食欲下降、呆滞、松毛、眼睛干涩。抽出腹水可查到速殖子。如阴性,用接种鼠的腹水转种 2 ~ 3 代。

八、卡氏肺孢子虫

【实验目的】

(1) 熟悉卡氏肺孢子虫包囊的形态特征。

(2) 了解卡氏肺孢子虫包囊的检查方法。

【实验材料】 肺孢子虫感染大鼠肺组织印片(姬姆萨染色)。肺孢子虫感染大鼠肺组织印片(四胺银染色)。

【实验内容】

1. 标本观察

(1) 滋养体(标本标本):外形多变,大小 2 ~ 5μm。一个核染成深紫色,胞质浅蓝色。

(2) 包囊(标本标本):呈球形,直径 4 ~ 6μm,内有新月状子孢子 8 个。

(3) 假包囊(玻片标本):为巨噬细胞内含有多个速殖子的集合体,宿主细胞核常被挤向一边。

2. 操作

(1) 包囊检查:取一小块肺组织作涂片,自然干燥后甲醇固定,用改良银染色法进行染色。

(2) 改良银染色法染色步骤

1) 将肺涂片置于5%铬酸,氧化15min,温度为20℃。氧化后的标本均从流水冲洗数秒。

2) 1%亚硫酸氢钠经1min,自来水冲洗后,蒸馏水洗涤3~4次。

3) 放入四胺银工作液内,并在60℃孵育约90min,至标本转至黄褐色为止。流水、蒸馏水各洗5min。

4) 0.1%氯化金2~5min,蒸馏水洗4~5次。

5) 2%硫代硫酸钠5min,流水至少洗10min。

6) 亮缘复染45s。

7) 95%、99%、100%乙醇逐级脱水。

8) 二甲苯透明3次,树胶封片。

染色结果显示,卡氏肺孢子虫包囊呈圆形、卵圆形或不规则的多角形,囊壁为淡褐色或深褐色。红细胞为淡黄色,其余背景呈淡绿色。

九、隐孢子虫

【实验目的】

(1) 了解隐孢子虫抗酸染色法。

(2) 熟悉隐孢子虫卵囊形态特征。

【实验材料】 卵囊(玻片标本)。

【实验内容】

1. 标本观察

卵囊(玻片标本):检材取自腹泻患者的粪便。卵囊呈圆形或椭圆形,大小约7.4μm×5.6μm,内有4个裸露的子孢子和一团残留体。

2. 操作 隐孢子虫抗酸染色法:

(1) 以竹签挑取患者粪便少许,于载玻片上涂制成2分硬币大小的粪膜,自然干燥。

(2) 滴加甲醇固定。

(3) 置玻片于染色架上,滴加苯酚复红染液盖满粪膜,染色5min。

(4) 用水冲洗。

(5) 用10%硫酸溶液退色约2min。

(6) 用水冲洗。

(7) 用1:10孔雀绿工作液复染1min。

(8) 用水冲洗,自然干燥。

(9) 油镜检查。隐孢子虫卵囊染成玫瑰红色,背景蓝绿色。卵囊圆形或椭圆形,直径3~5μm,内含4个月芽形子孢子,排列多不规则。残余体为暗黑色颗粒状,大小不等。

实验五 医学节肢动物

一、蚊

【实验目的】

(1) 掌握成蚊外部形态特征,鉴别三属蚊的代表蚊种。

(2) 熟悉蚊与人体健康的关系。

(3) 了解三属蚊的生活史及各期形态。

【实验材料】 按蚊、库蚊、伊蚊成虫(针插大体标本)及其幼虫(玻片标本)、蛹(玻片标本)卵(玻片标本)。

【实验内容】

1. 标本观察

(1) 按蚊头部(玻片标本)

复眼:位于头部前方两侧。

触角:鞭状,共15节,向两端伸出,每节有轮毛。雄蚊轮毛长而密,雌蚊轮毛疏短。

触须:雄蚊和雌蚊的触须与喙几乎等长,雄蚊的触须末端膨大。

喙:呈细管状,由下唇和口器组成。下唇背面凹入形成鞘状结构,口器藏于其内。唇末端有两个小唇瓣。口器为刺吸式,由六根刺针组成,包括上内唇及舌各一个,上颚及下颚各一对。

(2) 库蚊头部标本(玻片标本):雌蚊和雄蚊除触角轮毛不同外,雌蚊触须较喙短,雄蚊触须较喙长。

2. 示教

(1) 成虫三属蚊(针插标本):用放大镜观察,成蚊分头、胸、腹三部。

头部:近似球形,有一对复眼、触角、触须和一根粗长的喙。注意触须和喙上的黑白斑或白环。如三带喙库蚊的喙中段有一宽阔白环。

胸部:有细长分节的足三对,狭长的翅一对。按蚊翅前缘有黑白斑。白纹伊蚊在中胸盾片上有一正中的白色纵纹。

腹部:分10节。注意背板后缘的白色横带(见于库蚊)。①按蚊针插标本;②库蚊针插标本;③伊蚊针插标本。

(2) 三属蚊卵活标本:注意各种不同蚊卵在水中的不同分布状态和排列。

按蚊卵:外形似小艇状,中部两侧有浮囊,分散在水面上。

库蚊卵:长圆形,一端较粗,互相集结呈竹筏状,浮在水面。

伊蚊卵:纺锤形,分散,常沉在水底。

(3) 三属蚊活标本:注意蚊体色,翅上斑点及静态。

1) 按蚊属:体灰色,无斑,通常翅有黑色和白色鳞片形成黑白斑。静止时喙与身体成一直线与停留面成锐角。

2) 库蚊属:体多为棕色,无斑。静止时喙与身体成钝角,身体与停留面平行。

3) 伊蚊属:体多为黑色,间有白纹,足有白环,翅无斑点。静止时喙与身体成钝角,身体与停留面平行。

(4) 三属蚊幼虫活标本观察

按蚊:尾端无呼吸管,只有一对气门,腹部背面有掌状浮毛,静止时体与水面平行。

库蚊:尾端有一长而细的呼吸管,静止于水面时头下垂,身体与水面成一角度,倒挂在水中。

伊蚊:尾端的呼吸管短而粗,静止于水面时体态如库蚊。

(5) 蛹活标本观察(示教):体形呈逗点状,分头胸和腹部,胸背部有喇叭形呼吸管一对。

二、蝇

【实验目的】

(1) 掌握蝇的各期形态特征。

(2) 了解蝇生活史各期虫体与人体疾病的关系。

【实验材料】 我国蝇种成虫(针插标本),舍蝇、大头金蝇、巨尾阿丽蝇、丝光绿蝇、棕尾别麻蝇和厩螫蝇。蝇头(玻片标本),蝇足(玻片标本),蝇翅(玻片标本),蝇幼虫(玻片标本),舍蝇幼虫后气门(玻片标本),厩螫蝇的刺吸式口器(玻片标本)。

【实验内容】

1. 标本观察

(1) 头部(玻片标本):近似半球形。复眼大,两眼间距离多以雄蝇较窄,雌蝇较宽。头顶有3个排成三角形的单眼。颜面中央有1对触角,分3节,第3节最长,其基部外侧有1根触角芒。大部分蝇类的口器为舐吸式,由基喙、中喙和1对唇瓣组成,基喙上有1对触须。

(2) 成蝇口器(玻片标本):舐吸式口器,由基喙,中喙和唇瓣组成。唇瓣一对,椭圆形,其内有许多气管样构造。

(3) 成蝇足(玻片标本):足部多毛,末端有爪及爪垫各一对,爪垫多细毛,并能分泌黏液,易于黏附病原体。

2. 示教

(1) 成蝇

1) 舍蝇(家蝇)(针插标本):体分头、胸、腹三部。胸部有翅1对,足3对,胸背有4条黑色纵纹。

2) 大头金蝇(针插标本):体具金属光泽,呈青绿色,复眼大、深红,颊部橙黄色,体胖,头部比胸部宽。

3) 麻蝇(针插标本):体灰黑色,胸背部具3条黑色纵纹,腹背部有黑白相间的棋盘状斑块。

(2) 蛹液浸标本(大体标本):表面有一层硬的蛹壳,长5~8mm,两端略圆,形似红豆,初期呈乳黄色,后逐渐呈棕褐或棕黑色。

(3) 幼虫(蛆)液浸标本(示教):圆锥形,前端较细,后端呈截面,无足无眼,乳白色,具后气门,后气门的形态因种而异。

3. 操作 蝇的吐滴习性观察:取成蝇3~5只,放入干净玻璃罩内,半小时后观察罩壁上的蝇吐出的污物。

三、白　　蛉

【实验目的】

(1) 掌握雌雄白蛉成蛉形态特征,并能与蚊相区别。

(2) 了解白蛉生活史各期的形态特征及与人体健康的联系。

【实验材料】 白蛉成虫和各期幼虫的玻片标本。

【实验内容】

1. 标本观察

(1) 白蛉成虫(示教):虫体较蚊体小,棕黄色,全身披毛,头部有大眼一对,胸部向背面隆起,似驼背,翅窄长而尖。复眼大而黑。触角细长,分为16节。触须分5节,向下后方弯曲。口器为刺吸式,喙约与头等长,基本构造与蚊同。喙内的食道向后延至头内为口腔及咽,口腔形似烧瓶,其内大多有口甲和色板;咽似舌状,内有咽甲。口甲、色板和咽甲的形态是白蛉分类的重要依据。胸背隆起呈驼背状。翅狭长,末端尖,上有许多长毛。停息时两翅向背面竖立,与躯体约呈45°角。足细长,多毛。腹部分为10节,第1~6腹节背面长有长毛,第1节的长毛竖立,第2~6节的长毛如为竖立为竖立毛类白蛉,如平卧为平卧毛类白蛉,或两者交杂为交杂毛类白蛉。腹部最后两节特化为外生殖器。

(2) 卵(玻片标本):棕色,近椭圆形,两端钝圆,卵壳上有纹饰。

(3) 幼虫(玻片标本):似小毛虫,体分节,胸3节,腹10节。头部大而色深。全身披有短毛,尾端具有长鬃。幼虫有尾鬃1对。

蛹(玻片标本):头胸部较大,腹部较细而分节。尾端附着Ⅳ龄幼虫蜕下的皮,仍可见2对尾鳍。

2. 示教　成蛉(针插标本):虫体较蚊体小,棕黄色,全身披毛,两翅竖立与身体约成45°角。注意观察腹部末端以鉴别雌雄虫。

四、蚤

【实验目的】

(1) 掌握蚤的基本形态特征。

(2) 了解蚤生活史各期形态。

【实验材料】　蚤(印鼠客蚤)成虫(玻片标本),蚤卵(玻片标本)蚤幼虫(玻片标本),蚤蛹(玻片标本)。

【实验内容】

1. 玻片标本

(1) 蚤成虫(玻片标本):体侧扁,分为头、胸、腹3部分。

1) 头部:略呈三角形,中央为触角窝将头分为前头和后头两部分,前头上方称额,下方称颊。触角1对,分3节,末节膨大。1对单眼位于触角沟前方。前头腹面有刺吸式口器,由针状的下颚内叶1对和内唇组成食物管,外包以分节的下唇须形成喙。蚤头部有眼鬃、颊鬃、后头鬃。

2) 胸部:无翅。腹面有足3对长而发达,尤以基节特别宽大,跗节分为5节,末节具有爪1对。

3) 腹部:由10节组成,前7节称正常腹节,每节背板两侧各有气门1对。末3节变为外生殖器。

(2) 蚤卵(玻片标本):蚤卵椭圆形,乳白色,大小为0.5mm,外表光滑。

(3) 蚤幼虫(玻片标本):蚤幼虫乳白色,虫体细长,蠕虫状,无眼,口器咀嚼式,体分13节,每节都有鬃毛。

(4) 蚤蛹(玻片标本):乳白色,已具头、胸、腹雏形。

2. 示教　蚤成虫(瓶装标本):放大镜观察。体呈黄褐色,分节,短小,两侧稍扁平,无翅,足三对。

五、虱

【实验目的】

(1) 掌握虱成虫外部形态特征。

(2) 了解虱生活史各期形态。

【实验材料】　人虱成虫(玻片标本)。

【实验内容】

1. 人虱成虫(玻片标本)　灰白色或灰色,体背腹扁平,分头、胸、腹三部。头略作锥形,黑眼一对,刺吸式口器,足三对,短,跗节末端有一爪与胫节末端的胫突相对形成攫握器,紧握宿主的头发或衣服纤维。一般认为人虱又分为两个亚种:人头虱和人体虱。

2. 耻阴虱(玻片标本)　长宽接近,但腹部宽度大于长度,形似蟹。

3. 虱卵　黏附在毛发上(玻片标本)长圆形,黄白色,一端有卵盖。

六、蜚蠊(蟑螂)

【实验目的】　掌握蜚蠊成虫外部形态特征。

【实验材料】 美洲大蠊成虫(玻片标本)、德国小蠊成虫(玻片标本)和卵荚(玻片标本)。

【实验内容】

1. 美洲大蠊成虫(玻片标本) 成虫虫体较大,椭圆形,背腹扁平,体呈红褐色,体表有油亮光泽。前胸背部有一黑褐色蝶状斑,斑的中线向后延伸成一"小尾",中线前方有一"T"形黄色条纹,翅发达。

2. 德国小蠊成虫(玻片标本) 体小,茶褐色,前胸背板有两条平行的黑色纵纹。

3. 卵荚(玻片标本) 暗褐色,形似红豆,鞘壳坚硬,外有纵纹,卵成对排列在鞘内。

七、蜱 与 螨

【实验目的】

(1) 掌握蜱的一般形态特征。

(2) 掌握疥螨、蠕形螨的形态特征及检查方法。

(3) 了解疥螨、蠕形螨对人体的致病作用。

【实验材料】 全沟硬蜱(玻片标本),亚东璃眼蜱(玻片标本)。人疥螨(玻片标本),蠕形螨(玻片标本),革螨(玻片标本),尘螨(玻片标本),地里纤恙螨恙螨幼虫(玻片标本)。

【实验内容】

1. 硬蜱成虫 体稍大,分为躯体和假头(颚体),躯体背部有盾板,足 4 对。

2. 软蜱成虫 体分为躯体和假头(颚体),假头位于躯体前端腹面,从背面看不见,足 4 对,躯体无盾板。

3. 疥螨(玻片标本示教) 虫体小,短椭圆形,背面有波状皱纹和长短不一的刚毛和刺,足 4 对,较短,雌雄成螨前两对足末端均有长柄吸垫。

4. 恙螨幼虫(玻片标本示教) 幼虫足 3 对,躯体背部有盾板,形状随虫种而异,盾板上有 2 根感毛及 4 根盾板毛,背毛有序排列,有分类学上的意义。

5. 蠕形螨 成虫玻片标本(示教):体长,呈蠕虫状,乳白色,躯体分足体和末体两部分,末体表有环状横纹。毛囊蠕形螨较长,足体约占躯体的 1/3,足 4 对,末体占体长的 2/3。皮脂蠕形螨略短,足体约占体长的 1/2。

6. 蠕形螨检查 取一定大小的单面透明胶,在睡前贴在鼻尖、左右两侧的鼻翼、鼻唇沟等部位,次日起床后揭开,贴附在干净载玻片上,置镜下找虫。

实验六 常用寄生虫检测技术

一、粪 便 检 查

粪便检查是诊断寄生虫病常用的病原学检测方法。粪便必须新鲜,送检时间一般不宜超过 24h。如检查肠内原虫滋养体,最好立即检查,或暂时保存在 35 ~ 37℃ 条件下待查。盛粪便的容器须洁净、干燥,并防止污染;粪便不可混入尿液及其他体液等,以免影响检查结果。具体方法如下。

(一) 直接涂片法

用以检查蠕虫卵、原虫的包囊和滋养体。方法简便,连续作 3 次涂片,可以提高检出率。

1. 蠕虫卵检查 滴一滴生理盐水于洁净的载玻片上,用棉签棍或牙签挑取绿豆大小的粪便块,在生理盐水中涂抹均匀;涂片的厚度以透过玻片隐约可辨认书上的字迹为宜。一般在低倍镜下检查,如用高倍镜观察,需加盖片。应注意虫卵与粪便中的异物鉴别。虫卵都具有一定形状和大小；卵壳表面光滑整齐，具固有的色泽；卵内含卵细胞或幼虫。

2. 原虫检查

(1) 活滋养体检查：涂片应较薄，方法同查蠕虫卵。气温愈接近体温，滋养体的活动愈明显。必要时可用保温台保持温度。

(2) 包囊的碘液染色检查：直接涂片方法同上，以一滴碘液代替生理盐水，粪便涂抹方法同上。若同时需检查活滋养体，可在玻片另一侧滴一滴生理盐水。同上法涂抹粪便标本，再盖上盖片。片中滴碘液的一侧查包囊；另一侧查活滋养体。

(3) 隐孢子虫卵囊染色检查：目前最佳的方法为金安-酚改良抗酸染色法。其次为金胺酚染色法和改良抗酸染色法。对于新鲜粪便或经10%甲醛固定保存(4℃ 1个月内)的含卵囊粪便都可用这三种方法染色。

低倍荧光镜下，可见卵囊为一圆形小亮点，发出乳白色荧光。高倍镜下卵囊呈乳白或略带绿色，卵囊壁为一薄层，多数卵囊周围深染，中央淡染，呈环状，核深染结构偏位，有些卵囊全部为深染。但有些标本可出现非特异的荧光颗粒，应注意鉴别。

经染色后，卵囊呈玫瑰红色，圆形或椭圆形，背景为绿色。如染色(1.5min)和脱色(2min)时间短，卵囊内子孢子边界不明显；如染色时间长(5～10min)脱色时间需相应延长，子孢子边界明显。卵囊内子孢子均染为玫瑰红色，子孢子呈月牙形，共4个。其他非特异颗粒则染成蓝黑色，容易与卵囊区分。

不具备荧光镜的实验室，亦可用本方法先染色，然后在光镜低、高倍下过筛检查。如发现小红点再用油镜观察的效果好，可提高检出速度和准确性。

(二) 厚涂片透明法(改良加藤法)

厚涂片透明法适于蠕虫卵检查。取约50mg(已用100目不锈钢筛除去粪渣)粪便，置于载玻片上，覆以浸透甘油-孔雀绿溶液的玻璃纸片，轻压，使粪便铺开(20mm×25mm)。置于30～36℃温箱中约半小时或25℃约1h。待粪膜稍干，即可镜检。

玻璃纸准备：将玻璃纸剪成22mm×30mm大小的小片，浸于甘油-孔雀绿溶液(含纯甘油100ml、水100ml和1ml 3%孔雀绿水溶液)中至少浸泡24h，至玻璃纸呈现绿色。

使用此法需掌握粪膜的合适厚度和透明的时间，如粪膜厚透明时间短，虫卵难以发现；如透明时间过长则虫卵变形，也不易辨认。如检查钩虫卵时，透明时间宜在30min以内。

(三) 浓聚法

1. 沉淀法　原虫包囊和蠕虫卵的比重大可沉积于水底，有助于提高检出率。但比重较小的钩虫卵和某些原虫包囊则效果较差。

(1) 重力沉淀法：即自然沉淀法。本法主要用于蠕虫卵检查，蠕虫卵比重大于水，可沉于水底，使虫卵浓集。加之，经水洗后，视野清晰，易于检查。有些虫卵(如钩虫卵)比重较轻，应用此法效果不佳。本法缺点为费时，操作烦琐。

取粪便20～30g，加水制成混悬液，用金属筛(40～60孔)或2、3层湿纱布过滤，再加清水冲洗残渣；过滤粪液在容器中静置25min，到去上液，重新加满清水，以后每隔15～20min换水一次(共3～4次)，直至上清液清晰为止。最后倒去上清液，取沉渣作涂片镜检。检查血吸虫卵时，沉淀时间不宜过长，尤在室温高于15℃时，卵内毛蚴易孵化。当检查包囊时，换水间隔时间宜延长至约6h。

(2) 离心沉淀法：将上述滤去粗渣的粪液离心(1500～2000r/min)1～2min，倒去上液，注入清水，再离心沉淀，如此反复沉淀3～4次，直至上液澄清为止，最后倒去上液，取沉渣镜检。本法省时、省力，适用于临床检验。

（3）汞碘醛离心沉淀法：本法既可浓集，又可固定和染色，适用于原虫包囊、滋养体及蠕虫卵和幼虫的检查。如准确称取1g粪便，即可作蠕虫卵的定量检查。

取粪便1g，加适量（约10ml）汞碘醛液，充分调匀，用2层脱脂纱布过滤，再加入乙醚4ml，摇2min，离心（2000r/min）1～2min，即分成乙醚、粪渣、汞碘醛及沉淀物4层。吸弃上面3层，取沉渣镜检。

（4）醛醚沉淀法：取粪便1～2g置于小容器内，加水10～20ml调匀，将粪便混悬液经2层纱布（或100目金属筛网）过滤，离心（200r/min）2min；倒去上层粪液，保留沉渣，加水10ml混匀，离心2min；倒去上液，加10%甲醛7ml。5min后加乙醚3ml，塞紧管口并充分摇匀，取下管口塞，离心2min；即可见管内自上而下分为4层。取管底沉渣涂片镜检。

本法不仅浓集效果好，而且不损伤包囊和虫卵的形态，易于观察和鉴定。对于含脂肪较多的粪便，本法效果优于硫酸锌漂浮法。但对布氏嗜碘阿米巴包囊、贾第虫包囊及微小膜壳绦虫卵等的检查效果较差。

2. 浮聚法　利用比重较大的液体，使原虫包囊或蠕虫卵上浮，集中于液体表面，常用的方法有两种。

（1）饱和盐水浮聚法：此法用以检查钩虫卵效果最好，也可用于检查其他线虫卵和微小膜壳绦虫卵。但不适于检查吸虫卵和原虫包囊。用竹签取黄豆粒大小的粪便置于浮聚瓶（高3.5cm，直径约2cm的圆形直筒瓶）中，加入少量饱和盐水调匀，再慢慢加入饱和盐水至液面略高于瓶口，以不溢出为止。此时在瓶口覆盖一载玻片，静置15min后，将载玻片提起并迅速翻转，镜检。

（2）硫酸锌离心浮聚法：此法适用于检查原虫包囊、球虫卵囊、线虫卵和微小膜壳绦虫卵。取粪便约1g，加10～15倍的水，充分搅碎，按离心沉淀法过滤，反复离心3～4次，至清水为止，最后倒去上清液，在沉渣中加入比重1.18的硫酸锌液（33%的溶液），调匀后再加硫酸锌溶液至距管口约1cm处，离心1min。用金属环钩取表面的粪液置于载玻片上，加碘液一滴（查包囊），镜检。钩取标本时，用金属环轻轻接触液面即可，切勿搅动。离心后应立即取标本镜检，如若放置时间超过1h以上，会因包囊或虫卵变形而影响观察效果。

（3）蔗糖离心浮聚法：此法适用于检查粪便中隐孢子虫的卵囊。取粪便约5g，加水15～20ml，以260目尼龙袋或4层纱布过滤。取滤液离心5～10min，吸弃上清液，加蔗糖溶液（蔗糖500g，蒸馏水320ml，苯酚6.5ml）再离心，然后如同饱和盐水浮聚法，取其表面膜镜检（高倍或油镜）。卵囊透明无色，囊壁光滑，内含一小暗点和发出蛋黄色的子孢子。隐孢子虫的卵囊在漂浮液中浮力较大，常紧贴于盖片之下，鉴于1h后卵囊脱水变形不易辨认，故应立即镜检。也可用饱和硫酸锌溶液或饱和盐水替代蔗糖溶液。

3. 尼龙袋集卵法　本法主要用于血吸虫卵的浓集。先将120目/寸（孔径略大于血吸虫卵）的尼龙袋套于260目/寸（孔径略小于血吸虫卵）的尼龙袋内（两袋的底部均不粘合，分别用金属夹夹住）。取粪便30g，放入搪瓷杯内加水捣碎调匀，经60目/寸铜筛滤入内层尼龙袋，然后将两个尼龙袋一起在清水桶内缓慢上下提动洗滤袋内粪液，或在自来水莲蓬头下缓缓冲洗，至袋内流出清水为止。将120目/寸尼龙袋提出，弃取袋内粪渣，取下260目/寸尼龙袋下端金属夹，将袋内粪渣全部洗入三角量杯内，静置15min。倾去上清液，吸沉渣镜检。或将沉渣倒入三角烧瓶内作血吸虫毛蚴孵化。

本法有费时短、虫卵丢失少等优点，并可避免在自然沉淀过程中孵出的毛蚴在换水时被倒掉。

（四）毛蚴孵化法

毛蚴孵化法依据血吸虫卵内的毛蚴在适宜温度的清水中，短时间内可孵出的特性而设计的方法,适用于早期血吸虫病患者的粪便检查。取粪便约 30g,先经重力沉淀法浓集处理,将粪便沉渣倒入三角烧瓶内,加清水(城市中须用去氯水)至瓶口,在 20～30℃的条件下,经 4～6h 后用肉眼或放大镜观察结果。如见水面下有白色点状物作直线来往游动,即是毛蚴。必要时也可以用吸管将毛蚴吸出镜检。如无毛蚴,每隔 4～6h(24h 内)观察一次。气温高时,毛蚴可在短时间内孵出,因此在夏季要用 1.2% 食盐水或冰水冲洗粪便,最后一次才改用室温清水。

毛蚴促孵法:将用沉淀法处理后的粪便沉渣置于三角瓶内,不加水,或将粪便置于吸水纸上,再放在 20～30℃温箱中过夜。检查时,加清水,2h 后就可见到孵出的毛蚴。采用此法,毛蚴孵出时间较一致,数量也较多。

(五) 肛门拭子法

肛门拭子法适用于肛周产卵(蛲虫),或常可在肛门附近发现虫卵(带绦虫卵)的检查。

1. 棉签拭子法　先将棉签浸泡在生理盐水中,取出时挤去过多的盐水,在肛门周围擦拭,随后将棉签放入盛有饱和盐水的试管中,用力搅动,迅速提起棉签,在试管内壁挤干盐水后弃去,再加饱和盐水至管口处,覆盖一截玻片,务使其接触液面,5min 后取下载玻片镜检。也可将擦拭肛门的棉签放在盛清水的试管中,经充分浸泡,取出,在试管内壁挤去水分后弃去。试管静置 10min,或经离心后,倒去上液,取沉渣镜检。

2. 透明胶纸法　用长约 6cm,宽约 2cm 的透明胶纸有胶面,粘贴肛门周围的皮肤,取下后将有胶面平贴在玻片上,镜检。

(六) 钩蚴培养法

为根据钩虫卵内幼虫在适宜条件下可在短时间内孵出的原理设计的方法。加冷开水约 1ml 于洁净试管内(1×10cm),将滤纸剪成与试管等宽但较试管稍长的 T 字形纸条,用铅笔书写受检者姓名或编号于横条部分。取粪便 0.2～0.4g,均匀地涂抹在纸条竖部的上部 2/3 处,再将纸条插入试管,下端浸泡在水中,以粪便不接触水面为度。在 20～30℃条件下培养。培养期间每天沿管壁补充冷开水,以保持水面高度。3 天后用肉眼或放大镜检查试管底部。钩蚴在水中常作蛇行游动,虫体透明。如未发现钩蚴,应继续培养观察至第 5 天。气温太低时可将培养管放入温水(30℃左右)中数分钟后,再行检查。

此法亦可用于分离人体肠道内各种阿米巴滋养体及人毛滴虫滋养体,且能提高检出率。但是,每管粪便量应为 1.0g;适宜温度为 25～30℃;培养时间为 2～4 天。临床上为了及时报告致病原虫,可于培养 48h 后镜检。

(七) 虫卵计数法

虫卵计数用于估计人体内寄生虫的感染度,常用司徒尔氏法,即司氏稀释虫卵计数法。

用特制的三角烧瓶(或普通三角烧瓶),容量为 65ml 左右,在烧瓶的颈部相当于 56ml 和 60ml 处,有两个刻度。先把 0.1ml/L NaOH 溶液到入瓶内至 56ml 处,再慢慢地加入粪便,到液面上升到 60ml 处,然后放进玻璃珠 10 余颗,用橡胶塞塞紧瓶口,充分摇动,使其成为十分均匀的混悬液。

计数时充分摇匀,用有刻度的小吸管吸取 0.075ml 或 0.15ml 粪液置于载玻片上,加盖片,在低倍镜下计数全片的虫卵数,乘以 200(0.075ml)或 100(吸 0.15ml)即得每克粪便虫卵数。由于粪便的性状明显地影响估算结果,因此不成形的粪便的虫卵数应再乘粪便性状系数,即半成形粪便×1.5,软湿形粪便×2,粥状粪便×3,水泻粪便×4。

$$雌虫数=\frac{每克粪便含卵数\times 24 小时粪便克数}{已知雌虫数每天排卵总数}$$

$$成虫总数=雌虫总数\times 2$$

表 6-6-1 各种蠕虫每条雌虫每日排卵数*

虫名	产卵数/日/条(平均数)
华支睾吸虫	1600～4000(2400)
姜片虫	15000～48000(25000)
卫氏并殖吸虫	10000～20000
日本血吸虫	1000～3500
猪带绦虫	30000～50000/孕节
牛带绦虫	97000～124000/孕节
十二指肠钩虫	10000～30000(24000)
美洲钩虫	5000～10000(9000)
蛔虫	234000～245000(240000)
鞭虫	1000～7000(2000)

(八) 定量透明法

定量透明法适用于各种粪便内蠕虫卵的检查及计数。此法系应用改良聚苯乙烯作定量板,大小为 40mm×30mm×1.37mm,模孔为一长圆孔,大小为 8mm×4mm,两端呈半圆形,所取的粪样平均为 41.7mg。操作时将大小约 4cm×4cm 的 100 目尼龙网或金属筛网覆盖在粪便标本上,自筛网上用刮片刮取粪便,置定量板与载玻片上,用一手的两指压住定量板的两端,将刮片上的粪便填满模孔,刮去多余粪便。掀起定量板,载玻片上留下一个长形粪样,然后在粪条上覆盖含甘油-孔雀绿溶液的大小为 5.0～2.6cm 的玻璃纸条,展平后加压,使玻璃纸下的粪便铺成长椭圆形。经 1～2h 粪便透明后置镜下计数。将所得虫卵数×24,再乘上述粪便性状系数,即为每克粪便虫卵数常见蠕虫的每条雌虫每天排卵数如表 6-6-1。

(九) 淘虫检查法

淘虫检查法为考核驱虫疗效,常需从粪便中淘取蠕虫进行鉴定与计数。取患者服药后 24～72h 的全部粪便,加水搅拌,用筛(40 目)或纱布滤出粪渣,经水反复冲洗后,倒在盛有清水的大型玻皿内。检查混杂在粪渣中的虫体时,应在玻皿下衬以黑纸。

(十) 带绦虫孕节检查法

绦虫节片用清水洗净,置于两节玻片之间,轻轻压平,对光观察内部结构,并根据子宫分支情况鉴定虫种。也可以用注射器从孕节后端正中部插入子宫内徐徐注射碳素墨水或卡红,待子宫分支显现后计数。

卡红染液配制:钾明矾饱和液 100ml,卡红 3g,冰乙酸 10ml。混合液置于 37℃温箱内过夜,过滤后即可应用。

二、血液检查

血液检查是诊断疟疾、丝虫病的基本方法。涂制血膜用的载玻片用前需经洗涤液处理,自来水、蒸馏水冲洗,在 95% 乙醇中浸泡,擦干或烤干后使用。采血针用前必须消毒或用一次性针,一人一针以免交叉感染。

洗涤液配制:常用玻璃器皿的洗涤液为铬酸洗液,含工业浓硫酸 100ml 重铬酸钾 80g,水 1000ml。先用冷水将重铬酸钾溶化,然后徐徐加入浓硫酸,同时用玻璃棒搅拌。

(一) 检查疟原虫

1. 取血与涂片 用 75% 乙醇棉球消毒耳垂,待干后用左手拇指与食指捏着耳垂下方,并使耳垂下侧方皮肤绷紧,右手持取血针、刺破皮肤,挤出血滴。薄、厚血膜可涂制在同一张玻片上。间日疟原虫宜在发作后数小时采血;恶性疟原虫在发作初期采血可见大量环状体,1 周后可见配子体。

(1) 薄血膜制片:在载玻片 1/3 与 2/3 交界处蘸血一小滴,以一端缘光滑的载片为推片,将推片的一端置于血滴之前,待血液沿推片端缘扩散后,自右向左推成薄血膜。操作时两载片间的角度为 30°~45°,推动速度适宜。理想的薄血膜,应是一层均匀分布的血细胞,血细胞间无空隙且涂血膜末端呈扫帚状。

(2) 厚血膜制片:于载玻片的另一端(右)1/3 处蘸血一小滴(约 $10mm^3$),以推片的一角,将血滴自内向外作螺旋形摊开,使之成为直径 0.8~1cm,厚薄均匀的厚血膜。厚血膜为多层血细胞的重叠,约等于 20 倍薄血膜的厚度。

2. 固定与染色　血片必须充分晾干否则染色时容易脱落。固定时用小玻棒蘸甲醇或无水乙醇在薄血膜上轻轻抹过。如薄、厚血膜在同一玻片上,切勿将固定液带到厚血膜上,因厚血膜固定之前必须进行溶血。可用滴管滴水于厚血膜上,待血膜呈灰白色时,将水倒去,晾干。在稀释各种染液和冲洗血膜时,如用缓冲液则染色效果更佳。

(1) Giemsa 染色法:此法染色效果良好,血膜褪色较慢,保存时间较久,但染色时间较长。

染液配制:姬氏染剂粉 1g,甲醇 50ml,纯甘油 50ml。将姬氏染剂粉置于研钵中(最好用玛瑙研钵),加小量甘油充分研磨,加甘油再磨,直至 50ml 甘油加完为止,倒入棕色玻瓶中。然后分几次用少量甲醇冲洗钵中的甘油染粉,倒入玻瓶直至 50ml 甲醇用完为止,塞紧瓶塞,充分摇匀,置 65℃温箱内 24h 或室温内一周后过滤,备用。

染色方法:用 pH 7.0~7.2 的缓冲液,将姬氏染液稀释;比例为 15~20 份缓冲液加一份姬氏染液。用蜡笔划出染色范围,将稀释的姬氏染液滴于已固定的薄、厚血膜上,染色半小时(室温),再用上述缓冲液冲洗。血片晾干后镜检。

(2) 快速姬氏染色法:姬氏染液 1ml,加缓冲液 5ml,如前法染色 5min 后用缓冲液冲洗,晾干后镜检。

(二) 检查微丝蚴

1. 新鲜血片检查　晚间 9 时到次晨 2 时取血 1 滴滴于载玻片上,加盖片,在低倍镜下观察,发现蛇形游动的幼虫后,仍需做染色检查,以确定虫种。

2. 厚血膜检查　厚血膜的制作、溶血、固定与姬氏液染色同疟原虫。但需取血 3 滴,也可用 Delafieid 苏木染色法染色。该染液的配制方法如下:

取苏木素 1g 溶于 100% 乙醇或 95% 乙醇 10ml 中,加饱和硫酸铝铵(8%~10%)100ml,倒入棕色瓶中,瓶口用两层纱布扎紧,在阳光下氧化 2~4 周,过滤,加甘油 25ml 和甲醇 25ml,用时稀释 10 倍左右,将溶血、固定的厚血膜置于德氏苏木素液内 10~15min,在 1% 酸酒精中分色 1~2min,蒸馏水洗涤 1~5min,至血膜呈蓝色,再用 1% 伊红染色 0.5~1min,以水洗涤 2~5min,晾干后镜检。

3. 活微丝蚴浓集法　在离心管内加蒸馏水半管,加血液 10~12 滴,再加生理盐水混匀,离心(3000r/min)沉淀 3min,取沉渣检查。或取静脉血 1ml,置于盛有 0.1ml 3.8% 枸橼酸钠的试管中,摇匀,加水 9ml,俟红细胞溶化后,再离心 2min,倒去上清液,加水再离心,取沉渣镜检。

三、排泄物与分泌物等的检查

(一) 痰液

痰中可能查见肺吸虫卵、溶组织内阿米巴滋养体、棘球蚴的原头蚴、粪类圆线虫幼虫、蛔蚴、钩蚴、尘螨等;卡氏肺孢子虫的包囊也可出现于痰中,但检出率很低。

1. 肺吸虫卵检查　可先用直接涂片法检查,如为阴性,改为浓集法集卵,以提高检出率。

直接涂片法：在洁净载玻片上先加1～2滴生理盐水，挑取痰液少许，最好选带铁锈色的痰，涂成痰膜，加盖片镜检。如未发现肺吸虫卵，但见有夏科—雷登晶体，提示可能是肺吸虫患者，多次涂片检查为阴性者，可改用浓集法。

浓集法：收集24h痰液，置于玻璃杯中，加入等量10% NaOH溶液，用玻棒搅匀后，放入37℃温箱内，数小时后痰液消化成稀液状。分装于数个离心管内，以1500r/min离心5～10min，弃去上清液，取沉渣数滴涂片检查。

2. 溶组织内阿米巴大滋养体检查 取新鲜痰液作涂片。天冷时应注意镜台上载玻片保温。高倍镜观察，如为阿米巴滋养体，可见其伸出伪足并作定向运动。

3. 其他 上述其他蠕虫幼虫及螨类等宜用浓集法检查。

(二) 十二指肠液和胆汁

用十二指肠引流管抽取十二指肠液及胆汁，以直接涂片法镜检；也可以经离心浓集后，取沉渣镜检。可检查蓝氏贾第鞭毛虫滋养体、华支睾吸虫卵、肝片形吸虫卵和布氏姜片虫卵等；在急性阿米巴肝脓肿患者胆汁中偶可发现大滋养体。

检查方法：可将各部分十二指肠引流液滴于载玻片上，加盖片后直接镜检。为提高检出率，常将各部分引流液加生理盐水稀释搅拌后，分装于离心管内，以2000r/min，离心5～10min，吸取沉渣涂片镜检。如引流液过于黏稠，应先加10% NaOH消化后再离心。引流中的贾第虫滋养体常附着在黏液小块上，或虫体聚集成絮片状物。肝片形吸虫卵与姜片虫卵不易鉴别，但前者可出现于胆汁；而后者只见于十二指肠液中。

(三) 尿液

取尿液3～5ml，2000r/min离心3～5min，后取沉渣镜检。但乳糜尿需加等量乙醚，用力振荡，使脂肪溶于乙醚。然后吸去脂肪层，离心，取沉渣镜检。可查见阴道毛滴虫、微丝蚴、埃及血吸虫卵。

(四) 鞘膜积液

主要检查班氏微丝蚴。阴囊皮肤经碘酒消毒后，用注射器抽取鞘膜积液作直接涂片检查，也可以加适量生理盐水稀释离心，取沉渣镜检。

(五) 阴道分泌物——检查阴道毛滴虫

直接涂片法：用消毒棉签在受检者阴道后穹隆、子宫颈及阴道壁上取分泌物，然后用生理盐水涂片法镜检，即可发现活动的虫体。天气寒冷时，应注意保温。

悬滴法：先在一盖玻片周缘涂一薄层凡士林，中间滴1～2滴生理盐水。将阴道分泌物涂于生理盐水中，翻转盖片小心覆盖在一具凹孔的载玻片上，稍加压使两片粘合，液滴即悬于盖片下面，镜检。

四、其他器官组织检查

1. 骨髓穿刺 主要检查杜氏利什曼原虫无鞭毛体。一般常作髂骨穿刺，嘱患者侧卧，暴露髂骨部位。视年龄大小，选用17～20号带有针芯的干燥无菌穿刺针，从髂骨前上棘后约1cm处刺入皮下当针尖触及骨面时，再慢慢地钻入骨内0.5～1.0cm，即可拔出针芯，接一个2ml干燥注射器，抽取骨髓液。取少许骨髓液作涂片；甲醇固定，同薄血膜染色法染色，油镜检查。

2. 淋巴结穿刺

(1) 利什曼原虫:检出率低于骨髓穿刺,但方法简便、安全。对于以往治疗的患者,因其淋巴结内原虫消失较慢,故仍有一定价值。穿刺部位一般选腹股沟部,先将局部皮肤消毒,用左手拇指和食指捏住一个较大的淋巴结,右手用一干燥无菌6号针头刺入淋巴结。稍待片刻,拔出针头,将针头内少量淋巴结组织液滴于载玻片上,做涂片染色检查。

(2) 丝虫成虫:同上法获取淋巴组织液,染色后镜检。

3. 肌肉活检

(1) 旋毛虫幼虫:用外科手术从患者腓肠肌、肱或股二头肌取米粒大小肌肉一块,置于载玻片上,加50%甘油一滴,盖上另一载玻片,均匀压紧,低倍镜下观察。取下之肌肉须立即检查,否则幼虫变得模糊,不易观察。

(2) 并殖吸虫、裂头蚴、猪囊尾蚴:用外科手术摘取肌肉内的结节,剥除外层纤维被膜,在两张载玻片间压平、镜检;也可经组织固定后作切片染色检查。

4. 皮肤及皮下

(1) 囊尾蚴、裂头蚴、并殖吸虫:参见肌肉检查。

(2) 皮肤利什曼原虫:在皮肤上出现丘疹和结节等疑似皮肤型黑热病患者,可选择皮损较明显之处,作局部消毒,用干燥灭菌的注射器,刺破皮损处,抽取组织液做涂片;或用消毒的锋利小剪,从皮损表面剪取一小片皮肤组织,以切面做涂片;也可用无菌解剖刀切一小口,刮取皮肤组织做涂片。以上涂片均用瑞氏或姬氏染液染色。如涂片未见原虫,可割取小丘疹或结节,固定后,作组织切片染色检查。

5. 直肠黏膜

(1) 日本血吸虫卵:用直肠镜观察后,自可疑病变处钳取米粒大小的黏膜一块,用生理盐水冲洗后,放在两个载玻片间,轻轻压平,镜检。

(2) 溶组织阿米巴:用乙状结肠镜观察溃疡形状,自溃疡边缘或深层刮取溃疡组织置于载玻片上,加少量生理盐水,盖上盖片,轻轻压平,立即镜检。

6. 肺组织 检查卡氏肺孢子虫包囊。取一小块肺组织作涂片,自然干燥后甲醇固定,用改良银染色法进行染色。改良银染色法染色的步骤:

(1) 将肺涂片置于5%铬酸,氧化15min,温度为20℃氧化后的标本均从流水冲洗数秒。

(2) 1%亚硫酸氢钠经1min,自来水冲洗后,蒸馏水洗涤3~4次。

(3) 放入四胺银工作液内,并在60℃孵育约90min,至标本转至黄褐色为止。流水、蒸馏水各洗5min。

(4) 0.1%氯化金2~5min,蒸馏水洗4~5次。

(5) 2%硫代硫酸钠5min,流水至少洗10min。

(6) 亮绿复染45s。

(7) 95%、99%、100%乙醇逐级脱水。

(8) 二甲苯透明3次,树胶封片。

染色结果显示,卡氏肺孢子虫包囊呈圆形、卵圆形或不规则的多角形,囊壁为淡褐色或深褐色。红细胞为淡黄色,其余背景呈淡绿色。

(蔡文辉)

第三篇　综合性实验

第七章　医学免疫学综合性实验

实验一　多克隆及单克隆抗体制备

一、抗原与多克隆抗体的制备

【实验目的】 掌握免抗原与多克隆抗体制备的基本过程。

【实验原理】 用抗原免疫动物可刺激淋巴细胞分化增殖，其中B细胞可分化为浆细胞，由它合成特异性抗体，此种含有特异性抗体的血清即为免疫血清，血清中含有多个B淋巴细胞活化产生的抗体，因此该抗体成多克隆抗体。

免疫血清的制备是一项常用的免疫学实验技术。高效价、高特异性的免疫血清可作为免疫学诊断的试剂（如用于制备免疫标记抗体等），也可供特异性免疫治疗用。免疫血清的效价高低取决于实验动物的免疫反应性及抗原的免疫原性。如以免疫原性强的抗原刺激高应答性的机体，常可获得高效价的免疫血清。而使用免疫原性弱的抗原免疫时，则需同时加用佐剂以增强抗原的免疫原性。免疫血清的特异性主要取决于免疫用抗原的纯度。因此，如欲获得高特异性的免疫血清，必须预先纯化抗原。此外，抗原的剂量、免疫途径及注射抗原的时间间隔等，也是影响免疫血清效价的重要因素应予重视。

【实验器材】

1. 实验动物　一般用2～3kg健康雄性家兔；商品性生产多用马、羊。

2. 抗原　血细胞、细菌、免疫球蛋白等。

3. 器材　手术台架、止血钳、大，小剪刀、镊子、注射器、针头、离心管、纱布、胶布、研钵、塑料管、毛细管。

4. 其他　液状石腊、羊毛脂、卡介苗、NaN_3、碘酒及医用棉球。

【实验方法】

1. 抗原的制备

（1）细菌抗原制备——O（菌体）抗原（菌液）制备

1）取伤寒杆菌标准菌株的光滑型菌落，接种于普通培养基（或SS琼脂平板培养基），均匀涂布，37℃温箱培养24h，取出培养瓶，用适量生理盐水洗下菌苔，移入含无菌玻璃珠的三角烧瓶中，充分振摇使菌体均匀分布，置100℃水浴2～2.5h杀菌及破坏H抗原，把细菌悬液移入离心管，4000r/min离心10min，弃去上清液，菌体用无菌生理盐水洗涤，4000r/min离心10min，弃上清液，菌液做无（活）菌试验合格后，用无菌生理盐水稀释成10亿/ml，加5%苯酚溶液，即成O抗原。

2）麦氏比浊管制备：试剂1% $BaCl_2$溶液，1% H_2SO_4溶液。

方法按表7-1-1所示配制标准比浊管，封固，注明管号，备用。

表 7-1-1　麦氏标准比浊管的配制

管号	1	2	3	4	5	6	7	8	9	10
1% $BaCl_2$(ml)	0.1	0.2	0.3	0.4	0.5	0.6	0.7	0.8	0.9	1.0
1% H_2SO_4(ml)	9.9	9.8	9.7	9.6	9.5	9.4	9.3	9.2	9.1	9.0
相当菌数(亿/ml)	3	6	9	12	15	18	21	24	27	30

3）稀释方法：取一定量制成原菌液于与标准比浊管口径相等的试管中，与标准比浊管比浊，可通过滴加稀释液（生理盐水）调整其浊度与某标准管相当。则原菌液细菌数/ml=稀释倍数×标准比浊管相当菌数。例如，取原菌液 0.5ml 加稀释液 9.5ml，浊度与 2 号比浊管浊度相当，则原菌液细菌数=20×6 亿/ml=120 亿/ml。可进一步按免疫用菌液所需浓度算出应该加入稀释液量，以无菌生理盐水稀释。

（2）细菌抗原制备——H（鞭毛）抗原的制备：在鞭毛典型的伤寒杆菌标准菌株划线接种培养的平板上，挑选典型光滑的菌落接种于普通培养基，均匀涂布，置37℃培养24h。取出培养瓶。用适当0.4%甲醛生理盐水洗下菌苔，移入无菌三角烧瓶，置37℃水浴24h（或4℃ 3～5天固定杀菌），将处理过的菌液进行无（活）菌试验，确证无活菌存在，用生理盐水稀释成10亿/ml的菌悬液，即成H抗原。于冰箱4℃保存备用。

（3）绵羊红细胞（SRBC）抗原制备：取抗凝或脱纤维蛋白的绵羊血液加倍量生理盐水，经2000r/min 离心 5min，吸去上清液。再加 2～3 倍生理盐水，用毛细滴管反复吹吸混匀，以 2000r/min 离心 5min，吸去上清液，如此一共连续洗涤 3 次。最后一次可离心 10min，红细胞密集管底，上清液呈无色透明，弃去上清液，管底即为洗涤过的红细胞（100% 浓度）。根据需要配成不同浓度的红细胞悬液。

（4）免疫球蛋白 G（IgG）抗原制备

1）SPA 菌稳定液制备：将 No：1800 株或 Cowan 1 株金黄色葡萄球菌接种在大型扁形瓶的琼脂斜面上（NaCl 3g、$Na_2HPO_4 \cdot 12H_2O$ 2g、葡萄糖 1g、蛋白胨 10g、琼脂 25g、牛肉浸液 1000ml，调 pH 7.8），放 37℃ 温箱中培养 18～24h。次日用少量生理盐水洗下菌体，以 4000r/min 离心 30rnin，将沉淀的菌体再用生理盐水洗 2 次，然后用 0.5% 福尔马林和 pH 7.4.0.011mol/L PBS 溶液制成 10%（V/V）菌悬液，在室温下作用 3h（或4℃冰箱中过夜）。将菌悬液加热56℃30min，迅速冷却，再用 PBS 溶液洗 3 次，最后用含 0.05%～0.1% NaN_3 制成 10%（V/V）菌悬液，此液即为 SPA 菌稳定液，放 4℃冰箱保存备用。

2）人血清 IgG 致敏 SPA 菌液的制备：取正常人血清 1ml 加入 10% SPA 菌稳定液 4ml 混合后，置室温作用 30min（中间振摇 3～5 次），然后用生理盐水洗菌液 7～8 次，沉淀菌体用生理盐水制成 100 亿/ml 菌液，4℃下保存，以备免疫动物用。

（5）人全血清抗原制备：人全血清作为抗原免疫动物时，因其是可溶性抗原，常带加佐剂，提高免疫反应。弗氏佐剂的制备与应用：先将羊毛脂与液状石蜡按比例（羊毛脂 1 份液状石蜡 2～4 份）混合，0.055MPa 20min，冰箱保存备用。临用前与等量抗原混合，乳化后即为弗氏不完全佐剂乳化抗原。若在其中加入 2～4mg/ml 卡介苗，则称为弗氏完全佐剂乳化抗原。乳化方法将佐剂与等量抗原混合，吸入一支 5ml 注射器，用约 6cm 塑料管连接，推动针管，使液体进入塑料管直至距开口端 1cm 处，另一人再连接一支 5ml 注射器于另一开口端、左手固定塑料管与注射器的连接处，右手交替推动针管。检查乳化情况可将佐剂乳化抗原滴于冷水表面，如完整而不散即为乳化完全。

2. 免疫的方法　免疫的方案因抗体种类不同而异。通常可采用静脉，腹腔或皮下注射途径，较少采用皮内或肌内注射途径。近期发展在局部淋巴结或足趾等部位注射抗原。抗原的剂量、注射次数及注射间隔时间,应随其性质的不同采用不同方案。

(1) 细菌的免疫血清制备方案:抗原为已制备的伤寒杆菌 O 抗原或 H 抗原(10 亿/ml)。动物为 2 ~ 3kg 健康雄性家兔。免疫程序见表 7-1-2。

表 7-1-2　制备细菌免疫血清的免疫程序

日期	1	15*	22
途径	颈背部多点皮内注射	耳缘静脉注射	耳缘静脉注射
抗原剂(ml)	1.5	1.0	1.5

* 在第二次免疫(15 天)时,为防止动物过敏死亡,可采取少量多次注射方法

(2) SRBC 免疫血清(溶血素)制备方案:抗原为 20% SRBC 悬液。动物为 2 ~ 3kg 健康雄性家兔。免疫程序见表 7-1-3。

表 7-1-3　制备 SRBC 免疫血清的免疫程序

日期	1	15*	22
途径	颈、背部多点皮内注射	耳缘静脉注射	耳缘静脉注射
抗原剂(ml)	1.5	1.0	1.5

* 易发生过敏而死。脱敏方法:可以在静脉注射前先以少量抗原注入腹腔,1h 后再缓慢注入静脉

3. 试血及加强注射　在末次免疫后 5 天,用相应抗原检测血清抗体效价。方法见相关试验。如细菌免疫血清效价大于 1 : 1600、人 IgG 和人全血清等可溶性抗原的免疫血清效价大于 1 : 1000、SRBC 免疫血清效价大于 1 : 10000,即可在第 7 ~ 10 天放血,如效价过低,可再加强注射。

试血时用血最少,可从家兔耳静脉采血。方法是先摩擦刺激局部,使其充血,消毒后再涂少量凡士林以防止血液黏于皮毛而不易收集,用小刀将耳静脉割一小口。血液收集于小试管中,最后用干棉球压迫止血。

4. 采血和分离血清　一般采用颈动脉放血法。放血前为防止乳糜血形成应在 1 天前禁食。

5. 免疫血清特异性鉴定、吸收和效价滴定　用相应的已知抗原鉴定待检标本。可溶性抗原的抗体鉴定常采用双向琼脂扩散试验和免疫电泳技术;细菌抗体采用凝集试验。方法见相关试验。如免疫血清特异性不纯,可用适当抗原吸收,除去其他抗体,提高免疫血清的特异性。吸收时先在免疫血清中加入适当抗原物质,混合后置 37℃ 作用 30 ~ 60min,再置 4℃ 24 ~ 48h,离心沉淀,吸取上清液即可。

6. 分装与保存　分装:同种免疫血清混匀,无菌操作分装到无菌青霉素小瓶中,每瓶 3 ~ 5ml。贴好标签,注明免疫血清种类(全称)、效价、班级、学号、年月等。

抗血清保存方法:①冷冻干燥,制品内水分不高于 0.2%;②低温保存,放在 -20 ~ -0℃,防止反复冻融;③4℃ 保存,加 0.1% ~ 0.2% NaN_3 防腐。

【实验结果】　观察血清的量及颜色,并做好标记。

【注意事项】

(1) 免疫用实验动物的抗体反应性个体差异性较大,因此免疫时至少应选用两只以上动物。另外,不能使用妊娠动物。

(2) 免疫家兔时注意无菌操作,以防感染。

(3) 分离血清时所用器皿要干燥、清洁以防溶血。

【思考题】　影响制备特异性强、效价高的抗血清的因素有哪些?

二、单克隆抗体制备

【实验目的】 了解单克隆抗体技术原理、方法。

【实验原理】 单克隆抗体技术是由 Kŏhler 和 Milstein 于 1975 年创立的。他们发现将小鼠骨髓瘤细胞和绵羊红细胞免疫的小鼠脾细胞进行融合,形成的杂交细胞既可产生抗体,又可无限增殖,从而创立了单克隆抗体杂交瘤技术。免疫动物脾脏的 B 淋巴细胞能够产生特异性抗体,但在体外培养最多只能生存 10～20 天;而骨髓瘤细胞虽可以在体外培养液中大量繁殖,长期存活,但其不具有分泌特异性免疫球蛋白的能力。若将这两种细胞融合即形成了杂交瘤细胞,一方面具有骨髓瘤细胞无限繁殖的能力,另一方面又能不断地分泌高滴度特异性抗体。该细胞经过单个细胞培养(即克隆化)形成细胞系后,所分泌的抗体即是单克隆抗体(McAb)。其结构、氨基酸序列、特异性是一致的,类、亚类、亲和力都是均一的。在培养过程中,只要没有变异,不同时间所分泌的抗体都能保持同样的结构和功能。

制备单克隆抗体包括动物免疫、细胞融合、选择杂交瘤、检测抗体、杂交瘤细胞的克隆化、冻存以及单克隆抗体的大量生产等一系列实验步骤。下面按照制备单克隆抗体的流程顺序,逐一介绍其实验方法(图 7-1-1)。

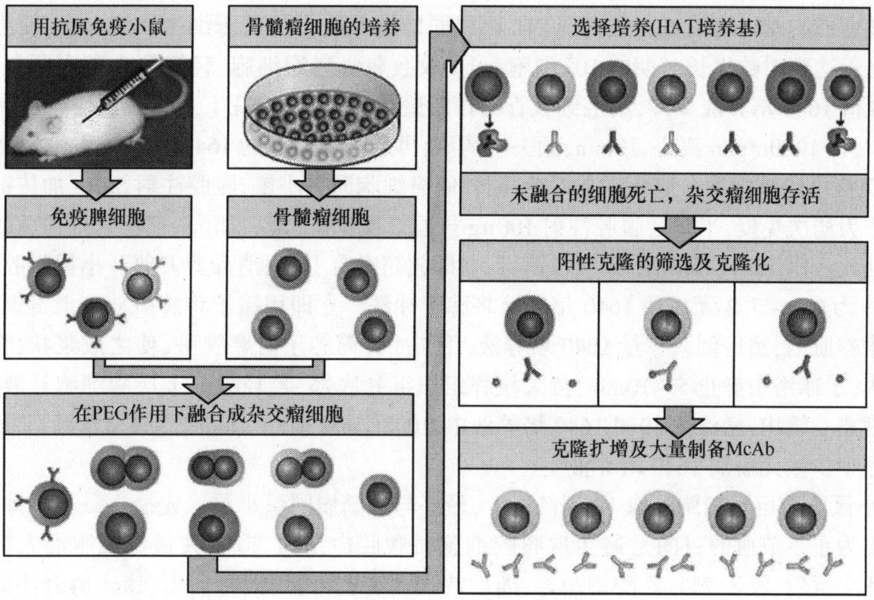

图 7-1-1　制备 McAb 的基本程序图

【实验器材】

1. 实验动物 纯系 BALB/C 小鼠。

2. 细胞 骨髓瘤细胞株 $SP^2/0$。

3. RPMI-1640 培养液 RPMI-1640 培养基粉 20.8g,加水 1800ml,置于磁力搅拌器搅拌 2h,使之完全溶解。溶解的 Hepes 5.9g 加入到 1640 培养液中,补足三蒸水到 1920ml,混匀后滤过除菌,分装成 100ml 瓶,于-20℃保存备用。用前每 100ml 加小牛血清 15ml、双抗 1.2ml、L-谷酰胺 1.2ml、7.5% $NaHCO_3$ 1.3ml,称之为完全培养基。

4. 次黄嘌呤及胸腺嘧啶核苷(HT 母液) 次黄嘌呤 136.1mg、胸腺嘧啶核苷 38.7mg,蒸馏水加至 100ml,在 45～50℃水浴中溶解,过滤除菌,分装小试管,每支 5ml,置于-20℃中保存。

5. 氨基蝶呤(A母液)　氨基蝶呤1.76mg、蒸馏水90ml、1mol NaOH 0.5ml溶解，加蒸馏水至100ml，用1mol HCl约0.5ml调pH至7.0，滤过除菌，分装小试管，每支5ml，于-20℃保存。

6. 聚乙二醇(PEG，分子量1000)**溶液**　取PEG适量，加适量三蒸水，煮沸30min使之溶化，待冷至50℃，加入等量的无血清RPMI-1640培养液，配成50% PEG溶液，分装于小试管内，每管0.7ml，于-20℃保存备用，用前用$NaHCO_3$调pH 7.6～7.8。

7. HT培养基　RPMI-1640培养液100ml、HT母液1ml，用5% $NaHCO_3$调pH至7.4左右。

8. HAT选择培养基　完全RPMI-1640培养液100ml HT母液1ml、A母液1ml，用5% $NaHCO_3$调pH至7.4左右。

9. 双抗液　青霉素100万U、链霉素100万U，无菌配制，两者溶于100ml三蒸水中，分装成2.4ml/瓶，于-20℃保存备用。

10. 7.5% $NaHCO_3$　取$NaHCO_3$ 7.5g加水100ml，高压灭菌15min，分装成6ml/瓶，于4℃保存备用。

11. 其他　L-谷酰胺、二甲基亚砜细胞保存液、0.15mol/l pH 7.2枸橼酸缓冲液、细胞培养板(96孔，40孔)、培养瓶、离心管等。

【实验方法】

1. 骨髓瘤细胞悬液　在杂交瘤细胞融合前的48h，用含10%小牛血清1640培养液将供融合的骨髓瘤细胞作增殖培养。融合前24h再以同样培养液将骨髓瘤细胞换液1次，使细胞浓度于融合当天达到对数生长时期的10^5细胞/ml。取数瓶骨髓瘤细胞，轻轻倒去瓶内原有培养液，加入无血清1640培养液少许，用毛细吸管吹打瓶壁数次，将细胞洗下。将骨髓瘤细胞一并收入离心管中，以1000r/min离心，10min，倾去上清液，再悬于无血清的1640培养液中供融合用。

2. 免疫小鼠脾细胞　取8～12周龄，同骨髓瘤细胞同系小鼠，腹腔注射50μg加佐剂的可溶性抗原作为初次免疫，半月后腹腔注射100μg抗原二次免疫，最后加强一次，剂量为200μg，3天后断颈处死。用75%乙醇将小鼠浸没消毒，立即放超净台上，用消毒剪刀剪开小鼠腹腔，取出脾脏，用pH为7.0～7.2无血清1640培养液将脾脏冲洗。立即用镊子将脾脏放在消毒铜网上，置于玻璃培养皿内，然后倒入少量1640培养液，用5ml针筒芯子研磨脾脏，使之成浆状，将其吸入离心管内，于冰浴中静止5～10min，待大块脾组织沉到底部，轻轻吸取上层脾细胞悬液，移入另一支刻度离心管内，悬浮于30ml 1640培养液中，1000r/min离心10min，倒去上清液，将底层脾细胞再悬浮于少量元血清1640培养液中。

3. 小鼠腹腔巨噬细胞　取12周龄以上，最好与骨髓瘤同系小鼠。先摘去一只眼球放血，待血滴不出为止。放血的目的是避免取腹腔细胞时腹腔内出血，造成大量红细胞混入饲养细胞内。处死小鼠后，浸入75%乙醇中消毒，随后放入无菌室内，用消毒剪刀、镊子剪开小鼠腹部外层皮肤，暴露腹膜。用消毒注射器抽取0.34mol蔗糖溶液4ml，用镊子将腹膜提起，注入蔗糖溶液于小鼠腹腔内，留置注射针，轻轻按摩腹腔1～2min，然后用原注射器抽回腹腔内液体，注入塑料离心管中，1000r/min离心10min，弃上清液，加入含20%小牛血清1640培养液中，混匀，分注于2块96孔培养板中，每孔0.1ml(2滴)，培养板加盖后放入37℃含5%～10% CO_2的培养箱中培养。

4. 细胞融合　融合过程可在37℃水浴箱中进行，但必须无菌。将上述制备的脾细胞和瘤细胞按细胞数的(2∶1)～(10∶1)混合于刻度离心管中，经1000r/min离心10min，倒尽上清液，用力振动离心管，将细胞打散，混匀，然后把此管直立于操作环境中，用1min的时间加入0.5ml 5% PEG边加边摇动，加完后静止90s再用无血清1640培养液中止反应。前30s内加入3ml培养液，后30s加入3ml培养液，全程在2min内加完15ml培养液。加入培养液时不要多摇动，以免影响细胞融合率。补充培养液至30～40ml，1000r/min离心沉淀10min。轻轻倒去上清液，将沉淀细胞配于含 20% 小牛血清 pH 为 7.0 ~ 7.2 HAT-1640 培养液中，逐孔加入有巨噬细胞饲养层的培养板内，每孔 0.1ml，平均含有 5 万个细胞，将培养板置于 37℃，含 5% ~ 10% CO_2 培养箱中培养。

5. 融合后混合细胞的培养　在培养过程中按半量换液法（吸去每孔 1/2 体积的培养液，再换入 1/2 体积新鲜的 HAT 培养液），每隔 2 ~ 3 天换液 1 次，观察生长情况并记录，融合 1 周后更换培养液为 HT-1640，3 周后更换为完全培养液。严格无菌操作。

6. 抗体阳性孔的检测　于培养后的 7 ~ 20 天选择有克隆生长的培养孔，吸取其上清液检测有无抗体，以寻找分泌抗体的阳性克隆。检测方法可用荧光抗体法及 ELISA 法。操作方法同常规。

7. 杂交瘤细胞的克隆化　克隆化的目的是为了获得来自单一细胞的群体，主要有液相有限稀释法、软琼脂培养法等。

（1）液相有限稀释法

1）取小鼠腹腔细胞悬于 HT-1640 培养液中，制备饲养层细胞。

2）用毛细管将培养孔中的细胞克隆轻轻吹打下来，并用相同培养液重复操作数次。

3）于血细胞计数板上作细胞计数，然后用 HT-1640（含 20% 小牛血清）调整细胞数，使每 0.1ml 分别含 50、5、1 个。

4）将上述 3 组细胞分别加于预制的含小鼠饲养细胞的 96 孔细胞板内，每孔 0.1ml 置于 37℃ 含 5% ~ 10% CO_2 培养箱内培养。

5）10 天后测定细胞培养上清液，若测到所需的分泌抗体，则可扩大培养或继续进行多次克隆化。

（2）软琼脂培养法

1）于 6cm 或 9cm 的无菌平皿内，以小鼠腹腔细胞贴壁，然后加入 20% 琼脂一双倍浓度 HT 细胞悬液（1∶1）铺于皿底，使其凝固。

2）制备细胞悬液：将 1 份细胞与 2 份琼脂-HT 细胞培养液混合，铺于上层。

3）待凝固后，置于 37℃ 含 5% ~ 10% CO_2 的温箱中培养。细胞集落在 10 天左右生长，可将克隆挑出，继续培养。

8. 阳性杂交瘤细胞株的保存　当获得一株阳性杂交瘤细胞时，可按下述 3 种方法处理，以防细胞株的丢失。

（1）扩大培养：当检测到分泌特异性抗体的阳性杂交瘤克隆，为了谨防差错，第二天必须重复检测一次上清液。同时取一只小鼠腹腔细胞制备两瓶（5ml 培养液/瓶）饲养细胞。饲养细胞置于含 20% 小牛血清 pH 7.0 ~ 7.2 的 1640 培养液中培养 18 ~ 24h，再将阳性杂交瘤克隆孔内的细胞轻轻吹打下来，加入到含饲养细胞的培养瓶内，继续扩大培养。

（2）移入小鼠腹腔：取同系小鼠（即与杂交瘤的骨髓瘤细胞属同一品系的），在其腹腔内注射 0.5ml 液状石蜡，过 3 ~ 7 天后可供细胞移入。将阳性克隆孔内的细胞轻轻吹打下来，配于 0.5ml 1640 培养液或生理盐水中，注入预先注射过液状石蜡的小鼠腹腔内。

（3）液氮内冻存：把阳性细胞株冻存起来是避免细胞中途丢失的最佳方法。

1）冻存培养基：基础 1640 培养液 7 份、小牛血清 2 份、二甲亚枫 1 份，或基础 1640 培养液 5 份、小牛血清 4 份、二甲亚枫 1 份。

2）冻存的方法：将传代过程中生长良好的细胞，用毛细管轻轻吹下，经 1000r/min 离心 10min，弃上清液，加入冻存培养基 1ml，将细胞悬液移入 2ml 安瓿中，火焰封口。安瓿外裹以橡皮胶布，注明细胞名及冻存日期，系 1 小铅块，置于 −70℃ 中过渡，然后移入液氮罐中保存。也可将安瓿悬于液氮瓶上，缓慢下垂，经 1h 左右将安瓿浸入液氮内。

细胞复苏时，可将玻璃安瓿自液氮中小心取出，勿用手直接接触以免手被冻伤，并谨防安瓿因封口不严或温差的影响而发生爆炸。将安瓿置于37℃水浴中，在1min内使冻存细胞解冻。然后将细胞收出，置于含饲养细胞层的细胞培养瓶内，加入完全培养基约为细胞培养瓶容量的2/3，在37℃下培养4h后，小心倾去部分培养液，再补加新鲜的完全培养基继续培养。细胞复苏时在含饲养细胞层的细胞瓶内，经数次传代后饲养细胞消失，但无碍原细胞株的生长。

9. 羊克隆抗体的制备 在建立了杂交瘤细胞株后，可在体外大量培养，收集上清液而获得大量的单克隆抗体。用这种方法制备单克隆抗体比较麻烦，抗体的含量较低，而且含有血清成分。目前多用小鼠腹腔接种的方法进行单克隆抗体的制备，这种抗体的效价往往高于培养细胞上清液的100～1000倍。

下面简介如下：取成年的BALB/C小鼠，于腹腔内注入液状石蜡或降植烷0.5ml，1周后再于腹腔内注入杂交瘤细胞3×10^5/0.5ml，10天左右即产生腹水。待小鼠腹腔明显胀大，用75%乙醇消毒皮肤，用7号注射针头刺入腹腔下部，然后轻按腹部，使腹水自然滴出，一次可收得5～10ml，间隔3天后可再次抽取，一般可连续重复多次。

【注意事项】

1. 关于免疫动物的选择 用于免疫的动物最好选择与亲本骨髓瘤细胞同一品系的动物，因为免疫动物品系和骨髓瘤细胞种系越远，融合的杂交瘤细胞越不稳定。

2. 关于融合剂 PEG对细胞有毒性，一般采用层析纯规格，质量分数越高对细胞的毒性越大。以40%～50%为宜，pH以8.0～8.2促融率最高。

3. 对阳性孔的克隆时间 一般说来越早越好，因为在这个时期各种杂交瘤细胞同时旺盛生长，互相争夺营养和空间，而产生特定抗体的细胞有被淹没和淘汰的可能，但克隆时间也不能太早，太早细胞性状不稳定，数量少也易丢失。

4. 污染 往往是造成融合失败的主要原因，应用青霉素、链霉素严格无菌操作，基本上可以控制污染。

实验二　细胞因子的检测

随着免疫学理论研究的深入，细胞因子在免疫应答的调节和效应中起着重要作用，其体内水平的高低直接反映机体的免疫状况及与各种疾病的关系，因而细胞因子的检测受到重视。

检测方法主要分三类：细胞生物学活性检测法；免疫学标记技术法，常用ELISA；分子生物学方法，常用逆转录PCR检测细胞因子的mRNA转录的情况。这三类检测方法各有其优缺点，在目前尚不能相互替代。

一、白细胞介素-2(IL-2)生物学活性测定

【实验目的】 掌握IL-2生物学活性测定的原理；掌握IL-2检测的临床意义。

【实验原理】 IL-2主要是活化的Th细胞产生的淋巴因子，在淋巴细胞增殖分化过程中起到非常重要的作用。IL-2活性测定基于IL-2能维持IL-2依赖细胞的代谢和存活、促进这类细胞的增殖。细胞在增殖时能量代谢活跃，可产生大量的能量以供合成多种大分子物质和细胞分裂所需，能量代谢的水平与细胞合成DNA水平基本平行，因此，测定细胞能量代谢的水平可以间接地反映细胞增殖情况。

MTT(四甲基偶氮唑盐)是一种淡黄色的水溶性化合物，活细胞(特别是增殖期的细胞)通过线粒体能量代谢过程中的琥珀酸脱氢酶的作用，使淡黄色的MTT分解产生蓝色结晶状甲臜沉积于细胞内或细胞周围，且形成甲臜的量与细胞增殖程度呈正比，甲臜经SDS作用后可溶解显色。

溶解液的光密度值与细胞代谢及IL-2活性正相关。

【实验器材】

1. 试剂 1640培养液(完全)、IL-2标准品、待测IL-2样品、CTLL-2细胞株、MTT溶液(5mg/ml)、10% SDS。

2. 器材 96孔细胞培养板、多头细胞收集器、微量加样器、CO_2孵箱、酶标仪。

【实验方法】

1. 制备CTLL-2细胞悬液 取生长旺盛的CTLL-2细胞,用1640培养液将细胞洗3次,用完全1640培养液配成2×10^5/ml细胞悬液。

2. 稀释样品和标准品 将待测样品和标准IL-2用完全1640培养液做一定的倍比稀释。

3. 加样与检测 向96孔细胞培养板内加入不同稀释度的样品和标准品(50μl/孔),每稀释度3个复孔,并设细胞对照。再向各孔加入50μl细胞悬液,混匀,置5% $CO_2$37℃培养36h,每孔加入MTT溶液20μl CO_2孵育6～8h后,每孔再加10% SDS100μl,充分混匀,37℃孵箱静放30min(使甲臜全溶解)。在酶联仪上选波长570nm测定OD值,将待测样品的OD值与标准品OD值比较后,求得待测样品的IL-2活性单位。

【实验结果】 将各稀释度的OD值按照样品最大增殖OD值的百分比换算成概率单位,可将原来呈S形的曲线转换成为直线。根据这些点的数据求出各直线的回归方程。再从回归方程求出各样品达50%最大增殖时的稀释度,而后按下列公式求出待测样品IL-2的活性单位。

计算公式:$x=\frac{d}{D}\times a$。x为待测样品IL-2活性单位(μ/ml);a为标准参考样品IL-2的活性单位(μ/ml);d为待测样品达50%最大增殖的稀释度;D为标准参考样品在50%最大增殖的稀释度。

【注意事项】

(1) MTT液要现配现用,避免光照,若有蓝色颗粒需过滤后再用。

(2) 生物学测定法敏感性高,特异性强,所测IL-2是具有生物活性的IL-2,而不像免疫学测定法所测定免疫反应性IL-2蛋白,因此测定的条件和要求要严格按规程。

二、血清可溶性白介素-2受体(sIL-2R)水平的检测

【实验原理】 sIL-2R可与细胞膜表面的受体(IL-2R)竞争结合IL-2,从而成为一种免疫抑制物质。在正常人血清和尿液中可检出低水平的sIL-2R,在某些疾病发生时如器官移植、排斥反应、病毒性感染、恶性肿瘤、创伤和自身免疫病等,sIL-2R在血清和其他体液中的水平增高,且与病情、病程密切相关。本实验采用双抗体夹心法测定原发性肝癌患者血清sIL-2R水平。夹心法原理参见免疫酶技术,即:抗体——待检血清——抗体——酶标抗抗体——底物——显色。

【实验器材】

1. 试剂 待测人血清,IL-2Rα阳性、阴性参考血清,IL-2Rα单抗,免抗IL-2Rα多克隆抗体、酶结合物(HRP-抗兔IgG),显色A液、B液,PBS洗涤液、终止液。

2. 器材 吸管、滴管、试管、48孔聚苯乙烯反应板、50μl微量移液器、恒温箱(37℃)。

【实验方法】

1. 包被 先用一定浓度的IL-2Rα单抗包被聚苯乙烯板的小孔,4℃冰箱过夜,次日取出甩尽液体备用。

2. 加样 微量移液器分别加待检血清、阳性对照、阴性对照各50μl于1、2、3孔中,37℃水浴箱温育40min。

3. 洗板 PBS溶液洗板3次,每次3min,甩干。

4. 加二抗 每孔加入兔抗 IL-2Rα 多抗,37℃水浴箱温育 30min。

5. 洗板 用 PBS 溶液洗板 3 次,每次 3min,甩干。

6. 加酶标抗体 每孔加入酶结合物(HRP-抗兔 IgG)2 滴,37℃水浴箱温育 30min。

7. 加底物 每孔分别加入显色 A 液、B 液各 1 滴,混匀。37℃水浴箱温育 5 ~ 10min。

【实验结果】 反应板从水浴箱取出肉眼观察结果。如待检血清溶液与阳性对照一致均为蓝色,表明待检血清为 sIL-2R 阳性血清,否则为阴性。

三、IL-1 生物学活性检测——小鼠胸腺细胞增殖法

【实验原理】 白细胞介素-1(IL-1)主要是由活化的单核-巨噬细胞合成和分泌的一种细胞因子,具有活化淋巴细胞、协同刺激胸腺细胞增殖、参与抗体产生和促炎症反应等多种生物学功能。IL-1 有 IL-1α 和 IL-1β 构成,结合同种受体,表现相同的生物学活性。用于检测 IL-1 生物活性的方法有多种,如小鼠胸腺细胞增殖法、D10G4.1 细胞增殖法、EL-4 细胞测定法等。

IL-1 与小鼠胸腺细胞共同培养时,IL-1 可刺激小鼠胸腺细胞增殖。进一步通过 ^{3}H-TdR 掺入法或染料摄入法判定小鼠胸腺细胞增殖量,推定 IL-1 的生物学活性。通过检测 IL-1 的生物学活性,可了解单核-巨噬细胞等的功能。

【实验器材】

1. 培养液 10% FCS-RPMI-1640 培养液。

2. LPS 用 10% FCS-RPMI-1640 配制 10μg/ml。

3. 刀豆蛋白 A(ConA) 用 10% FCS-RPMI-1640 配制 2.5μg/ml。

4. ^{3}H-TdR

5. 实验动物 C57BL 小鼠,6 ~ 10 周龄,雌雄均可。

【实验方法】

1. 小鼠巨噬细胞产生 IL-1 的诱导

1) 常规收集小鼠腹腔巨噬细胞,10% FCS-IMDM 培养液悬浮细胞 2×10^6/ml,接种于 24 孔培养板,0.5ml/孔。

2) 每孔加 20ug/ml LPS 0.15ml,37 度,5% CO_2 孵育 36 ~ 48h。

3) 此时培养上清液内含巨噬细胞分泌的高水平 IL-1,收集培养上清液,12000r/min 离心 15min,将上清液移入新的 1.5ml 试管中,-20℃冻存。

2. IL-1 的生物学活性测定

1) 胸腺细胞的制备:颈椎脱位处死小鼠,无菌取胸腺至于平皿中,加入 5ml10% FCS-IMDM 培养液,200 目不锈钢网制成单个细胞悬液;1500r/min 离心 10min,再用 5% Hank's 液洗涤细胞 2 次后,重悬于 10% FCS-IMDM 培养液中,调细胞浓度为 1.0×10^7/ml。

2) 加样:取胸腺细胞加入 96 孔细胞培养板,0.1ml/孔。再加入 IL-1 待测样品或 IL-1 标准品,50μl/well,实验孔再加入 50μl ConA(终浓度 0.625μg/ml),同时设培养液对照孔(0.1ml 细胞+0.1ml 培养液)、ConA 对照(0.1ml 细胞+50μl 培养液+50μl ConA),均设 3 复孔。37℃,5% CO_2 孵育 36 ~ 60h。

3) ^{3}H 掺入:每孔加 1.85×10^{10} μBq/20μl(0.5μCi/20μl)^{3}H-TdR,继续培养 8h。

4) 测定:多孔细胞收集器收集细胞于玻璃纤维滤纸上,用 β 液体闪烁仪测定 ^{3}H-TdR。

【实验结果】 掺入量(cpm)以净 cpm 值(实验孔-ConA 对照孔 cpm 值)为纵坐标,对应的不同稀释浓度 IL-1 标准品为横坐标,在半对数图纸上绘制出标准曲线,再从标准曲线上查出待测样品中的 IL-1 含量。

【注意事项】

(1) 吸取 LPS 刺激的小鼠巨噬细胞培养上清液时,必须离心,以除去细胞及细胞破碎成分。

(2) ConA 应选择淋巴细胞转化实验的亚剂量,即选择能够激活胸腺细胞,又不引起明显增殖的量,如果 ConA 过量,则不能有效反应 IL-1 的刺激活性。

实验三　流式细胞仪检测技术

流式细胞仪检测免疫细胞

【实验目的】 熟悉流式细胞仪检测技术的原理及应用。

【实验原理】 流式细胞仪是一种能够探测和计数以单细胞液体流形式穿过激光束的细胞检测装置,由于在检测中使用的细胞标志示踪物质为荧光标记物,因此,用来分离、鉴定细胞的流式细胞仪又被称为荧光激活细胞分类仪,是分离和鉴定细胞群及亚群的一种强而有力的应用工具。其原理是在一组混合的细胞群中,加入特异的针对特定靶细胞表面分子的荧光标记单克隆抗体,这种特异单克隆抗体与其对应的抗原靶分子结合,结合后的荧光标记抗体停留在特定细胞的表面,称为荧光抗体标记的靶细胞;将含有被标记细胞的混合细胞群混悬在一定容积的上样缓冲液中,再通过 FACS 的进样吸管孔,仪器就会将细胞悬液制成以单细胞排列的微细流束。当每一个细胞通过仪器的激光束照射时,结合在细胞上的荧光就会被相应的激光束激活并发出对应的荧光,通过敏感的光电倍增管即可检测到从细胞表面发出的荧光。根据测得的散射光可得到细胞大小及颗粒状态的信息;而从荧光的发射强度则提供了结合在细胞上的抗体信息,进而也被反映了该细胞表面相应分子的表达情况。

在流式细胞仪分离装置中,返回到计算机的信号,可用来产生一种电荷,这种电荷以特定准确的时间通过 FACS 的吸管孔,在与吸管孔的液体流相相遇时,可将液体流打碎成只含一个细胞的微滴。含有电荷的微滴就会从主液体流中偏移,穿过一双极板。带正电荷的微滴被吸引至阴极,而带负电荷的被吸引至阳极。以这种方式,特定的细胞亚群由于标记着不同的荧光抗体而带有不同的电荷,从而将目的细胞从混合的细胞群中分拣出来。

流式细胞仪主要有两个最基本的用途:第一是可以定量分析鉴定活细胞表面表达的特异分子,第二是进行特定的活细胞群的分离和纯化。

【实验器材】

1. 细胞样品 来源淋巴细胞或外周血的白细胞。

2. 荧光标记单克隆抗体 常用的有 FITC 和 PE 标记的单克隆抗体。

3. 封闭抗体 抗 Fc 受体抗体。

4. 器材 流式细胞仪。

【实验方法】

1. 单细胞悬液的制备 将 $1\times10^5 \sim 1\times10^7$ 的细胞放入 1.5ml 离心管中 3000r/min 离心 5min,弃上清液;加入 FACS 缓冲液 100μl 悬浮细胞。

2. 封闭细胞表面 Fc 受体 在步骤 1 中加入 Fc 受体抗体 0.5μl(0.5mg/ml),水浴 3min。

3. 细胞与荧光抗体结合 在步骤 2 中加入荧光抗体 1μl(0.5mg/ml),水浴 30min。

4. 洗细胞去除游离的荧光抗体 在步骤 3 中加入 FACS 缓冲液 350μl,轻轻混匀,3000r/min,离心 5min,弃上清液,重复步骤 4 两次。

5. 上样前处理 取 100μl 仪器缓冲液加入步骤 4 获得的细胞沉淀中,轻轻混匀悬浮细胞,将细胞悬液移入 FACS 专用管中,准备进行仪器检测和分析。

6. 仪器的使用

(1) 打开电源:包括系统电源和主机部分电源。

(2) 检查供液槽和废液槽:供液槽应含足够的仪器缓冲液,废液槽应在上次使用后清洗干净。

(3) 打开记数部分:显示进入的细胞数以及检测一定量的细胞所需要的时间。

(4) 将微机与主机连接:控制检测时的预检测和实际检测。

(5) 主机设定:一般是已设定好的适合测定淋巴细胞的条件,包括探测器的电压。探测器的电压是调控光电倍增管所能检测荧光密度的范围。

(6) 选择检测的波长和表达方式:如果用一种荧光抗体,一般选直方图:如果用两种荧光抗体,常选点状二维图或轮廓线图表。

(7) 细胞的吸入:将装有细胞的 FACS 测定管放置到机器吸管孔处。

先预检测样品,然后进行实际检测。可根据细胞的浓度选择测定的速度(低、中或高)。所有的数据将自动存入微机。

【实验结果】 以检测小鼠脾细胞中 T 细胞和 B 细胞的组成为例。

结果以点状二维图表示,见表 7-3-1。横坐标为 B220 分子,纵坐标为 CD3 分子。因此,左上为 T 细胞群,右下为 B 细胞群。

结果分析:在脾脏中主要存在有两大类淋巴细胞群——T 细胞和 B 细胞。其中 B 细胞占 60% 左右,T 细胞占 30% 。

表 7-3-1 B220 及 CD3 细胞点状二维图结果

quad	events	% gated	% total	Xmean	Xgeo. mean	Ymean	Ygeo. mean
UL	3067	30. 67	30. 67	2. 36	2. 08	87. 39	50. 96
UR	371	3. 71	3. 71	183. 95	86. 41	1888. 23	141. 27
LL	619	6. 19	6. 19	3. 77	3. 23	3. 82	3. 07
LR	5943	59. 43	59. 43	215. 54	186. 49	1. 91	1. 60

【注意事项】

1. 细胞的活性和状态 流式细胞仪不但可探测细胞表面的荧光,也可探测细胞内的荧光。因此,如果要检测细胞表面的分子,一定要保证细胞的活性,还应尽可能保持细胞静止,通常在 4℃ 进行操作。否则,荧光抗体进入死细胞内,会产生非特异结果。

2. 其他 如果同时要检测两种以上的分子,一定要选择不同波长的荧光所标记的抗体。

(钱丽丽)

第八章　微生物学综合性实验

实验一　人体正常菌群检测

在正常人体的皮肤黏膜和与外界相通的腔道中存在着大量对机体有益无害的正常微生物群，由于其中以细菌为主，且对之研究得较多而又深入，故又通称为正常菌群。

正常菌群在正常人体并不致病，而且是宿主的一个新发现的生理功能系统。它肩负着生物拮抗、营养作用、免疫作用、抗衰老、抗肿瘤、抗辐射等生理功能。随着微生态学的崛起，现代医学在医学模式、医疗观点和医学目标等方面均已经或正在发生变革，这对医学发展无疑是一个巨大的促进。然而正常菌群在一定条件下又可引起人体致病，如在菌群失调、定位转移和机体抵抗力低下时又可引起多种感染(尤其是医院感染)而致病。故对人体正常菌群进行定性定量检验具有重要的医学价值。

微生态平衡的判断标准包括正常菌群、宿主与环境三方面的资料，平衡是三者互相综合作用的结果。判断微生态是否平衡，必须综合分析在一定外环境中宿主与正常微生物群的结构与状态。微生态平衡在正常菌群方面的标准主要从下面三方面考虑。即利用合格的选择培养基对采集的标本进行“三定”检验。

(1) 定位：指正常菌群生存的生态空间。对正常菌群的检查，首先要确定正常菌群的位置。

(2) 定性：指分离鉴定正常菌群的种类。

(3) 定量：指某生态环境中正常菌群的总菌数和各菌群的活菌数，其优势菌常常是决定微生态平衡的决定因素。如肠道中厌氧菌是优势菌，若减少或消失，就会导致肠道微生态平衡失调，引起疾病。故定量检验是关键技术，若没有定量检验，则不可能有现代化的微生态学。

上述微生态的定位、定性、定量检验也是处于动态平衡状态的。评价人体微生态是否平衡必须结合正常微生物的“三定”检验结果，正常微生物群在人体的不同发育阶段，及其生理功能改变所引起的变化，以及在外界环境作用下，宿主病理状态下对正常微生物群产生的影响，综合地考虑分析才能做出正确的判断。

一、肠道正常菌群定性定量的检测

【实验目的】　掌握人体肠道正常菌群的定性定量检验技术。

【实验原理】　人体肠道可分为小肠和大肠，在小肠分泌物中由于有溶菌酶存在，故微生物的种类和数量较少。大肠中有大量的微生物存在，尤其是粪便中微生物的数量占粪便干重的1/3，其中厌氧菌为需氧菌的100～1000倍。如此庞大的正常菌群的检测，必须利用各种合格的选择培养基进行定位、定性、定量的检验才有应用价值。

【实验器材】

1. 检测标本　采取新鲜大便2～3g，以便中或便尾为佳，置便盒或无菌小瓶内，立即送检。

2. 器材　标本稀释液、选择培养基、刻度吸管、毛细吸管、试管、玻片、酒精灯、接种环、12号针头接种滴管、革兰染色液、厌氧培养系统、恒温培养箱等。

【实验方法】　标本采集：根据检测的部位采集适当适量的标本，并尽快送至实验室加以相应处理。

1. 活菌计数

(1) 滴注法

1) 将采集的标本进行恰当的处理。

2) 稀释标本:称取0.5g标本,用标本稀释液进行10倍稀释成10^{-1}、10^{-2}、10^{-3}、…。

3) 滴注接种:选择三个适当稀释度,用12号针头滴管(47滴/ml),分别将每个稀释度的稀释液滴种3滴于相应的选择培养基平板(事先于35℃培养箱中烘烤2h以上)。

4) 培养:将接种平板分别置于有氧、厌氧培养箱孵育24~48h。

5) 活菌计数:活菌数/ml=平均菌落数/滴×滴管滴数/ml×稀释倍数,最后以对数值表示。

(2) 倾注法

1) 用标本稀释液或无菌生理盐水把标本稀释成1∶100、1∶1000。

2) 倾注平板:取上述标本各1ml分别置于9cm直径的平皿各2个,每个平皿中再分别倾入50℃左右的营养琼脂,立即摇匀,冷凝。

3) 35℃有氧、厌氧培养24~48h。

4) 活菌计数1ml标本中的活菌数=全平板菌落数×稀释倍数。

(3) 涂布法

1) 分别涂布接种0.1ml稀释标本于两个选择平板上。

2) 有氧和厌氧培养24~48h。

3) 活菌计数:方法同上(另×10,因标本为0.1ml)。

2. 绝对计数(算出每克粪便的总菌数)

计算公式:每克标本总菌数=$K \times N \times \rho \times d$。$K=1653$,$N$=每个视野的平均菌数,$\rho$=滴管滴数/ml,$J$=稀释倍数($10^n$)。

3. 相对计数 用接种环或竹签取少许标本直接涂布于洁净载玻片(薄而均匀),再干燥,固定,革兰染色镜检进行相对计数,即算出标本中G^+菌和G^-菌的相对百分率。

【注意事项】

(1) 采集标本时注意无菌操作,避免正常菌群污染。

(2) 因正常菌群90%以上是厌氧菌,故培养时必须有氧与厌氧同时进行,方能确定需氧菌、厌氧菌和兼性厌氧菌。

(3) 检测结果必须结合人体的生理、病理、所处环境以及该菌的正常值才能做出正确的判断。

二、口腔菌群的检测

口腔微生物是人类最早发现的微生物,口腔菌群的微生物数量、种类繁多,是人体最复杂的正常菌丛,已从口腔中分离出200多种细菌。口腔细菌是龋齿、牙周病、牙髓炎发生发展的重要因素。了解口腔菌群,有助于防治口腔感染性疾病和观察治疗效果。有关口腔微生物的大量研究,不仅为口腔微生物的病因学研究和临床的有效防治提供了丰富的实验数据,而且近几年来发现并命名的口腔新菌属和新菌种,极大地丰富了口腔微生物学乃至医学微生物学的内容。

(一) 牙菌斑刚果红负性染色检查法

【实验目的】

(1) 掌握口腔菌群的种类、形态。

(2) 熟悉牙菌斑涂片的刚果红负性染色检查法。

【实验原理】 刚果红负性染色是一种常见的检查牙菌斑细菌的方法,可用于临床检测牙周病活动性及其疗效的观察,口腔微生态的研究。

【实验器材】

1. 标本　牙垢。

2. 试剂　2%刚果红、37%的HCl。

3. 其他　牙签、显微镜、载玻片、香柏油、二甲苯。

【实验方法】　在载玻片上滴加2%刚果红溶液2滴,用牙签挑取牙缝接近牙龈处的牙垢一小粒,放入刚果红溶液,用牙签将标本与染液混匀,推片后自然干燥,将标本片的标本面超在置浓盐酸(37%)蒸汽上熏蒸,待标本呈蓝色即可。置油镜下观察。

【实验结果】　油镜下可见背景呈蓝色,细菌及其他微生物呈光亮的白色,形态清晰,呈不同的形态:球状、杆状、螺旋状等,记录试验结果,讨论牙菌斑对龋齿形成的影响。

【注意事项】

(1) 刚果红染色要注意一定要将菌斑与染液混匀,否则就不能将细菌分散。

(2) 用HCl蒸汽熏时,皮肤一定不要接触浓HCl,否则会被烧伤。

(二) 口腔厌氧菌培养

【实验目的】　熟悉口腔厌氧菌的培养方法。

【实验原理】　厌氧菌在有氧的情况下不能生长。要培养厌氧菌,必须创造一个无氧的环境。通常用培养基中加入还原剂,或用物理、化学方法去除环境中的游离氧,以降低氧化还原电势。

【实验器材】

(1) 牙签、牙垢、硫乙醇酸盐稀释液(分装成1ml)、厌氧血平板、产气袋、金属钯、厌氧罐。

(2) 生理盐水、革兰染色液、显微镜、载玻片、接种环、牙签、香柏油、二甲苯。

【实验方法】

1. 牙垢厌氧培养　用牙签挑取少许牙垢加入含0.5ml硫乙醇酸盐稀释液的1.5ml塑料离心管中,振荡1~2min。用稀释液将标本液对倍稀释为1∶10、1∶20、1∶40,取1∶20、1∶40稀释液各2~3环接种厌氧血平板。在厌氧罐中放入气体发生袋,加水约10ml,将接种后的厌氧血平板放入厌氧罐中,迅速盖好。37℃培养3天后观察。

2. 耐氧试验　观察培养3天后的厌氧血平板,将不同菌落编号后,同时分别接种两个厌氧血平板,1个置培养箱中常规培养,1个置厌氧培养,3天后观察。

3. 厌氧菌形态观察　以厌氧培养生长,而常规培养不生长的细菌判为厌氧菌。若两者均生长判为兼性厌氧菌,有条件可作进一步鉴定。

【注意事项】

(1) 确保厌氧罐不漏气。

(2) 气体发生袋加入水后会很快产生氢气,需迅速盖好厌氧罐。

(3) 金属钯用后需在火上烤数分钟,以还原。

实验二　常见临床标本检测

一、病原性球菌的分离与鉴定

【实验目的】　熟悉病原性球菌的分离与鉴定方法。

【实验原理】　病原性球菌是临床化脓性炎症的常见病原,其形态、排列、染色性各不相同;

菌落也各有其特征,有助于鉴别。

【实验器材】 脓汁标本、革兰染色液、肉汤增菌液、血琼脂平板、生化反应和致病性鉴定的相应器材、普通培养箱。

【实验方法】

1. 标本采集

(1) 脓液:用无菌棉拭挑取患部深处脓液或分泌物,放入无菌试管内。

(2) 痰液:用消毒过的容器收集患者的痰液,以无菌棉拭挑取浓稠痰块,放入无菌试管内。

(3) 咽部分泌物:嘱患者张开口,用压舌板轻压舌根部,以无菌棉拭从鼻咽部位擦拭取材,然后将其放入无菌试管内。

(4) 脑脊液:对疑患流脑的患者作腰椎穿刺取脑脊液,脑脊液取出后盛于无菌容器中,立即送检。

(5) 尿道、阴道分泌物:对可疑淋病患者,男性可从尿道取材,取材时应进入尿道 1 ~ 2cm,如刚排尿,应等待 1h 左右。女性则可从宫颈口取分泌物,当插入宫颈口后应稍等片刻,再旋转 1 ~ 2min 拿出。取材后应立即送检,不可放置冰箱中。

2. 分离鉴定步骤 待检标本可直接涂片染色检查鉴定,必要时可作分离培养及生化反应,致病性鉴定,常见致病性球菌的检查程序如图 8-2-1 所示。

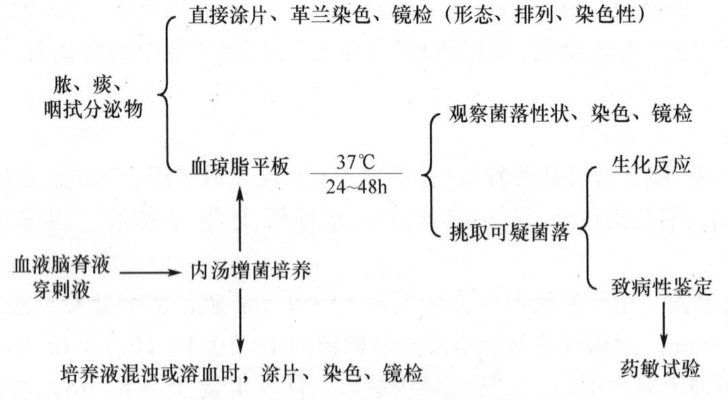

图 8-2-1 致病性球菌的检查程序

【结果分析】

(1) 若镜检为革兰阳性球菌,葡萄状排列,菌落中等大小,白色或柠檬色,则为条件致病菌或非致病性葡萄球菌;菌落为金黄色,则为金黄色葡萄球菌。用血浆凝固酶鉴定其致病性。

(2) 若镜检为革兰阳性球菌,链状排列,小菌落,则根据溶血情况判定为何型链球菌。

(3) 肺炎链球菌镜检为革兰阳性球菌,链状排列,菌落产生 α 溶血。可通过胆汁溶菌试验与其他链球菌鉴别。

【注意事项】 脑脊液标本应做二氧化碳培养;根据脓汁标本的情况,必要时应做厌氧培养和 L 型细菌的培养。

二、粪便标本的细菌学检查

【实验目的】

(1) 掌握粪便标本的采集方法。

(2) 熟悉粪便标本的细菌学检验程序和方法。

【实验原理】 粪便标本中的细菌大多形态、生物学性状相似;可通过其在选择鉴别培养基中菌落的特征、生化反应及血清凝集试验进行鉴定。

【实验器材】

1. 标本 粪便标本或肛拭子。

2. 培养基 SS 琼脂平板,麦康凯琼脂平板,中国蓝琼脂平板,KIA,MIU,GN 增菌肉汤,TCBS 平板,副溶血弧菌选择平板。

3. 试剂 柯氏试剂,志贺菌属诊断血清,沙门菌属诊断血清,EIEC 和 EPEC 诊断血清。

4. 其他 生理盐水、玻片、显微镜。

【实验方法】

1. 标本的采集与运送 在未用抗生素之前,采集可疑粪便,如疑为痢疾患者的脓血黏液便,疑为霍乱患者的"米泔样大便"等。对不易获得粪便的或排便困难者,可采取肛拭子送检。如不能及时送检,可将粪便标本或肛拭子插入卡-布运送培养基。

2. 检验程序与方法 如图 8-2-2 所示。

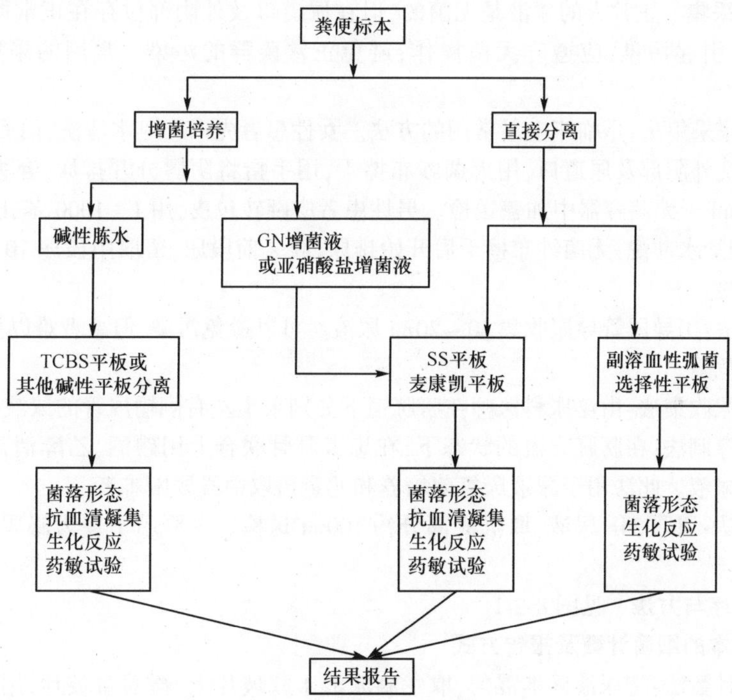

图 8-2-2　粪便标本细菌学检验的基本程序

【注意事项】

(1) 抗血清玻片凝集试验的原则是从多价到单价。

(2) 所分离出的菌株均需做药物敏感试验。

(3) 根据形态学、菌落特征、生化反应和血清学试验(包括沙门菌的肥达反应)的结果方能做出最终诊断。

(4) 报告方式"检出××菌属××细菌"或"检出××型细菌"。

药敏实验:敏感……,中敏……,耐药……。

三、尿标本的细菌学检验

【实验目的】

(1) 掌握尿标本的采集方法。

(2) 熟悉尿标本的细菌学检验程序和方法。

(3) 了解尿液标本的细菌计数方法。

【实验原理】 尿路感染需计数菌落量,每毫升≥10 万才有诊断价值。

【实验器材】

1. 标本 临床尿液标本。

2. 培养基 血琼脂平板、巧克力琼脂平板、KIA/MIU、甘露醇发酵管。

3. 试剂 3% H_2O_2、氧化酶试剂、革兰染液、药敏纸片。

4. 其他 诊断血清、新鲜兔血浆。

【实验方法】

1. 标本的采集 正常人的尿液是无菌的,但在尿道口及外阴部位存在正常菌群,在采集尿液标本时,极易引起污染,应遵守无菌操作,避免正常菌群的污染。常用的采集方法有以下几种。

(1) 中段尿采集法:是临床上最常用的方法。女性患者先以肥皂水清洗,而后用 1∶1000 的高锰酸钾水冲洗外阴部及尿道口,用灭菌纱布擦干,用手指将阴唇分开排尿,弃去前段尿,留取中段尿 10～20ml 于无菌容器中加盖送检。男性患者应翻转包皮,用 1∶1000 苯扎溴铵消毒尿道口,用无菌生理盐水冲洗,无菌纱布擦干后开始排尿,弃去前段尿,留取中段尿 10～20ml 于无菌容器中加盖送检。

(2) 导尿法:用导尿管导尿收集 10～20ml 尿液。可以避免污染,但患者难以接受,而且有诱发逆行感染的危险。

(3) 肾盂尿收集法:由泌尿科医师在膀胱镜下分别采集左右侧输尿管的尿液。

(4) 膀胱穿刺法:在膀胱充盈的状态下,在患者耻骨联合上用碘酒、乙醇消毒后,以无菌注射器穿刺抽取尿液。此法用于尿液厌氧菌培养和儿童留取中段尿困难者。

(5) 留尿法:留取 24h 尿液,取沉淀部分约 100ml 送检。主要用于疑为泌尿道结核患者的检查。

2. 检验程序与方法 见图 8-2-1。

3. 尿液标本的细菌计数及报告方式

(1) 直接计数法:将尿液标本混匀,取一滴尿液于载玻片上,覆盖盖玻片,用相差显微镜观察每个视野的细菌数,可大致估计尿液中的细菌数。如每视野有 100 个以上的细菌则尿液中的细菌数约为$\geq 10^7$ 菌数/ml,每视野有 10 个以上的细菌则尿液中的细菌数约为$\geq 10^5$ 菌数/ml,每视野有一个以上的细菌则尿液中的细菌数约为$\geq 10^4$ 菌数/ml;可同时观察细菌的形态和运动情况。也可将 0.001ml 尿液涂布在玻片上进行革兰染色,用油镜观察,如每个视野有一个以上的细菌则尿液中的细菌数约为$\geq 10^5$ 菌数/ml。

(2) 定量接种法:用定量接种环取尿液,在血平板上连续划线接种;或用无菌移液器吸取 0.1ml 尿液标本用 9.9ml 无菌生理盐水稀释后,取 0.1ml 于血平板上涂布接种,37℃孵箱中孵育 18～24h,计数平板上生长的菌落数,再计算出每 ml 尿液中细菌数。

(3) 倾注培养法:取 0.1ml 尿液标本用 9.9ml 无菌生理盐水稀释后,取 1ml 于无菌平皿中,加入已溶化并冷却至 50℃左右的适量普通琼脂培养基,立即混匀,凝固后 35℃孵箱中孵育 18～24h,计数平板上生长的菌落数,乘以 100,即得每毫升尿液中细菌数。

(4) 报告方式:平板上如有细菌生长,计数菌落后,报告"每毫升尿液中细菌数为××";"药敏试验:……"。如无细菌生长,经48h培养后仍无细菌生长,报告"普通有氧培养48h无细菌生长"。

【注意事项】

(1) 若革兰阴性杆菌尿液菌落计数$<10^4$/ml可判断为污染,$>10^5$菌数/ml,可判断为感染,在10^4~10^5/ml之间为可疑,需重复检查。革兰阳性球菌尿液菌落计数$>10^4$/ml可判断为感染菌。

(2) 尿路感染一般为单一细菌引起,偶尔也可由一种以上细菌引起。当同一份标本中同时检出三种或三种以上细菌时,污染可能性大,需重新留取标本检查。

(3) 尿液采取后应立即检查,放置时间过长会导致感染菌和杂菌过度生长。可存放于4℃冰箱,但不可超过2h。

(4) 菌落计数的影响因素较多,与尿频、抗生素的使用、输液、使用利尿剂、尿液的pH变化和细菌种类有关。

(5) 尿液标本中不得加入防腐剂和消毒剂。

(6) 为了避免变形杆菌迁徙生长而污染其他标本,每个平板只能接种一个尿液标本。也可使用抑制变形杆菌迁徙生长的培养基如麦康凯、CLED培养基。

(7) 如疑为淋病奈瑟菌或结核分枝杆菌引起的泌尿道感染,则按相应章节的检验程序进行检验。

四、胃窦黏膜组织幽门螺杆菌的检测

1984年,澳大利亚科学家Marshall和Warren首次公开报道从人体胃黏膜组织中分离培养出幽门螺旋杆菌,多年的研究表明该菌的感染不但与B型胃炎和消化性溃疡的发生有密切关系,而且与非溃疡性消化不良、MALT淋巴瘤和胃癌也有重要关系,1994年国际癌症研究机构已将其列为I类致癌原。分离、鉴定幽门螺杆菌对深入进行该菌的研究;对其相关感染性疾病的诊断和防治有重要价值。

【实验目的】 熟悉幽门螺杆菌的典型形态,了解幽门螺杆菌分离与鉴定的基本方法。

【实验原理】 幽门螺杆菌需在高营养、微需氧(85% N_2,10% CO_2,5% O_2)、相对湿度98%以上的环境才能生长繁殖。

【实验器材】

(1) 新鲜胃窦黏膜标本,含7%羊血的心脑选择琼脂平板,厌氧罐,微需氧产气袋。

(2) 直接尿素酶、过氧化氢酶、氧化酶、硝酸盐琼脂斜面、硝酸盐还原试剂。

(3) 恒温培养箱、显微镜、革兰染色液、载玻片、接种环、香柏油、二甲苯。

【实验方法】

1. 胃窦黏膜标本标本接种的方法 可将胃窦黏膜活检标本直接接种,即用镊子夹取胃黏膜,在血琼脂平板上反复涂抹约占平板1/5范围,再用接种环分区划线接种;也可将胃窦黏膜活检标本研碎成糊状,再接种。研碎成糊状的标本不宜用于直接涂片镜检,因研碎破坏了组织和细菌的排列,镜检时不宜观察。

2. 7%羊血心脑选择琼脂平板的制备 胃黏膜标本为非无菌标本,常污染有杂菌,可在7%羊血心脑选择琼脂中加入磺胺甲噁唑5mg/L,万古霉素10mg/L,多黏菌素B 2500U/L,以抑制其他细菌生长,此即幽门螺杆菌选择培养基。

3. 微需氧培养 略。

4. 生化反应鉴定 幽门螺杆菌生化反应不活泼,不分解糖类,触酶、氧化酶阳性。尿素酶迅速强阳性,硝酸盐还原阴性。该菌能分泌大量高活性尿素酶是其显著特征。

(1) 直接尿素酶试验:用接种环取数个培养的新鲜菌落,置直接尿素酶反应杯或试纸条上,30min内观察结果,以变色为阳性,否则为阴性。

(2) 氧化酶试验:可采用直接法,即用滤纸条蘸取待检菌落,滴加试剂2~3滴于菌落上,5~10s内观看结果,菌落在60s内呈深紫色,为阳性,否则为阴性。

(3) 过氧化氢酶试验:用接种环取数个培养的新鲜菌落,放于洁净的玻片或滤纸上,再滴加过氧化氢数滴,30s内观看结果,以出现气泡为阳性,否则为阴性。

(4) 硝酸盐还原试验:取一满环菌落接种到硝酸盐琼脂斜面上,将琼脂斜面置于35℃微需氧培养3天,然后加入硝酸盐还原试验试剂,30s后观看结果,变为红色者为阳性,否则为阴性。

【实验结果】

1. 标本涂片革兰染色镜检 在组织标本上幽门螺杆菌典型形态为革兰阴性,弯曲为"C"、"S"形或海鸥展翅形,常聚集成簇或成堆。纯培养涂片革兰染色镜检,形态不如组织标本上的典型,3天后的培养物,弯曲不明显。

2. 菌落特征 培养2~4天后形成针尖状、圆形、光滑、透明无色、边缘整齐、凸起的菌落。在血琼脂平板上,有轻度溶血。

3. 鉴定 根据典型形态、菌落特征,触酶、氧化酶阳性,尿素酶迅速强阳性,硝酸盐还原阴性可确定为幽门螺杆菌。

【注意事项】

(1) 取标本。因幽门螺杆菌集中定植于胃窦部位,在内窥镜下取标本时,应钳取胃窦大弯距幽门3cm处组织,阳性率高。

(2) 使用前后活检钳应适当消毒,以防交叉感染和标本污染。

(3) 所取标本若不能及时培养,应放20%葡萄糖水或其他特制的保存液,否则幽门螺杆菌会很快死亡。培养物在转种与鉴定过程中,也应尽量减少暴露于空气。

实验三 环境卫生学检测

一、空气中细菌的检测

在人类生存环境中存在着种类繁多、数量庞大的细菌,空气中也不例外。虽然空气不是细菌栖息的良好环境,但由于气流、灰尘和水沫的流动,人和动物的活动等原因,仍有相当数量的细菌存在。

空气中细菌的检测方法常用沉降平板法和气流撞击法。现以沉降平板法为例简述如下。

【实验目的】

(1) 掌握空气中细菌检查的基本方法。

(2) 了解空气中细菌的种类、分布、数量及滞留时间。

【实验原理】 空气中的细菌常以气溶胶形式存在,可污染物体表面、食物或水源,因而空气中细菌的检查,常可用于调查和了解不同场合空气中细菌的种类、分布、数量及滞留时间;空气消毒剂的研究以及消毒效果评价等。

【实验器材】

1. 培养基 营养琼脂平板。

2. 器材 无菌平皿若干套、酒精灯、培养箱等。

【实验方法】

1. 倾注平板 按常规法配制上述培养基,分装于三角瓶中,高压无菌备用。临用前将培养基熔化,冷却至50℃左右,倾注平板若干个备用。

2. 检测 在室内四角及中央各放营养琼脂平板(或血琼脂平板)一个,在同一时间揭开皿盖,暴露放置 15~30min。

3. 培养 将细菌培养基平板置于37℃培养箱中,倒置培养24h。

【实验结果】 计数5个平板菌落总数,并算出 $1m^3$ 空气中所含的细菌数。根据5min内 $100cm^2$ 琼脂平板中降落的菌落数,相当于10L空气中所含的细菌数,计算 $1m^3$ 空气中所含的细菌数。计算公式如下:

$$细菌数(CFU)/m^3 = N\times100/A\times5/T\times1000/10 = 50000N/(AT)$$

A 为平板面积(cm^2);T 为平板暴露时间(min);N 为平板平均菌落数(CFU)。

【注意事项】 使用营养琼脂平板或血琼脂平板,视检测目的而定,一般常用营养琼脂平板。

二、水的卫生细菌学检测

(一)水的细菌总数的检测

【实验目的】

(1)熟悉生活饮用水的细菌总数的检测方法。

(2)了解水源的细菌总数的检测方法。

【实验原理】 水是微生物广泛分布的天然环境,各种天然水中常含有一定数量的微生物。水中微生物的主要来源有:水中的水生性微生物(如光合藻类)、来自土壤径流、降雨的外来菌群和来自下水道的污染物和人畜的排泄物等。水中的病原菌主要来源于人和动物的传染性排泄物。水的微生物学的检测,特别是肠道细菌的检测,在保证饮水安全和控制传染病上有着重要意义,同时也是评价水质状况的重要指标。国家饮用水标准规定,饮用水中细菌总数每毫升不超过100个。

【实验器材】

1. 培养基 牛肉膏蛋白胨琼脂培养基、无菌生理盐水。

2. 器材 无菌三角瓶、无菌的带塞三角瓶、无菌平皿、无菌吸管、无菌试管等。

【实验方法】

1. 水样的采集

(1)自来饮用水:先将自来水龙头用酒精灯火焰灼烧无菌,再开放水龙头使水流5min,以无菌三角瓶接取水样以备分析。

(2)池水、河水、湖水等地面水源水:在距岸边5m处,取距水面10~15cm的深层水样,先将无菌的带塞三角瓶,瓶口向下浸入水中,然后翻转过来,除去玻璃塞,水即流入瓶中,盛满后,将瓶塞盖好,再从水中取出。如果不能在2h内检测的,需放入冰箱中保存。

2. 细菌总数的测定

(1)水样稀释及培养

1)按无菌操作法,将水样作10倍系列稀释。

2)根据对水样污染情况的估计,选择2~3个适宜稀释度(饮用水如自来水、深井水等,一般选择1:1、1:10两种浓度;水源水如河水等,比较清洁的可选择1:10、1:100、1:1000三种稀释度;污染水则选择1:100、1:1000、1:10000三种稀释度),吸取1ml稀释液于无菌平皿内,每个稀释度做3个重复。

3)将熔化后保温度45℃的牛肉膏蛋白胨琼脂培养基倒平皿,每皿约15ml,并趁热转动平皿混合均匀。

4)待琼脂凝固后,将平皿倒置于37℃培养箱内培养24±1h后取出,计算平皿内菌落数目,乘以稀释倍数,即得1ml水样中所含的细菌菌落总数。

(2)计算方法:做平板计数时,可用肉眼观察,必要时用放大镜检查,以防遗漏。在记下各平板的菌落数后,求出同稀释度的各平板平均菌落数。

【实验结果】 计数及报告见本节。

【注意事项】

(1) 取样容器应灭菌,水样送检及保存过程切勿污染。

(2) 选择菌落数时,对于小至针尖大小菌落切勿漏计;单链菌落,以一菌落计算,数链应计其接近值;若成菌膜散布生长,则每一散布为一菌落计数;散布大于1/2平板,弃之不用。

(二) 水中大肠菌群数的检测

【实验目的】

(1) 熟悉生活饮用水中大肠菌群数的检测方法。

(2) 了解水源中大肠菌群数的检测方法。

【实验原理】 寄居于肠道中的大肠埃希菌不断随粪便排出,可污染周围环境、水源、饮料及食品。样品中检出此菌数量愈多,表示被粪便污染愈严重,也间接表明有肠道致病菌污染。因此,卫生细菌学以大肠菌群数作为饮水、食品等粪便污染的指标之一。国家饮用水标准规定,饮用水中大肠菌群数每升中不超过3个,每100ml瓶装汽水、果汁中不得超过5个。

【实验器材】

1. 培养基 乳糖胆盐蛋白胨培养基、伊红亚甲蓝琼脂培养基、乳糖发酵管。

2. 器材 无菌三角瓶、无菌的带塞三角瓶、无菌平皿、无菌吸管、无菌试管等。

【实验方法】

1. 水样的采集和稀释 见细菌总数的检测。

2. 自来饮用水水样的采集(多管发酵法) 见水的细菌总数的检测实验。

3. 初步发酵试验 在2个各装有50ml的3倍浓缩乳糖胆盐蛋白胨培养液(可称为三倍乳糖胆盐)的三角瓶中(内有倒置杜氏小管),以无菌操作各加水样100ml。在10支装有5ml的三倍乳糖胆盐的发酵试管中(内有倒置小管),以无菌操作各加入水样10ml。如果饮用水的大肠菌群数变异不大,也可以接种3份100ml水样。摇匀后,37℃培养24h。

4. 平板分离培养 经24h培养后,将产酸产气及只产酸的发酵管(瓶),分别划线接种于伊红亚甲蓝琼脂平板(EMB培养基)上,37℃培养18~24h。大肠菌群在EMB平板上,菌落呈紫黑色,带有或略带有或不带有金属光泽,或者呈淡紫红色,仅中心颜色较深;挑取符合上述特征的菌落进行涂片,革兰染色,镜检。

5. 复发酵试验 将革兰阴性无芽孢杆菌的菌落的剩余部分接于单倍乳糖发酵管中,为防止遗漏,每管可接种来自同一初发酵管的平板上同类型菌落1~3个,37℃培养24h,如果产酸又产气者,即证实有大肠菌群存在。

6. 水源水的检测 用于检验的水样量,应根据预计水源水的污染程度选用下列各量。

(1) 严重污染水:1ml,0.1ml,0.01ml,0.001ml各1份。

(2) 中度污染水:10ml,1ml,0.1ml,0.01ml各1份。

(3) 轻度污染水:100ml,10ml,1ml,0.1ml各1份。

(4) 大肠菌群变异不大的水源水:10ml 10份。

操作步骤同自来饮用水的检验。同时应注意,接种量1ml及1ml以内用单倍乳糖胆盐发酵管;接种量在1ml以上者,应保证接种后发酵管(瓶)中的总液体量为单倍培养液量。然后根据证实有大肠菌群存在的阳性管(瓶)数,报告每升水样中的大肠菌群数(MPN)。

【结果分析】

(1) 自来饮用水大肠菌群的测定:根据证实有大肠菌群存在的复发酵管的阳性管数,查大肠菌群检索表(表 8-3-1)。

(2) 大肠菌群数变异不大的查大肠菌群检索表(表 8-3-2),报告每升水样中的大肠菌群数(MPN)。

表 8-3-1　大肠菌群检索表(饮用水)

	0	1	2	备注
	每升水样中大肠菌群数			
0	<3	4	11	接种水样总量
1	3	8	18	300ml(100ml 2 份,
2	7	13	27	10ml 10 份)
3	11	18	38	
4	14	24	52	
5	18	30	70	
6	22	36	92	
7	27	43	120	
8	31	51	161	
9	36	60	230	
10	40	69	>230	

表 8-3-2　大肠菌群数变异不大的自来饮用水

阳性管数	0	1	2	3	接种水样总量
每升水样中大肠菌群数	<3	4	11	>18	300ml(3 份 100ml)

【注意事项】

(1) 取样容器应灭菌,水样送检及保存过程切勿污染。

(2) 检测水样应摇匀后抽样。

实验四　病毒的快速检测

分子生物学技术已被广泛地应用于生命科学的各个领域,在感染性疾病的诊断中也得到了日益广泛的应用。其主要方法可分为检测核酸和检测蛋白质两大类。该技术最大的优点在于灵敏度高,特异性强,并可快速诊断。本实验介绍两种最常用的分子诊断方法。

免疫印迹法(Western blot)检测 HIV 特异抗体

免疫印迹试验 1984 年被引入 HIV 检测,是目前的 HIV 抗体确认的首选方法。它能同时检测不同 HIV-1 抗原组分的抗体,因此能够鉴别或肯定初筛检测的结果。

【实验目的】

(1) 掌握免疫印迹试验(WB)检测血清抗 HIV 蛋白抗体的原理和方法。

(2) 熟悉 WB 法检测 HIV 抗体的临床意义。

【实验原理】　在艾滋病病毒感染中此法检测 HIV 特异抗体,已作为 HIV 感染的确诊试验。检测时先以提纯的 HIV 裂解蛋白或者重组蛋白通过聚丙烯酰胺凝胶电泳(SDS-PAGE),使蛋白抗原按分子量大小分开形成不同的条带,再转移至硝酸纤维膜上。将此含有 HIV 抗原的硝酸纤维膜条与待检血清样品反应。如果标本中有 HIV 抗体时,抗体则与膜条上的抗原区带结合,形成抗原抗体复合物。通过清洗去除膜条上的未结合物,再用酶标抗人 IgG 抗体与膜条上的抗原抗体复合物结合,清洗后加入底物,使区带显色,即出现肉眼可见的不同曲带。改法可检出不同分子量的 HIV 蛋白相应的抗体。其敏感性和特异性均较 ELISA 法高,故常用于 HIV 抗体检测的确认试验,亦可用于 HIV-1 的分型。

【实验器材】

(1) HIV 抗体检测的 Western-blot 诊断试剂盒,一般包括:

1) 结合有 HIV 蛋白的硝酸纤维素膜条。

2) 抗 HIV-1 型和 HIV-2 型阳性对照血清。

3) 抗 HIV-1 型和 HIV-2 型阴性对照血清。

4) 10 倍浓缩样品稀释缓冲液。

5) 20 倍浓缩洗膜缓冲液。使用前用蒸馏水做 1 : 20 稀释。

6) 碱性磷酸酶或辣根过氧化物酶标记的抗人 IgG 抗体酶结合物。于每次使用前,用封闭缓冲液作 1 : 1000 稀释,即为酶结合物工作溶液。

7) 底物液。

8) 封闭粉:脱脂奶粉。

(2) 待检血清或血浆。

(3) 恒温摇床、小镊子、吸管等。

【实验方法】

1. 配制封闭缓冲液 每次使用前新鲜配制封闭缓冲液。

(1) 将 10 倍浓缩样品稀释缓冲液用蒸馏水作 1 : 20 稀释,充分混匀。

(2) 于每 20ml 稀释后的样品稀释缓冲液加入 1g 封闭粉,充分混匀、溶解,备用。

2. 检测 HIV 抗体

(1) 用镊子小心取出需要的试剂膜条,每份标本为 1 条。将膜条有号码的一端向上,分别放入孵育板槽内。每次检测应同时包括一条阳性对照和一条阴性对照。

(2) 于每个反应槽内加入 2ml 稀释后的洗膜缓冲液。

(3) 将孵育板置摇床上室温震荡孵育至少 5min。吸出缓冲液。

(4) 于每个反应槽中加入 2ml 封闭缓冲液,随后分别加入 20μl 患者血清及阳性和阴性对照血清。

(5) 盖好孵育板,于室温下在摇床上震荡孵育 1h。

(6) 小心掀开孵育板盖以避免溅出,吸出反应液。不同的样品间需换吸头以避免交叉污染。

(7) 于每个反应槽中加入 2ml 的洗膜缓冲液,置摇床上震荡 5min,弃洗液,再重复两次。

(8) 于每个反应槽中加入 2ml 酶结合物工作溶液。盖好孵育板,室温下在摇床上震荡孵育 1h。

(9) 仔细打开孵育板盖,吸出酶结合物工作溶液。

(10) 于每个反应槽中加入 2ml 的洗膜缓冲液,置摇床上震荡 5min,弃洗液,再重复两次。

(11) 于每个反应槽中加入 2ml 底物液,盖上孵育板,室温下在摇床上震荡孵育 15min。

(12) 小心打开盖子,吸出底物液,用蒸馏水洗涤膜条数次以终止反应。

(13) 小心取出膜条,放于滤纸上,并覆以滤纸吸干水分。

(14) 把膜条贴在工作表格的纸上(非吸水纸),观察记录结果。小心保存膜条于暗处。

【结果分析】

1. 结果判断 世界各国(或机构)对免疫印迹试验的结果判定标准并不完全一致。世界卫生组织(WHO)的 HIV 抗体阳性判定标准是:有 2 条 env 带,有或无 gag 带或 pol 带。

我国应根据《全国艾滋病检测技术规范》的判定标准,并参照所用试剂的说明书综合判定。

(1) HIV-1 抗体阳性(+):至少有 2 条 env 带(gp41 和 gp160/gp120)出现,或至少 1 条 env 带和 p24 带同时出现。

(2) HIV-2 抗体血清学阳性(+):同时符合以下 2 条标准可判为 HIV-2 抗体血清学阳性。

1) 符合 WHO 阳性判定标准,即出现至少 2 条 env 带(gp36 和 gp140/gp105)

2) 符合试剂盒提供的阳性判定标准。

(3) HIV-1 抗体阴性(-):无 HIV 抗体特异带出现。

(4) HIV-1 抗体不确定(±):出现 HIV 抗体特异带,但不足以判定阳性。

1) HIV-1 抗体特异带包括:env 带(gp160/gp120、gp41);gag 带(p55、p24、p17、P18);pol 带(p66、p65、p51、p31)。

2) HIV-2 抗体特异带包括:env 带(gp140/gp105、gp36);gag 带(p56、p26、p16);pol 带(p68、p53、p34)。由于使用的毒株不同,HIV-2 env 抗原也可为 gp125/gp80、gp36。

2. 质量控制 为保证实验结果的有效性,每次试验结果必须符合下列条件:

(1) 阴性对照:在阴性对照的试剂膜条上没有出现 HIV-1 和 HIV-2 型的特异条带。标本质控带应清晰可见。

(2) 阳性对照:试剂和说明书中规定的阳性对照所有相关分子两条带都必须出现。这些相关条带可能包括:env 带(gp120、gp41),pol 带(p51/p61、p32、p11)、gag 带(p24、p17、p7)。其分子量大小可用分子量标准对应测得。

【注意事项】

(1) HIV 的检测应按 2006 年卫生部颁布的《全国艾滋病检测工作管理办法》进行,检验人员和设备都应具备相应条件,应经国家或省级卫生主管部门审查批准才可进行工作。

(2) 不确定结果的可能原因:①受检者已感染 HIV,但正处于"窗口期",未产生典型抗体应答;②待检血清含有对 HIV 抗原(最常见为 p24 和/或 p55)的交叉抗体;③HIV 的 p24 和 p31 抗体随着艾滋病的病程逐渐减少,从而导致在 WB 试验的结果从阳性转为"不确定"结果;④患有恶性肿瘤的 HIV 感染者和接受免疫抑制药物治疗的病例有可能不出现阳性反应。

(3) 对 HIV 抗体不确定者,应于 3 个月后再做抗体检测。必要时可做 HIV-1P24 抗原或 HIV 核酸测定,但检测结果只能作为辅助诊断依据,确认报告要依据血清学随访结果。

实验五 细菌 L 型检测

【实验目的】 了解细菌 L 型分离与鉴定的方法。

【实验原理】 细菌 L 型具有不同于其亲代细菌型的多种特殊性质,包括形态、生长繁殖方式、代谢活性、表面抗原性、对理化因素的抵抗力、药物敏感性、致病性等。常规细菌学方法通常不能检出和鉴定细菌 L 型,是导致临床细菌学检查漏诊或误诊的一个重要因素。细菌 L 型需要采用特殊的方法进行分离与鉴定,基本程序主要包括:①L 型分离培养;②生物学鉴定;③免疫学鉴定;④分子生物学鉴定。

【实验器材】

1. 试剂 青霉素 G、营养肉汤与血琼脂平板(非高渗培养基)、L 型高渗透压培养基平板、革兰染色液、细胞壁染色液。

2. 菌种 金黄色葡萄球菌 10 ~ 18h 肉汤培养物。

3. 器材 无菌滤纸片、载玻片,无菌注射器(5ml),无菌吸管(1ml、5ml),滤菌器(0.22 ~ 0.45μm 孔径),光学显微镜,烛缸或二氧化碳培养箱,普通恒温培养箱。

【实验方法】

1. 细菌L型的诱导

(1) 用无菌蒸馏水稀释青霉素G后加入营养肉汤内,用营养肉汤稀释青霉素成0.5U/ml、1U/ml和2U/ml的青霉素肉汤培养基。

(2) 取金黄色葡萄球菌10~18h肉汤培养物,分别加0.1ml于含5ml不同浓度青霉素的肉汤培养基内,置普通温箱内37℃培养24h。

(3) 肉眼观察各青霉素培养基内细菌的生长情况,以完全无菌生长的青霉素最高稀释度作为对金黄色葡萄球菌的最低抑菌浓度(mlnlum inhibitory concentration,MIC)。

2. 细菌L型的分离培养与鉴定

(1) 取无菌生长的各培养物0.1ml,分别涂布接种于血琼脂培养基平板和L型高渗透压培养基平板;另取无菌生长的各培养物2ml,滤菌器滤过后分别接种0.1ml于血琼脂培养基平板和L型高渗透压培养基平板。将各培养基置于普通温箱及烛缸或二氧化碳培养箱内,37℃培养24~48h观察结果。

(2) 肉眼观察各培养物细菌型的生长情况,显微镜低倍镜下观察L型平板上细菌L型的生长情况,分别记录细菌型及L型的菌落数。

(3) 取L型菌落涂片与革兰染色、细胞壁染色后,显微镜观察。

(4) 取L型菌落分别接种于血琼脂培养基平板和L型高渗透压培养基平板,置普通温箱及烛缸或二氧化碳培养箱内37℃培养24h,观察L型及其返祖菌的生长情况。分别取细菌型及L型返祖菌做革兰染色、细胞壁染色和常规细菌学生化反应,进行菌种鉴定。

(5) 将观察结果填入表8-5-1。

表8-5-1 血琼脂平板和L型平板上生长菌的特性

	肉眼观察	菌落数量	滤过性	革兰染色性	菌细胞形态	菌种鉴定结果
血平板培养物						
L型平板培养物						
返祖菌培养物						

【实验结果】

(1) MIC试验的结果通常以肉眼观察,将完全无菌生长的药物最高稀释度判为该药物的最低抑菌浓度。

(2) 采用细菌L型检查方法可发现,在常规细菌学方法判断的MIC值及其更高药物浓度的培养物内,常常可有细菌L型存在。

(3) 细菌L型成为对该药物不敏感的潜在病原菌,可导致常规细菌学方法检查漏诊或误诊以及治疗无效。

【注意事项】

(1) 诱导剂的浓度过低或过高均不利于细菌形成L型,只有在适宜浓度诱导剂的作用下最容易发生L型变异。

(2) 由于L型菌落嵌入培养基内生长,因此需要割取带L型菌落的琼脂块进行涂片与传代培养。在L型菌落的涂片或传代培养时,需要将琼脂块捣碎以分离L型细菌。

(姚淑娟)

第九章　寄生虫学综合性实验

实验一　实验动物人工感染蛔虫及诊断

【实验目的】　观察蛔虫虫卵的孵化发育情况,了解蛔虫生活史及幼虫在宿主体内的移行过程,观察幼虫危害宿主所产生的症状,探讨蛔虫的致病机制,不同蛔虫的生物学特点与寄生属性。

【实验器材】　新鲜猪蛔虫或人蛔虫雌虫数条;鼠笼 1 个;豚鼠或小白鼠 5 只;生理盐水、载玻片;蜡盘、大头针、眼科镊、眼科剪、滴管、培养皿、滤纸、研钵。

【实验方法】

1. 蛔虫虫卵收集

(1) 解剖虫体,直接将蛔虫子宫分泌物挤出,或将雌虫子宫剪成小段,在研钵中轻轻磨碎。

(2) 取蛔虫子宫分泌物或子宫研磨匀浆直接涂片,显微镜观察受精卵含量,以决定所采集标本是否适合培养,一般宜采用受精卵含量多的标本培养为佳。

2. 感染性虫卵的培养

(1) 取小培养皿一个,翻过来凹面朝下,用两张滤纸从培养皿底部包向凹面,将滤纸折叠于培养皿凹面内。

(2) 将包好的培养皿凹面朝下放置于盛有清水的大培养皿中,注意勿使水面淹没小培养皿朝上的一面。

(3) 将蛔虫受精卵沉渣用滴管滴加于倒扣在大培养皿中的小培养皿滤纸上,同时滴加 2 ~ 3 滴 10% 甲醛溶液,既可以刺激虫卵发育,又可以起到抑菌的作用。

(4) 将大培养皿盖上皿盖,放入 27 ~ 30℃孵箱内培养。还有一种方法就是直接将蛔虫受精卵沉渣接种在盛有 30ml 0.2% ~ 2% 甲醛溶液的三角烧瓶中,置 27 ~ 30℃孵箱中培养,并经常振摇。

(5) 每天观察温度、湿度,并取少量培养物做直接涂片,用显微镜观察虫卵发育情况。培养 3 ~ 4 周后,蛔虫受精卵已发育成感染期虫卵。

3. 动物人工感染

(1) 将含有感染期蛔虫虫卵的滤纸剪下,放入小烧杯内,用生理盐水洗下虫卵,即成虫卵混悬液。如用三角烧瓶培养时,则用吸管将上层液体吸去,保留下层含虫卵的混悬液。

(2) 将虫卵混悬液以 2000r/min,5min 离心沉淀,弃去离心管中多余上清液。加生理盐水混匀再离心,如此反复洗涤 3 次。保留离心管内沉渣,加适量生理盐水混匀,用滴管吸取一滴液体于显微镜下计数每滴混悬液内虫卵含量。

(3) 动物感染前 12 ~ 24h 应禁食,按每只鼠感染 3000 ~ 5000 个虫卵的量,用小滴管将感染期蛔虫卵徐缓注入小白鼠或豚鼠口中。

感染方法:先用左手大拇指和食指抓住小白鼠左右耳根部,用右手拉直小白鼠身子,再用左手无名指和手掌固定住小鼠尾巴,勿让其挣扎乱动,右手持滴管吸取虫卵液,由小鼠口腔正中轻轻插入,将虫卵液徐缓注入。

(4) 感染小鼠正常饲养,每天观察其病理生理反应,并做记录。

4. 动物解剖观察

(1) 7 ~ 10 天后用乙醚麻醉处死感染动物,置蜡盘中解剖,肉眼观察蛔虫幼虫对受染动物肺部的病理损害。

(2) 蛔虫幼虫检查

1) 将肺组织剪碎,水洗沉淀,用滴管吸取沉渣直接涂片显微镜观察。

2) 剪取小片肺组织压片,显微镜下观察。

3) 将肺组织剪碎,放在盛有生理盐水的培养皿内,在37℃温箱放置5～8h,在解剖镜下观察从肺泡内逸出于生理盐水中的蛔虫幼虫。

4) 取部分肺组织用10%甲醛溶液固定,石蜡包埋做组织学切片,或送病理科做病理检查。

5. 实验记录 实验记录是每天都要做的工作,包括一开始的实验方法步骤都要记录。如:蛔虫受精卵的收集、显微镜检查结果;虫卵的培养,培养期间虫卵发育情况的观察;感染期虫卵的离心沉淀过程、虫卵混悬液显微镜检查结果;实验动物的感染过程,感染后每天的观察;感染动物的解剖观察,蛔虫幼虫的检查及病理检查等等。总之应尽可能详细记录,为实验综合情况分析提供资料。

【实验结果】 观察到蛔虫卵细胞分裂、孵化不同阶段的变化情况;实验动物感染蛔虫以后的临床症状;解剖实验动物,肉眼观察蛔虫幼虫寄生在肺部所导致的病理改变。取病变肺组织做病理切片,显微镜观察肺组织病理变化。

【注意事项】

(1) 虫卵培养过程注意每天观察虫卵发育情况,及时补充水分,防止水分蒸发影响虫卵发育。

(2) 注意无菌操作与器具消毒处理,防止自身感染与环境污染。

(3) 每天做好实验观察记录,随时记录培养过程所观察到的现象,以便总结时进行情况分析,并写出实验总结报告。

(4) 条件允许时可做不同动物蛔虫感染对照实验。

实验二 实验动物人工感染血吸虫及诊断

【实验目的】 通过动物实验了解血吸虫的感染期、感染途径和致病作用。

【实验器材】 阳性钉螺、烧杯、聚光灯、盖玻片、家兔、镊子、剃须刀、解剖台、手术刀、剪、镊、饲料、搪瓷盘23cm×17cm、铁丝筛。

【实验方法】

(1) 钉螺饲养将干燥的泥土和兔饲料(玉米35%、尾粉35%、豆粕30%、鱼粉8%、含钙磷的矿粉1.5%、食盐0.5%)分别碾碎,按1∶2的比例混匀,并用铁丝筛筛出细粉末,烤干备用也可选用奶粉作饲料,临用时将烤干碾碎的细粉末泥土与奶粉按1∶2的比例混匀。将阳性钉螺放入搪瓷盘中,分散,喂米粉(米粉用水湿润,成团,放置在搪瓷盘中);另准备搪瓷盘一个,垫以海绵,上覆一张同等大小的吸水纸,注意吸水纸应保持湿润,但水分不可太多,尤其注意钉螺不能浸泡在水中,孵育一周。将钉螺用镊子夹出,放在消毒的搪瓷盘中,喂食,待钉螺饱食后,又放入覆有海绵及吸水纸的搪瓷盘中。

(2) 尾蚴释放将阳性钉螺放在小烧杯中,另加入清水,保持室温25℃,近光光照,数小时后可见后尾蚴自钉螺体内逸出,而且多集中在水面。

(3) 建立日本血吸虫动物模型选取清洁级家兔4只,平均体重1.5kg左右,喂养一周后待用。将家兔固定,剃去腹部3cm×3cm范围的毛,并用湿棉签擦湿。用镊子夹取盖玻片,浸入盛有尾蚴虫液的烧杯中,拿出并在解剖镜下计数,使每片含尾蚴40条左右,然后用镊子将已计数的盖玻片覆盖在家兔去毛的腹部,15min后取下盖玻片,将家兔放入兔笼饲养。

(4) 鉴定感染是否成功感染40天后开始每天收集家兔粪便,采用自然沉淀法或醛醚沉淀法处理后，收集沉渣进行镜检，若发现日本血吸虫虫卵，尤其成熟血吸虫虫卵达到 80% 以上，即可认为感染成功，做好标记。

(5) 成虫收集将感染日本血吸虫尾蚴约 50 天的阳性家兔固定在解剖台上，从耳缘静脉注入空气，将兔处死。以手术刀或剪刀自腹中部中线处打开兔的腹腔。首先检查肝脏有无虫卵结节(结节呈白色、针尖大小)，检查虫卵结节时应翻看肝脏各小叶，观察感染程度。接着检查肠壁及系膜的病变，逐段检查肠管，浆膜层可见白色虫卵结节，仔细检查该肠段肠系膜，寻找成虫。铺开肠系膜后在静脉血管中可见到虫体，雌虫灰黑色较细，雄虫白色较粗，易发现。找到虫体后，用剪刀剪断血管，以镊子挤压血管，使虫体游离出来，挑入盛有生理盐水的玻璃平皿中，观察其自然形态。

【实验结果】 成功建立日本血吸虫家兔动物模型。

【注意事项】

(1) 在释放尾蚴及感染家兔实验中应特别小心，因为活尾蚴有极强的感染性。实验过程中务必戴上手套，实验后应将实验器材集中处理，以杀死活尾蚴。

(2) 饲养钉螺时要加盖，防止钉螺爬出来。

(蔡文辉)

第四篇　创新性实验

第十章　医学免疫学创新性实验

实验一　怎样进行 HLA 配型

组织定型是在组织移植中，测定供者和受者有核细胞表面组织相容性抗原的种类及其相容程度的方法。在同种异体间进行组织或脏器移植之前，先作组织相容性抗原（人白细胞抗原 HLA）的检查，了解供者与受者之间的组织相容程度，选择最合适的供者，可提高移植的成功率。常用方法有补体介导的细胞毒试验和混合淋巴细胞培养。

HLA 血清学测定——微量淋巴细胞毒试验

【目的要求】 掌握微量淋巴细胞毒试验的原理，熟悉试验方法及其临床应用。

【实验原理】 用已知的单价 HLA 抗原特异性抗血清测定淋巴细胞表面是否具有相应的 HLA 抗原的方法。先使细胞、抗体和补体在一定温度条件下作用一定时间，然后检查细胞的存活数。将供者和受者的淋巴细胞分别加入标准的抗 HLA 血清，再加入家兔的补体，然后加入锥蓝染料镜检。如果淋巴细胞肿大，染成蓝色，呈现死亡状态，即表示该淋巴细胞具有这种 HLA 抗原。反之，如果淋巴细胞未被杀死，存活细胞保持着较小体形，呈光亮的正常形态，即表示不含有该种 HLA 抗原。在进行交叉配型时，可采用同样的操作方法，给供者的淋巴细胞加入受者的新鲜血清（抗 HLA 血清），如果受者的血清使供者的淋巴细胞死亡，即表明受者的血清中存在抗供者的组织细胞抗体，供者和受者之间的组织相容性程度差，不能选作移植供者。

【实验器材】

（1）塑料试验盒与微量试验玻璃板：试验盒用无毒、无色透明塑料制成，微量试验玻璃板用普通载玻片制成，板上用无毒玻璃色素印刷 52 个孔，其中 50 个孔为试验孔，另 2 个孔分别为阳性与阴性对照孔。

（2）0.25ml 注射器及针尖磨平的 4 号针头。

（3）光学显微镜。

（4）医用液状石蜡。

（5）抗血清。

1）白细胞抗原定型：用已知特异性的抗血清（即分型试剂）。

2）筛选白细胞抗体：用孕妇血清及非孕经产妇血清或用产后阴道血。

（6）淋巴细胞悬液：白细胞抗原定型，取被检人外周血，筛选白细胞抗体时用正常随机献血员 46～80 人外周血或胎儿脐血。取肝素抗凝外周血，用密度 1.077±0.001 聚蔗糖泛影葡胺分离液分离淋巴细胞，淋巴细胞悬液要求纯度高（>90%）、活力好（活细胞>90%）和浓度适当［用 Hank's 液调整细胞浓度至 1500～2000 个淋巴细胞/ml，即（1.5～2.0）$\times10^6$/ml］。

（7）补体制备：补体采用不吸收、不稀释的免疫血清。采集 20 只以上未经免疫接种过的正常兔心脏血，混合后分装于小试管中，储存于-20℃备用。使用前半小时取出，室温下融化。对补体的要求是：无天然细胞毒性，即无白细胞抗血清存在下对人淋巴细胞无细胞毒反应；需要有足够的补体活性。

（8）锥蓝等渗盐溶液：锥蓝先用蒸馏水配成4%溶液，储存于37℃温箱中，使用前加等量1.8%氯化钠溶液使之成2%锥蓝等渗盐溶液，使用前必须离心。

（9）照组血清：阴性对照最好选用健康男性无输血史AB型血清，于56℃ 30min灭活或选用56℃ 30min灭活的健康人混合血清；阳性对照采用马抗人淋巴细胞血清（ALS）。

（10）1.8%氯化钠溶液，密度为1.077淋巴细胞分离液。

（11）Hank's液：预先配好母液或工作液，使用前用2.8% $NaHCO_3$ 或3% Tris调节pH至7.2左右。

（12）肝素抗凝剂：浓度100U/ml，用生理盐水配制。

【实验方法】

（1）试验盒内加入医用液状石蜡约20ml（视盒大小而定），然后放入微量试验玻璃板，使板完全浸入油内，注意试验板的上下及正反面。

（2）0.25ml注射器（用4号磨平针头）于每孔加入1.5～2.0μl抗血清。尽可能使血清加在孔中央，并不使血清漂浮在液状石蜡中。

（3）用同样方法于每孔中加入等量淋巴细胞悬液，并轻轻摇动使其与血清完全混匀。

（4）室温（22℃±2℃）下继续培育30min。

（5）每孔中加入兔补体5μl或更多（补体量为血清量的5倍），并轻轻摇动使其完全混匀。

（6）室温（22℃±2℃）下继续培育1h。

（7）每孔加入2%锥蓝等渗盐溶液3～4ml，轻轻摇动使其充分混匀。

（8）室温下放置15～20min。

（9）用注射器轻轻沿孔边吸去每孔中的蓝色上清液。

（10）普通光学显微镜下镜检，目测每孔中死细胞的百分数。

【实验结果】 锥蓝透入死细胞内，死细胞呈蓝色，无折光性，体积增大；而未致敏的活细胞则不着色，有折光性，正常大小。阴性对照孔死亡细胞数一般小于10%，阳性对照孔死亡数一般应大于80%。

【注意事项】

1. 试验盒 由于是自制试验玻璃板，每孔视野大，观察时必须随时移动，因此易造成读数误差。

2. 抗血清 用作分型试剂的抗血清必须具备下述条件：有明确特异性，结果能重复，结果清楚。

（钱丽丽）

实验二　怎样早期发现肿瘤

机体的免疫功能与肿瘤的发生、发展有密切关系。当宿主免疫功能低下或受抑制时，肿瘤的发病率将增高；而在肿瘤进行生长时，宿主的免疫功能将会受到抑制，两者互为因果，双方各因素的消长对肿瘤的发展起着重要作用。肿瘤患者的免疫功能异常可表现在体液免疫应答和细胞免疫应答，一般认为细胞免疫应答起主要作用。因此，肿瘤患者的细胞免疫功能测定，对肿瘤诊断、疗效观察和预后判断具有重要意义。

通常可以检测肿瘤标志物对早期发现肿瘤有重要意义。肿瘤标志物是反映某类肿瘤细胞的生物学特性，并且指示体内肿瘤存在和消长的一类生化物质。从临床应用角度出发，主要是指那些在血液、体液及组织中可以检测到的与肿瘤相关的物质，这些标志物最常见的为糖蛋白或多肽，它们可由肿瘤组织合成、分泌，也可通过与宿主细胞相互作用而产生。

一、微粒子化学发光免疫法检测癌胚抗原

【实验目的】 掌握微粒子化学发光免疫分析技术测定癌胚抗原(CEA)的原理和方法，了解CEA检测的临床意义。

【实验原理】 癌胚抗原(car noembryonic anttgen，CEA)是一种胚胎抗原，其蛋白分子结构复杂，有多种异构型。因在存在于2～6个月的胎儿肠、肝、胰等组织中，故名。正常人血清中CEA水平极低，而细胞癌变时含量升高。血清CEA可作为成人结肠癌辅助诊断的主要指标，也可作为胰腺癌、乳腺癌等其他肿瘤的诊断指标之一。

首先将待测标本、标记了碱性磷酸酶的大鼠抗CEA单抗(酶结合物)以及包被了大鼠抗CEA另一表位单抗的磁性颗粒一起加入到反应管中，若样品中存在相应抗原，即与微粒子表面的单克隆抗体以及游离的酶结合物在不同的抗原表位上同时发生反应，形成固相包被抗体—抗原—酶标记抗体复合物。

【实验材料】

(1) CEA浓度依次分别为0ng/ml、1ng/ml、10ng/ml、100ng/ml、500ng/ml和1000ng/ml的定标品，保存在含有0.1%叠氮钠、0.1% Proclin 300和牛血清白蛋白的磷酸缓冲液基质中。

(2) 包被大鼠抗人CEA单克隆抗体的磁性微粒。

(3) 碱性磷酸酶(ALP)标记的大鼠抗人CEA第二位点单抗。

(4) ALP的底物Lumi-Phos 530(含AMPPD和发光增强剂)。

(5) 洗涤缓冲液Tris-HCl缓冲液、离子表面活性剂(0.1%的叠氮钠和0.1% Proclin300)。

(6) CEA质控品CEA浓度分别为3ng/ml、300ng/ml的质控血清。

(7) CEA样品稀释液，以牛血清白蛋白(BSA)为基质的Tris缓冲液(含有0.1%叠氮钠和0.1% Proclin 300)，不含CEA。

【实验方法】 利用ACCESS全自动微粒子免疫酶分析系统进行检测。

(1) 从主菜单进入测试要求屏幕。

(2) 对每个样品，设置一个样品架上的位置，输入样品信息和需检测的测试名称。

(3) 将待测血清10μl加入样品管中，再将样品管分别放在样品架上。

(4) 按下运行键(Run)开始检测。仪器会提醒操作者运行所需的定标。

【实验结果】 正常参考值：正常人血清CEA含量参考范围为<5mg/L。

【注意事项】

(1) 样品中CEA的浓度可因为不同厂家、不同检测原理、不同的试剂盒检测而不同，因此不同的检测方法得到的结果是不可通用的。

(2) 本方法的可报告范围为0.1～1000ng/ml，如果待测血清中CEA浓度超过了可报告范围，需要用样品稀释液进行稀释后再测。

(3) 发光底物应在2～8℃保存，使用前室温放置18h或静置过夜，避免使用低温的发光底物，而且不可使用任何加温的方法使其复温，因为温度的急剧变化会使发光底物迅速氧化，而导致检测结果不准确。

(4) 试剂中所含的叠氮钠可与铅和铜反应形成有高度腐蚀性的重氮金属盐，如果被溅到含该物质的液体，则可用大量水冲洗来防止重氮的堆积。

(5) CEA的定标曲线有效期为28天，超过有效期应重新进行校准。

(6) 样品应该在空腹时采集，尽量避免溶血；取样后应尽量在8h内测定，如果8h内不能完

成检测即应将标本放入 2～8℃冰箱冷藏,如果 48h 内不能完成检测即应将标本放入-20℃冰箱冻藏。

【思考题】

(1) 比较几种 CEA 的检测方法,评价其优劣。

(2) 化学放光免疫分析所使用的标记物根据其参与的化学反应不同可分几类?

(3) CEA 测定有何临床意义?

(吴艳敏)

实验三　怎样检测自身免疫性疾病

自身免疫性疾病是指由机体自身产生的抗体或致敏淋巴细胞破坏、损伤自身的组织和细胞成分,导致组织损害和器官功能障碍的原发性免疫性疾病。值得提出的是,自身抗体的存在与自身免疫性疾病并非两个等同的概念,自身抗体可存在于无自身免疫性疾病的正常人特别是老年人,如抗甲状腺球蛋白、胃壁细胞、细胞核 DNA 的抗体等。此外,受损或抗原性发生变化的组织可激发自身抗体的产生,如心肌梗死后,机体能产生相应的抗心肌自身抗体,但此抗体并无致病作用,是一种继发性自身免疫反应。因此,要确定自身免疫性疾病的存在一般需要根据:①有自身免疫反应的存在;②排除继发性免疫反应的可能;③排除其他病因的存在。

一、类风湿因子检测

【实验目的】

(1) 掌握类风湿因子检测的原理。

(2) 熟悉类风湿因子检测的实验方法和临床意义。

【实验原理】　类风湿因子(RF)是一组抗变性 IgG 的自身抗体,它能与人或动物的变性 IgG 结合,而不与正常人 IgG 发生凝集反应。将处理过的人 IgG 与羧化聚苯乙烯乳胶共价交联,使其吸附于乳胶颗粒载体上,成为致敏乳胶颗粒,当待检血清中含有 RF 时,致敏乳胶颗粒上的变性 IgG 与相应的抗体(RF)发生反应,出现凝集现象。

【实验器材】

1. 标本　待检血清、阳性血清、阴性血清。

2. 试剂　人 IgG 免疫胶乳试剂、pH8.2 甘氨酸缓冲盐水(或生理盐水)。

3. 器材　毛细滴管、刻度吸管、牙签、黑色方格反应板等。

【实验方法】

(1) 将待检血清、阳性血清和阴性血清用 pH8.2 甘氨酸缓冲盐水进行 1∶20 稀释,备用。

(2) 在黑色方格反应板上取三个格,用毛细滴管分别加稀释的待检血清、阳性血清和阴性血清各 1 滴(约 50μl),然后分别加免疫胶乳试剂 1 滴。

(3) 轻轻摇动反应板(或用牙签充分混匀),2～3min 后观察结果。

【实验结果】

(1) 加入免疫胶乳试剂后,连续摇动,在室内光线下 2～3min 出现清晰凝集颗粒、且液体澄清者为阳性,即 RF 阳性。

(2) 若需定量测定,可将血清作倍比稀释,重复上述测定,以出现凝集的血清最高稀释度为 RF 滴度。

(3) 此法操作简便,结果清晰易判断,敏感性高于血凝试验,但特异性较血凝试验稍低。

(4) 除类风湿性关节炎(RA)患者外,还有多种疾病可检出高滴度 RF,如系统性红斑狼疮(SLE)、心内膜炎、结核、梅毒、病毒感染、肾移植等。

【注意事项】

(1) 试剂应置4℃保存,严禁冻结,用时摇匀。

(2) 一切试验器皿均应洗净干燥。

(3) 若阴性对照出现凝集,则表示免疫胶乳试剂有质量问题,不能使用。

二、循环免疫复合物的检测

【实验目的】

(1) 掌握 PEG 法测定 CIC 的原理和方法。

(2) 熟悉 PEG 法测定 CIC 的临床意义。

【实验原理】 循环免疫复合物(CIC)已被证明与许多自身免疫病理现象有关,临床上常检测 CIC 作为某些疾病及其病理状态的判断参考依据。测定 CIC 的方法很多,这里采用聚乙二醇(PEG)沉淀比浊法。PEG 的分子式为 $HO(CH_2CHO)_nH$,对蛋白质有较强的脱水沉淀作用,用终浓度为 30~40g/L 的 PEG 6000 能选择性地沉淀 CIC。将沉淀物溶解后测定其吸光度,即反映沉淀物的含量。

【实验器材】

1. 标本 待检血清。

2. 试剂 pH8.4 0.1mol/L 硼酸缓冲液(BBS)、41g/LPEG 溶液(4.1g PEG 6000、NaF 1.0g 溶于 100ml BBS 中)。

3. 器材 分光光度计、离心机、微量加样器、试管、吸管等。

【实验方法】

(1) 待检血清用 BBS 作 1∶3 稀释,即 0.2ml 血清+0.4ml BBS。

(2) 按表 10-3-1 依次加入各液,此时 PEG 最终浓度为 37.3g/L。

表 10-3-1 PEG 沉淀法试剂加入表

试剂及加入量(ml)	测定管	对照管
1∶3 稀释血清	0.2	0.2
41g/L PEG	2.0	-
pH8.4 BBS	-	2.0

(3) 将标本和试剂混匀,置4℃冰箱 1h 后取出,置室温 10~15min。

(4) 用分光光度计在波长 495nm 下测两管的吸光度值(A)。

【实验结果】

(1) 待检血清 A 值=测定管 A 值 - 对照管 A 值。正常血清 CIC 的 A 值为 0.043±0.02(X±SD)。本法受试剂、设备、室温等条件的影响较大,故此值在不同的实验室可能有些差异。每个实验室最好在恒定条件下自行制定正常范围。检测 100 例以上健康人血清,取其测定值的平均值,即可作为本室 CIC 的正常值。也可采用热聚合人 IgG(AHG)为标准品,但 AHG 对免疫复合物的代表性有限,实验结果有偏差。大于正常人 A 值 2 个标准或更高者为 CIC 阳性。

(2) PEG 沉淀法简便、快速、易行,国内已广泛应用。敏感度达 20μg AHG/ml,但不能反映小分子 CIC 的情况,重复性较差,适用于 CIC 的筛选。

(3) CIC 升高与某些临床疾病的发病相关,例如血清病、SLE、慢性活动性肝炎等。因此检测

CIC对这些疾病有辅助诊断价值,有辅助诊断价值,有助于监视这些疾病的发展,协助判断其疗效和预后,并对探讨Ⅲ型变态反应疾病的发病机制有一定的意义。

【注意事项】

(1) PEG的分子量和浓度与实验结果相关。本法采用PEG6000,浓度在20~50g/L。不同浓度的PEG可沉淀不同分子量的免疫复合物,20g/LPEG沉淀较大的CIC,40g/L PEG沉淀较小的CIC,但浓度超过50g/L则选择性沉淀CIC的特性即行消失,可能导致假阳性结果。

(2) 实验温度对结果有影响。4℃时CIC沉淀最佳,室温每升高1℃,A值下降0.02。

(3) 标本陈旧或反复冻融等因素均可影响检测结果,故受检血清一定要保持新鲜。置4℃冰箱保存不能超过3天,以防止血清污染及聚合IgG形成;如于-20℃保存,有效保存时间可适当延长。

(蔡文辉)

实验四　怎样检测血液中药物浓度

血药浓度监测是应用现代分析技术对有效剂量和中毒剂量相近、治疗指数窄、主要经肝肾代谢的药物进行监测,为临床制订个体化给药方案提供科学依据。

随着免疫化学分析技术的发展,荧光偏振免疫法(FPIA)、微粒子酶免分析法(MEIA)以其灵敏度高,线性范围广,重复性好,检测速度快以及良好的精确度,成为临床免疫学检验中相对独特的检测技术。全自动快速免疫分析系统,综合使用了FPIA,MEIA,可用于测定激素、肿瘤标志物、病毒标志物、维生素和各种药物浓度等。

本节以AXSYM系统分别检测环孢素为例对此分析系统及方法进行简要介绍。

一、荧光偏振免疫法测定血液环孢素浓度

【实验目的】 掌握荧光偏振免疫法的基本原理,熟悉血液中环孢素药物浓度测定方法。

【实验原理】 荧光素经单平面的偏振光(波长485nm)照射后,可吸收光能跃入激发态,恢复至基态时,释放能量并发出单一平面的偏振荧光(波长525nm)。偏振荧光的强度与荧光物质受激发时分子转动的速度成反比。大分子物质旋转慢,发出的偏振荧光强;小分子物质旋转快,其偏振荧光弱。利用此原理建立荧光偏振免疫测定法(fluorescence polarization lmmunoassay,FPIA),可用于小分子物质特别是药物的测定。

FPIA是一种均相竞争免疫分析法。标本中的药物与荧光标记的药物和一定量的抗体竞争性结合,反应平衡后,与抗体结合的荧光标记药物的量与标本中的药物含量呈负相关。由于抗体的分子量远大于药物的分子量,游离的荧光标记药物与结合抗体的荧光标记药物所产生的偏振荧光强度相差甚远。因此在FPIA中测定的偏振荧光强度与标本中药物的浓度呈反比。通过小分子抗原标准品与荧光偏振强度关系建立标准曲线,可检测小分子抗原的浓度。

环孢素(又称环孢素A,cyclosporine A,CsA)是真菌来源的氨基酸环状多肽,主要作为一种强效的免疫抑制剂,可逆地特异性作用于T淋巴细胞,临床多用于器官移植以及免疫相关疾病的治疗。体外FPIA试剂系统用于定量检测人全血环孢素血药浓度。标本预处理可以减少内源性蛋白的干扰。

【实验器材】

(1) 待检患者全血。

(2) AXSYM试剂盒。

表 10-4-1 环孢素标准品试剂

标准品	CsA(μg/L)	CsA(nmol/L)
CAL A	0	0
CAL B	40	33.2
CAL C	100	83.1
CAL D	200	166.2
CAL E	400	332.3
CAL F	800	664.7

1）环孢素试剂盒

试剂 1:4.6ml,25% 环孢素抗体(鼠单克隆抗体)溶于含有蛋白稳定剂的柠檬酸盐缓冲液,叠氮钠(NaN_3)防腐。

试剂 2:4.3ml 预处理溶液,表面活性剂溶于 Tris 缓冲液,NaN_3 防腐。

试剂 3:10.5ml,0.01% 荧光素标记的环孢素溶于含有表面活性剂和蛋白稳定剂的磷酸盐缓冲液,NaN_3 防腐。

2）环孢素试剂盒附件:蛋白沉淀剂 33ml,硫酸锌盐溶液;红细胞溶解剂 5ml,水溶表面活性剂,NaN_3 防腐。

3）环孢素标准品:A 瓶 10ml 人全血;B-F 瓶各 4ml,含不同浓度的环孢素 A 的人全血,均不与 HBsAg,HIV-1RNA 或 HIV-1Ag,抗 HCV 和抗 HIV-l/HIV-2 反应,NaN_3 防腐(表 10-4-1)。

4）环孢素质量控制:3 瓶质控试剂各 4ml,环孢素 A 加入人全血成分,不与 HBsAg,HIV-1 RNA 或 HIV-1Ag,抗 HCV,和抗 HIV-l/HIV-2 反应,NaN_3 防腐(表 10-4-2)。

表 10-4-2 环孢素质量控制试剂

质控品	CsA 浓度		CsA 范围	
	μg/L	nmol/L	μg/L	nmol/L
质控(L)	70	58.2	51 ~ 89	42.4 ~ 73.9
质控(M)	300	249.2	250 ~ 350	207.7 ~ 290.8
质控(H)	600	498.5	465 ~ 735	386.3 ~ 610.7

5）其他试剂:探针清洗溶液,220ml/瓶×2,2% 氢氧化四乙胺;稀释缓冲液,10L/瓶,0.1mol/L 磷酸盐缓冲剂,NaN_3 防腐。

【实验方法】

1. 预处理 取待测全血 15μl,加入红细胞溶解剂 50μl 和蛋白沉淀剂 300μl,混匀后离心,上清液待用。

2. 抗原抗体反应 在反应管中分别加入 150μl 的预处理标本上清、荧光素标记的环孢素、抗环孢素单克隆抗体,以及稀释缓冲液构成样品溶液,于反应管中进行抗原抗体反应。

3. 偏振荧光强度测定 抗原抗体反应开始时,立即用荧光偏振免疫分析仪测定其空白偏振荧光强度(P1)。反应结束时再测定其偏振荧光强度(P2),根据待测标本的偏振荧光强度 P(P = P2-P1),通过标准曲线直接计算出所测物质的含量。

【实验结果】 由 AXSYM 全自动免疫荧光分析仪检测并显示结果。

【注意事项】 试剂盒应于 2 ~ 8℃冷藏保存。

【思考题】

(1) FPIA 法与其他非均相标记免疫方法相比具有何显著优点?

(2) 荧光偏振法检测原理及应用?

(官 杰)

第十一章 医学微生物学创新性实验

实验一 乙肝病毒感染的临床讨论

一、乙肝五项的临床讨论

【实验目的】

(1) 掌握乙肝病毒的抗原抗体系统。

(2) 探讨乙肝病毒的抗原抗体与疾病的关系。

【实验原理】 乙型肝炎病毒有大球形颗粒(Dane 颗粒)——具有感染性的 HBV 完整颗粒、小球形颗粒和管形颗粒 3 种形态。其抗原组成包括表面抗原(HBsAg)、核心抗原(HBcAg)、e 抗原(HBeAg)。其中 HBsAg 因大量存在于感染者血中,故为 HBV 感染的主要标志,具有抗原性,可引起机体产生特异保护性的抗-HBs,HBcAg 存在于 Dane 颗粒核心结构的表面、为内衣壳成分,具有抗原性、能刺激机体产生抗-HBc。HBeAg 游离存在于血中,其消长与病原体复制及强感染性的一个指标。HBeAg 可刺激机体产生抗-HBe。

在三对抗原抗体中,除 HBcAg 比较难检测外,其余五项可以用 ELISA 法快速检测,检测结果可以判定患者感染乙肝的类型及预后。

【实验内容】

(1) 教师讲授有关乙型肝炎病毒的基本概念、致病性和免疫性和最新进展情况。

(2) 学生分组讨论下列问题:

1) 乙型肝炎病毒的结构特点。

2) 乙型肝炎病毒的抗原性。

3) 感染乙肝病毒后的症状,用何种方法可以进行实验辅助诊断,并设计一个检测乙型肝炎病毒感染的实验研究方案。

(3) 各组组长向全体同学汇报本组讨论情况和设计方案。

(4) 教师提出一些临床实际病例,由学生讨论患者感染的类型和预后。

(5) 各组组长向全体同学汇报本组讨论结果。

【实验结果】 教师对学生的讨论情况和设计方案进行点评。

二、乙肝病毒 PreS1 抗原和 HBV-DNA 检测在病毒感染和复制中的意义

【实验目的】

(1) 掌握乙肝病毒 PreS1 抗原和 HBV-DNA 检测的意义。

(2) 探讨乙肝病毒 PreS1 抗原和 HBV-DNA 与疾病发展的关系。

【实验原理】 乙型肝炎病毒(HBV)外膜蛋白包括 S、前 S2 和前 S1 三种成分。前 S1 蛋白在病毒侵入肝细胞过程中起重要作用。含有前 S1 的蛋白主要存在于 Dane 颗粒和管型颗粒上。前 S1 蛋白在病毒感染、装配和刺激机体产生免疫反应等方面起有十分重要的作用。

HBV-DNA 载有乙肝病毒所有遗传信息,乙肝病毒靠它才可以复制、增殖、繁衍后代。研究证明,乙肝病毒的裸 DNA(没有蛋白质包裹 DNA)就有感染性,完成对宿主的侵袭。也就是说

HBV-DNA 相当于完整的乙肝病毒颗粒。因此，检测 HBV-DNA 是判断乙肝病毒有无复制的"金指标"。血清中存在 HBV-DNA 是诊断感染最直接的证据，它是乙肝病毒感染、复制及判断治疗效果最直接的指标。DNA 的检测能准确反映病毒在体内复制的真实情况，判断目前患者病毒复制程度的大小，也就是传染性大小，尤其在判断乙肝的转归，以及用药前后的疗效的判断有很重要的作用。

这两项指标由于技术原因，在基层医院应用较少，但在乙型肝炎病毒的诊断上却有极其重要的作用。用 ELISA 定性检测乙肝待检血清中的 PreS1 抗原，PCR 法定量检测乙肝待检血清中的 HBV-DNA 水平，已成为许多三甲医院和肝病专科医院必不可少的检测项目，为临床提高诊断水平、指导用药提供了有效依据。

【实验内容】

(1) 以临床检验科提供的乙肝五项、PreS1 抗原和 HBV-DNA 检测报告单，来计算它们之间的相关性。

(2) 与相关乙肝期刊论文上的数据进行比较，进一步判定乙肝五项、PreS1 抗原和 HBV-DNA 之间的相关性。

(3) 画出统计图和统计表。

【实验结果】 PreS1 抗原与 HBV-DNA 检出率两者基本符合，统计学上无差异。PreS1 抗原仅在 HBV-DNA 阳性血清中检出，两者均反映病毒正在复制。PreS1 抗原检出率略低于 HBV-DNA 检出率，推测可能与个别病毒前 S 区缺失或突变有关。PreS1 抗原与 HBeAg 成正相关，并随 HBeAg 消失而消失，表明前 S1 抗原可作为病毒清除与病毒转阴的指标。

总之，HBV-DNA 检测是直接反应病毒复制的可靠方法，而 PreS1 抗原与 HBV-DNA 符合率高。但 HBV-DNA 检测价格较贵，操作复杂，对实验室要求高，PreS1 抗原因其检测费用低操作简单，从而更适合在基层医院开展。PreS1 抗原与 HBV-DNA 在反映乙肝病毒感染、复制和治疗效果等方面虽然具有一致性，但可以看出 ELISA 检测 PreS1 抗原的灵敏度要比 PCR 定量检测 HBV-DNA 要低，因此临床上 ELISA 检测 PreS1 抗原并不能完全取代 PCR 定量 HBV-DNA 检测。

实验二　噬菌体突变率检测

一、细菌耐受噬菌体突变率测定

【实验目的】

(1) 测定细菌自然情况下耐受噬菌体的自发突变频率。

(2) 锻炼学生独立思考和创新性思维、解决问题的能力。

【实验原理】 细菌耐受噬菌体的突变是一种自发突变。自然情况下，自发突变的频率通常为 $10^{-9} \sim 10^{-8}$。自发突变的发生与环境因子无关，是随机的非定向突变，即其突变是发生在接触噬菌体之前，噬菌体的作用在于将敏感细菌杀死，将发生了耐受突变的细菌选择出来，并繁殖成为优势菌。

【实验器材】

1. 器材 接种环、酒精灯、恒温箱、显微镜。

2. 试剂 LB 液体培养基、LB 固体培养基。

3. 菌种 铜绿假单胞菌。

【实验方法】

(1) 准备好铜绿假单胞菌的过夜培养物和相应的效价为 10^{10} 的噬菌体原液。

(2) 将菌液10倍连续稀释,稀释7管,取0.1ml涂布接种LB琼脂平板,37℃培养过夜。

(3) 次日菌落计数,计算出每毫升菌液中的CFU数:

CFU数=每个平皿中的CFU数×10×血清稀释倍数。

进入对数生长后期的铜绿假单胞菌,菌数约为10^9CFU/ml左右。

(4) 在进行上述操作的同时,取1ml菌液,向其中加入约10^{10}个噬菌体,混匀,置37℃培养2~3h后,可见菌液逐步变清,待完全变清(约4h之内),将全部菌液均匀涂布到一个LB琼脂平板上,置37℃下培养过夜。次日计数CFU。

(5) 第(3)步中获得的CFU数为1ml菌液中的耐受菌数量,第(2)步中获得的CFU数为1ml菌液中的总菌数。故:

耐受噬菌体突变率=第(3)步中获得的CFU数/第(2)步中获得的CFU数。

【实验结果】

(1) 当把1ml铜绿假单胞菌与数量大大超过细菌数的相应毒性噬菌体放在同一试管中培养,会发现:起初混浊的菌液,在培养2~3h后会逐渐变清,通常在4h之内会变得完全清澈。这表明敏感的宿主菌已经被噬菌体全部裂解。

(2) 但如果继续把试管至于37℃下培养,会发现在2~3天后,原本已变清的菌液又重新变浊了。表明存在的极少数耐受噬菌体的细菌被选择出来,繁殖成为优势菌群,替代了原菌群,故变清了的菌液又变混浊。

【注意事项】 在细菌计数时,必须准确,否则会导致整个实验失败。

二、溶原性细菌回复突变检测亚硝胺的致突变性

【实验目的】

(1) 测定溶原性细菌的诱发突变频率。

(2) 培养学生设计实验,检测致癌物的能力。

【实验原理】 溶原性细菌能够稳定传代,自然发生回复突变的几率很低,在有致癌物存在的条件下,回复突变的几率显著提高。亚硝胺类化合物就是世界公认的强致癌食品污染物。亚硝胺类化合物不仅多次长期摄入体内可以产生肿瘤,即使一次冲击同样可以诱发肿瘤。更严重的是,这类化合物也可通过胎盘、乳汁使子代接触,引起子代的肿瘤。而腌制食物、咸菜、肠类和熟食里亚硝胺类化合物含量很高。检测它们对溶原性细菌的诱发回复突变作用,就可以判断其对人的致癌性。

【实验器材】

1. 器材 接种环、酒精灯、恒温箱、显微镜。

2. 试剂 LB液体培养基、顶层琼脂培养基、底层琼脂培养基、大鼠肝脏微粒酶、酸菜、肉肠。

3. 菌种 大肠埃希菌溶原细菌株GY5027,大肠埃希菌指示菌株GY4015。

【实验方法】

1. 菌种活化 将大肠埃希菌溶原细菌株GY5027和大肠埃希菌指示菌株GY4015分别接种在1ml LB液体培养基中,37℃水浴振荡180次/分。

2. 离心洗涤及菌种稀释 将大肠埃希菌溶原细菌株GY5027以10000r/min离心3min,加1ml生理盐水,洗涤离心后,稀释至100倍。

3. 加菌 取50ml顶层琼脂培养基融化后置37℃水浴30min,加入0.5ml GY4015和50μl稀释后的GY5027,充分混合菌液后,取3ml注入底层琼脂培养基,迅速转动培养基铺匀,待凝,加0.5ml大鼠肝脏微粒酶均匀铺在平皿上。

4. 加待测物 将酸菜榨汁,将肉肠100%用生理盐水稀释后,充分搅拌均匀,以0.6cm直径

圆滤纸片分别蘸取待检物后，直接贴在准备好的平皿表面，留一个平皿不加待检物，为背景对照。

5. 观察 37℃培养6～12h后，观察结果。

【实验结果】

（1）背景对照平皿菌苔生长良好，有少量均匀的自然回复突变的噬菌斑。

（2）待检平皿制片周围如出现密集而清晰的噬菌斑为阳性；出现较稀疏的噬菌斑为可以阳性；与背景噬菌斑相同为阴性。

【注意事项】 腌制时间不同的食物内含有的亚硝胺量不同，检测结果有差异。

实验三 分子微生物学实验

一、细菌质粒DNA的提取

【实验目的】

（1）掌握碱变性法提取质粒DNA的原理。

（2）掌握碱变性法提取质粒DNA的方法。

【实验原理】 碱变性法提取质粒DNA是根据细菌染色体DNA和质粒DNA分子的大小、结构及变性与复性的差异而达到分离的目的。在碱性环境中，染色体DNA氢键断裂，双螺旋结构解开而变性；质粒DNA的大部分氢键也断裂，但是螺旋共价闭合环状的两条互补链不完全分离。当以pH4.8的高盐缓冲液调节pH至中性时，变性的质粒DNA可恢复原来的状态并保留在溶液中，但染色体DNA不能复性而形成缠绕的网状结构，通过离心，染色体DNA和蛋白质等一起沉淀而被除去，质粒DNA存在于上清液中，用酚、氯仿抽提可进一步纯化。

【实验器材】

（1）菌种：大肠埃希菌JM109（带有pBR322质粒DNA，Ampr、Tetr）。

（2）LB培养基：蛋白胨10g、酵母提取物5g、氯化钠10g，加蒸馏水至1000ml。溶解后用NaOH调至pH7.5，分装，高压灭菌。

（3）LA培养基：在上述LB培养基中加入氨苄西林使其终浓度为50μg/ml。

（4）STE：0.1mol/L NaCl、10mmol/L Tris-HCl（pH8.0）、1mmol/L（pH8.0）EDTA。

（5）溶液Ⅰ：50mmol/L 葡萄糖、25 Tris-HCl（pH8.0）、10mmol/L（pH8.0）EDTA，溶解后55.20kPa高压灭菌15分钟。

（6）溶液Ⅱ：0.2mol/L NaOH溶液，1% SDS溶液（pH12.6，新鲜配制）。

（7）溶液Ⅲ：5mol/L NaAc溶液60ml，冰乙酸11.5ml，双蒸水28.5ml（pH4.8）。

（8）饱和酚。

（9）氯仿/异戊醇（24∶1）。

（10）冷无水乙醇及70%乙醇溶液。

（11）TE缓冲液（pH 8.0）10mmol/L Tris-HCl（pH 7.6）、1mmol/L（pH 8.0）EDTA。

【实验方法】

1. 细菌的培养及质粒扩增

（1）取冰冻保存的JM109菌种接种在LA液体培养基中，37℃培养过夜。

（2）取菌液接种于LA平板，37℃培养过夜。

（3）从平板上挑取单个菌落接种到2ml LA液体培养基中，37℃振荡培养过夜。

（4）取菌液接种到大量的LA液体培养基中，37℃振荡培养3～4h，使OD600=1.0。

2. 细菌的收集及裂解

(1) 取上述扩增菌液1.5ml移至Eppendorf管中,12000r/min,离心30s。

(2) 弃上清液,加入STE400μl悬浮沉淀,12000r/min,离心30s。

(3) 弃上清液,沉淀加100μl冰预冷的溶液Ⅰ,震荡混匀。

(4) 加入200μl溶液Ⅱ,颠倒混匀,冰浴3~5min。

(5) 加150μl溶液Ⅲ,温和混匀,冰浴5min。12000r/min,离心10min。

3. 质粒DNA的分离与纯化

(1) 取上清液移至另一新Eppendorf管中,加入等体积酚/氯仿,颠倒混匀,12000r/min,离心10min。

(2) 取上清液移至另一新Eppendorf管中,加入2倍体积的冷无水乙醇,混匀,室温放置5~10min,12000r/min,离心10min。

(3) 弃上清液,加入1ml冷70%乙醇溶液,漂洗,12000r/min,离心10min。

(4) 弃上清液,室温干燥。

(5) 加入50μl TE(含无DNA的RNA酶20μg/ml),溶解DNA,-20℃储存。取2μl质粒DNA可用于电泳实验。

【实验结果】 电泳后可见清晰的质粒DNA条带,证明质粒DNA提取成功。

【注意事项】

(1) 操作时应戴手套,所用试剂及容器均需高压处理,以避免DNA酶污染。

(2) 操作过程中加入溶液后均需充分混匀。

(3) 加碱溶液变性时,要充分混匀使菌体完全裂解,表现为液体变黏稠,一旦裂解应立刻加酸溶液中和。

(4) 菌体裂解后,每步混匀动作要轻,不要强烈震荡,以防损伤DNA。

二、淋病奈瑟菌聚合酶链反应

【实验目的】

(1) 掌握淋病奈瑟菌聚合酶链反应检测的原理和方法。

(2) 掌握分子生物学技术在病原学检测中的应用。

【实验原理】 聚合酶链反应是一种敏感性高、特异性强、操作简便、快速的体外核酸扩增方法,该技术扩增基因的过程类似于体内细胞分裂中的半保留复制过程。通过高温解链(变性),低温与特异性引物结合(复性),中温半保留复制(延伸)。经过25~35个周期循环后,将所需基因放大几百万倍。

【实验器材】

1. 标本 待测标本、阳性对照标本、阴性对照标本。

2. 试剂 样品裂解液、琼脂糖、溴化乙啶。

3. 其他 PCR仪、电泳仪、紫外投射仪。

【实验方法】

1. 样品处理 取宫颈口、尿道口分泌物棉拭子,用1ml生理盐水充分洗涤拭子,贴壁挤出棉拭子中的水分,室温静置5~10min,取上清液300μl,12000r/min离心5min,弃上清液,加入50μl样品裂解液充分震荡混匀,100℃煮沸15min,12000r/min离心5min,取上清液2μl作反应模板。

2. PCR扩增

(1) 加样:取出PCR反应混合物,离心数秒。取出26μl加入PCR反应管中,加入2μl已处理的标本,混匀后离心数秒,加入一滴矿物油盖于反应混合物上。

(2) 扩增:在 PCR 仪上设置反应参数,进行扩增。

3. 电泳 取 50mlTAE 缓冲液于三角瓶中,加入 0.6g 琼脂糖,5μl 溴化乙啶,加热使之溶解至清亮状。待琼脂糖凉至 50℃,倒入事先准备好的电泳平板上。

【实验结果】 将已电泳的凝胶置于 300nm 的紫外投射仪上,在紫外仪灯下被溴化乙啶染色的 DNA 呈现明亮的红橙色的荧光。样品与阳性对照在同一水平位置上出现红橙色的荧光即为阳性,否则为阴性。

【注意事项】

(1) PCR 反应应避免污染,最好设立专用的实验室。

(2) 标本如不立刻检测,应至-20℃储存。

三、斑点杂交

【实验目的】

(1) 掌握斑点杂交实验的原理。

(2) 掌握斑点杂交实验的方法。

【实验原理】 核酸分子杂交指不同来源的两条互补核酸单链,在一定条件下可互补结合形成双链分子的过程。用已知特异性核酸单链标记上易于检测的标记物作物探针,来确定待测标本中有无特异性靶分子及其含量。

【实验器材】

1. 标本 待测标本 DNA,阳性对照标本、阴性对照标本。

2. 试剂 预杂交液、探针、缓冲液、酶标抗体、底物显色液。

3. 其他 杂交仪、紫外投射仪、加样器。

【实验方法】

1. 标本处理

2. 点膜 用加样器点待测、阳性、阴性等标本,每格 5μl,培养箱干燥。

3. 交联 在紫外投射仪内用紫外线照射交联 3min,变性 DNA,使之成为单链。

4. 预杂交 用缓冲液将膜贴杂交管内壁后,倒出缓冲液,加预杂交液 10ml,于杂交仪内 58℃预杂交 60min,使核酸适应杂交环境,并封闭膜的其余部分。

5. 杂交 倒出杂交液,加入 100℃10min 后,立刻冷却的已变性的探针 10μl,倒回杂交管于 58℃杂交 18h。

6. 洗涤 取出膜置平皿内,充分吸去未能杂交的探针。

7. 检测 用封闭缓冲液 10ml 37℃处理膜 20min,加入酶标抗体 2μl,37℃处理膜 30min。倒去抗体,用缓冲液室温洗涤膜 10min 两次。

8. 观察 用新鲜配制的底物显色液避光显色,待显色后,用水阻断显色液的进一步作用,观察、记录、分析结果。

【实验结果】 与阳性对照和阴性对照比较,膜上点标本处显色为阳性,不显色为阴性。

【注意事项】

(1) 各种试剂应用时现配效果好。

(2) 每一步骤要严格掌握时间,否则结果不准。

实验四 TORCH 感染的检测

TORCH 是指可导致先天性宫内感染及围产期感染而引起围产儿畸形的病原体,它是一组病原微生物的英文名称缩写，其中 T(Toxopasma)是弓形虫，R(Rubella. Virus)是风疹病毒，C(Cytomegalo. Virus)是巨细胞病毒，H(Herpes. Virus)即是单纯疱疹病毒Ⅰ/Ⅱ型。

这组微生物感染有着共同的特征，即可造成母婴感染。孕妇由于内分泌改变和免疫力下降易发生原发感染，既往感染的孕妇体内潜在的病毒也容易被激活而发生复发感染。孕妇发生病毒血症时，病毒可通过胎盘或产道传播感染胎儿，引起早产、流产、死胎或畸胎等，以及引起新生儿多个系统、多个器官的损害，造成不同程度的智力障碍等症状。特别在怀孕初的三个月胚胎处于器官形成期，此时受病毒感染，可破坏细胞或抑制细胞的分裂和增值。器官形成期以后感染病毒，可破坏组织和器官结构，并可形成持续感染，出生后继续排毒，能引起相应的病变。固 TORCH 的感染影响者人口素质，与优生优育有重要关系。

【实验目的】

(1) 掌握用 ELISA 法检测 TORCH 感染的原理和方法。

(2) 掌握用 ELISA 法检测 TORCH 感染的结果判定。

【实验原理】 采用 ELISA 法检测待检者血清中的弓形虫、风疹病毒、巨细胞病毒和单纯疱疹病毒Ⅰ/Ⅱ型的 IgM 抗体，来判断待测者感染情况。

【实验器材】

1. 标本 待测者血清。

2. 试剂 TORCHIgM 抗体 ELISA 试剂盒。

3. 其他 恒温箱、酶标仪。

【实验方法】

(1) 配制洗涤液。

(2) 试剂盒平衡至室温后，将待测标本、阳性、阴性对照和临界血清用标本稀释液按 1∶101 稀释。

(3) 于反应孔中分别加已稀释的待测标本、阳性、阴性对照和临界血清 100μl，贴上封板胶纸，室温避光孵育 60min。

(4) 配制酶联物，在孵育的最后 15min 将浓缩酶联物按 1∶51 倍稀释。

(5) 孵育后，甩尽板中液体，每孔用 200μl 洗涤液洗 5 次，每次均需拍干。

(6) 每孔加酶联物 100μl，贴上封板胶纸，室温避光孵育 60min。

(7) 甩尽板中液体，洗 5 次，每次均需拍干。

(8) 加底物 A 和 B 各一滴，混匀，室温避光孵育 15min。

(9) 取出，加终止液 1 滴，用酶标仪于 450nm 波长测其 OD 值。

【实验结果】

1. 实验结果的有效判定

(1) 阴性对照平均 OD 值须小于 0.1。

(2) 阳性对照与阴性对照平均 OD 值之比大于 5。

(3) 临界血清与阴性对照平均 OD 值之比大于或等于 2，符合以上三种条件，本实验结果可信。

2. 标本结果判定

(1) 标本 OD 值/临界血清 OD 值≤1.1，结果为阳性。

(2) 标本 OD 值/临界血清 OD 值≥0.9，标本为阴性。

(3) 0.9≤标本 OD 值/临界血清 OD 值≥1.1，为可疑，须重复实验。

【注意事项】 本实验结果须结合临床表现、病史及其他诊断结果。

(刘伯阳)

第十二章　人体寄生虫学创新性实验

实验一　蛙体内裂头蚴感染的调查

【实验目的】

(1) 熟悉青蛙裂头蚴检查的过程。

(2) 了解周围农村蛙类自然感染曼氏裂头蚴情况。

【实验器材】 野生青蛙、猫或狗、蜡盘、小锥、镊子、剪刀等。

【实验方法】

1. 实验准备 选择周围有池塘,水沟,稻田等水源,村民多养猫狗,适宜曼氏迭宫绦虫生活史发展的农村村庄,捕捉野生青蛙备用。

2. 实验过程

1) 用小锥从颈椎孔穿入处死青蛙后,使青蛙腹部向上,四肢伸展,固定在蜡盘上由青蛙腹部剪开皮肤,剥去全身皮肤。

2) 按一定顺序在青蛙肌肉束之间寻找裂头蚴,重点检查大腿内侧部位。

3) 如发现蛙肌肉中有白色的可疑物,立即用小镊子沿肌纤维纵向分离,尽量将虫体完整取出。

4) 用小镊子将白色虫体夹入盛生理盐水的玻璃平皿中,让其活动片刻。先用肉眼观察虫体的形态、颜色和活动力,再置解剖镜下进一步观察和鉴定其形态特点,并测量长度。

5) 记录虫体寄生部位、数量和长度。

6) 动物接种:对检出的新鲜活虫体经初步鉴定后感染阴性猫或狗 2 只,1 个月后检查粪便中的虫卵。

【实验结果】

(1) 见白色扁平带状,在水中作轻微蠕动,头部膨大而扁,白上而下有一明显裂隙,体不分节,但具不规则横皱褶,后端多呈钝圆形的虫体。鉴定为曼氏迭宫绦虫裂头蚴。

(2) 将阳性蛙裂头蚴的寄生部位统计于表 12-1-1。

表 12-1-1　青蛙裂头蚴寄生调查表

寄生部位	虫体数(条)	平均体长(cm)	构成比(%)
胸背部			
腰腹部			
大腿			
小腿			
皮下			
总计			

(3) 30 天后解剖终末宿主猫或狗。其粪便中可能查到两端尖的椭圆形虫卵,淡黄色,一端有卵盖,内含一卵细胞及多个卵黄细胞的虫卵,可鉴定为曼氏迭宫绦虫虫卵。

【注意事项】

(1) 裂头蚴具有感染性,操作过程中要防止污染盘外和操作者。

(2) 用过的器材及感染蛙肉应消毒处理,以免造成环境污染和引起感染。

实验二　淡水鱼中肝吸虫囊蚴感染的调查

【实验目的】　通过动物实验了解肝吸虫的感染期、感染途径和致病作用。

【实验器材】　阳性鱼种(可供选择的淡水鱼类有淡水草鱼、青鱼、鲤鱼等,野生小型鱼类有麦穗鱼)、手术剪、镊、载玻片、煤酚皂溶液、家兔、解剖镜、生物显微镜、绞碎机、量筒、筛网。

【实验方法】

1. 鱼体内肝吸虫囊蚴检查(压片法)　从麦穗鱼肉上取一小片置于两片载玻片之间,用力压薄后在解剖镜或低倍镜下检查有无圆球形的囊蚴寄生,并根据肝吸虫囊蚴的形态特征及排泄囊形态结构来识别是否为肝吸虫囊蚴。囊蚴外形椭圆形,平均大小 140 ~ 155μm,有两层透明囊壁,外壁厚,内壁薄;囊内有一幼虫,新鲜标本可见幼虫在囊内转动;幼虫有明显的排泄囊,呈椭圆形,里面充满黑色折光性颗粒;有时可见幼虫的口、腹吸盘。注意活囊蚴具有感染性。

2. 囊蚴分离及收集　将去鳞鱼肉绞碎后加水冲洗,每 10g 鱼肉用 250ml 消化液(配方:胃蛋白酶 9.8g,氯化钠 17g,1mol/L 盐酸 164ml,加水至 2000ml)消化 4 ~ 12h,经金属筛网或尼龙筛网滤去粗渣,滤液加水沉淀 2 ~ 3 次,取沉渣镜检找囊蚴,确定虫液浓度。

3. 建立肝吸虫动物模型　选取清洁级家兔 4 只,平均体重 1.5kg 左右,喂养 1 周后待用。将分离好的囊蚴置于培养皿内,用吸管吸取 50 或 200 个囊蚴分别经食道喂给家兔。感染 40 天后开始每天收集家兔粪便,采用自然沉淀法或醛醚沉淀法处理后,收集沉渣进行镜检,若发现肝吸虫虫卵,即可认为感染成功,做好标记。

4. 成虫收集　将阳性家兔饲养 50 天后麻醉致死,剖开腹腔,取出肝、胆,沿胆总管至胆囊剪开,寻找成虫,然后检查肝内的小胆管,把组织剪成数块,向剪开处轻轻挤压,挤出成虫。见有成虫即取出置盛有生理盐水的器皿中进行观察鉴定,必要时可染色鉴别。

【实验结果】　成功建立肝吸虫家兔动物模型。

【注意事项】　处理、收集囊蚴时注意活囊蚴具有感染性,收集、鉴别虫卵时注意肝吸虫虫卵小,易检,应进行多次检查。

实验三　大学生蠕形螨感染的调查方法

【实验目的】　掌握人体感染螨虫的检查方法。

【实验器材】　痤疮压迫器或沾水笔尖、甘油、载玻片、盖玻片、透明胶纸。

【实验方法】　寄生人体蠕形螨包括毛囊蠕形螨和皮脂蠕形螨 2 种。主要寄生于人体的脸部皮脂腺较丰富的部位,如鼻唇沟、鼻尖、颊部、额部及眼睑等处;有时也寄生于背部、胸部、臂、肩、阴茎等皮肤的毛囊和皮脂腺内。检查时,有以下 2 种方法:

1. 挤压涂片法　通常采用痤疮压迫器刮取,或用手挤压,或用弯镊子、曲别针、沾水笔尖后端等器材刮取受检部位皮肤,将挤出的皮脂或刮下的皮屑用解剖针挑下置于载玻片上,滴加 50% ~ 70% 的甘油 1 滴,然后将皮脂涂匀,覆以盖玻片轻压,使油脂均匀摊开,镜检。

2. 透明胶纸贴法　取一洁净载玻片,剪一段透明胶纸,长 7.5cm,宽 2.5cm,贴于载玻片上。嘱受检者晚上睡前洗脸后将胶纸揭下,贴于自己的鼻尖、两侧鼻翼及鼻沟处,次日早晨洗脸前将胶纸取下贴于载玻片上,注意将胶纸贴平,镜检。此法安全简便,检出率高,并有捕捉灭虫效果,也可按胶纸面积定量计算螨的感染率。

【实验结果】　学会检查人体感染螨虫的方法。

【注意事项】　不管是用挤压涂片法还是用透明胶纸法采集的标本,最好及时检查,若放置时间过久,虫体透明不易检出。蠕形螨对 75% 乙醇有一定耐力,消毒 15min 以上才有效,故用于检查后的器材,经 75% 乙醇消毒后须再用酒精灯火焰消毒,以防传播。用手挤压后更应注意手的充分消毒。

（张　威）

第五篇 虚拟仿真实验

第十三章 基本技能虚拟仿真实验

实验一 常用染色方法及镜下形态观察

虚拟仿真技术是20世纪90年代以来兴起的一种新型信息技术，是利用3D数字化技术、科学可视化技术，在计算机中生成三维立体的反映现实世界客观规律的虚拟环境，使用者借助特定设备，便可进入虚拟空间，感知和操作虚拟世界中的各种对象，从而获得身临其境的感受和体会。仿真虚拟实验是一种全新型教学模式，将网络通讯技术、多媒体教学、数据库结合起来，实现人机交互，能够实现传统实验教学模式不能达到或难以实现的教学效果，能将在现实世界中难以进行的、费时、费力、费资金、不易观察并有危险的实验在虚拟实验环境中表达出来。因此，虚拟仿真实验为学生者提供了一个自主、交互和直观的学习环境，为创新提供了新的空间、平台和可能性，丰富了教学的实践形式，使教学效果达到质的飞跃。

【实验目的】 掌握各种染色方法的步骤、结果判定以及各种病原生物的镜下形态结构。

【实验原理】 将各个实验的从实验准备开始将所有物品做成3D模式、依次将实验操作的各个步骤做成虚拟演示实验。将验证性试验和形态及现象的观察结合起来制成虚拟仿真实验。将实验的各个操作步骤、关键点等制成不同的环节，学生在虚拟操作中通过选择来完成实验，形态及现象的观察作为实验结果以图像的方式自动生成，最后学生选择实验的结论。

【实验器材】 电子计算机。

【实验方法】

(1) 学生进入虚拟仿真实验界面，实验场景为病原生物学与免疫学实验室，实验操作场地为实验室内的实验台，所有器材为学生上实验课时所用器材的3D模型，充分体现实验的真实性。

(2) 选择要做的实验项目，学生自己选取实验准备需要的器材与试剂，缺少一样，下一步骤无法进行。

(3) 标本涂片制作的基本步骤为涂片→干燥→固定；革兰染色的操作步骤为初染→媒染→脱色→复染→油镜观察→结果判定；抗酸染色的操作步骤为石炭酸复红→3%盐酸乙醇溶液脱色→美蓝复染→油镜观察→结果判定；Albert染色的操作步骤为Albert染色液甲液→Albert染色液乙液→油镜观察→结果判定。每步操作都要完全符合无菌操作，动作规范，如果操作错误无法进入下一环节。

(4) 进入到结果判定阶段，程序中同时出现多张图片，学生要选择出本实验正确的阳性结果与阴性结果。图库中存有多种细菌、真菌、病毒以及寄生虫的成虫与虫卵的形态图供学生选择辨认。

【实验结果】

(1) 当完成所有实验操作与正确选择后，整个实验才全部结束，程序会给出错误操作的数量，根据预先程序设计的标准，判定出优秀、合格与不合格三个结果，不合格的学生要复习后重新进行本项虚拟仿真实验，直至合格。

(2) 如果整个实验过程错误操作达到10个，程序自动结束，评价为不合格。

(3) 评价为优秀的学生有权限为本项虚拟仿真实验进行评价,提出改进建议。

【注意事项】

(1) 软件制作一定要符合学生的心理特点,要具有趣味性,采用比较卡通的风格,视频、图片、动画等联合应用,人机交互具有趣味性,带有游戏性,设置的障碍如游戏闯关,可激发学生的学习兴趣。

(2) 每个学号都要设成一个账户,软件在网络平台上要拥有一个数据库,自动记分,可以将操作者的信息保留和反馈,在网上师生可以交流互动,使用方便,只要一打开网页就能操作,可以满足众多学生同时学习。

实验二　常用接种方法及菌落形态观察

细菌的培养耗时较长,时间短的要 1 天,长的要几天、1 周甚至 1 个月才能出现结果。由于耗时长,连贯性差,许多实验无法开展。虚拟仿真实验很好地解决了这个问题,任何细菌都可在几分钟内长出典型的菌落。

【实验目的】　掌握细菌培养接种的方法,熟悉各种细菌菌落的形态特点。

【实验原理】　程序中存入各种细菌的典型菌落三维图像,将实验所用的所有物品做成 3D 模式、依次将实验操作的各个步骤做成虚拟演示实验。将操作性试验和菌落形态结果的观察结合起来制成虚拟仿真实验。将实验的各个操作步骤、关键点等制成不同的环节,学生在虚拟操作中同过选择来完成实验,最后学生选择出正确的菌落图像。

【实验器材】　电子计算机。

【实验方法】

(1) 学生进入虚拟仿真实验界面,实验场景为病原生物学与免疫学实验室,实验操作场地为实验室内的实验台,所有器材为学生上实验课时所用器材的 3D 模型,充分体现实验的真实性。

(2) 选择要做的实验项目,学生自己选取实验准备需要的器材与试剂,缺少一样,下一步骤无法进行。

(3) 根据接种的菌种危险性程度,选择相应级别的实验室。

(4) 根据接种的菌种的特性配制相应的培养基,调节好 pH,严格掌握高压灭菌器的使用方法,最后制出各种培养基。

(5) 开始虚拟接种培养基,要执行严格的无菌操作技术,所有操作需在生物安全柜内酒精灯火焰旁进行,在使用前后均需灭菌接种环(针)和试管口,试管塞不能放在实验台上等。

(6) 接种成功后,放入温箱中,设定温度、氧气、二氧化碳浓度及培养时间。

(7) 设定好各种参数后立刻进入到结果判定阶段,节省了大量的时间,液体培养基会出现浑浊、菌膜和沉淀生长,半固体培养基会呈现穿刺线,固体培养基会显示各种各样的菌落。结合接种菌种的特性,判断出与实验结果相对应的细菌菌落图片。

【实验结果】

(1) 当完成所有实验操作与正确选择后,整个实验才全部结束,程序会给出错误操作的数量,根据预先设计的标准,判定出优秀、合格与不合格三个结果,不合格的学生要复习后重新进行本项虚拟仿真实验,直至合格。

(2) 如果整个实验过程错误操作达到 10 个,程序自动结束,评价为不合格。

(3) 评价为优秀的学生有权限为本项虚拟仿真实验进行评价,提出改进建议。

【注意事项】

(1) 整个操作由学生点击鼠标完成,与实际操作有一定的差异,不能完全代替实际动手操作,最好虚拟与现实相结合,能取得更好的教学效果。

第十四章　常用仪器虚拟仿真实验

荧光定量 PCR 虚拟仿真实验

定量 PCR 常用来研究发病机制、估计微生物的负荷量、监测临床治疗进展或用于诊断遗传缺陷等。通过对靶基因量的检测，将其与疾病的临床表现、临床分型以及各种标志酶的值联系起来，为疾病的诊断和药物疗效监测提供科学的依据。与非定量 PCR 分析方法不同，定量 PCR 分析的操作程序有助于评估污染的情况，即测出污染的程度，可以消除单纯 PCR 过于敏感、假阳性率高的缺点。

【实验目的】 掌握荧光定量 PCR 的原理、使用方法与结果判定。

【实验原理】 将荧光定量 PCR 仪的每个按键、实验使用的各种试剂与器材，都制成任意可调的 3D 模型，使学生仿佛身临其境在操控仪器。

【实验器材】 电子计算机。

【实验内容】

1. 打开荧光定量 PCR 虚拟仿真实验程序

2. 样品 RNA 的抽提

(1) 取冻存待测的标本，室温放置 5min 使其完全溶解。

(2) 两相分离，每 1ml 的样品中加入 0.2ml 的氯仿，盖紧管盖，剧烈振荡试管 15s。

(3) 25℃孵育 3min。

(4) 4℃下 12000r/min 离心 15min。离心后混合液体将分 3 层，RNA 全部被分配于上层水相中。

(5) 将上层水相转移到一干净离心管中，加异丙醇 25℃孵育 10min 后。

(6) 4℃下 12000r/min 离心 10min。

(7) 取沉淀加入 1ml 的 75% 乙醇溶液，清洗 RNA 沉淀。混匀后，4℃下 7000r/min 离心 5min。

(8) 吸去乙醇溶液，使 RNA 沉淀在室温空气中干燥 10min。

(9) 加入重蒸水 40μl 溶解 RNA 沉淀，即为提纯样品。

3. 样品 cDNA 合成

(1) 将提纯样品与反应体系溶液混合，6000r/min 离心 2min。

(2) 混合液加逆转录酶 0.5μl，37℃水浴 60min。

(3) 取出后立即 95℃干浴 3min，即为样品 cDNA 溶液，保存于-80℃待用。

4. 梯度稀释的标准品实时定量 PCR

(1) 阳性模板的标准梯度制备：阳性模板的浓度为 10^{11}，取 3μl 按 10 倍加水 27μl 稀释，并充分混匀为 10^{10}，依次稀释至 10^{9}、10^{8}、10^{7}、10^{6}、10^{5}、10^{4}。

(2) 制备好的阳性标准品和检测样本同时上机，反应条件为：93℃ 2min，然后 93℃ 1min，55℃ 2min，共 40 个循环。

5. 制备用于绘制梯度稀释标准曲线的 DNA 模板

(1) 将标准品与反应体系溶液混合，6000r/min 短暂离心。94℃ 1min；55℃ 1min；72℃ 1min，连续做 35 个 PCR 循环，然后 72℃延伸 5min。

(2) PCR 产物与在 2% 琼脂糖凝胶中电泳，溴化乙啶染色，检测 PCR 产物是否为单一特异性扩增条带。

(3) 将 PCR 产物进行 10 倍梯度稀释：设定 PCR 产物浓度为 1×10^{10}，依次稀释至 10^9、10^8、10^7、10^6、10^5、10^4 几个浓度梯度。

6. 待测样品的待测基因实时定量 PCR

(1) 所有 cDNA 样品分别配至各实时定量 PCR 反应体系，与反应体系溶液混合，6000r/min 离心 2min。

(2) 将配制好的 PCR 反应溶液置于 PCR 仪上进行 PCR 扩增反应。反应条件为：93℃ 2min 预变性，然后按 93℃ 1min，55℃ 1min，72℃ 1min，共 40 做个循环，最后在 72℃延伸 7min。

7. 电泳 所有 PCR 产物在 2% 琼脂糖凝胶电泳后，染色检测扩增条带。

【实验结果】

(1) 当完成所有实验操作与正确选择后，整个实验才全部结束，程序会给出错误操作的数量，根据预先设计的标准，判定出优秀、合格与不合格三个结果，不合格的学生要复习后重新进行本项虚拟仿真实验，直至合格。

(2) 如果整个实验过程错误操作达到 10 个，程序自动结束，评价为不合格。

(3) 评价为优秀的学生有权限为本项虚拟仿真实验进行评价，提出改进建议。

【注意事项】

(1) 在操作中，因 PCR 灵敏度极高，应使用不含荧光物质的一次性手套，并且每次使用后都要更换。

(2) 一次性移液器吸头每次使用后都要更换。

(3) 每次反应的时间及循环次数要准确掌握。

第十五章　病原体感染虚拟仿真实验

乙肝患者的虚拟仿真检测

【实验目的】 掌握乙肝的症状、查体、临床检查及结果判定。

【实验器材】 电子计算机。

【实验原理】 制作出虚拟仿真乙肝患者模型，可以仿真出人体被 HBV 感染的各种可能后果，并且仿真结果的潜伏期、转氨酶水平、肝功能、乙肝五项、HBV-DNA 浓度均在临床范围内。每个参数可以单独使用，也可组合变动来分析各项操作对虚拟患者状态的影响。构建模型中包含细胞免疫和体液免疫功能，可以表达人体被 HBV 感染的各种可能后果，也可对感染状态下各种治疗措施做出反应。

【实验方法】

(1) 学生进入虚拟仿真实验界面，实验场景为临床医院，学生为医生，患者为虚拟仿真病人。

(2) 首先是问诊，程序设置出乙肝感染的不同类型，随机出现。

(3) 然后查体观察患者巩膜是否黄染；是否有肝掌和蜘蛛痣；是否有面色发黑及熊猫眼；触诊检查患者肝脾是否肿大。

(4) 然后学生从虚拟患者的肘关节内侧的正中静脉取血，进行肝功能、乙肝五项及 HBV-DNA 检测。

(5) 学生给虚拟仿真患者做全腹 B 超，检查肝、胆、脾、肾情况。

(6) 结合各项检查结果，判断出虚拟仿真患者的目前感染类型。

(7) 根据诊断结果，给予虚拟仿真患者相应的药物进行治疗。

(8) 药物治疗后，检测虚拟仿真患者肝功能、乙肝五项、HBV-DNA 及细胞免疫功能，对治疗效果进行评价。

【实验结果】

(1) 先是操作评价，如果学生能按程序完成所有实验操作，程序会给出错误操作的数量，根据预先设计的标准，判定出优秀、合格与不合格三个结果。

(2) 然后是诊断评价，如果学生对患者治疗前后的感染状况诊断完全正确为优秀，正确 60% 以上为合格，低于 60% 为不合格。

(3) 最后是治疗效果评价，只有在疾病类型诊断正确的基础上，治疗方案完全正确为优秀，60% 以上用药正确为合格，低于 60% 为不合格。

(4) 结合上述三个评价结果，综合评价本项实验学生的最终成绩，有两项及两项以上优秀者为优秀；有两项及两项以上合格者为合格；有两项及两项以上不合格者为不合格；三种评价均有为合格。不合格的学生要复习后重新进行本项虚拟仿真实验，直至合格。

【注意事项】 本虚拟仿真实验，程序设计比较复杂，包含了很多医学学科的知识，最好是高年级的学生，有一定的临床基础，再开展本实验。

（刘伯阳）